共和国之路

李忠杰 ◎ 著

中共党史出版社

图书在版编目（CIP）数据

共和国之路 / 李忠杰著 . -- 北京：中共党史出版社 , 2025.4

ISBN 978-7-5098-6555-2

Ⅰ . ①共… Ⅱ . ①李… Ⅲ . ①社会主义建设成就—中国 Ⅳ . ① D619

中国国家版本馆 CIP 数据核字 (2024) 第 088360 号

书　　名：共和国之路
作　　者：李忠杰

出版发行：**中共党史出版社**
责任编辑：王　兵
社　　址：北京市海淀区芙蓉里南街 6 号院 1 号楼　邮编：100080
网　　址：www.dscbs.com
经　　销：新华书店
印　　刷：北京文昌阁彩色印刷有限责任公司
开　　本：710mm×1000mm　1/16
字　　数：381 千字
印　　张：30.5
版　　次：2025 年 4 月第 1 版
印　　次：2025 年 4 月第 1 次印刷
书　　号：ISBN 978-7-5098-6555-2
定　　价：79.80 元

在中华人民共和国成立 75 周年之际，为回顾共和国的历程，展示共和国的形象，总结共和国的经验，增强人们对自己国家的认识和热爱，也便于国际社会读懂中华人民共和国，我将 2019 年出版的《共和国之路》和《共和国识别码》两书修订再版。《共和国识别码》改名为《共和国通览》，已经先期出版。这本是其姊妹篇，仍名《共和国之路》。

中国是中华儿女的祖国，中华人民共和国是 1949 年成立的新型的国家政权。在中国，最早的共和国是 1911 年辛亥革命创立的。本书所说的共和国，特指由中国共产党领导创立的中华人民共和国。

中华人民共和国走过了 75 年的历程。这段历史，既艰难曲折，又壮丽辉煌。回顾和总结这段历史，我们可以更加清醒地知道共和国从哪里走来、又向何处走去，更加深刻地认识一步步轨迹怎样连成了一道道方程式，告诉我们背后有怎样的规律。撰写和修订《共和国之路》，目的就在这里。

本书的写作，与《共和国通览》一样，借用了"识别码"的形式，分门别类，将共和国历史上的一个个重大事件、一项项重大工程、一个个巨大成就，以专题形式撰写出来。这一个个"识别码"，

1

就是一个个小传，一个个故事，一段段过程，一个个领域，一幅幅素描，一个个据以识别、定位的经纬度。汇总起来，就从整体上描画了共和国走过的道路，展示了共和国的主要成就，构成了中华人民共和国整体性的"历史识别码"。对于读者来说，读一个，就能基本了解共和国的一个侧面；全部读下来，就能基本了解共和国历史的全貌。

《共和国之路》与《共和国通览》一样，涉及的内容都非常广泛，几乎涵盖了所有专业领域，具有很强的知识性、专业性、资料性、典藏性。所以，本书写作的难度很大。对于每一项内容，我都要梳理清楚它的来龙去脉，提炼出精华，作出简练的描述和介绍，还要给以科学精当的分析和评价。因此，对于每一个"识别码"，每一个专项内容，我都要进行深入的研究。其中当然有很多学术含量，但其学术性，不是以学术研讨来表现，而是蕴含在描述的过程和画龙点睛的评价中。

本书写作的主要依据，是国家法律、党和政府已公开的文件、中央机构有关资料、各党政部门所编图书，中共中央党史研究室（现为中共中央党史和文献研究院）所编党史著作、大事记和宣传口径等，中央等媒体有关报道，以及我自己的其他著作等。法律有所修改的，以修改后的最新规定为准。同时，也参考了"科普中国"等其他各种资料。每一个篇目、每一个专题、每一个部分，都是在博采众长的基础上，通过深入具体的研究，作出科学的梳理、分析和评价。所以，谨对所有相关文件资料的起草者和研究者们致以谢意。

特别需要说明一点，由于种种客观原因，我国政府公布的很多数据，主要指大陆情况，而香港、澳门、台湾往往另作特殊处理。日常口语中所说的"我国""全国"，有时也仅指大陆。本书中也会遇到这种情况，某些领域如所有制的演化过程，也仅指大陆。所以，特在此统一强调，无论具体如何表述、如何计算，本书所说的共和国，就是中华人民共和国，中华人民共和国是中国的唯一合法政府和代表。香港、澳门已经回归祖国，台湾是中国领土不可分割的一个部分。

两本书的容量已经很大，但在我看来，还是有不少事情应写但没有能够写上，这是比较遗憾的。另外，毕竟是庆祝中华人民共和国成立，政治上需要多一点喜庆的色彩，所以那些曲折、教训的事情，就不能不少写了些，相信读者会理解的。

两书所写内容，我都力求准确、客观、平实，但由于历史的复杂性和内容的广泛性，某些不够全面、不够准确的地方仍在所难免。我的工作经历告诉我，对中华人民共和国的历史作出愈益准确的记载和研究，永远是一个"在路上"的过程。不断加强加深对于共和国历程的记录和研究工作，也始终是一个"在路上"的任务。

这次修订，主要是增补了五年来党和国家历史的新发展，充实和调整了部分内容。能使用最新数据的，尽量改用最新数据。所有用语和表述，都与最新的规范化政治标准作了对标审核，进一步加以统一和规范。按照党史著作的惯例，人名后面一般不加"同志"或职务。

《共和国之路》与《共和国通览》两本书设定的读者面很广，凡是中华人民共和国公民，都可以阅读。而且可以作为工具书放在手边，休闲、聊天、写作、讲课、研究、工作、布置展览、搞新闻报道，给孩子讲点历史、说点故事……都可以查一查。两书形式上有点儿类似辞典，但内容比辞典活跃、具体、生动、可读，而且可以长久保存、经常使用。对于外国人来说，读读本书，也能加深对中华人民共和国的了解。如果拿去翻译向世界推介，也是可以的。

第四章　共和国的经济建设　/ 105

第五章　共和国的科技之路　/ 139

第一章

共和国的起步发展

一、中华人民共和国成立

1949 年 6 月，中国共产党同各民主党派、无党派民主人士和各人民团体召开新政治协商会议筹备会，经过 3 个多月紧张有序的工作，有关创建中华人民共和国的各项准备全部就绪。9 月 17 日，召开新政治协商会议筹备会第二次全体会议，一致通过将"新政治协商会议"改称为"中国人民政治协商会议"。

9 月 21 日—30 日，中国人民政治协商会议第一届全体会议在北平中南海怀仁堂举行。大会共举行了 8 次全体会议。毛泽东致开幕词。与会代表怀着参与开国盛事的使命感，对大会的各项议案进行了充分讨论和民主协商。

9 月 27 日，全体会议一致通过《中国人民政治协商会议组织法》和《中华人民共和国中央人民政府组织法》。《人民政协组织法》规定：中国人民政治协商会议为全中国人民民主统一战线的组织；在普选的全国人民代表大会召开以前，中国人民政治协商会议全体会议执行全国人民代表大会的职权。《中央人民政府组织法》规定：中华人民共和国政府是基于民主集中原则的人民代表大会制的政府；中央人民政府委员会对外代表中华人民共和国，对内领导国家政权。

当天，会议还通过四项决议案：中华人民共和国的国都定于北平，将北平改名为北京；中华人民共和国采用公元纪年；在中华人民共和国的国歌正式制定前，以《义勇军进行曲》为国歌；中华人民共和国的国旗为红地五星旗。

9 月 29 日，全体会议一致通过《中国人民政治协商会议共同纲领》。作为新中国的人民大宪章，《共同纲领》在一个时期内起着临时宪法的作用。

9月30日，全体会议选举毛泽东、周恩来、李济深、沈钧儒、陈叔通等180位委员组成中国人民政治协商会议第一届全国委员会；选举毛泽东为中央人民政府主席，朱德、刘少奇、宋庆龄、李济深、张澜、高岗为副主席，陈毅等56人为委员，组成中央人民政府委员会。

30日的全体会议一致通过《中国人民政治协商会议第一届全体会议宣言》，向全世界庄严宣布："中华人民共和国现已宣告成立，中国人民业已有了自己的中央政府。""中国的历史，从此开辟了一个新的时代。"大会圆满完成创建中华人民共和国的光荣使命，宣布闭幕。

当天下午6时，全体代表来到天安门广场，举行人民英雄纪念碑奠基典礼。

10月1日下午2时，新选出的中央人民政府委员会在中南海勤政殿举行第一次会议，宣布就职。会议一致决议接受《中国人民政治协商会议共同纲领》为本政府的施政方针；推选林伯渠为中央人民政府委员会秘书长，任命周恩来为中央人民政府政务院总理兼外交部部长，毛泽东为人民革命军事委员会主席，朱德为人民解放军总司令，沈钧儒为最高人民法院院长，罗荣桓为最高人民检察署检察长。会议同时决议：向各国政府宣布，本政府为代表中华人民共和国全国人民的唯一合法政府。凡愿遵守平等、互利及互相尊重领土主权等项原则的任何外国政府，本政府均愿与之建立外交关系。会后，各位委员分别乘车前往天安门城楼参加典礼。

10月1日下午，庆祝中华人民共和国中央人民政府成立典礼在首都北京隆重举行，史称"开国大典"。下午3时许，毛泽东主席在天安门城楼上庄严宣告："中华人民共和国中央人民政府今天成立了！"军乐团高奏《义勇军进行曲》，广场中央升起第一面五星红旗。

毛泽东宣读中央人民政府公告之后，举行盛大的阅兵式。人民解放军受阅部队以胜利之师的步伐通过天安门，新组建的人民空军飞行编队飞越首都上空。傍晚，开始群众游行，工人、农民、学生、市民队伍高举红旗，纵情欢呼人民共和国的诞生。

当天，全国已经解放的各大城市都举行了热烈的庆祝活动。

10月9日，中国人民政治协商会议第一届全国委员会第一次会议举行，会议选举毛泽东为政协第一届全国委员会主席，并通过许广平代表马叙伦提出的人民政协的第一个建议案："请政府明定10月1日为中华人民共和国的国庆日，以代替10月10日的旧国庆日。"

12月2日，中央人民政府委员会第四次会议采纳政协的建议，作出决定，将1949年10月1日作为中华人民共和国宣告成立的日子，每年的10月1日则为中华人民共和国国庆日。

中华人民共和国的成立，揭开了中国历史的新篇章。

二、建立和巩固新政权

随着中华人民共和国的成立，一个崭新的国家政权在中国建立起来，并很快得到巩固。

1949年9月30日，中国人民政治协商会议第一届全体会议选举组成了中央人民政府委员会。10月1日下午2时，新选出的中央人民政府委员会在中南海勤政殿举行第一次会议，宣布就职。

10月19日，中央人民政府委员会第三次会议通过政务院及所辖委、部负责人名单。21日，周恩来总理主持召开政务院第一次会议，宣布政务院成立。政务院作为国家政务的最高执行机关，下设政治法律、财政经济、文化教育和人民监察4个委员会，共设有内务、外交、财政、金融、贸易、公安、重工业、轻工业、交通、农业、科学、文化、教育、民族、侨务等 30 个工作部门。

此前于 1948 年 9 月成立的华北人民政府，以较为完整的行政系统，为中央人民政府的成立做了组织上的准备。在华北人民政府的基础上，中央人民政府各机构和各部门直接、顺利地组建起来。

新中国成立的时候，在约占全国面积 1/3 的老解放区已建立了人民政权。随着中央人民政府的建立，新解放区的地方各级人民政权也逐步建立起来。由于当时尚不具备召开人民代表大会选举人民政府的条件，地方各级人民政府的产生采取了逐步过渡的办法：

第一步，在新解放地区一律实行军事管制，由上级人民政府或军事管制委员会从上至下委任人员组成军事管制委员会和地方人民政府，接管原国民党政府的一切公共机关、产业和物资，镇压反革命活动，建立和维护社会秩序，组织恢复生产；

第二步，军管会或地方人民政府在条件许可时，组织召集地方各界人民代表会议，作为人民参政议政的初期形式及地方人民代表大会的过渡形式；

第三步，由各界人民代表会议逐步代行人民代表大会的职权，用民主选举的方式产生地方人民政府。

为保证中央政令的统一和贯彻执行，新中国成立初期实行大行政区制度，即在中央与省之间设立东北、华东、中南、西南、西北 5 个大行政区。1949 年 12 月，中央人民政府委员会第四次会议任命负责人员组成大区行政机构，即东北人民政府委员会，以及华东、中南、西南、西北 4 个军政委员会。中央人民政府成立后，原华北人民政府结束工作，所辖五省二市即河北、山西、绥远、察哈尔、平原省，北京、天津市归中央直属，另在政务院下设中央人民政府华北事务部。

1950 年 1 月，政务院发布省、市、县人民政府组织通则，对各级地方政权的隶属关系、组成、职权、机构等作了明确规定，使地方各级政权的建立有了初步的法规依据。到 1951 年，全国大陆共成立 29 个省、1 个自治区（1949 年 12 月 2 日，成立于 1947 年 5 月的内蒙古自治政府改称内蒙古自治区人民政府。首府由原驻地乌兰浩特移至张家口，后迁至归绥即今呼和浩特）、8 个省级行署、13 个直辖市人民政府，140 个市人民政府及 2283 个县级（包括县、旗、宗、自治区等）人民政府，形成了从中央到地方的一整套政权机构。

新解放区在经过军事管制之后，开始对城乡基层政权进行系统的改造，明令废除国民党时期的城乡保甲制度，将原来的保改为街，设正副街长；甲改为闾，设正副闾长。1952 年开始，在城市开展民主建政运动，即召开人民代表会议代行人民代表大会职权，民主选举市人民政府。一些城市以街道办事处作为市辖区及不设区的市政府的派出机关，并在其下建立群众自治性组织——居民委员会。

在新解放区农村，首先建立带有半政权性质的农民协会组织，陆续废除旧保甲制度，然后民主选举乡人民政府。1950 年 12 月，政务院颁布《乡（行政村）人民政府组织通则》，确定乡为中国最基层的政权。

经过地方各级人民政权的建立和对全国城乡旧的基层政权进行彻底改造，人民政府的组织系统从中央、大行政区、省、县（市）、区、乡一直延伸到社会的最基层，初步形成上下贯通、集中高效、便于发挥高度组织动员能力的国家行政体系。国家政权组织有效地深入到城乡基层社会，成为新中国政权建设的一个特点，也是中国社会政治结构的一次重大变革。

三、土地改革

土地改革，是中国共产党在执政前后对中国传统土地制度及其社会关系进行的一次疾风暴雨式的巨大变革。

把封建剥削的土地所有制改变为农民的土地所有制，是中国新民主主义革命的历史任务和基本纲领之一。新中国成立前，各解放区已经分期分批开展了土地改革。1946 年 5 月 4 日，中共中央发布《关于土地问题的指示》（即"五四指示"），将抗日战争时期实行的减租减息政策，改变为"耕者有其田"的政策。1947 年 7 月至 9 月，中共中央工委在河北省建屏县（今平山县）西柏坡村召开全国土地会议，制定了《中国土地法大纲（草案）》，明确规定废除封建性及半封建性剥削的土地制度。土地改革运动在各解放区广泛开展，占全国面积 1/3、人口约 1 亿的老解放区基本完成土地改革，为解放战争的顺利进行提供了广泛的群众基础和物质基础。

1950 年 6 月，中共七届三中全会讨论了新解放区土地制度改革问题。6 月 30 日，中央人民政府正式公布《中华人民共和国土地改革法》，作为新解放区土地改革的基本法律依据。政务院相继制定和公布实施与之相配套的法规、政策，包括《农民协会组织通则》《人民法庭组织通则》以及《关于划分农村阶级成分的决定》等。

中央人民政府成立了以刘少奇为首的中央土地改革委员会，从中央和地方抽调大批干部组织土改工作队。在新区实行土地改革的 3 年中，每年参加工作队的都在 30 万人以上。

土地改革的总路线是：依靠贫农、雇农，团结中农，中立富农，有步骤地有分别地消灭封建剥削制度，发展农业生产。

从 1950 年冬季开始，历史上空前规模的土地改革运动在新解放区有领导、有步骤、分阶段地展开。

首先是发动群众，划分阶级成分，将所有农户按一定的标准划分为地主、富农、中农、贫农、雇农等，中农还划分为上中农、中农、下中农。在城市则划分为小手工业者、自由职业者、资本家、工人、小商小贩等，由此决定他们的政治经济和社会地位。

然后是没收、征收和分配土地财产，即没收地主的土地、耕畜、农具、多余的粮食及其在农村中多余的房屋等"五大财产"。同时征收富农超出规定范围以上的出租土地。

分配土地财产，首先按照有关政策规定并结合当地实际确定分田标准，然后采取自报公议的办法，确定各户分田的亩数、地段及耕畜、农具等。

最后进行复查和动员生产。各地组织农民销毁封建性的旧地契，召开农民大会，宣布土地改革胜利结束。

结束土改的地区，还要派工作组进行复查，纠正阶级成分漏划或错划、土改果实分配不公平等偏差，防止和惩处地主向农民进行反攻倒算。经过复查，由人民政府发给农民土地所有证，并承认一切土地所有者自由经营、买卖及出租其土地的权利。

新区的土地改革不仅在农村进行，而且还在许多大城市的郊区进行。1950年11月，政务院颁布《城市郊区土地改革条例》，对没收、征收及分配办法作了具体规定。城市郊区所有没收和征收得来的农业土地，一律归国家所有，由市人民政府管理。城市郊区农民对分得的国有土地只有使用权，没有所有权。国家为市政建设及其他需要收回由农民耕种的国有土地、征用私人所有的农业土地时，应予以补偿或给以适当代价。从1950年下半年到1951年上半年，全国各地陆续完成了城市郊区的土地改革。

到1952年底，中国大陆除一部分少数民族地区外，基本完成了土地改革。全国有3亿多无地或少地的农民（包括老解放区农民在内）无偿获得了约7亿亩土地。农村的土地占有关系发生了根本变化，占农村人口92.1%的贫农、中农，占有全部耕地的91.4%；原来占农村人口7.9%的地主富农，只占有全部耕地的8.6%。无地少地的农民还获得了其他生产资料和生活资料，计有耕畜 296 万头、农具 3944 万件、房屋 3795 万间、粮食 100 多亿斤。

土地改革解放了农村生产力，促进了农村经济迅速走向恢复和发展。土地改革还确立了贫雇农在农村中的优势，巩固了党在农村的执政基础。

四、抗美援朝

第二次世界大战结束时，美军和苏军在朝鲜半岛以北纬 38 度线为界，在南北两边分别接受日军投降。1948 年 8 月 15 日，朝鲜半岛南部成立大韩民国政府。9 月 9 日，朝鲜半岛北部成立以金日成为首相的朝鲜民主主义人民共和国政府。南北朝鲜正式分裂。同年 12 月，苏军从朝鲜北部撤出。次年 6 月，美军也从朝鲜南部撤出。

1950 年 6 月 25 日，朝鲜内战爆发。北方军队势如破竹，一直打到半岛最南端的釜山。美国立即于 6 月 26 日调动其驻日本的空军和海军部队支援南朝鲜军队作战，并"下令第七舰队阻止对台湾的任何进攻"。美国还在联合国积极活动，乘苏联代表缺席之机，使联合国安全理事会于 6 月 27 日和 7 月 7 日先后通过向韩国政府提供援助和成立由美国指挥的"统一司令部"、组织"联合国军"的决议。9 月中旬，大批美军在朝鲜半岛西海岸仁川登陆，截断朝鲜人民军南进部队的后路，战局急骤逆转。此后，美军向北越过三八线，并迅速逼近中朝边界鸭绿江附近。

应朝鲜劳动党和政府的请求，中共中央多次召开会议，经过反复权衡，中共中央和毛泽东在 10 月上旬作出了抗美援朝、保家卫国的艰难决策。1950 年 10 月 8 日，在美军越过三八线的第二天，毛泽东发布命令，将东北边防军组成中国人民志愿军，任命彭德怀为中国人民志愿军司令员兼政治委员，待命出动。10月19日黄昏，中国人民志愿军奉命跨过鸭绿江，开赴朝鲜战场，与朝鲜人民军并肩作战。随后，在8个月内先后同以美国为首的"联合国军"进行了5次大的战役，共歼敌23万余人，把战线稳定在三八线附近地区。

在中国人民志愿军入朝作战的同时，国内掀起轰轰烈烈的抗美援朝运动。全国各阶层人民踊跃参军参战，捐献飞机大炮，订立爱国公约，开展增产节约运动，支援前方作战。截至1951年11月15日，全国人民认捐总数达到4万亿余元（旧币）。

1951年7月，朝鲜战争进入"边打边谈"阶段。经过两年的战场较量和桌上谈判，交战双方于1953年7月27日在板门店签署《关于朝鲜军事停战的协定》。从1954年9月起，中国人民志愿军分批撤出朝鲜回国。1958年10月，最后一批部队回国。

异常激烈的战争，使参战各方都遭受了重大伤亡和损失。自1950年6月25日至1953年7月27日止，朝鲜人民军和中国人民志愿军共毙、伤、俘敌109万余人，其中美军39万余人。志愿军在两年零九个月的抗美援朝战争中，共毙、伤、俘敌71万余人，自身作战减员36.6万余人。美国开支战费400亿美元，消耗作战物资7300余万吨。中国开支战费62.5亿元人民币，消耗作战物资560余万吨。

在这场异常残酷的战争中，中国人民志愿军冒着严寒，在白雪皑皑的崇山峻岭中浴血奋战。在上甘岭战役中，在山头被敌军炮火削低两米的情况下，坚守阵地，决不后退一步。在朝鲜战场上，志愿军中涌现出无数英雄人物：罗盛教、黄继光、杨根思、邱少云……许许多多的英雄，包括毛泽东的长子毛岸英，长眠在了朝鲜的土地上。

朝鲜战争极大地改变了国际关系格局。战争开始后，美国对中国实施封锁禁运，管制对中国大陆、香港、澳门的战略物资输出，冻结中国政府和公民在美国的资产。1951年5月，美国又通过联合国大会通过《实施对中国禁运的决议》，向中国禁运武器、弹药、战争用品、原子能材料、石油及具有战略价值的运输器材等，品种多达1700多种，先后参加禁运的国家有45个。由此严重恶化了随后几十年中华人民共和国的国际环境。

2020年10月23日，习近平在纪念中国人民志愿军抗美援朝出国作战70周年大会上的讲话中指出，在波澜壮阔的抗美援朝战争中，英雄的中国人民志愿军锻造了伟大抗美援朝精神。我们要铭记抗美援朝战争的艰辛历程和伟大胜利，敢于斗争、善于斗争，知难而进、坚韧向前，把新时代中国特色社会主义伟大事业不断推向前进。

五、统购统销

统购统销，是中华人民共和国从1953年开始实行的一项控制粮食资源的计划经济政策。从1953年实施到1992年完全取消，共施行了39年，对中国的经济运行和人民生活产生了极大的影响。

新中国成立后，城镇总人口迅速增加，工业化建设和军事国防需要大量粮食。农村土改之后，粮食总量有所增加，但农民向市场供应的粮食反而减少，且原先从国外进口粮食的做法基本停止。因此，国内粮食供求关系十分紧张。

面对粮食短缺的尖锐矛盾，毛泽东让中央财经委员会拿出办法。中财委在陈云主持下开始提出8种方案，中共中央最后选定了统购统销的方案。

1953年10月16日，中共中央政治局讨论通过《中共中央关于实行粮食的计划收购与计划供应的决议》。随后，政务院又发布了相关命令和执行办法。1953年12月，统购统销开始正式实行。

统购统销，就是统一收购、统一销售。统购，就是对农民的绝大部分粮食都按国家制定的价格统一收购，粮食只能卖给国有粮食机构，农民自己食用的粮食以及种子数量和品种也必须由国家批准。统销，就是全社会所需要的粮食全部按国家规定的标准和价格统一配售，城镇居民只能向国有粮食机构按固定标准购买粮食。国家严格管制粮食市场，实际上取消了历史上长期存在的粮食自由销售的市场。

实行统购统销后，全国城镇居民实行粮食的定量供应。所有家庭每家发放一个粮本，凭粮本供应粮食，每人按性别、年龄状况、工作种类等每月分配一定口粮。同时，在定额标准内发放粮票，以便流通和就餐。如果没有粮票，就无法进城、旅行和在市场上就餐。

部分缺粮和生产经济作物的农村，由国家返销一部分粮食，也实行计划定量供应。

之后，国家又陆续把棉花、油料、黄麻、生猪、鸡蛋、糖料、桑丝、蚕茧、烤烟、水产品等农副产品列入统购统销范围。最多时，列入国家统购派购的农产品达到 180 多种。

1953 年 10 月 10 日，在紧急召开的全国粮食会议上，陈云就说："我现在是挑着一担'炸药'，前面是'黑色炸药'，后面是'黄色炸药'。如果搞不到粮食，整个市场就要波动；如果采取征购的办法，农民又可能反对。两个中间要选择一个，都是危险家伙。"[1] 所以统购统销政策一开始就有利弊两面。

实行统购统销后，1954 年的粮食征购量比上年增加了 77.78%，缓解了粮食供应的紧张程度，也控制了物价上涨的指数，帮助国家度过了困难时期。从统购统销开始到改革开放前期，工农业产品价格的"剪刀差"总计达 4481 亿—7000 亿元。农民以自己的牺牲支持了国家工业化的发展。

实行统购统销政策，也对农民的生活产生了巨大影响，到 1978

---

[1] 《陈云文选》第二卷，人民出版社 1995 年版，第 208 页。

年，尚有 30% 的农民（2.5 亿人）未能解决温饱。农产品市场关闭，禁锢了市场配置资源的作用，农民失去了生产粮食的积极性，致使农村生产力长期得不到充分发挥。统购统销，加之后来实行的户籍制度，造成了中国壁垒分明的城乡二元结构，社会分为吃"商品粮"与吃"农业粮"两大阶层，身份世袭，限制了人口和生产要素的流动，扩大了城乡矛盾和工农矛盾。

统购统销成为计划经济的基础。一直到改革开放后，农村改革迅速增加了粮食生产，国家才逐步减少统购统销的范围。到 1984 年底，统购派购品种从 1980 年的 183 种减少 38 种（其中 24 种是中药材），实行了 32 年的统购统销开始消解。1985 年，国家不再对农村下达指令性的收购计划，而是采用"合同定购"的方式收购国家需要的粮食。1985 年底，中央又提出"逐步缩小合同订购数量，扩大市场议购"的新方针。

1992 年底，由于粮食连年增产，库存粮食占压不少资金。因此，按中央决定，844 个县（市）放开粮食价格，粮食市场形成，统购统销至此真正退出了历史舞台。

六、社会主义改造

中国共产党的既定方针，是革命胜利后，稳步地促进中国由农业国向工业国的转变，由新民主主义国家向社会主义国家转变。这种转变的时间，曾设想先经过一个"相当长时期"的新民主主义社会，待工业发展了、国营经济壮大了，再实行私人资本主义经济的国有化和个体农业的集体化。

经过新中国成立后三年多的恢复和建设，中国的经济、政治和社会各方面都发生了巨大变化。从 1952 年 9 月开始，毛泽东提出，我们现在就要开始用 10 年到 15 年的时间基本上完成到社会主义的过渡，而不是 10 年或者更长时间以后才开始过渡。

1953 年 6 月，中央政治局会议对过渡到社会主义的方法、途径和步骤等问题正式进行了讨论。6 月 15 日，毛泽东在会议的讲话中，首次提出了党在过渡时期的总路线的基本内容。会议以后，中央宣传部着手起草关于总路线的宣传提纲。毛泽东在修改这个提纲时，把党在过渡时期的总路线进一步完整表述为："从中华人民共和国成立，到社会主义改造基本完成，这是一个过渡时期。党在过渡时期的总路线和总任务，是要在十年到十五年或者更多一些时间内，基本上完成国家工业化和对农业、手工业、资本主义工商业的社会主义改造。"①

过渡时期总路线由此载入党的正式文件。1954 年 9 月，一届全国人大一次会议又把它作为全国人民在过渡时期的总任务写入《中华人民共和国宪法》。过渡时期总路线是"一化三改""一体两翼"的总路线。它的主体任务是逐步实现社会主义工业化。两翼分别是对个体农业、手工业的社会主义改造以及对资本主义工商业的社会主义改造。主体和两翼是不可分离的整体。

在过渡时期总路线的指导下，社会主义改造开始进行。在实践中，创造性地开辟了一条适合中国特点的社会主义改造的道路。

对个体农业，遵循自愿互利、典型示范和国家帮助的原则，采取从临时互助组和常年互助组，发展到半社会主义性质的初级农业生产合作社，再发展到社会主义性质的高级农业生产合作社的过渡形式，完成了由个体农业向集体农业的转变。

对个体手工业，一般经历了生产合作小组、手工业供销合作社、手工业生产合作社几个阶段，完成了社会主义改造。

对资本主义工商业，贯彻"限制、利用、改造"的政策，采取委

---

① 《毛泽东年谱》第五卷，中央文献出版社 2023 年版，第 115—116 页。

托加工、计划订货、统购包销、委托经销代销、公私合营、全行业公私合营等一系列从低级到高级的国家资本主义的过渡形式，最后实现了马克思和列宁曾经设想过的对资产阶级的和平赎买。国家先后以"四马分肥"和支付定息的方式，付给私营工商业者 30 多亿元。

1956 年 1 月 15 日，北京各界 20 多万人在天安门广场举行庆祝社会主义改造胜利联欢大会。毛泽东和其他中央领导同志出席大会。彭真在会上宣布：我们的首都已经进入了社会主义社会。1 月 21 日，上海和重庆同时举行了欢庆进入社会主义社会的集会和游行。中国大陆到处张灯结彩，锣鼓喧天，庆祝社会主义改造的胜利完成。

到 1956 年底，加入合作社的农户达到全国农户总数的 96.3%，其中参加高级社的农户占全国农户总数的 87.8%；参加合作社的手工业人员已占全体手工业人员的 91.7%；全国私营工业户数的 99%，私营商业户数的 82.2%，分别纳入了公私合营或合作社的轨道。

至此，中国大陆农业、手工业、资本主义工商业的社会主义改造基本完成。在国民经济中，全民所有制和集体所有制这两种形式的公有制经济，取得了绝对统治地位。随着新的经济基础的建立，社会主义经济体制、政治体制、教育科学文化体制基本形成。中国迈进了社会主义社会，进入社会主义初级阶段。

社会主义改造中也存在着要求过急、工作过粗、改变过快，形式也过于简单划一的问题，但总体来说，在一个几亿人口的大国实现如此复杂、困难和深刻的变革，是一个巨大的历史性成就。通过社会主义改造，社会主义基本制度在中国建立，为当代中国的发展进步奠定了制度基础。

七、一届全国人大

1949 年的《中国人民政治协商会议共同纲领》明确规定："中华人民共和国的国家政权属于人民。人民行使国家政权的机关为各级人民代表大会和各级人民政府。各级人民代表大会由人民用普选方法产生之。""在普选的全国人民代表大会召开以前，由中国人民政治协商会议的全体会议执行全国人民代表大会的职权"。[①]

新中国成立初期，在中央通过中国人民政治协商会议全体会议、在地方通过逐级召开人民代表会议的方式，逐步地向人民代表大会制度过渡。随着全国政协三年任期即将届满，中共中央考虑是否需要召开全国人民代表大会问题。经征求斯大林意见后，中共中央提议，由全国政协向中央人民政府委员会建议，于 1953 年召开全国人民代表大会和地方各级人民代表大会，并开始进行起草选举法和宪法草案等准备工作。

1953 年 1 月 13 日，中央人民政府委员会正式决定，于 1953 年召开由人民用普选方法产生的乡、县、省（市）各级人民代表大会，并在此基础上召开全国人民代表大会。1953 年 9 月 18 日，中央人民政府委员会又通过决议，将召开全国人民代表大会及地方各级人民代表大会的时间推迟到 1954 年。

进行全国范围的普选，是召开人民代表大会的重要前提。1953 年 2 月 11 日，中央人民政府委员会审议通过了《中华人民共和国全国人民代表大会及地方各级人民代表大会选举法》，成立了以刘少奇为首的中央选举委员会。

为了在全国开展选举工作，1953 年 4 月 3 日，政务院颁布了

---

① 中共中央文献研究室编：《建国以来重要文献选编》第一册，中央文献出版社 2011 年版，第 3、4 页。

《为准备普选进行全国人口调查登记的指示》和《全国人口调查登记办法》。随后，开展了我国第一次全国人口调查工作。截至调查的标准时间 1953 年 6 月 30 日 24 时，全国人口总数为 601938035 人。

1953 年 4 月，中央选举委员会发出《关于基层选举工作的指示》，正式开始各级人大代表的选举工作。全国建立乡、县、市、省各级选举委员会，抽调 25 万余名干部参加选举指导工作。这是中国历史上规模空前的普选，各地根据不同情况，分别采取无记名投票、举手、豆选等方式进行选举，激发和增进了人民群众当家作主的热情和民主意识。1953 年 12 月 8 日晚，毛泽东等党和国家领导人在北京市西单区中南海投票站参加了投票。

经过一年多的紧张工作，在 21 万余个基层选举单位、3.23 亿登记选民中进行了基层选举，共选出基层人民代表大会的代表 566 万余名。在完成基层选举的基础上，由省、市人民代表大会，中央直辖少数民族行政单位，以及军队单位和华侨单位分别选举产生了 1226 名出席全国人民代表大会的代表（台湾省代表暂缺）。在此期间，《中华人民共和国宪法（草案）》在毛泽东的主持下起草完成，经反复讨论、修改，通过了中央人民政府委员会会议的审议。

1954 年 9 月 15 日—28 日，第一届全国人民代表大会第一次会议在北京中南海怀仁堂隆重举行。这是新中国成立后的第一次全国人民代表大会。

毛泽东本来不打算在开幕式上讲话。著名爱国将领、全国政协常委张治中给毛泽东写信说："这次人大会议是中国历史上第一次真正的人民大会，你是国家主席，开幕时是主持人，怎能不讲话？"经过考虑，毛泽东在开幕式上致辞。他说，"我们这次会议具有伟大的历史意义。这次会议是标志着我国人民从一九四九年建国以来的新胜利和新发展的里程碑"①。他满怀信心地宣布："我们正在前进。我们正在做我们的前人从来没有做过的极其光荣伟大的事业。我们的目的一定要达到。我们的目的一定能够达到。"②

经过讨论，会议通过了刘少奇作的《关于中华人民共和国宪法草案的报告》、周恩来作的《政府工作报告》，通过了《中华人民共和国宪法》《中华人民共和国全国人民代表大会组织法》《中华人民共和国国务院组织法》等一系列法律。

大会选举了新的国家领导人：毛泽东为中华人民共和国主席，朱德为中华人民共和国副主席，刘少奇为全国人民代表大会常务委员会委员长，宋庆龄等 13 人为副委员长；根据毛泽东的提名，大会决定周恩来为国务院总理。

9 月 28 日，一届全国人大一次会议圆满完成各项重大历史任务后，胜利闭幕。这次会议是我国人民民主建设的重要里程碑。以一届人大为标志，人民代表大会制度作为新中国的根本政治制度正式确立。

八、社会主要矛盾

如何界定中国社会的主要矛盾，一直是革命建设改革所要解决的重大的基础性问题，也是制定一系列路线方针政策的前提。特别是新中国成立后，如何界定我国社会的主要矛盾，更是一个复杂的问题。

1956 年中共八大的一个重要贡献，就是对我国国内主要矛盾作出了新的判断。大会《关于政治报告的决议》指出：由于社会主义改造已经取得决定性的胜利，我国无产阶级同资产阶级之间的矛盾已经基

---

① 《毛泽东文集》第六卷，人民出版社 1999 年版，第 349 页。
② 《毛泽东文集》第六卷，人民出版社 1999 年版，第 350 页。

本上解决。国内的主要矛盾，已经是人民对于建立先进的工业国的要求同落后的农业国的现实之间的矛盾，已经是人民对于经济文化迅速发展的需要同当前经济文化不能满足人民需要的状况之间的矛盾。这一矛盾的实质，在我国社会主义制度已经建立的情况下，也就是先进的社会主义制度同落后的社会生产力之间的矛盾。党和全国人民的当前的主要任务，就是要集中力量来解决这个矛盾，把我国尽快地从落后的农业国变为先进的工业国。

八大关于主要矛盾实质的界定，在理论上有不完全准确的地方，但其着眼点，是强调工作重心的转移，强调集中力量发展生产力。因此，八大对主要矛盾的界定基本上是正确的，而且具有重大的历史意义。

但遗憾的是，这一判断和界定没有能坚持下来。八大闭幕不久，毛泽东就批评说：八大决议关于我国主要矛盾的提法不正确。在1957年9月—10月的八届三中全会（扩大）的讲话中，毛泽东正式提出批评，并强调："无产阶级和资产阶级的矛盾，社会主义道路和资本主义道路的矛盾，毫无疑问，这是当前我国社会的主要矛盾。"[1]到1958年5月，八大二次会议正式改变了八大一次会议关于国内主要矛盾的界定。

改变八大的正确决策，成为"左"的错误的理论基础。在这之后，理论上不断强调"阶级斗争，一抓就灵""以阶级斗争为纲""无产阶级专政下继续革命的理论"；实践中不断发动政治运动，特别是"无产阶级文化大革命"，使中国社会主义建设走了一段弯路。这一曲折告诉我们，坚守对于我国社会主要矛盾的正确判断，对于党和国家的命运具有多么重大的意义。

"文化大革命"结束之后，在理论和政治上所要解决的一个重大

---

[1]　《毛泽东年谱》第六卷，中央文献出版社2023年版，第224页。

问题，就是重新确定我国社会的主要矛盾。

1978 年，中共十一届三中全会断然停止使用"以阶级斗争为纲"的口号，作出把工作重点转移到社会主义现代化建设上来的战略决策，实际上从根本上改变了 50 年代中后期以来对我国社会主要矛盾的错误认识。

1981 年，十一届六中全会通过的《关于建国以来党的若干历史问题的决议》，进一步规范和明确表述了我国社会的主要矛盾，指出："在社会主义改造基本完成以后，我国所要解决的主要矛盾，是人民日益增长的物质文化需要同落后的社会生产之间的矛盾。"

这一界定，顺应了历史发展进程的客观要求，顺应了广大人民群众的普遍愿望，成为拨乱反正的一个重大成果。这一界定，成为十一届三中全会实行工作重心转移的基础，成为社会主义初级阶段基本路线的基础，成为改革开放以来我们几乎所有方针政策的基础。

改革开放以来，中国特色社会主义事业取得伟大成就，中国国情和社会也发生了很大变化。因此，2017 年的中共十九大，与时俱进，对中国社会的主要矛盾做了新的调整，明确界定："我国社会主要矛盾已经转化为人民日益增长的美好生活需要和不平衡不充分的发展之间的矛盾。"[①]

这一界定，更加准确地反映了改革开放以来中国社会发展变化和进步的现实，更加准确地反映了中国特色社会主义进入新时代后的新形势、新特点，具有重大的理论意义、政治意义和现实意义。它对党和国家的工作提出了许多新的要求，对党和国家发展的战略方向、战略举措具有重要的指导作用。

---

① 《习近平著作选读》第二卷，人民出版社 2023 年版，第 9 页。

九、整风反右

中共八大之后，毛泽东多次提出要在全党进行一次整风，以使党适应全面建设的需要。1957 年 4 月 27 日，中共中央正式发出《关于整风运动的指示》，决定在全党进行一次以正确处理人民内部矛盾为主题，以反对官僚主义、宗派主义和主观主义为内容的整风运动，并指出：这次整风运动，应该是一次既严肃认真又和风细雨的思想教育运动，应该是一个恰如其分的批评和自我批评的运动。

1957 年 5 月 1 日，《人民日报》公布中共中央的整风指示，全党整风由此开始。发动群众向党提出批评建议，是发扬社会主义民主的正常步骤。党内外广大干部和群众积极响应号召，对党和政府的工作以及党政干部的思想作风提出了有益的批评和建议。

从 5 月初到 6 月初，中共中央统战部、国务院第八办公室先后召开了 38 次各民主党派负责人和无党派民主人士座谈会、工商界人士座谈会。《人民日报》详细报道了这些座谈会的情况。

各方面提出的意见绝大部分是正确的、有益的，有利于改进党的领导。各级党组织都衷心欢迎善意的批评和建议，希望通过整风改进党的工作。

但在整风过程中，也有极少数人言辞尖锐，提出一些错误的观点和意见，明显表现出否定党的领导、反对社会主义制度的倾向。

这种状况引起了毛泽东的警惕。5 月中旬，毛泽东写出《事情正在起变化》一文，第一次提出右派猖狂进攻的问题，标志着中共中央的指导思想开始发生变化。运动的主题开始由正确处理人民内部矛盾转向对敌斗争，由党内整风转向反击右派。

6 月 8 日，中共中央发出《关于组织力量准备反击右派分子进攻的指示》。同日，《人民日报》发表《这是为什么？》的社论。全国规模急风暴雨式的反右派斗争迅即开展起来，除了以各种形式驳斥和批判错误言论，有的直接在报刊上点名外，还将大量提意见的人员划定为右派分子，作出组织上的结论和处理。

当时估计，右派分子最多有 15 万左右。不少单位为完成指标，层层加码，有的还突破指标。仅小学教员中就划了十几万右派分子。整个运动到 1958 年夏季结束，历时一年，全国共划右派分子 55 万多人。

由于对阶级斗争形势作了过分严重的估计和判断，没有正确界定不同意见的是非对错和性质，把一般的批评意见与反党反社会主义等同起来，将大量本来正确的意见当成右派言论，结果导致了反右派斗争的严重扩大化，许多人被错划为右派分子，误伤了许多好同志、好干部和同党长期合作的朋友，其中不少是有才能、有思想的知识分子。许多同志和朋友因而受了长期的委屈、压制和不幸，不能在社会主义建设事业中发挥应有的作用。这不但是他们个人的损失，也是整个国家和党的事业的损失。

《关于建国以来党的若干历史问题的决议》指出："在整风过程中，极少数资产阶级右派分子乘机鼓吹所谓'大鸣大放'，向党和新生的社会主义制度放肆地发动进攻，妄图取代共产党的领导，对这种进攻进行坚决的反击是完全正确和必要的。但是反右派斗争被严重地扩大化了，把一批知识分子、爱国人士和党内干部错划为'右派分子'，造成了不幸的后果。"

1978 年 9 月，中共中央批转中央组织部、中央宣传部、中央统战部、公安部、民政部的报告，其中提出凡是不应划为右派而被错划了的，应予改正。根据这个精神，全国对 55 万多被划为右派分子的人基本上作了改正。

1980 年 6 月，中共中央批转中央统战部《关于爱国人士中的右派复查问题的请示报告》，对民主党派、无党派民主人士中被划为右派的代表性较大的上层爱国人士 27 人进行复查的结果，改正 22 人，维持原案 5 人；对维持原案的人，也肯定他们同共产党有过合作的历史，对人民做过一些好事。

十、"大跃进"

"大跃进"，是指 1958 年至 1960 年间，在中国大陆范围内开展的以追求钢铁、粮食等产量高指标、不切实际浮夸冒进的群众运动。

在 1957 年 9 月 20 日至 10 月 9 日的中共八届三中全会上，毛泽东批评 1956 年的反冒进措施，重提多快好省的要求。同年 11 月 13 日的《人民日报》社论提出"大的跃进"的口号。1957 年冬至 1958 年春掀起的农业生产高潮，拉开了"大跃进"运动的序幕。

1957 年 11 月，毛泽东出席在莫斯科召开的社会主义国家共产党和工人党代表会议。苏联提出要在几项工业产量方面 15 年赶上和超过美国。毛泽东则提出，中国在钢产量方面 15 年赶上或者超过英国。苏联超过美国，中国超过英国，到那个时候，我们就无敌于天下了。回国后，即组织研究如何超英赶美问题。

1958 年上半年，毛泽东更加严厉地批评反冒进，提出了发动"大跃进"运动的一系列任务、指标、口号和方法。1958 年 5 月 5 日—23 日的中共八大二次会议，充分肯定已经出现的"大跃进"形势，正式通过了"鼓足干劲、力争上游、多快好省地建设社会主义"的总路线，确定了 15 年赶上和超过英国的目标以及"苦干三年，基本改变面貌"等口号。这条总路线反映了广大人民群众迫切要求改变我国经济文化落后状况的普遍愿望，但忽视了客观的经济规律，脱离了中国实际。会后，"大跃进"运动在全国范围迅速展开。

1958 年 8 月 17 日—30 日，中央政治局在北戴河举行扩大会议，决定 1958 年钢产量指标为 1070 万吨，比上年翻一番。会后，以高指标、瞎指挥、浮夸风、"共产风"为主要标志的"左"倾错误严重泛滥，并进一步达到高潮。

为了在余下的 4 个月完成钢产量翻番的任务，全国城乡掀起了全民大炼钢铁运动。几千万人夜以继日，大搞"小（小高炉）、土（土法炼铁、炼钢）、群（群众运动）"。各行各业都支援"钢帅升帐"，"一切向 1070 万吨让路"。"以钢为纲，全面跃进"。直接和间接参加大炼钢铁的人力占到全国总人口的 1/6 左右。

电力、交通、水利、邮电、教育、文化、卫生等事业也都开展"全民大办"。甚至科学研究、诗歌书画，都要"大跃进"，放"卫星"。1958 年 10 月的全国文化行政会议提出群众文化活动要做到：人人能读书，人人能写诗，人人看电影，人人能唱歌，人人能画画，人人能舞蹈，人人能表演，人人能创作。

农业"大跃进"的主要特征，是农作物产量指标的严重浮夸。各地竞放高产"卫星"，报刊舆论狠批所谓右倾保守，广泛宣传"人有多大胆，地有多大产"。一向低产的西北地区居然提出 1958 年人均粮食要达到 1100 斤，1959 年要达到 2000 斤，1962 年要突破 3000 斤。河北省徐水人民公社计划发射"高产卫星"，一亩红薯 60 万公斤，一棵白菜 250 公斤，一亩小麦 10 万公斤，一亩皮棉 2500 公斤。广西一农业社"发射"的最大一颗水稻高产"卫星"，亩产竟高达 13 万多斤。1957 年，全国粮食总产是 3700 亿斤，但 1958 年各省、自治区、直辖市报告汇总的粮食估计总产，竟高达 8000 多亿斤。为了追求所谓高产，许多农田深耕到一至二尺，有些地区深达三尺以上。

这种狂热的浮夸，造成了严重后果。从 1958 年底到 1959 年 7

月，毛泽东和中共中央有所觉察，并曾试图加以纠正。但是，庐山会议后期却错误地发动了对彭德怀等同志的批判，进而在全党开展了"反右倾"斗争，致使从中央到基层的民主生活遭到严重损害，打断了纠正"左"倾错误的进程，使错误延续了更长时间。

主要由于"大跃进"和"反右倾"的错误，加上其他各种复杂的原因，我国国民经济在 1959 年到 1961 年发生严重困难，国家和人民遭到重大损失。这是非常沉痛的教训。

十一、人民公社

人民公社，是 1958 年伴随"大跃进"而在中国大陆农村和城市郊区大规模建立的工农商学兵一体、政社合一的社会经济组织和基层政权。

通过农业合作化运动，全国农村普遍建立了农业生产合作社。之后，因兴修水利、搞农田基本建设的需要，一些地方尝试将小社并成大社。这本来有合理之处。毛泽东和中共中央对此持肯定态度，并在内部提出将乡社合一、建立共产主义的公社的设想。不少地方闻风而动，在 1958 年 6 月间出现以"公社"作名称的组织。7 月，陈伯达在《红旗》杂志发表文章，公开披露毛泽东关于办人民公社的思想。

1958 年 8 月上旬，毛泽东先后视察河北、河南和山东等省的一些农村。所到之处都鼓励并社、办大社。视察河北徐水时，肯定了徐水"组织军事化、行动战斗化、生活集体化"。视察河南省新乡县刚成立不久的七里营人民公社，称赞"人民公社名字好"。在听取河南省委负责人汇报时，指出人民公社的特点，一曰大，二曰公。在山东省历城县视察听到北园乡准备办大农场时，说：不要搞农场，还是办人民公社好，和政府合一了，它的好处是，可以把工、农、商、学、兵合在一起，便于领导。

新华社和《人民日报》报道上述消息后，"人民公社"的名字立即传遍全国。许多地方加快行动，纷纷建立人民公社。行动最快的河南省，到1958年8月底就在原有38473个农业合作社、平均每社260户的基础上，建成人民公社1378个，平均每社7200多户。入社农户占到全省农户总数的99.98%，在全国率先实现了农村人民公社化。

8月17日—30日在北戴河召开的中央政治局扩大会议，除确定1958年钢产量指标为1070万吨外，还作出《中共中央关于在农村建立人民公社问题的决议》，认为把规模较小的农业生产合作社合并和改变成为规模较大的、工农商学兵合一的、政社合一的、集体化程度更高的人民公社，是目前农村生产飞跃发展、农民觉悟迅速提高的必然趋势，并指出："人民公社将是建成社会主义和逐步向共产主义过渡的最好的组织形式，它将发展成为未来共产主义社会的基层单位。"

9月10日，《人民日报》发表了这个决议，并发表社论《先把人民公社的架子搭起来》。于是，全国各地一哄而起，形成大办人民公社的高潮。到10月底，全国农村建立的人民公社达到26000多个，入社农户占农户总数的99%以上。在不到两个月的时间内，全国农村建立不到两年的高级农业合作社多数被人民公社所代替，全国农村实现了人民公社化。

在全国农村人民公社化运动的高潮中，有些省、市还在城市里建立人民公社。1958年下半年至1959年，北京、上海、天津、武汉、广州等大城市试办了以大工厂、街道、机关或学校为中心的三种类型的城市人民公社。

人民公社的基本特点被概括为"一大二公"。所谓"大"，就是规模大。平均每社由原来的 28 个合作社组成，有农户四五千个到一两万个，基本上是一乡一社，甚至数乡一社。所谓"公"，就是生产资料公有化程度高。土地、耕畜、农具等生产资料以及其他公共财产全部转归公社，由公社统一核算和分配。将国营商业、粮食、银行等部门在基层的机构下放给人民公社经营。

人民公社实行政社合一的体制。它既是一个经济组织，也是一级政权机构；既要负责全社的农、林、牧、副、渔业生产，也要管理工、农、商、学、兵（民兵）等各方面的工作。

人民公社早期实行供给制和工资制相结合的分配制度。有些公社宣布对社员的生活实行"七包""十包"，甚至"十五包""十六包"，即包下社员的衣食住行、生老病死、婚丧嫁娶、教育医疗等各种基本生活费用。

人民公社划分为若干个生产大队，生产大队又划分为若干个生产小队，实行三级管理。公社统管全社的生产安排、劳力调配、物资调拨、产品分配和经济核算，生产大队负责生产管理和部分经济核算，生产小队则只是一个具体组织生产的基本单位。

人民公社还大力推行"组织军事化、行动战斗化、生活集体化"的劳动组织方式和生活方式。同时，大办公共食堂、托儿所、敬老院、缝纫组等公共福利事业。到 1958 年 10 月底，全国农村建立公共食堂 265 万多个，在食堂吃饭的人占农村总人口的 70%—90%。

人民公社制度初创时带有浓厚的平均主义和军事共产主义色彩。大办人民公社的过程，实际上是大刮"共产风"的过程。人民公社化运动，不仅造成对农民的剥夺，而且使农村生产力受到灾难性的破坏。1958 年冬天，出现了粮、油、副食品供应的紧张状况。人民公社化运动的严重后果开始显现出来。

此后，毛泽东和中共中央逐渐发现人民公社的问题，在坚持公社体制的前提下，逐步调整人民公社的规模和管理体制，实行了"三级所有，队为基础"的基本模式，努力解决刮"共产风"、急于向全民所有制过渡等问题。中央先后多次开会研究，制定颁发了多个文件。因此，人民公社一直存在了20多年。直到1978年的十一届三中全会，还研究了《农村人民公社工作条例（试行草案）》。

但因人民公社的固有弊端无法根本解决，所以，1980年5月，在中共四川省委支持下，中共广汉县委在向阳公社进行人民公社体制改革试点，在全国率先撤销人民公社，恢复建立乡党委、乡人民政府。1982年修改制定的《中华人民共和国宪法》，改变农村人民公社政社合一的体制，设立乡级人民政府。1983年10月，中共中央、国务院发出《关于实行政社分开建立乡政府的通知》，要求在1984年底以前大体上完成建立乡政府的工作。此后，建立乡、镇政府和各种合作经济形式的工作在全国展开。1993年修改宪法时，取消了"人民公社"的字眼。人民公社最终退出历史舞台。

十二、七千人大会

1962年1月11日至2月7日，中共中央在北京举行扩大的工作会议。参加会议的有中央和省、地、县委四级主要负责人和部分大厂矿和部队的负责干部7118人，因此又称"七千人大会"，是我们党在执政后召开的规模最大的一次干部大会。

召开这次会议的目的，是进一步总结1958年"大跃进"以来的经验教训，统一全党认识，增强团结，动员全党更坚决地执行调整方针，为战胜严重困难而奋斗。

大会的前一阶段是讨论和修改刘少奇代表中央提出的书面报告草稿。这个草稿，毛泽东提议不经中央政治局讨论，直接印发大会，征求修改意见。经过与会者讨论，形成《在扩大的中央工作会议上的报告》的定稿，作为大会的正式文件。

刘少奇代表中央作的书面报告和讲话，初步总结1958年以来社会主义建设的基本经验教训，分析了几年来工作中的主要缺点错误。讲话认为，关于对成绩和缺点的估计，过去我们经常把缺点错误和成绩，比作一个指头和九个指头的关系，现在恐怕不能到处这样套。从全国讲，恐怕是三个指头和七个指头的关系。有些地区，缺点错误还不止是三个指头，也可能是七个指头。

对于造成经济困难的原因，刘少奇认为，一方面是由于自然灾害的影响，另一方面在很大程度上是由于工作上和作风上的缺点和错误引起的，有的地方是"三分天灾，七分人祸"。工作中发生错误的原因，一方面是由于在建设工作中经验不够；另一方面是由于几年来党内不少领导同志不够谦虚谨慎，违反了党的实事求是和群众路线的传统作风，削弱了民主集中制原则，这就妨碍了党及时地尽早地发现问题和纠正错误。报告指出全党当前的主要任务，是踏踏实实地、干劲十足地做好调整工作。刘少奇的书面报告和讲话，受到大家热烈欢迎。

毛泽东讲话，建议让大家出气。不出气，统一不起来。他提议延长会期，参会人员都在北京过春节，"白天出气，晚上看戏，两干一稀，大家满意"。

由此大会进入第二阶段，发扬民主，开展批评与自我批评，主要是地方来的同志向中央特别是向省、市、自治区党委提意见。

中央几位主要领导人在会上讲了话。毛泽东在会上讲话，着重指出必须健全党的民主集中制，必须在总结正反两个方面经验的基础上，加深对社会主义建设规律的认识。他作了自我批评。邓小平、周恩来在大会上讲话，分别代表中共中央书记处和国务院作自我批评。

林彪在大会上也作了发言。他说，毛主席的思想总是正确的，这几年发生错误和困难，恰恰是由于我们有许多事情没有照着毛主席的指示去做，或者用"左"的思想或者用右的思想"干扰"了他的缘故；如果听毛主席的话，困难会小得多，弯路也会少走得多。

大会发扬民主，开展批评和自我批评，强调要恢复党的实事求是、群众路线的优良作风，要健全党内民主生活，加强集中统一。

这次大会取得了积极成果。虽然在对形势的分析和对造成困难的主要原因的认识上，以及对工作中的成绩和缺点的估计等问题上，中央领导核心中的分歧并未解决，但在坚决贯彻执行"八字方针"，促进国民经济的恢复和发展的问题上，对统一全党认识起了积极的作用。

十三、"四清"运动

"四清"运动，是指1963年至1966年在全国城乡开展的社会主义教育运动，因运动的内容一开始是"清工分、清账目、清仓库和清财物"，后期为"清思想、清政治、清组织和清经济"，故简称为"四清"运动。

1962年9月的八届十中全会后，湖南、河北等地区进行了整风整社和社会主义教育活动。1963年2月，中共中央召开工作会议。毛泽东批示将湖南、河北两省委报告印发会议讨论，并在讲话中提出中国出不出修正主义的问题，说只有抓好社会主义教育，才可以防止出修正主义；强调"阶级斗争，一抓就灵"，督促各地抓紧开展社会主义教育。会议决定以抓阶级斗争为中心，在农村开展以"四清"为主要内容的社会主义教育运动，在城市开展反对贪污盗窃、反对投机倒把、反对铺张浪费、反对分散主义、反对官僚主义的"五反"运动。

　　1963 年 5 月，毛泽东在杭州召集有部分中央政治局委员和大区书记参加的小型会议，制定出《关于目前农村工作中若干问题的决定（草案）》（后被称为"前十条"）。"前十条"对"四清"运动的任务、政策、方法作了规定，对农村形势作了"左"的估计，认为中国社会已经出现了严重的尖锐的阶级斗争情况，资本主义势力和封建势力正在对党猖狂进攻，要求重新组织革命的阶级队伍，把反革命气焰压下去。5 月 20 日，中央把它作为指导社会主义教育运动的纲领性文件在党内传达。各地训练干部，进行试点，为大规模开展农村社会主义教育运动进行准备。

　　9 月，中共中央在北京召开的工作会议，又讨论制定了《关于农村社会主义教育运动中一些具体政策的规定（草案）》（简称"后十条"）。"后十条"进一步提出了运动要"以阶级斗争为纲"的方针，但也指出要团结 95% 以上的农民群众和农村干部，要依靠基层组织和基层干部等具体政策。11 月 14 日，中共中央发出《关于印发和宣传农村社会主义教育运动问题的两个文件的通知》。1964 年 3 月，党中央又发出《关于在全党组织干部宣讲队伍把全党全民的社会主义教育运动进行到底的指示》。至此，社教运动经过试点后，在全国较大范围内开展起来。

　　当时在中央一线主持工作的刘少奇，先后到各地了解和座谈如何开展"四清"运动，并于 1963 年 11 月派夫人王光美到河北省唐山专区抚宁县卢王庄公社桃园大队进行"四清"。桃园大队工作队的做法是：先搞"扎根串连"，然后搞"四清"，再搞对敌斗争；对待基层组织和基层干部是"又依靠，又不完全依靠"。

　　1964 年 5、6 月间，毛泽东、刘少奇对整个国内政治形势作出更为严重的估计，认为全国有 1/3 左右的基层单位，领导权不在我们手里，而在敌人和他们的同盟者手里，更加突出地强调防止和平演变的紧迫性，并要求从反修防修和防止世界大战的总体战略来部署工作。

为此，党中央决定成立"四清""五反"指挥部，由刘少奇挂帅，并主持对"后十条"进行修改。9月中旬，"后十条"修正草案正式下发。修正草案提出了"反革命的两面政权"的概念，强调"这次运动，是一次比土地改革运动更为广泛、更为复杂、更为深刻的大规模的群众运动"，并改变了原先依靠基层组织和基层干部的做法，改由工作队领导整个运动。

"后十条"修正草案的下发，以及在此前后采取的一系列重大措施，使1964年下半年社教运动的"左"倾错误得到迅速和严重的发展。

一是实行"大兵团作战"的办法，造成猛烈的斗争声势。中央各部委、各省地县机关以及文教部门和高等学校，都抽调大批干部和高校师生，组成庞大的工作团。1964年秋冬至1965年春，全国仅各级干部就有一百五六十万人参加工作队；中央各部委和各省地委主要负责人，也有相当一部分抽调到重点县搞"四清"蹲点。

二是搞秘密的"扎根串连"，实行工作队包办代替。1964年9月1日，党中央转发《关于一个大队的社会主义教育运动的经验总结》（简称"桃园经验"），推广桃园大队工作队在"四清"中"扎根串连"、采取秘密工作方式的经验。此后又决定工作团所在地的县委、县人民委员会由工作团党委领导，各区委和公社党委及其同级行政组织，则分别由工作团分党委和工作队党委领导。

三是重复土改中"搬石头"的做法，展开夺权斗争。1964年10月24日，中共中央发出《关于社会主义教育运动夺权斗争问题的指示》，要求"凡是被敌人操纵或篡夺了领导权的地方，被蜕化变质分子把持了领导权的地方，都必须进行夺权的斗争，否则，要犯严重的错误"。

1964 年 9 月 11 日，中共中央、国务院还发出《关于组织高等学校文科师生参加社会主义教育运动的通知》，认为高等学校文科脱离实际的倾向十分严重，资产阶级和修正主义的思想影响相当普遍，将来可能成为资产阶级的接班人，使我国有发生"和平演变"的危险。这种状况必须从根本上加以改变。因此，要使文科院校附设工厂或迁到农场，办成半工半读或半耕半读的学校。当前必须抓紧组织高校文科师生参加社会主义教育运动，使他们在实际斗争中接受教育和锻炼，改造世界观。

城市的社教运动搞得也很紧张。1964 年，全国工交系统组织了 13 万人的工作队，在 1800 个全民所有制企业开展运动，18 个部委有 45 名正副部长带领 22000 多名干部蹲点。各省区市和第二轻工业部，还在 730 个集体所有制企业中开展了运动。运动中出现了乱批乱斗的现象。

1964 年 12 月 15 日—28 日，中共中央政治局召开工作会议，主要讨论农村社会主义教育运动问题。毛泽东批评关于运动的性质是"四清"和"四不清"的矛盾、党内外矛盾的交叉、敌我矛盾和人民内部矛盾的交叉等提法，提出运动的性质是社会主义和资本主义的矛盾。还批评北京有两个"独立王国"（按：指邓小平和中央书记处、李富春和国家计划委员会）。

1965 年 1 月 14 日，中共中央发布会议讨论的纪要《农村社会主义教育运动中目前提出的一些问题》（简称"二十三条"）。按"二十三条"规定，城市和乡村的社会主义教育运动，今后一律简称"四清"，并把"四清"的内容规定为清政治、清经济、清组织、清思想。"二十三条"对"四清"运动中某些"左"的偏向作了纠正，但明确提出"这次运动的重点，是整党内那些走资本主义道路的当权派"等更"左"的观点。

"二十三条"下达后,城乡"四清"运动进入以清政治、清经济、清组织、清思想为主要内容的"大四清"阶段。各地都对运动进行了重新部署和安排,并一直持续到"文化大革命"初期。运动的重点转向整中共党内"走资本主义道路的当权派"。到 1966 年上半年,全国开展"四清"运动的重点地区超过 1/3。其他地区则普遍开展了面上的运动。

历时三年多的"四清"运动,对于纠正干部多吃多占、强迫命令、欺压群众等作风和解决集体经济经营管理方面的问题起了一定的作用。但是,由于指导思想上"以阶级斗争为纲",许多不同性质的问题都被认为是阶级斗争或者阶级斗争在党内的反映,因而混淆了两类矛盾,使不少干部和群众受到打击。其"左"的错误为"文化大革命"的发动做了理论和实践的准备。

十四、"文化大革命"

1966 年 5 月至 1976 年 10 月的"文化大革命",是一场由领导者错误发动,被反革命集团利用,给党、国家和各族人民带来严重灾难的内乱。

《关于建国以来党的若干历史问题的决议》对"文化大革命"作了系统的回顾和总结。

根据《关于建国以来党的若干历史问题的决议》,"文化大革命"的过程分为三个阶段。

(一)从"文化大革命"的发动到 1969 年 4 月党的九大。1966 年 5 月中央政治局扩大会议和同年 8 月八届十一中全会的召开,是"文化大革命"全面发动的标志。这两次会议相继通过了《五一六通知》

和《关于无产阶级文化大革命的决定》，对所谓"彭真、罗瑞卿、陆定一、杨尚昆反党集团"和对所谓"刘少奇、邓小平司令部"进行了错误的斗争。毛泽东"左"倾错误的个人领导实际上取代了党中央的集体领导，对毛泽东的个人崇拜被鼓吹到了狂热的程度。中央文革小组乘机煽动"打倒一切，全面内战"。各部门各地方的党政领导机构几乎都被夺权或改组。党的九大使"文化大革命"的错误理论和实践合法化。

（二）从党的九大到1973年8月党的十大。1970年至1971年间发生了林彪反革命集团阴谋夺取最高权力、策动反革命武装政变的事件，客观上宣告了"文化大革命"的理论和实践的失败。周恩来在毛泽东支持下主持中央日常工作，使各方面的工作有了转机。党的十大继续了九大的"左"倾错误，并且使王洪文当上了党中央副主席。江青、张春桥、姚文元、王洪文在中央政治局内结成"四人帮"。

（三）从党的十大到1976年10月。1974年初，江青、王洪文等提出开展所谓"批林批孔"运动，矛头指向周恩来。1975年，周恩来病重，邓小平在毛泽东支持下主持中央日常工作，对许多方面的工作进行整顿。但是毛泽东又发动了"批邓、反击右倾翻案风"运动。1976年1月周恩来逝世。同年4月间，在全国范围内掀起了以天安门事件为代表的悼念周总理、反对"四人帮"的强大抗议运动。1976年9月毛泽东逝世。10月上旬，中央政治局执行党和人民的意志，毅然粉碎了江青反革命集团，结束了"文化大革命"这场灾难。

《关于建国以来党的若干历史问题的决议》指出，"文化大革命"，使党、国家和人民遭到建国以来最严重的挫折和损失。实践证明，"文化大革命"不是也不可能是任何意义上的革命或社会进步。

"文化大革命"是毛泽东发动和领导的，是在所谓"无产阶级专政下继续革命的理论"指导下进行的。但"文化大革命"的历史证明，毛泽东发动"文化大革命"的主要论点既不符合马克思列宁主义，也不符合中国实际。

对于"文化大革命"这一全局性的"左"倾错误，毛泽东负有主要责任。但是，毛泽东的错误终究是一个伟大的无产阶级革命家所犯的错误。

"文化大革命"这样严重的错误，使中国的社会主义事业走了大的弯路，应该引以为沉痛的教训。

在"文化大革命"时期，党和人民同"左"倾错误和林彪、江青反革命集团的斗争一直没有停止过，从而使"文化大革命"的破坏受到一定程度的限制。在这 10 年中，我国国民经济仍然取得了进展。粮食生产保持了比较稳定的增长，工业交通、基本建设和科学技术方面取得了一批重要成就，对外工作也打开了新的局面。当然，这一切绝不是"文化大革命"的成果，如果没有"文化大革命"，我国的社会主义事业会取得大得多的成就。

十五、知识青年上山下乡

知识青年上山下乡，是指城镇毕业或未毕业的中学生，自愿或被派遣到农村、边疆等艰苦地区，长期在当地生产生活，接受农民再教育、改造自身世界观、参与农村和农业建设的行动和运动。

广义的知识青年上山下乡，始于 20 世纪 50 年代中期。1954 年，苏联动员 27 万城市青年开展大规模的垦荒运动。中国有关方面受到启发，提出类似建议，得到毛泽东首肯。

1955 年，以杨华为首的 60 名北京青年组成志愿垦荒队，远赴北大荒，得到肯定和鼓励，随后引发北京、上海、山东、江苏、浙江、四川、广东等地城市青年到农村和边疆垦荒的热潮，并一直延续到

60 年代。党和政府对知识青年上山下乡予以鼓励和提倡，大力宣传有关典型。毛泽东发出"农村是一个广阔的天地，在那里是可以大有作为的"号召。当时知识青年上山下乡的出发点是消灭"三大差别"，为国家和农村建设作贡献，带有积极的理想主义色彩。邢燕子、侯隽、董加耕等一批青年，都是当时的先进典型。

20 世纪 50—60 年代，为了精减城市职工和人口，国家还多次组织城市家庭"下放"农村。这一举措带有强制性，但与知识青年上山下乡起了相互促进的作用。

1966 年"文化大革命"开始后，大学不招生，工厂基本上不招工，商业和服务行业处于停滞状态，所有初、高中毕业生既不能升学，也无法分配工作。到 1968 年，积压在校的 1966、1967、1968 届初中和高中毕业生（后来被称为"老三届"）达 400 多万人。如何安置他们成为严重的社会问题。

1968 年 12 月 22 日，《人民日报》传达了毛泽东的指示："知识青年到农村去，接受贫下中农的再教育，很有必要。"全国立即掀起知识青年上山下乡的高潮。主要方式：一是在多个省份组建生产建设兵团，或成批安置到既有农场和兵团；二是分散到各地农村，单人或多人集体"插队"，即插入到农民原有的生产队中。户口原是农村的学生，则"回乡"参加农业生产。各地在极短时间里，安排了大批知识青年前往农村。

由于采取了宣传教育与强制措施相结合的办法，初期的知识青年大部分都能持积极和服从的态度。此后若干年，上山下乡运动继续进行，多届毕业生均须上山下乡。但阻力增大，于是政府规定了一些条件，多子女家庭可以自行选择哪位成员下乡或顶替父母就业，身体有病的也可以留城。

整个"文化大革命"期间，上山下乡的知识青年达 1600 多万，约占城市人口的 1/10。

"文化大革命"期间的上山下乡与此前的自愿上山下乡有很大不同：它是在"文化大革命"造成全局性混乱，大学基本停办、工厂基本停止招工的情况下进行的；几乎全部中学毕业生都要上山下乡，规模巨大，涉及千家万户；带有很大的强制性，几乎没有选择余地，并非真正自愿；许多初中毕业生尚未达到 18 岁，还是未成年人，也要背井离乡独自生活和参加艰苦的体力劳动；正面宣传了许多政治意义，但实际也是为了安置大量难以安置的就业人口。

知识青年到农村和边疆等地后，向农民学习各种生产知识，参加各种艰苦的农业劳动，传播文化知识，逐步担任生产队干部以及小学教员、"赤脚医生"一类的初级技术工作。兵团和农场的知识青年还直接参与国家的屯垦戍边，有的还参加了边境保卫战。他们在极端艰苦的环境下接触实践，增长才干，经受了锻炼，不仅为农村发展、边疆开发、克服国家困难作出了贡献，而且为日后自身的成长、发展和进步打下了特殊的基础。

但是，一个国家多年停办或基本停办大学，让上千万中学生到农村参加体力劳动，这在人类文明史上是空前绝后的大事件。这种举措，使大量青年失去了正常接受教育的权利和机会，造成人才生成的断层，给国家的现代化建设带来长远的危害，也给许多家庭和个人带来无法承受的压力甚至灾难。

知识青年在农村，生产劳动过重、分配收入低、文化生活贫乏、缺乏组织管理，先后发生了很多意外事故，也造成了大量社会问题。知识青年的思想逐步浮动。1972 年 12 月，福建省小学教师李庆霖写信给毛泽东，反映其子上山下乡后生活上遇到的困难。毛泽东于 1973 年 4 月 25 日给李庆霖复信，寄去 300 元，并指出"全国此类事甚多，容当统筹解决"。6 月 10 日毛泽东的复信公布后，引起很大反响。中央政治局几次听取汇报，研究统筹解决知识青年上山下乡工作中的问题。国务院于6、7月间召开了全国知识青年上山下乡工作会议。8月4日，中共中央转发国务院《关于全国知识青年上山下乡工作会议的报告》，对知识青年下乡、管理、返城等政策作出若干调整。

在此前后，国家开始允许知识青年以招工、考试、病退、顶职、独生子女、身边无人、工农兵学员等各种名义部分返城。也有不少家长利用"走后门"的办法让子女返城或当兵。

1977年，恢复高考，大量知识青年报考，虽然录取的比例很低，但标志国家恢复了正常的教育制度，为广大知识青年打开了希望之门，城镇中学毕业生也有了新的出口。

1978年10月31日—12月10日，国务院召开全国知识青年上山下乡工作会议，决定调整政策，在城市积极开辟新领域、新行业，为更多的城镇中学毕业生创造就业和升学条件，逐步缩小上山下乡的范围，有安置条件的城市不再动员下乡。会议期间，发生西双版纳知识青年集体要求返城事件。中央最终下决心允许知识青年返城回家。

据不完全统计，仅1979年，全国各省、自治区、直辖市安置返城知青达760万人。此后陆续返城约300万人。由于各种原因滞留农村、边疆的有数十万人。

1981年11月，国务院知青办并入国家劳动总局，历经20余年的城镇知识青年上山下乡正式结束。

1985年，劳动人事部下发《关于解决原下乡知识青年插队期间工龄计算问题的通知》，将下乡知识青年的工龄从其下乡之日算起。

由于上山下乡，上千万知识青年的命运都发生了巨大的变化。酸甜苦辣，五味杂陈，很难用一个词简单概括每一个人的命运和感受。无论各人的人生道路和最终的职业、命运如何，应该承认，每个人都为国家作出了贡献甚至牺牲。

十六、1975 年的全面整顿

四届全国人大一次会议闭幕后，周恩来的病情加重。1975 年 2 月，经周恩来提议，毛泽东同意，邓小平开始主持国务院工作。

邓小平受命于危难之际，在毛泽东、周恩来的支持和叶剑英、李先念等的配合下，果断地对被"文化大革命"搞乱了的各条战线进行整顿，提出摆脱动乱、加快经济恢复和发展的一系列措施，进行了当时条件下所能进行的拨乱反正。

根据毛泽东关于"军队要整顿"的指示，邓小平首先提出要整顿军队，在总参谋部机关团以上干部大会上，作了《军队要整顿》的讲话。取消 1971 年 10 月成立的中央军委办公会议，成立中央军委常务委员会，由叶剑英主持工作。军队的整顿，拉开了全面整顿的序幕。在随后的整顿中，邓小平进一步提出军队要解决"肿、散、骄、奢、惰"的问题；要抓编制、抓装备，还要抓战略。

接着，着力抓了对铁路部门的整顿。这是邓小平在经济领域进行整顿，扭转混乱局面的突破口。着力解决管理体制、干部管理和运输生产问题。召开解决铁路运输问题的全国省、自治区、直辖市主管工业的书记会议，发出《关于加强铁路工作的决定》，重点解决以"乱"而著称的徐州铁路分局的问题，为整顿全国铁路提供了经验，取得了明显成效。

在铁路整顿的带动下，其他方面的整顿陆续展开。召开全国钢铁工业座谈会，发出《关于努力完成今年钢铁生产计划的批示》。

针对财政工作的混乱状况，《关于进一步加强财政工作和严格检查一九七四年财政收支的通知》，要求扭转财政收支的不正常情况，纠正违反财经纪律的现象。

国防科技的整顿也同时展开，使国防尖端武器的研制连续取得成绩。第 17 次地下核试验爆炸成功，一年里成功地发射 3 颗人造地球卫星。

在工交战线整顿取得成效的基础上，整顿向党的干部工作、党的组织建设及科技、教育、文化等领域深入开展。

进一步落实干部政策，使被打倒的老干部尽快恢复工作，长期被关押的高级干部 350 人被释放出来。

在全国政治形势有利的情况下，邓小平提出了整顿党组织的问题。希望"把省委的领导建立起来，使省委说话有人听，能够担负起领导责任"[①]，在浙江、河南等省进行整党试点。"整顿的核心是党的整顿"，"整党主要放在整顿各级领导班子上"。[②]

邓小平提出要通盘研究经济发展的问题。针对整个工业存在的散和乱的问题，国务院委托国家计委起草《关于加快工业发展的若干问题》（简称"工业二十条"）。

要求科技事业尽快走上正常发展的轨道。派胡耀邦主持科学院工作。胡耀邦等人起草了《关于科技工作的几个问题（汇报提纲）》（后来修改为《科学院工作汇报提纲》）。邓小平说："科学技术叫生产力，科技人员就是劳动者！"[③]

文艺政策也进行了调整。正式为周扬一案中受审查、批判及被株连的人平反昭雪。提出文艺要搞"百花齐放"，不要"一花独放"。冲破"四人帮"的阻拦，反映中国石油工人艰苦创业的故事影片《创业》在北京等城市上映。

教育战线的整顿也着手准备。教育部在小范围内酝酿起草了《教

---

① 《邓小平文选》第二卷，人民出版社 1994 年版，第 13 页。
② 《邓小平文选》第二卷，人民出版社 1994 年版，第 35 页。
③ 《邓小平文选》第二卷，人民出版社 1994 年版，第 34 页。

育工作汇报提纲》。

农业整顿的任务也提了出来。国务院召开大规模的全国农业学大寨会议。中央召开农村工作座谈会。

在邓小平直接领导下，成立国务院政治研究室，配合整顿，起草、撰写了一些重要文件和文章。

在整顿中，邓小平提出"三项指示为纲"。他说：毛主席的"这三条重要指示，就是我们今后一个时期各项工作的纲。这三条是互相联系的，不能分割的，一条都不能忘记"。①

整顿取得了明显成效，也有力地冲击了极左思潮。但由于触及"文化大革命"的错误，受到"四人帮"的阻挠和反对，也逐渐为毛泽东所不容。从 1975 年 11 月开始，在毛泽东支持下，"四人帮"开始"反击右倾翻案风"，中央政治局开会，以"讨论文化大革命问题"为由，对邓小平进行批评。

毛泽东提出由邓小平主持作一个肯定"文化大革命"的决议，但邓小平说："我是桃花源中人，'不知有汉，无论魏晋'。"②予以拒绝。此后，邓小平被停止了大部分工作。"反击右倾翻案风"的运动扩大到全国。邓小平主持的全面整顿至此中断。

十七、粉碎"四人帮"

1976 年，周恩来总理、朱德委员长、毛泽东主席先后逝世，全国人民处于巨大的悲痛中。中国处在向何处去的关键时刻。

随着"文化大革命"的破坏性后果不断暴露，党内外对"左"倾错误的不满日益强烈，迫切要求尽快结束"文化大革命"，制止"四

---

① 《邓小平年谱（1975—1997）》（上），中央文献出版社 2004 年版，第 50 页。
② 《邓小平年谱（1975—1997）》（上），中央文献出版社 2004 年版，第 132 页。

人帮"的倒行逆施。

在毛泽东逝世后，面对"四人帮"加紧夺取党和国家最高领导权的阴谋活动，时任中共中央第一副主席、主持中央工作的华国锋，先后同叶剑英、李先念以及汪东兴等谨慎沟通、反复研究，认为同"四人帮"的斗争是势不两立、你死我活的，已超出正常的党内矛盾和党内斗争的范围，应采取果断措施加以解决，清除党和国家肌体的这个痼疾。经征得中央政治局多数同志的同意，决定对"四人帮"采取隔离审查措施。

1976 年 10 月 6 日晚 8 时，华国锋、叶剑英在中南海怀仁堂召集中央政治局常委会议，通知姚文元列席。在张春桥、王洪文、姚文元先后到达会议室时，分别宣布对他们实行隔离审查；同时，派人到中南海江青的住所宣布执行同样的决定。"四人帮"被一举粉碎。当晚 10 时，中共中央召开政治局紧急会议，决定粉碎"四人帮"后党和国家的重大问题，一致通过由华国锋任中共中央主席、中央军委主席（待党的十届三中全会予以追认）的决议。

10 月 7 日—14 日，中央政治局在北京分批召开中央党、政、军机关，各省、自治区、直辖市，各大军区负责人参加的打招呼会议，通报对"四人帮"采取的断然措施和中共中央关于华国锋任中共中央主席、中央军委主席的决议。中央还及时采取有力措施，控制住了上海的局势。

10 月 18 日，中共中央将《关于王洪文、张春桥、江青、姚文元反党集团事件的通知》（以下简称《通知》）下发到县团级党组织，通报了"四人帮"的罪行和毛泽东 1974 年 2 月以来对他们的批评，号召全党紧密团结起来，开展揭发批判"四人帮"的斗争。《通知》还强调：在斗争中要注意政策，扩大教育面，缩小打击面，对犯错误的人要区别对待。

粉碎"四人帮"的消息一经公开，全国各族人民欢欣鼓舞。从 10月 21 日—30 日，全国 29 个省区市和解放军各部队举行盛大集会和游行，庆祝粉碎"四人帮"的重大胜利。30 多个国家和地区的电视台收录并播放了首都百万群众在天安门广场举行庆祝大会的实况。香港、澳门各界爱国同胞也举行了庆祝集会。

粉碎"四人帮"是中央政治局执行党和人民的意志，在非常形势下采取特殊方式进行的一场斗争，华国锋、叶剑英、李先念等起了重要作用。粉碎"四人帮"是全党、全军和全国各族人民长期斗争取得的伟大胜利，从危难中挽救了党，挽救了国家，挽救了中国的社会主义事业，宣告延续 10 年的"文化大革命"终于结束，为实现党的历史的伟大转折创造了前提。

1980 年 11 月至 1981 年 1 月，经最高人民检察院特别检察厅起诉和最高人民法院特别法庭公开审判，林彪、江青两个反革命集团受到法律制裁。通过依法审判，促使党和国家政治生活转入法制轨道，人的尊严和权利得到尊重和维护，推动了恢复和重建我国司法制度的历史进程。

第二章

共和国的改革奋进

一、不断深化的改革开放

改革开放是决定中国命运的关键一招。十一届三中全会以来中国共产党制定的一系列新的方针政策，概括起来，就是改革开放。改革开放是推动社会主义发展的动力，是中国的第二次革命。

从中共十一届三中全会到现在，改革开放已经持续了 40 多年。这 40 多年，大致可以分为"3+1"阶段。

第一个阶段，从十一届三中全会到十三届四中全会，是改革开放起步和全面展开的阶段。

粉碎"四人帮"以后，全国上下开始拨乱反正的进程。恢复高考，平反冤假错案，开展真理标准问题讨论，调整经济政策，进而把改革开放的任务提上了日程。

1978 年的十一届三中全会，实现了新中国成立以来党的历史上具有深远意义的伟大转折，从而成为改革开放和社会主义现代化建设新时期的开端。

新时期的改革首先从农村开始。在高层领导的支持下，农民实行家庭联产承包责任制。从 1985 年开始，实行农村经济第二步改革，放松和调整实行了 30 多年的农产品统派统购制度。

农村改革的成功经验，为整个经济体制改革提供了重要经验和有利条件。中共十二大后，以城市为重点的经济体制改革全面展开。1984 年的十二届三中全会通过《中共中央关于经济体制改革的决定》（以下简称《决定》），突破把计划经济同商品经济对立起来的传统观点，确认中国社会主义经济是公有制基础上的有计划的商品经济。

在《决定》精神指导下，重点扩大企业的生产经营自主权。同时，在计划、财政、税收、价格、金融、商业、劳动工资等方面，也进行了不同程度的改革。

在改革的同时，实行对外开放的政策。从广义上说，开放也是改革。对外开放的主要形式有利用外资、引进技术、对外贸易、创办经济特区等多种。特别是经济特区，成为改革开放的一大特色和排头兵。

第二个阶段，从十三届四中全会到十六大，是改革开放以建立社会主义市场经济为主线深入发展的阶段。

这 13 年的历史可以分为三个小阶段：1989 年—1992 年，1992 年—1997 年，1997 —2002 年。但这个历史时期与邓小平时期有一定的交叉。尤其是 1989 年—1992 年，邓小平作为改革开放的总设计师，对改革开放仍然发挥了重要的指导作用。特别是 1992 年的南方谈话，对推进改革开放的历史进程起了巨大的作用。以邓小平南方谈话和党的十四大为标志，改革开放和现代化建设进入新的发展阶段。

这一阶段的改革开放是以建立社会主义市场经济体制为主线全面和深入展开的。

从 1979 年开始，邓小平先后 6 次论述了市场经济问题。在 1992 年的南方谈话中，他鲜明地指出："计划经济不等于社会主义，资本主义也有计划；市场经济不等于资本主义，社会主义也有市场。"[1]社会主义能不能搞市场经济的问题，就此一锤定音。1992 年 10 月，十四大庄严宣告：中国经济体制改革的目标是建立社会主义市场经济体制。随后，十四届三中全会通过《中共中央关于建立社会主义市场经济体制若干问题的决定》，勾画了社会主义市场经济体制的蓝图和基本框架。

---

[1]　《邓小平文选》第三卷，人民出版社 1993 年版，第 373 页。

按照建立社会主义市场经济的目标和框架，党中央带领全国人民全面推进农村、国有企业、财政、税收、金融、外贸、外汇、投资、价格、社会保障、住房、科技、教育等各方面体制的改革。坚持从实际出发，整体推进，重点突破，循序渐进，注重制度建设和创新，努力使市场在国家宏观调控下对资源配置起基础性作用。

第三个阶段，从十六大到十八大，是改革开放沿着科学发展道路继续推进的阶段。

把深化改革开放与科学发展、促进和谐结合起来，是这一阶段改革开放最大的特点。

科学发展与构建和谐社会给深化改革提出了新的任务和要求。这一阶段的改革开放，坚持以科学发展观为指针，既适应科学发展、促进和谐的要求深化改革，又通过改革开放保障科学发展、促进和谐。更加注重城乡、区域、经济社会协调发展，更加注重资源节约和环境保护，更加注重经济结构调整和自主创新，更加注重以人为本和改善民生，更加注重统筹国内国际两个大局。

与此同时，这一阶段的改革开放，仍然围绕"完善"社会主义市场经济这条主线不断深化。1993年，十四届三中全会通过的文件，题目是《中共中央关于建立社会主义市场经济体制若干问题的决定》。10年后，2003年的十六届三中全会，又通过了一个《中共中央关于完善社会主义市场经济体制若干问题的决定》。两个《决定》在标题上就差一个词：一个是"建立"，一个是"完善"。一词之差，浓缩了中国社会主义市场经济发展的历史进程，标志着中国的经济体制改革跨入了一个新的历史发展阶段。

十八大之后，中国特色社会主义进入新时代，改革开放也进入了全面深化的新阶段。"3+1"中的"1"，是一个特殊的"1"。按改革开放的发展过程，它是一个阶段，但它又被正式界定为一个新时代。

十八大统一提出了全面建成小康社会和全面深化改革开放的目标，强调必须以更大的政治勇气和智慧，不失时机深化重要领域改革。习近平指出，改革开放只有进行时，没有完成时。面对新形势新任务，我们必须通过全面深化改革，着力解决我国发展面临的一系列突出矛盾和问题，不断推进中国特色社会主义制度自我完善和发展。

2013年，十八届三中全会就全面深化改革问题作出重要决定，改革开放在新的历史起点上以更大的规模全面展开。十九届六中全会和二十届三中全会，将十八届三中全会称为划时代的会议。

十九大把"坚持全面深化改革"作为新时代坚持和发展中国特色社会主义基本方略的第三条，并对全面深化改革作出进一步部署。在以习近平同志为核心的党中央领导下，改革蹄疾步稳、全面发力、多点突破、纵深推进。2018年12月18日，在庆祝改革开放40周年大会上，习近平宣布，十八大以来推出1600多项改革方案，啃下了不少硬骨头，闯过了不少急流险滩。

改革开放40年来，从开启新时期到跨入新世纪，从站上新起点到进入新时代，40年风雨同舟，40年披荆斩棘，40年砥砺奋进，中国共产党引领人民绘就了一幅波澜壮阔、气势恢宏的历史画卷，谱写了一曲感天动地、气壮山河的奋斗赞歌。

2024年的二十届三中全会，通过《中共中央关于进一步全面深化改革、推进中国式现代化的决定》，总结新时代以来全面深化改革的历程，科学谋划了围绕中国式现代化进一步全面深化改革的总体部署，明确了进一步全面深化改革的指导思想、总目标、重大原则，重点部署了未来五年的重大改革举措，明确规定到2029年中华人民共和国成立80周年时完成本决定提出的改革任务。新时代以来的改革开放，进入了进一步全面深化的新阶段。

二、恢复高考

"文化大革命"结束后，广大人民群众特别是知识分子和知识青年，迫切希望恢复正常的教育秩序和招生制度。1977 年 7 月 23 日，邓小平在复职的第三天就表示："大学要从工农兵中招生，重点学校可以从应届高中毕业生中招。"[①]

8 月 4 日—8 日，邓小平主持召开科学和教育工作座谈会，邀请 33 位科学家和教育工作者一起座谈。此前，教育部刚在太原开过全国高等学校招生工作会议，由于受"两个凡是"的影响，会议仍决定继续维持"文化大革命"中自愿报名、群众推荐、领导批准、学校复审的招生办法。邓小平就这个问题问道：今年是不是来不及改了？大家说：今年改还来得及，最多招考时间推迟一点。邓小平当即表示：既然今年还有时间，那就坚决改！今年就要下决心恢复从高中毕业生中直接招考学生，恢复高等教育入学考试。

8 月 13 日，根据邓小平的指示，教育部再次召开全国高等学校招生工作会议。由于这时正在召开的十一大对"文化大革命"作了肯定的评价，招生方案也迟迟定不下来。邓小平对这次会议十分关注，9 月 6 日，他就高校招生问题专门致信华国锋、叶剑英、李先念、汪东兴，提出"至少百分之八十的大学生，须在社会上招考，才能保证质量"。[②]

在邓小平的推动下，全国高校招生工作会议到 9 月 25 日终于有了结果。会议通过了《关于一九七七年高等学校招生工作的意见》。10 月 5 日，中央政治局讨论并通过了这一意见。10 月 12 日，国务院批转了这一意见，正式决定从当年起改变"文化大革命"期间高等学

---

① 《邓小平年谱（1975—1997）》（上），中央文献出版社 2004 年版，第 165 页。
② 《邓小平年谱（1975—1997）》（上），中央文献出版社 2004 年版，第 195 页。

校招生不考试的做法，采取自愿报名、统一考试、择优录取的办法。邓小平在文件送审稿中，对高考招生的政审条件作了大段删改，明确指出：招生主要抓两条，第一是本人表现好，第二是择优录取。

10月22日，《人民日报》刊登《就今年高等学校招生问题，教育部负责人答记者问》的报道，向全国人民正式公布恢复高校招生考试制度。社会各界热烈欢迎，奔走相告。广大青年抓紧报名并复习迎考。

1977年11月28日至12月25日，全国570万年龄参差不齐的青年走进了高考考场。这次考试规模之大，不仅创造了中国教育史上的最高纪录，亦堪称世界之最。由于没有足够的纸张印刷考卷，中央决定，暂时搁置印刷《毛泽东选集》第五卷的计划，调用纸张先行印刷高考试卷。此次高考共有27.3万人被录取（包括1978年第一季度增招的新生6.2万多人）。

高考制度的恢复，为被"文化大革命"耽误的大批知识青年敞开了大学之门，提供了通过考试、靠自己努力和公平竞争获得接受高等教育的机会。社会上和青年中重新出现了学习科学文化知识的热潮，国家现代化建设所需要的大批人才开始得到有计划地培养，中国的教育制度终于回到人类文明的正常道路上。恢复高考也成为中国改革开放的先声和序幕。

1978年2月，完全靠自己的真才实学被录取的新生，意气风发地走进了大学校园。他们中，后来成长起大批科技人才、领导干部和各行各业的骨干，为中国特色社会主义事业作出了杰出的贡献。

三、真理标准问题讨论

真理标准问题讨论，是在十一届三中全会前后、党和国家处于重大历史性转折的背景下，在邓小平、胡耀邦等老一辈无产阶级革命家的领导和支持下开展起来的思想解放运动。

"文化大革命"结束后，党面临着思想、政治、组织等各个领域全面拨乱反正的任务。但是，多年来，由于民主法治不健全，党内外一直处于万马齐喑的状态，任何事情都要以领袖的说法为标准，思想状态非常僵化。1977年2月7日，《人民日报》、《红旗》杂志、《解放军报》发表社论，提出"凡是毛主席作出的决策，我们都坚决维护，凡是毛主席的指示，我们都始终不渝地遵循"。这句话后被称为"两个凡是"。按照"两个凡是"，刘少奇、陶铸、彭德怀、习仲勋等人的大量冤假错案就不能平反，邓小平等大批老干部就不能复出，改革开放也无法提出和推进。

针对这种状况，党内外不满情绪日益强烈。邓小平明确提出，"两个凡是"不符合马克思主义，要完整地准确地理解毛泽东思想。很多老一辈无产阶级革命家也从不同角度提出，要恢复和发扬党的实事求是的优良作风。

1977年10月5日，中共中央作出《关于办好各级党校的决定》。全国各级党校相继复校。中央党校开学后，组织800多名高中级干部和理论骨干集中讨论"文化大革命"以来党的历史。在讨论中，学员普遍认为，"文化大革命"中的很多决策是错误的，历史上的很多案件搞错了。但由于原先都有党中央和毛泽东的定论，能不能纠正成为一个大难题。于是，学员在讨论中逐渐提出了一个究竟以什么为标准来认识和判定历史是非的尖锐问题。

在胡耀邦指导下，党校内部对这一问题进行研究，并在一份研究党史的文件中明确提出两条指导原则：一是应当完整地准确地运用马列主义、毛泽东思想的基本原理，二是应当以实践为检验真理、辨别路线是非的标准。

社会上，也有很多人思考这一问题，但观点极不统一。1978年3

月 26 日，《人民日报》发表一篇题为《标准只有一个》的思想评论，明确提出："真理的标准，只有一个，就是社会实践。"文章发表后，收到一批读者来信，大部分对文章观点持有异议，认为马列主义、毛泽东思想才是检验真理的标准。

这时，南京大学教师胡福明也在思考这一问题，并应光明日报编辑之约，撰写了《实践是检验真理的标准》一文。1978 年 4 月，《光明日报》准备将该文在哲学专刊上发表，但时任总编辑杨西光考虑到这一论题的重要性，决定委托中央党校理论研究室的同志帮助作进一步修改。

中央党校有关人员随即将胡福明的文章与自身正在撰写的有关文章糅合起来，作了反复修改，并将标题改为更加鲜明的《实践是检验真理的唯一标准》，最后由胡耀邦审阅定稿。

1978 年 5 月 10 日，文章首先在中央党校内部刊物《理论动态》上刊发。5 月 11 日，以"本报特约评论员"名义在《光明日报》头版发表，新华社当天发了通稿。12 日，《人民日报》《解放军报》以及《解放日报》等全文转载。随后，又有多家省报转载。

该文立即在广大干部群众中引起强烈反响，由此，一场关于真理标准问题的大讨论以不可阻挡之势在全国展开。

有人认为这篇文章实际上是在提倡怀疑一切，否定马列主义、毛泽东思想。但邓小平、叶剑英、李先念、陈云、胡耀邦、聂荣臻、徐向前、罗瑞卿、谭震林等一批老同志纷纷表明态度，公开支持这一讨论的开展。

1978 年下半年，除中央单位外，各地就这一主题召开的讨论会达 70 余次，报刊上发表的讨论这一问题的文章达 650 多篇。

这场关于真理标准问题的讨论，冲破了"两个凡是"的严重束缚，推动了全国性的马克思主义思想解放运动，为十一届三中全会的召开做了重要的思想准备，为中国共产党重新确立马克思主义的思想路线、政治路线和组织路线奠定了理论基础，为解放思想、推进改革开放进程，创立和发展中国特色社会主义提供了强大的精神动力。

1978年召开的中央工作会议和十一届三中全会对真理标准问题的讨论给予了高度评价。2018年，胡福明作为"真理标准大讨论的代表人物"被评为40年来"改革开放杰出贡献人员"，受到党中央的表彰。

四、平反冤假错案

1968年7月21日，江青、康生罗列了一个所谓有问题的八届中委的名单，把71%的中央委员和候补中央委员诬指为"叛徒""特务""里通外国"和"有政治历史问题"。8月23日，康生等指使中央组织部负责人编造《关于中央监委委员政治情况的报告》，把八届中央监委会60名委员和候补委员中的37人，分别诬陷为"叛徒""特务""反革命修正主义分子"。8月27日，康生等又指使中组部负责人编造《关于三届人大常委委员政治情况的报告》《关于四届全国政协常委委员政治情况的报告》。经康生修改审定，全国人大常委115名中的60人和全国政协常委159名中的74人分别被诬陷为"叛徒""特务""反革命修正主义分子"等。由此可见当时制造的冤假错案的规模之大。

因此，平反冤假错案，是"文化大革命"结束后一项极为紧迫的任务，是党内外广大干部群众的强烈愿望。

1976年12月5日，中共中央发出通知，首先为纯因反对"四人帮"而造成的案件平反。

1977年12月10日，中央任命胡耀邦为中央组织部部长。胡耀邦到任后，遵照党的实事求是、有错必纠的原则，立即大力推动平反冤假错案、落实干部政策。1978 年 2 月至 4 月间，中央组织部先后分 6 批同 28 个省、自治区、直辖市和 22 个中央、国家机关部委主管干部工作的负责人召开研究疑难案例座谈会，讨论案例近 200 件。

邓小平、陈云等大力支持平反冤假错案。邓小平多次在"薄一波等六十一人叛徒集团"案等情况报告和要求平反的申诉信上作出批示，要求在干部问题上体现毛泽东一贯强调的党的政策。1978 年 1 月和 4 月，陈云两次致信中央政治局常委，建议对陶铸、王鹤寿等一批党的高级干部的历史问题再审查一次，并对一些尚未结束审查的老同志解除监护，接回北京。

1978 年 11 月 3 日，中央组织部完成了对"薄一波等六十一人叛徒集团"案的复查，并于 11 月 20 日正式向中央提交报告，证明把薄一波等 61 人定为叛徒集团是不正确的，所谓"六十一人叛徒集团"案是一起重大错案。

在陈云和邓小平的支持下，中央组织部对陶铸等一些同志的冤案也进行了复查。11 月下旬，邓小平在关于陶铸问题的报告上明确批示：陶铸同志"过去定为叛徒是不对的，应予平反"。

到 1978 年 11 月，中央组织部已先后为 131 名省部级以上干部的冤案平反，为中央、国家机关 5344 名待分配的干部分配了工作或进行了妥善安置。

1978 年 11—12 月召开的中央工作会议和十一届三中全会，提出了为一系列重大冤假错案平反的问题。党中央在会议期间就宣布了多个平反决定。

1978 年 12 月 29 日，中共中央批转中共最高人民法院党组《关于抓紧复查纠正冤假错案认真落实党的政策的请示报告》，平反冤假错案的工作全面展开。

1980 年 2 月，十一届五中全会通过决议，为刘少奇平反。5 月 17 日，刘少奇追悼大会在北京隆重举行，邓小平致悼词。

习仲勋 1935 年就在西北错误肃反时被关押，甚至面临死亡威胁。1962 年 9 月，因所谓《刘志丹》小说问题遭到诬陷，后又被打成"反党集团"，受到迫害，被审查、关押、监护长达 16 年之久。1979 年 8 月 4 日，中共中央批转中央组织部通知，为小说《刘志丹》问题平反。1980 年 2 月 25 日，中共中央又发出通知，为所谓"习仲勋反党集团"彻底平反。1978 年，他还未平反，就被中央派往广东主持工作，为推动改革开放作出了重要贡献。

据不完全统计，经中共中央批准平反的影响较大的冤假错案有 30 多件，全国共平反纠正了 300 多万名干部的冤假错案，47 万多名共产党员恢复了党籍，数以千万计的无故受株连的人得到了解脱。

党和政府还采取一系列果断措施妥善解决其他历史遗留问题：给 50 多万错划的右派分子、400 多万地主和富农分子、1600 多万"反革命分子"和"坏分子"改错或摘帽；为原国民党起义、投诚人员落实政策；把原为劳动者的小商、小贩、小手工业者从原工商业者中区别出来；调整、落实知识分子政策、民族政策、宗教政策、侨务政策、台胞台属政策。1984 年 11 月 2 日，《人民日报》报道：全国给最后一批共计约 7.9 万名"地、富、反、坏分子"摘帽子。至此，中国自 1949 年以来对 2000 多万名"四类分子"改造专政的历史宣告结束。

五、拨乱反正

拨乱反正，是"文化大革命"结束之后，党和国家开展的一项结束混乱局面、解决历史遗留问题、把被"四人帮"颠倒了的是非重新颠倒过来、使党和国家恢复正常运行的大规模工作。

拨乱反正，本意是消除混乱局面，恢复正常秩序，亦即归于正道、消除乱象的意思。长期"左"的错误，特别是"文化大革命"的十年内乱，在政治、经济、文化、社会、思想等各个领域都造成了相当程度的混乱。很多基本的是非颠倒了，留下了很多必须解决的大难题。所以，"文化大革命"结束后，党和国家首先面临的任务，就是要全面开展拨乱反正，有步骤地解决历史遗留问题，使党和国家的工作走上正轨。

在揭批"四人帮"的斗争中，各条战线就开始局部进行思想上、政治上、组织上的拨乱反正，但遇到"两个凡是"的阻碍。1978 年真理标准问题的大讨论，冲破各种僵化陈腐思想的束缚，形成一股解放思想、实事求是的潮流，极大地推动了拨乱反正的进程。随后召开的十一届三中全会，实现了伟大的历史转折，从而使各条战线的拨乱反正大规模的展开，并向前迅速推进。

拨乱反正包括思想路线、政治路线和组织路线等多方面的内容。

通过思想路线的拨乱反正，党和国家坚决冲破长期存在的教条主义和个人崇拜的严重束缚，澄清了许多理论是非，恢复了很多基本常识，重新确立了马克思主义实事求是的思想路线。

通过政治路线的拨乱反正，坚决抛弃了"以阶级斗争为纲"的"左"的错误方针，把党和国家的工作中心转移到经济建设上来，作出实行改革开放的历史性决策，推动改革开放迈出重要步伐。

通过组织路线的拨乱反正，按照实事求是、有错必纠的方针，平反冤假错案，落实干部政策，同时加强干部队伍建设，成功地实施了干部队伍的新老交替。

在经济工作中，通过认真贯彻执行"调整、改革、整顿、提高"的八字方针，逐步纠正经济工作中长期存在的"左"倾错误，推动经济建设按照客观经济规律运行。

1980年2月23日—29日召开的十一届五中全会，决定重新设立中央书记处，选举胡耀邦为中央委员会总书记；通过《关于党内政治生活的若干准则》；通过为刘少奇平反的决议；建议全国人大修改宪法第四十五条，取消关于公民"有运用大鸣、大放、大辩论、大字报的权利"的规定，集中体现了拨乱反正的成果。

1981年6月，十一届六中全会通过《关于建国以来党的若干历史问题的决议》，对新中国成立32年来的历史经验教训作了科学的总结，对新中国成立以来的一系列重大历史问题作出正确的结论，彻底否定了"文化大革命"；同时实事求是地评价了毛泽东同志的历史地位，充分论述了毛泽东思想作为党的指导思想的伟大意义。《关于建国以来党的若干历史问题的决议》的通过，标志着党在指导思想上拨乱反正任务的胜利完成。

通过拨乱反正，党在各方面的正确政策得到恢复和落实，"文化大革命"时期及其以前被严重搞乱的社会关系得到调整，大量历史遗留问题得到妥善解决。这些工作的完成，对于调动一切积极因素，动员全党全国各族人民同心同德进行社会主义现代化建设，起到了巨大作用。

六、《关于建国以来党的若干历史问题的决议》

《关于建国以来党的若干历史问题的决议》（以下简称《历史决议》），是中国共产党在拨乱反正进程中，为科学、准确地厘清历史是非、统一全党对于党的重大历史问题的认识而制定的一份重要的历史性文献。

中华人民共和国成立以来，党和国家经历了曲折复杂的过程，既创造了辉煌的业绩，也走过了一些弯路。如何认识这些历史问题，如何判断很多重大问题的是非曲直，是党内外高度关注的问题，也是全党统一思想，团结一致向前看的前提。

1979 年 9 月 29 日，叶剑英在庆祝中华人民共和国成立 30 周年大会上发表讲话，初步总结新中国成立 30 年来的经验教训。此前的十一届四中全会在审议叶剑英代表中央所作的讲话稿时，对中国共产党在新中国成立后的历史进行了讨论和研究，认为有必要进一步研究中共党史，并作一个历史决议，以便科学总结历史的经验教训。

1979 年 11 月，在邓小平的主持下，党中央组织力量，开始起草《历史决议》。

1980 年 3 月 19 日，邓小平看过起草小组提交的提纲后，提出了三条指导原则：第一，确立毛泽东同志的历史地位，坚持和发展毛泽东思想。这是最核心的一条。第二，对建国 30 年来历史上的大事，哪些是正确的，哪些是错误的，要进行实事求是的分析，包括一些负责同志的功过是非，要做公正的评价。第三，通过这个决议对过去的事情做个基本的总结。这个总结宜粗不宜细。总结过去是为了引导大家团结一致向前看。随后，他又多次谈了对起草《历史决议》的意见。

在起草《历史决议》过程中，陈云建议加写新中国成立前 28 年历史回顾的一个部分，得到邓小平的肯定，解决了《历史决议》的一个大难题。

经过一番非常艰难复杂的起草过程，也经过广泛征求意见，特别是经过 4000 名领导干部的内部大讨论，《历史决议》终于起草完成。

1981 年 6 月 27 日—29 日，就在中国共产党成立 60 周年即将来临之际，中共十一届六中全会在北京召开，通过了《历史决议》。

《历史决议》对新中国成立 32 年来的历史作了科学总结，对一系列重大历史问题作出正确结论，充分肯定我们所取得的成就是主要的，同时肯定"文化大革命"前就有过把阶级斗争扩大化和在经济建设上急躁冒进的错误。后来，又发生了"文化大革命"这样全局性的、长时间的"左"倾严重错误。《历史决议》彻底否定"文化大革命"，强调"文化大革命"不是也不可能是任何意义上的革命或社会进步，而是一场由领导者错误发动，被反革命集团利用，给党、国家和各族人民带来严重灾难的内乱。

《历史决议》实事求是地评价了毛泽东在中国革命和建设中的历史地位，肯定他的功绩是第一位的，错误是第二位的。《历史决议》恢复了毛泽东思想的本来面目，将毛泽东晚年的错误与他的正确思想加以区别，指出，不能因为毛泽东晚年犯了错误，就企图否认毛泽东思想的科学价值和指导作用，也不能不愿实事求是承认毛泽东晚年犯了错误，并且还企图在新的实践中坚持这些错误。这两种态度都是完全错误的。

《历史决议》总结新中国成立以来的历史经验和教训，明确我们党已经逐步确立了一条适合我国情况的社会主义现代化建设的道路，并从10个方面对十一届三中全会以来的路线、方针和政策作了概括。

《历史决议》的通过，标志着中国共产党在指导思想上拨乱反正任务的完成，对于改革开放和社会主义现代化建设事业的发展具有重要的历史意义。《历史决议》此后一直是我们认识和对待党和国家重大历史问题的基本规范和基本依据。

七、邓小平南方谈话

在中华人民共和国的历史上，领袖人物南下视察并发表谈话，是一个特殊的政治现象。在不同的背景下，往往有不同的目的、内容，也有不同的作用和影响。一般来说，都会涉及一些重大的政治政策问题，对政治经济局势的走向会产生深远的影响。

新中国成立后，毛泽东曾多次到南方视察，发表过一系列重要谈话。影响最大的，大概一个要算 1967 年的巡视大江南北，从北京出发，到武汉、上海、杭州、南昌、长沙、武汉、郑州，再回到北京。另一个要算 1971 年九一三事件之前的南方巡视，先后抵达武汉、长沙、南昌、杭州、上海等地，一路给各地领导干部吹风打招呼，批评林彪等人。回京后，林彪便仓皇出逃，摔死在蒙古人民共和国的温都尔汗。

改革开放后领袖人物的南方视察，则是另一种情景和特点，都是围绕改革开放进行，推动了改革开放的发展。

1984 年，经济特区遇到很大压力。为了直接了解情况，邓小平南下到广东、福建。耳闻目睹后，挥笔题词："深圳的发展和经验证明，我们建立经济特区的政策是正确的""珠海经济特区好""把经济特区办得更快些更好些"。① 回到北京后，对中央几位负责人明确指出："我们建立经济特区，实行开放政策，有个指导思想要明确，就是不是收，而是放。"② 此行大大促进了特区的发展。

20 世纪 80 年代末 90 年代初，国际国内形势发生巨大变化，世界向何处去，中国向何处去，成为国内外广大人民普遍关心的问题。党和国家面临着一次重大的历史抉择。在这重大关头，邓小平又于 1992 年 1 月 18 日—2 月 21 日视察武昌、深圳、珠海、上海等地并路过江苏，一路发表谈话，精辟分析国际国内形势，科学总结十一届三中全会以来党的基本实践和基本经验，明确回答了长期困扰和束缚人们思想的许多重大认识问题。

这次视察和谈话的内容，已经远远不止于特区问题，而是事关中

---

① 《邓小平年谱（1975—1997）》（下），中央文献出版社 2004 年版，第 957、958 页。
② 《邓小平年谱（1975—1997）》（下），中央文献出版社 2004 年版，第 963 页。

国发展的全局和方向，事关改革开放的前途命运。邓小平在谈话中强调：

要坚定不移地贯彻执行党的"一个中心、两个基本点"的基本路线，基本路线要管一百年，动摇不得；

要解放思想、勇于探索，以"三个有利于"为标准，大胆地进行试验；

计划多一点还是市场多一点，不是社会主义与资本主义的本质区别，计划和市场都是经济手段；

中国要警惕右，但主要是防止"左"；

社会主义的本质，是解放生产力，发展生产力，消灭剥削，消除两极分化，最终达到共同富裕；

抓住时机，发展自己，关键是发展经济，发展才是硬道理；

……

这些主张和观点，不仅对当时的改革和发展，而且对中国社会主义现代化建设事业，都具有重大而深远的意义。因此，邓小平南方谈话被称为把改革开放和社会主义现代化建设推向新阶段的又一个解放思想、实事求是的宣言书。

其实，这时的邓小平已经从领导岗位上退下来，但他的肺腑之言和深刻见解还是对全党全国产生了重大影响。

1992 年 2 月 28 日，党中央将邓小平南方谈话的主要内容作为中共中央 1992 年的第 2 号文件下发。

3 月 9 日—10 日，中共中央政治局召开会议，讨论中国改革和发展的若干重大问题，完全赞同邓小平的南方谈话。

3 月 31 日，《人民日报》转载 3 月 26 日《深圳特区报》报道邓小平年初在深圳视察活动的长篇通讯《东方风来满眼春》。邓小平南方谈话的精神迅速传遍全国和世界。

5月16日，中共中央政治局会议通过《关于加快改革，扩大开放，力争经济更好更快地上一个新台阶的意见》。

6月9日，江泽民在中央党校省部级干部进修班上讲话，明确表示倾向于将"社会主义市场经济体制"作为经济体制改革的目标。

10月12日—18日，十四大召开，作出了抓住机遇，加快发展，集中精力把经济建设搞上去；中国经济体制改革的目标是建立社会主义市场经济体制；确立邓小平建设有中国特色社会主义理论在全党的指导地位的三项重大决策。

八、中国特色社会主义进入新时代

"时代"，是一个非常宏大和重要的概念。经查：

十四大报告5次使用"时代"概念，指的是"时代主题""时代内容""时代特征""时代发展""时代精神"等。

十五大报告15次使用"时代"概念，主要指"时代主题""时代要求""时代前列""时代特征""时代精神""时代发展""时代潮流""时代特点"等。

十六大报告也是15次使用"时代"概念，主要指"时代潮流""时代特点""时代性""时代发展""时代前列""时代精神"等。

十七大报告18次使用了"时代"概念，主要指"时代条件""时代前列""时代号角""时代发展""时代精神""时代特色""时代要求"等。

十八大报告12次使用了"时代"概念，主要指"时代特征""时代发展要求""时代要求""时代特色""时代化""时代精神""时代新风""生态文明新时代"等。

由上可见，从十四大到十八大的党代会报告，都是从一个宏观和战略的角度使用"时代"概念的，所指的是世界性的大趋势、大潮流、大特征、大要求。

到了 2017 年的十九大，报告的标题中就包含了"时代"的概念，而且所指也与以往大为不同。报告全文共有 67 次使用了"时代"概念，创历届党代会报告之冠。

十九大报告涉及"时代"的最关键的一个新判断是，"经过长期努力，中国特色社会主义进入了新时代，这是我国发展新的历史方位"。最关键的两个新词组、新概念是"新时代中国特色社会主义""新时代中国特色社会主义思想"。报告中有 43 个"时代"概念都是在这一意义上使用的，而在以往时代主题、时代潮流意义上使用的则为 24 个。

由此可见，十九大非常鲜明地突出了"新时代"的概念，其含义也与以往的含义大不一样。

十九大报告称："十八大以来的五年，是党和国家发展进程中极不平凡的五年。""五年来的成就是全方位的、开创性的，五年来的变革是深层次的、根本性的。"

因此，中国特色社会主义无论从理论还是从实践来说，都进入了新时代。

这个新时代，是承前启后、继往开来、在新的历史条件下继续夺取中国特色社会主义伟大胜利的时代；是决胜全面建成小康社会、进而全面建设社会主义现代化强国的时代；是全国各族人民团结奋斗、不断创造美好生活、逐步实现全体人民共同富裕的时代；是全体中华儿女勠力同心、奋力实现中华民族伟大复兴中国梦的时代；是我国日益走近世界舞台中央、不断为人类作出更大贡献的时代。

五个方面，五个角度，汇总起来，既是"新时代中国特色社会主义"的基本内涵，也是"新时代中国特色社会主义"的任务和要求。

十九大还从三个方面概括了中国特色社会主义进入新时代的意蕴和价值：

一是意味着近代以来久经磨难的中华民族迎来了从站起来、富起来到强起来的伟大飞跃，迎来了实现中华民族伟大复兴的光明前景。

二是意味着科学社会主义在 21 世纪的中国焕发出强大生机活力，在世界上高高举起了中国特色社会主义伟大旗帜。

三是意味着中国特色社会主义道路、理论、制度、文化不断发展，拓展了发展中国家走向现代化的途径，给世界上那些既希望加快发展又希望保持自身独立性的国家和民族提供了全新选择，为解决人类问题贡献了中国智慧和中国方案。

所以，十九大报告强调，中国特色社会主义进入新时代，在中华人民共和国发展史上、中华民族发展史上具有重大意义，在世界社会主义发展史上、人类社会发展史上也具有重大意义。

2018 年 3 月，十三届全国人大一次会议通过宪法修正案，将"习近平新时代中国特色社会主义思想"写进了《中华人民共和国宪法》，因此，宪法中第一次出现了"时代"一词。

九、反腐败斗争

反腐败，是改革开放进程中的一场特殊的斗争。往前回溯，中华人民共和国成立后，虽然并没有直接使用"腐败"一词，但这种意义上的工作和斗争一直在进行。

1950 年 4 月，政务院财政经济委员会就颁布了《关于严禁机关部队从事商业经营的指示》。

1952 年 4 月，中央人民政府委员会批准颁布了《中华人民共和国惩治贪污条例》，这是新中国成立后颁布的第一部惩治贪污条例，具有法律效力。

1955 年 3 月，成立了党的中央和地方监察委员会。到 1956 年八大前的一年间，中央监委就直接和联合处理了 20 多件重大案件，审查处理了上报的 500 件违反党纪的案件，受理了党员和群众的控诉、申诉 10935 件。

此后在不同时期，这类反腐倡廉的工作和斗争一直在以不同的方式进行。

"腐败"一词，是改革开放之后正式使用的。

1983 年 10 月 12 日，邓小平在十二届二中全会上的讲话中，第一次使用了"腐败"一词。

1984 年 10 月 20 日，十二届三中全会通过的《中共中央关于经济体制改革的决定》指出："越是搞活经济、搞活企业，就越要注意抵制资本主义思想的侵蚀，越要注意克服那种利用职权谋取私利的腐败现象"。

1985 年 9 月 23 日，邓小平在中国共产党全国代表会议上指出："对一些严重危害社会风气的腐败现象，要坚决制止和取缔。"[1] 李先念在闭幕词中强调，"一定要采取一切有效的措施，毫不动摇地严厉打击党内和社会上各种严重违法乱纪现象和腐败丑恶现象"[2]。

如果说在改革开放前没有任何人敢承认社会主义国家和共产党内有"腐败"现象的话，那么，改革开放后大胆使用"腐败"一词，表明改革开放后腐败现象确有发展，更表明党和国家进一步认识到消极腐败现象的危害，表明了党和国家不能容忍腐败现象的态度和决心。

所以，改革开放以来，反腐败斗争以新的规模和力度更加有力地展开。

---

[1] 《邓小平文选》第三卷，人民出版社 1993 年版，第 145 页。
[2] 中共中央文献研究室编：《十二大以来重要文献选编》（中），中央文献出版社 2011 年版，第 299 页。

1980 年 11 月，陈云在中央纪律检查委员会座谈会上讲话，指出执政党的党风问题是有关党的生死存亡的问题，党风问题必须抓紧搞，永远搞。

1982 年 4 月 10 日，邓小平在讲话中指出，经济犯罪这股风来得很猛。如果我们党不严重注意，不坚决刹住这股风，那么，我们的党和国家确实要发生会不会"改变面貌"的问题。这不是危言耸听。

1984 年 12 月 3 日，中共中央、国务院发出《关于严禁党政机关和党政干部经商、办企业的决定》。

1985 年 11 月 26 日，中共中央办公厅、国务院办公厅发出通知，要求各级机关纠正不正之风，今冬明春，要扎扎实实地解决好党政机关争相购买和更换进口小轿车、滥派人员出国、挥霍公款、铺张浪费等六个严重问题。

1990 年 11 月 4 日，中共中央批转中央纪律检查委员会《关于加强党风和廉政建设的意见》，指出在执政和改革开放条件下加强党风和廉政建设，是一项长期而艰巨的任务；强调要从党和国家生死存亡、改革开放兴衰成败的高度认识党风廉政建设的重要性和紧迫性。

1993 年 10 月 5 日，中共中央、国务院作出《关于反腐败斗争近期抓好几项工作的决定》。

1997 年 3 月 28 日，中共中央印发《中国共产党党员领导干部廉洁从政若干准则（试行）》。2010 年 1 月 18 日，该准则经修订后重新颁布。

1998 年 7 月，中共中央作出军队、武警部队和政法机关一律不再从事经商活动的决定。同年底，军队、武警部队和各级政法机关与所办经营性企业彻底脱钩。到 2000 年 3 月，这项工作基本结束。

2005 年 1 月 3 日，中共中央印发《建立健全教育、制度、监督并重的惩治和预防腐败体系实施纲要》。

十八大以来，反腐败斗争以更大的规模和力度展开。

2012年12月6日，中共中央纪委公布四川省委原副书记李春城涉嫌严重违纪接受组织调查，拉开了十八大以来查处腐败大案要案的序幕。

2013年8月22日—26日，山东省济南市中级人民法院一审公开开庭审理薄熙来受贿、贪污、滥用职权一案，并于9月22日作出一审判决。10月25日，山东省高级人民法院终审判决薄熙来无期徒刑，剥夺政治权利终身，并处没收个人全部财产。

2014年6月27日，中央决定设立中央反腐败协调小组国际追逃追赃工作办公室。2015年3月26日，办公室首次启动针对外逃腐败分子的"天网"行动；4月22日，国际刑警组织中国国家中心局集中公布100名涉嫌犯罪外逃国家工作人员、重要腐败案件涉案人等人员的红色通缉令。至2019年5月，通过"天网"行动先后从120多个国家和地区追回外逃人员5974人，其中党员和国家工作人员1425人，"百名红通人员"58人，追回赃款142.48亿元。

从十八大到十九大的5年间，查处了周永康、薄熙来、郭伯雄、徐才厚、孙政才、令计划等严重违纪违法案件。共立案审查省军级以上党员干部及其他中管干部440人，其中中央委员、候补中央委员有43人，中央纪委委员有9人。纪律处分厅局级干部8900余人，处分县处级干部6.3万多人。坚决整治群众身边的腐败，共处分基层党员干部27.8万人。

到十九大，反腐败斗争压倒性态势已经形成并巩固发展。2018年12月18日，在庆祝改革开放40周年大会上，习近平宣布："反腐败斗争取得压倒性胜利。"十九大以来，反腐败斗争继续深入推进。

十九大以后，继续保持反腐败斗争高压态势。十九大之后的五年中，中央纪委国家监委立案审查调查中管干部261人。全国纪检监察机关共立案 306.6 万件，处分 299.2 万人；立案审查调查行贿人员 4.8 万人，移送检察机关 1.3 万人。在高压震慑和政策感召下，8.1 万人向纪检监察机关主动投案，2020 年以来 21.6 万人主动交代问题。

二十大强调："腐败是危害党的生命力和战斗力的最大毒瘤，反腐败是最彻底的自我革命。只要存在腐败问题产生的土壤和条件，反腐败斗争就一刻不能停，必须永远吹冲锋号。"因此，二十大要求"坚决打赢反腐败斗争攻坚战持久战"。[①]

十、三个"伟大飞跃"

2018 年 12 月 18 日，在庆祝改革开放 40 周年大会上，习近平高度评价了改革开放的伟大意义，充分肯定了改革开放 40 年来取得的伟大成就，并用三个"伟大历史飞跃"概括了在新中国长期发展基础上改革开放的伟大历程和伟大成就。

习近平从 10 个方面列举了改革开放 40 年来从开启新时期到跨入新世纪、从站上新起点到进入新时代的历程、举措和成就：40 年来，我们始终坚持解放思想、实事求是、与时俱进、求真务实，勇敢推进各方面创新，形成了中国特色社会主义道路、理论、制度、文化。

40 年来，我们始终坚持以经济建设为中心，不断解放和发展社会生产力，国内生产总值由 3679 亿元增长到 2017 年的 82.7 万亿元，年均实际增长 9.5%。现在，我国是世界第二大经济体、多个世界第一的大国。

40 年来，我们始终坚持中国特色社会主义政治发展道路，不断深化政治体制改革，发展社会主义民主政治，全面依法治国深入推进。

40 年来，我们始终坚持发展社会主义先进文化，加强社会主义精

---

① 《习近平著作选读》第一卷，人民出版社 2023 年版，第 56 页。

神文明建设，培育和践行社会主义核心价值观，传承和弘扬中华优秀传统文化，国家文化软实力和中华文化影响力大幅提升。

40 年来，我们始终坚持在发展中保障和改善民生，全国居民人均可支配收入由 171 元增加到 2.6 万元，谱写了人类反贫困史上的辉煌篇章。

40 年来，我们始终坚持保护环境和节约资源，坚持推进生态文明建设，生态文明制度体系加快形成，生态环境治理明显加强。

40 年来，我们始终坚持党对军队的绝对领导，不断推进国防和军队现代化，推进人民军队实现革命性重塑，武器装备取得历史性突破。

40 年来，我们始终坚持推进祖国和平统一大业，实施"一国两制"基本方针，相继恢复对香港、澳门行使主权，坚持一个中国原则和"九二共识"，牢牢掌握两岸关系发展主导权和主动权。

40 年来，我们始终坚持独立自主的和平外交政策，始终不渝走和平发展道路、奉行互利共赢的开放战略，推动建设开放型世界经济、构建人类命运共同体，促进全球治理体系变革，为世界和平与发展不断贡献中国智慧、中国方案、中国力量。

40 年来，我们始终坚持加强和改善党的领导，积极应对在长期执政和改革开放条件下党面临的各种风险考验，持续推进党的建设新的伟大工程，保持党的先进性和纯洁性，保持党同人民群众的血肉联系。以零容忍态度严厉惩治腐败，反腐败斗争取得压倒性胜利。

归结起来，中华民族迎来了从站起来、富起来到强起来的伟大飞跃！中国特色社会主义迎来了从创立、发展到完善的伟大飞跃！中国人民迎来了从温饱不足到小康富裕的伟大飞跃！中华民族正以崭新姿态屹立于世界的东方！

第三章

共和国的领航轨迹

一、中共八大

中共八大是中国共产党执政后的第一次全国代表大会。

按照七大党章的规定，党代会应该三年召开一次。但由于种种原因，新的党代会一直没有能够召开。1952 年，中央政治局和书记处曾经考虑召开八大的问题。1955 年 3 月，在党的全国代表会议闭幕会上，毛泽东宣布，决定在 1956 年下半年召开党的第八次全国代表大会。同年 10 月的七届六中扩大全会，讨论和通过《关于召开党的第八次全国代表大会的决议》。1956 年 8 月 22 日，七届七中全会通过准备向八大提交的各项文件，对大会的有关事项作出决定，为召开八大做了各方面的准备。

8 月 30 日至 9 月 12 日，举行八大预备会议，对中央委员会准备提交大会的各项报告和文件，进行详细讨论，提出修改意见。毛泽东指出，八大召开的目的和宗旨是：总结七大以来的经验，团结全党，团结国内外一切可能团结的力量，为建设一个伟大的社会主义的中国而奋斗。

1956 年 9 月 15 日—27 日，中国共产党第八次全国代表大会在北京全国政协礼堂隆重举行。出席大会的正式代表 1026 人，候补代表 107 人（到会 86 人，另有 21 人未到会），代表全国 1073 万名党员。国内各民主党派和无党派民主人士的代表应邀列席大会。

59 个国家的共产党、工人党、劳动党和人民革命党的代表团参加中共八大表示祝贺。这样大规模的外国代表团阵容，是历史上的第一次，也是迄今唯一的一次。

在开幕式上，毛泽东致开幕词。大会期间，刘少奇作《中国共产党中央委员会向第八次全国代表大会的政治报告》，邓小平作《关于修改党的章程的报告》，周恩来作《关于发展国民经济第二个五年计划的建议的报告》。朱德、陈云、董必武、彭德怀、李富春、薄一波等 68 位代表作大会发言，45 位代表作书面发言。

大会通过了各项报告和《中国共产党章程》《中国共产党第八次全国代表大会关于政治报告的决议》《中国共产党第八次全国代表大会关于发展国民经济的第二个五年计划（一九五八——一九六二）的建议》，选举了第八届中央委员会。

大会肯定党中央从七大以来的路线是正确的，同时正确地分析了社会主义改造基本完成以后，中国阶级关系和国内主要矛盾的变化，确定把党的工作重点转向社会主义建设。大会提出社会主义建设的战略目标是："尽可能迅速地实现国家工业化，有系统、有步骤地进行国民经济的技术改造，使中国具有强大的现代化的工业、现代化的农业、现代化的交通运输业和现代化的国防。"①

大会着重提出了加强执政党建设的问题，重申了反对突出个人、反对对个人歌功颂德的方针。强调要坚持民主集中制和集体领导制度，反对个人崇拜，发展党内民主，加强党和群众的联系。

大会通过的《中国共产党章程》体现了执政党的特点，强调贯彻执行党的民主集中制原则和群众路线，规定全国、省、县级代表大会实行常任制。这是八大的一个重要决策和重要贡献。大会还决定中央委员会增设副主席和常委，中央书记处增设总书记和候补书记，并加强中央监察委员会的机构，设书记、副书记。

因为八大决定实行党代会常任制，所以，这次会议也就成为八大

① 中共中央文献研究室编：《建国以来重要文献选编》第九册，中央文献出版社 2011 年版，第270 页。

一次会议。

随后召开的八届一中全会选举产生了中央政治局及其常务委员会，选举毛泽东为中央委员会主席，刘少奇、周恩来、朱德、陈云为副主席，邓小平为总书记；选举产生了由 17 名委员和 4 名候补委员组成的中央监察委员会。

《关于建国以来党的若干历史问题的决议》指出："党的第八次全国代表大会开得很成功。"几十年后看八大，实践证明，八大制定的路线是正确的。虽然后来八大路线没有能在实践中完全坚持下去，但是八大对中国建设社会主义道路的探索，对党和国家事业的发展都具有长远的重大意义。

二、十一届三中全会

十一届三中全会，是 1978 年 12 月在中国面临向何处去的重大关头召开的一次历史性的中央全会，是新中国成立以来党和国家实行伟大历史转折的标志，是改革开放启动和展开的标志，是改革开放和社会主义现代化建设新时期开始的标志。

会前的 11 月 10 日至 12 月 15 日，首先召开了中央工作会议。华国锋在开幕会上宣布：这次会议的议题，一是讨论《关于加快农业发展速度的决定》和《农村人民公社工作条例（试行草案）》，二是商定 1979 年、1980 年两年国民经济计划的安排，三是讨论李先念在国务院务虚会上的讲话。在讨论这些议题之前，中央政治局决定，先讨论一下结束全国范围的揭批林彪、"四人帮"的群众运动，从明年起把全党工作着重点转移到社会主义现代化建设上来的问题。

于是，分组讨论一开始，就有人提出当时党内外普遍关心的一些重大问题。11 月 12 日，陈云在东北组发言，提出了需要研究和解决的 6 个重大历史问题，主张彻底纠正"文化大革命"的错误，为陶铸、彭德怀等历史冤案平反。陈云的发言引起强烈反响。会议气氛因此而活跃起来，各组发言的重点集中到平反冤假错案问题上。

中央政治局常委讨论了上述意见，并作出决定。11 月 25 日，华国锋代表中央政治局在会上宣布为一系列冤假错案平反的意见，受到大家欢迎。一些同志还进一步提出，对"文化大革命"应当重新研究，"七分成绩，三分错误"的评价不能说服人；"刘少奇的资产阶级司令部"根本就不存在。

会议还肯定了关于真理标准问题的讨论，批评了"两个凡是"。

12 月 13 日，在会议的闭幕会上，华国锋、叶剑英、邓小平分别讲话。邓小平作了题为《解放思想，实事求是，团结一致向前看》的重要讲话，指出，一个党，一个国家，一个民族，如果一切从本本出发，思想僵化，迷信盛行，那它就不能前进，它的生机就停止了，就要亡党亡国。邓小平还提出改革经济体制的任务，振聋发聩地告诫全党："再不实行改革，我们的现代化事业和社会主义事业就会被葬送。"[1] 这一讲话实际上成为十一届三中全会的主题报告，是开辟新时期新道路的宣言书。

由于闭幕会上这些讲话非常重要，会议又延期，继续进行了两天讨论。

1978 年 12 月 18 日—22 日，中共十一届三中全会召开。由于中央工作会议开了 36 天，基本上统一了思想，解决了问题，所以十一届三中全会开得很顺利，作出了一系列重大决策。

——彻底否定"两个凡是"的方针，重新确立解放思想、实事求是的指导思想，实现了思想路线的拨乱反正。

——停止使用"以阶级斗争为纲"的口号，作出工作重点转移的

---

① 《邓小平文选》第二卷，人民出版社 1994 年版，第 150 页。

决策，实现了政治路线的拨乱反正。

——恢复党的民主集中制的优良传统，决定加强党的领导机构，取得了组织路线拨乱反正的最重要成果。

——强调在党的生活和国家政治生活中加强民主，提出使民主制度化、法律化的重要任务。

——审查和解决历史上遗留的一批重大问题和一些重要领导人的功过是非问题，开始了系统清理重大历史是非的拨乱反正。

——成立中央纪律检查委员会，选举陈云为第一书记。

——提出要正确对待毛泽东的历史地位和毛泽东思想的科学体系，为纠正毛泽东晚年的错误、同时坚持和发展毛泽东思想指明了方向。

——作出实行改革开放的重大决策，开始了中国从"以阶级斗争为纲"到以经济建设为中心、从僵化半僵化到全面改革、从封闭半封闭到对外开放的历史性转变。

《关于建国以来党的若干历史问题的决议》指出："一九七八年十二月召开的十一届三中全会，是建国以来我党历史上具有深远意义的伟大转折。全会结束了一九七六年十月以来党的工作在徘徊中前进的局面，开始全面地认真地纠正'文化大革命'中及其以前的左倾错误。""从此，党掌握了拨乱反正的主动权，有步骤地解决了建国以来的许多历史遗留问题和实际生活中出现的新问题，进行了繁重的建设和改革工作，使我们的国家在经济上和政治上都出现了很好的形势。"

经过十一届三中全会，中国人民在以邓小平同志为主要代表的中国共产党人的领导下，开始了一场新的伟大革命。拨乱反正从这里开始全面展开，改革开放从这里拉开序幕，中国特色社会主义道路以这里为起点正式开辟。所以，十一届三中全会作为一个历史的转折点被载入中国共产党和中华人民共和国的史册。

2018年12月18日，中央举行庆祝改革开放40周年大会，习近平发表重要讲话，高度评价十一届三中全会"实现新中国成立以来党的历史上具有深远意义的伟大转折，开启了改革开放和社会主义现代化的伟大征程"。"1978年12月18日，在中华民族历史上，在中国共产党历史上，在中华人民共和国历史上，都必将是载入史册的重要日子。"

二十届三中全会再次强调："党的十一届三中全会是划时代的，开启了改革开放和社会主义现代化建设新时期。"①

三、中共十二大

中国共产党第十二次全国代表大会于1982年9月1日—11日在北京举行。胡耀邦作题为《全面开创社会主义现代化建设的新局面》的报告。

十二大是中国共产党进入改革开放和社会主义现代化建设新时期之后召开的第一次全国代表大会。

邓小平主持大会开幕式并致开幕词。邓小平在开幕词中指出："我们的现代化建设，必须从中国的实际出发。无论是革命还是建设，都要注意学习和借鉴外国经验。但是，照抄照搬别国经验、别国模式，从来不能得到成功。这方面我们有过不少教训。把马克思主义的普遍真理同我国的具体实际结合起来，走自己的道路，建设有中国特色的社会主义，这就是我们总结长期历史经验得出的基本结论。"②

这是改革开放以来第一次提出"建设有中国特色的社会主义"的

---

① 《中共中央关于进一步全面深化改革 推进中国式现代化的决定》，《人民日报》2024年7月22日。
② 《邓小平文选》第三卷，人民出版社1993年版，第2—3页。

命题，也是大会最重要的一个贡献。它把新时期的实践聚焦在"中国特色社会主义"上，为全党和全国各族人民同心协力推进改革开放和现代化建设树立了一面光辉的旗帜。

邓小平还提出了"加紧社会主义现代化建设，争取实现包括台湾在内的祖国统一，反对霸权主义、维护世界和平"的三大任务，以及要抓紧的四件工作，即"进行机构改革和经济体制改革，实现干部队伍的革命化、年轻化、知识化、专业化；建设社会主义精神文明；打击经济领域和其他领域内破坏社会主义的犯罪活动；在认真学习新党章的基础上，整顿党的作风和组织"。[①]

大会的主要内容和贡献，是确定了党在新的历史时期的总任务，即：团结全国各族人民，自力更生，艰苦奋斗，逐步实现工业、农业、国防和科学技术现代化，把我国建设成为高度文明、高度民主的社会主义国家。提出这一任务，为十三大制定党的基本路线奠定了基础。围绕这一总任务，大会提出了全面开创社会主义现代化建设新局面的奋斗目标、战略重点、实施步骤和一系列方针政策。

大会在提出经济建设目标的同时，突出强调社会主义精神文明和社会主义民主都是社会主义的重要特征，是社会主义制度优越性的重要体现。建设高度文明、高度民主的社会主义国家，是我们的根本目标和根本任务。这些任务的提出，体现了社会主义现代化建设的全面性要求，标志着党对社会主义的理解更加全面和深刻。

十二大通过了重新修改的《中国共产党章程》。新党章继承和发展了七大和八大党章的优点，清除了九大、十大党章中"左"的错误，同时对新时期加强党的建设作了更为充分、具体的规定，体现了改革开放和社会主义现代化建设对党的建设的新要求。十二大党章是七大党章之后的一个里程碑，标志着中国共产党步入了执政党建设的

---

① 《邓小平文选》第三卷，人民出版社 1993 年版，第 3 页。

正确轨道，奠定了以后历次党代会党章修改完善的基础。新党章规定党中央不设主席，只设总书记，从而结束了实行将近 40 年的党内主席制领导体制。

大会决定设立中央顾问委员会。规定中央和省一级设顾问委员会作为党的干部新老交替的过渡性机构，以发挥许多从第一线退下来的富有经验的老同志对党的事业的参谋作用。

叶剑英、陈云在大会上作了重要讲话。

大会选举了由 210 名委员和 138 名候补委员组成的中央委员会，选举了由 172 名委员组成的中央顾问委员会和由 132 名委员组成的中央纪律检查委员会。

随后召开的十二届一中全会选举了中央政治局及其常务委员会；选举胡耀邦为中央委员会总书记；决定邓小平为中央军事委员会主席；批准邓小平为中央顾问委员会主任，陈云为中央纪律检查委员会第一书记。

四、中共十三大

中国共产党第十三次全国代表大会于 1987 年 10 月 25 日至 11 月 1 日在北京举行。大会报告的题目是《沿着有中国特色的社会主义道路前进》。

十三大前夕，邓小平指出："我们党的十三大要阐述中国社会主义是处在一个什么阶段，就是处在初级阶段，是初级阶段的社会主义。社会主义本身是共产主义的初级阶段，而我们中国又处在社会主义的初级阶段，就是不发达的阶段。一切都要从这个实际出发，根据这个实际来制订规划。"①

---

① 《邓小平文选》第三卷，人民出版社 1993 年版，第 252 页。

十三大提出并系统阐述了社会主义初级阶段理论，把正确认识我国现在正处于社会主义的初级阶段，作为建设中国特色社会主义的首要前提，作为党制定一切方针政策的依据，大会正式制定了党在社会主义初级阶段的基本路线，即：领导和团结全国各族人民，以经济建设为中心，坚持四项基本原则，坚持改革开放，自力更生，艰苦创业，为把我国建设成为富强、民主、文明的社会主义现代化国家而奋斗。正式制定社会主义初级阶段基本路线，是十三大载入史册的最重要贡献。

十三大制定了到 21 世纪中叶分三步走实现现代化的发展战略：第一步，从 1981 年到 1990 年国民生产总值翻一番，实现温饱；第二步，从 1991 年到 20 世纪末再翻一番，达到小康；第三步，到 21 世纪中叶再翻两番，达到中等发达国家水平。"三步走"战略把我国社会主义现代化的进程具体化为切实可行的步骤，是激励全国人民为一个共同理想而奋斗的行动纲领。

十三大的另一个重要内容，是政治体制改革。根据邓小平关于政治体制改革的思想，十三大明确提出政治体制改革的长远目标是建立高度民主、法制完备、富有效率、充满活力的社会主义政治体制，近期目标是建立有利于提高效率、增强活力和调动各方面积极性的领导体制。大会提出了政治体制改革的各项任务，包括：实行党政分开，进一步下放权力，改革政府工作机构，改革干部人事制度，建立社会协商对话制度，完善社会主义民主政治的若干制度。

大会选举了由 175 名委员和 110 名候补委员组成的中央委员会，选举了由 200 名委员组成的中央顾问委员会和由 69 名委员组成的中央纪律检查委员会。

随后召开的十三届一中全会选举了中央政治局及其常务委员会；选举赵紫阳为中央委员会总书记；决定邓小平为中央军事委员会主

席；批准陈云为中央顾问委员会主任，乔石为中央纪律检查委员会书记。

五、十三届四中全会

中国共产党第十三届中央委员会第四次全体会议于 1989 年 6 月 23 日—24 日在北京举行。

全会分析了近两个月来全国的政治形势，审议并通过了李鹏代表中央政治局提出的关于赵紫阳所犯错误的报告；决定撤销赵紫阳的中央委员会总书记、中央政治局常务委员会委员、中央政治局委员、中央委员会委员和中共中央军事委员会第一副主席的职务。

全会对中央领导机构的部分成员进行了调整：选举江泽民为中央委员会总书记，增选江泽民、宋平、李瑞环为中央政治局常委。

全会高度评价邓小平接见首都戒严部队军以上干部的重要讲话，认为这个讲话是我们回顾过去、思考未来、统一全党思想认识的纲领性文件。全会强调，要继续坚决执行党的十一届三中全会以来的路线、方针、政策，继续坚决执行十三大确定的"一个中心、两个基本点"的基本路线。四项基本原则是立国之本，必须毫不动摇、始终一贯地加以坚持；改革开放是强国之路，必须坚定不移、一如既往地贯彻执行，绝不回到闭关锁国的老路上去。

全会重申，我国坚持独立自主的和平外交政策不变，我国将在和平共处五项原则的基础上继续同世界各国发展友好关系，对维护世界和平继续作出贡献。

全会公报强调，这次全会在我们党的历史发展上是一次非常重要的会议。它不仅对于当前进一步稳定全国局势具有重大作用，而且对于今后保证十一届三中全会以来党的路线、方针、政策的连续性，必将产生深远的影响。

1992 年的十四大指出：十三届四中全会选出新的中央领导集体。党中央全面坚持党的基本路线，继续抓住经济建设这个中心，努力纠正"一手比较硬，一手比较软"的现象，加强思想政治工作和党的建设工作。在国际局势剧变的情况下，党按照冷静观察、沉着应付的方针，坚持把注意力集中在办好我们自己的事情上，相继作出一系列重要决定。实践证明，党在历史关键时刻作出的这些重大决策，是完全正确的。

2002 年的十六大指出：20 世纪 80 年代末 90 年代初，国内发生严重政治风波，东欧剧变、苏联解体，世界社会主义出现严重曲折，我国社会主义事业的发展面临空前巨大的困难和压力。在这个决定党和国家前途命运的重大历史关头，党中央紧紧依靠全党同志和全国各族人民，坚持十一届三中全会以来的路线不动摇，成功地稳住了改革和发展的大局，捍卫了中国特色社会主义伟大事业。

六、中共十四大

中国共产党第十四次全国代表大会于 1992 年 10 月 12 日—18 日在北京举行。江泽民作题为《加快改革开放和现代化建设步伐，夺取有中国特色社会主义事业的更大胜利》的报告。

十四大是在邓小平发表南方谈话后召开的。十四大作出了三项具有深远意义的决策：（一）确立了邓小平建设有中国特色社会主义理论在全党的指导地位，并将其写入党章；（二）明确了我国经济体制改革的目标是建立社会主义市场经济体制；（三）要求全党抓住机遇，加快发展，集中精力把经济建设搞上去。十四大作为加快改革开放步伐的一次党代会而载入史册。

十四大总结了十一届三中全会以来 14 年的实践经验，强调指出，14 年来，我们从事的事业，就是坚持党的基本路线，通过改革开放，解放和发展生产力，建设有中国特色的社会主义。就其引起社会变革的广度和深度来说，是开始了一场新的革命。它的实质和目标，是要从根本上改变束缚我国生产力发展的经济体制，建立充满生机和活力的社会主义新经济体制，同时相应地改革政治体制和其他方面的体制，以实现中国的社会主义现代化。

十四大对邓小平建设有中国特色社会主义理论作出科学概括和评价，强调这个理论第一次比较系统地初步回答了中国这样的经济文化比较落后的国家如何建设社会主义、如何巩固和发展社会主义的一系列基本问题，用新的思想、观点，继承和发展了马克思主义。大会概括了建设有中国特色社会主义理论的主要内容，正式确立这一理论在全党的指导地位，号召全党高举建设有中国特色社会主义的伟大旗帜。

十四大最大的亮点之一，是确定了中国经济体制改革的目标，即建立社会主义市场经济体制。大会指出，我国经济体制改革确定什么样的目标模式，是关系整个社会主义现代化建设全局的一个重大问题。这个问题的核心，是正确认识和处理计划与市场的关系。实践的发展和认识的深化，要求我们明确提出，我国经济体制改革的目标是建立社会主义市场经济体制，以利于进一步解放和发展生产力。

十四大指出，建立和完善社会主义市场经济体制，是一个长期发展的过程，是一项艰巨复杂的社会系统工程。既要做持久的努力，又要有紧迫感；既要坚定方向，又要从实际出发，区别不同情况，积极推进。

大会通过《关于中央顾问委员会工作报告的决议》，决定不再设立中央顾问委员会。

大会选举了由 189 名委员和 130 名候补委员组成的中央委员会，选举了由 108 名委员组成的中央纪律检查委员会。

随后召开的十四届一中全会选举了中央政治局及其常务委员会；选举江泽民为中央委员会总书记；决定江泽民为中央军事委员会主席；批准尉健行为中央纪律检查委员会书记。

七、中共十五大

中国共产党第十五次全国代表大会于 1997 年 9 月 12 日—18 日在北京举行。江泽民作题为《高举邓小平理论伟大旗帜，把建设有中国特色社会主义事业全面推向二十一世纪》的报告。

十五大是在世纪之交即将到来之时召开的，也以跨世纪的党代会而载入史册。

1997 年 2 月，邓小平逝世，沉痛的哀乐撞击着中国人的心。中国处在一个重要的历史时刻。面向 21 世纪，中国将举什么样的旗帜？走什么样的道路？人民关心，世界瞩目。

大会首次使用"邓小平理论"概念，分析了邓小平理论的历史地位和指导意义，从"新境界""新水平""新判断""新体系"四个方面，充分肯定了邓小平理论是当代中国的马克思主义，是马克思主义在中国发展的新阶段。在当代中国，只有把马克思主义同当代中国实践和时代特征结合起来的邓小平理论，而没有别的理论能够解决社会主义的前途和命运问题。大会修改后的党章明确规定把邓小平理论确立为党的指导思想。

大会强调，旗帜问题至关紧要。旗帜就是方向，旗帜就是形象。在社会主义改革开放和现代化建设的新时期，在跨越世纪的新征途上，一定要高举邓小平理论的伟大旗帜，用邓小平理论来指导我们整个事业和各项工作。这是党从历史和现实中得出的不可动摇的结论。

十五大提出了社会主义初级阶段的基本纲领，规划了跨世纪发展的战略部署，将"三步走"的战略设想进一步具体化，指出从现在起到 21 世纪的前 10 年，是我国实现现代化建设第二步战略目标和向第三步战略目标迈进的关键时期。在这个时期，建立比较完善的社会主义市场经济，保持国民经济持续快速健康发展，是必须解决好的两大课题。

大会第一次科学概括了建设中国特色社会主义经济、政治、文化的基本目标和基本政策。明确提出这些基本目标和政策，有机统一，不可分割，构成党在社会主义初级阶段的基本纲领。面向新世纪，要切实加强中国特色社会主义的经济、政治、文化三个方面的建设，推动社会主义物质文明、政治文明、精神文明的协调发展。

大会指出，公有制为主体、多种所有制经济共同发展，是我国社会主义初级阶段的一项基本经济制度。公有制经济不仅包括国有经济和集体经济，还包括混合所有制经济中的国有成分和集体成分。公有制实现形式可以而且应当多样化，非公有制经济是我国社会主义市场经济的重要组成部分。要允许和鼓励资本、技术等生产要素参与收益分配。这些论断，是党在社会主义理论问题上的又一次思想解放和认识深化。

大会提出了依法治国的基本方略。强调依法治国、建设社会主义法治国家，是党领导人民治理国家的基本方略。

大会选举了由 193 名委员和 151 名候补委员组成的中央委员会，选举了由 115 名委员组成的中央纪律检查委员会。

随后召开的十五届一中全会选举了中央政治局及其常务委员会；选举江泽民为中央委员会总书记；决定江泽民为中央军事委员会主席；批准尉健行为中央纪律检查委员会书记。

八、中共十六大

中国共产党第十六次全国代表大会于 2002 年 11 月 8 日—14 日在北京举行。江泽民作题为《全面建设小康社会，开创中国特色社会主义事业新局面》的报告。

这次大会是进入新世纪后的第一次党的全国代表大会。

大会第一次明确宣布：我们党历经革命、建设和改革，已经从领导人民为夺取全国政权而奋斗的党，成为领导人民掌握全国政权并长期执政的党；已经从受到外部封锁和实行计划经济条件下领导国家建设的党，成为对外开放和发展社会主义市场经济条件下领导国家建设的党。

十六大科学阐述了"三个代表"重要思想的时代背景、历史方位、精神实质和指导意义，把"三个代表"重要思想确立为必须长期坚持的指导思想，并且写入党章，要求全党把这一重要思想贯彻到社会主义现代化建设的各个领域，体现在党的建设的各个方面。这是十六大的一个重大决策，也是一个历史性贡献。

大会阐述了全面贯彻"三个代表"重要思想的根本要求，明确指出，贯彻"三个代表"重要思想，关键在坚持与时俱进，核心在坚持党的先进性，本质在坚持执政为民。

十六大深刻分析了党和国家面临的新形势新任务，作出了 21 世纪头 20 年是我国一个重要战略机遇期的重大判断，明确提出了全面建设小康社会的战略目标，指出："要在本世纪头二十年，集中力量，全面建设惠及十几亿人口的更高水平的小康社会"①。

以全面建设小康社会为基点，十六大全面规划了建设中国特色社会主义经济、政治、文化的发展战略。要求"使经济更加发展、民主更加健全、科教更加进步、文化更加繁荣、社会更加和谐、人民生活更加殷实"②。为了完成全面建设小康社会的奋斗目标，必须牢牢抓住发展这个执政兴国的第一要务，必须坚定不移地推进改革开放的进程。

十六大揭示了不同所有制经济的内在联系。指出：必须毫不动摇地巩固和发展公有制经济，毫不动摇地鼓励、支持和引导非公有制经济发展。各种所有制经济完全可以在市场竞争中发挥各自优势，相互促进，共同发展。

大会要求最广泛最充分地调动一切积极因素，不断为中华民族的伟大复兴增添新力量。指出，"对为祖国富强贡献力量的社会各阶层人们都要团结，对他们的创业精神都要鼓励，对他们的合法权益都要保护，对他们中的优秀分子都要表彰，努力形成全体人民各尽其能、各得其所而又和谐相处的局面"，"营造鼓励人们干事业、支持人们干成事业的社会氛围，放手让一切劳动、知识、技术、管理和资本的活力竞相迸发，让一切创造社会财富的源泉充分涌流，以造福于人民"。③

大会还正式使用"政治文明"的概念，把发展社会主义民主政治、建设社会主义政治文明作为全面建设小康社会的重要目标。

十六大强调，改革和完善党的领导方式和执政方式，对于推进社

---

① 中共中央文献研究室编：《十六大以来重要文献选编》（上），中央文献出版社 2011 年版，第 14 页。

② 中共中央文献研究室编：《十六大以来重要文献选编》（上），中央文献出版社 2011 年版，第 14 页。

③ 中共中央文献研究室编：《十六大以来重要文献选编》（上），中央文献出版社 2011 年版，第 12 页。

会主义民主政治建设，具有全局性作用。为此，大会规范了通过"制定大政方针，提出立法建议，推荐重要干部，进行思想宣传，发挥党组织和党员的作用，坚持依法执政"[①]六种执政方式，以实施党对国家和社会的领导。要求按照党总揽全局、协调各方的原则，规范党委与人大、政府、政协以及人民团体的关系。

大会选举了由 198 名委员和 158 名候补委员组成的中央委员会，选举了由 121 名委员组成的中央纪律检查委员会。

随后召开的十六届一中全会选举了中央政治局及其常务委员会；选举胡锦涛为中央委员会总书记；决定江泽民为中央军事委员会主席；批准吴官正为中央纪律检查委员会书记。

九、中共十七大

中国共产党第十七次全国代表大会于 2007 年 10 月 15 日—21 日在北京举行。胡锦涛作题为《高举中国特色社会主义伟大旗帜，为夺取全面建设小康社会新胜利而奋斗》的报告。

十七大召开正值改革开放即将 30 周年，所以，大会首先高视点、全景式、大跨度地回顾了改革开放的伟大历史进程，指出新时期最鲜明的特点是改革开放，新时期最显著的成就是快速发展，新时期最突出的标志是与时俱进。改革开放使中国人民的面貌、社会主义中国的面貌、中国共产党的面貌发生了历史性变化。

大会深刻揭示了改革开放的宝贵经验，概括了"十个结合"，强调，事实雄辩地证明，改革开放是决定当代中国命运的关键抉择，是发展中国特色社会主义、实现中华民族伟大复兴的必由之路。

---

① 中共中央文献研究室编：《十六大以来重要文献选编》（上），中央文献出版社 2011 年版，第 26 页。

大会坚定而有力地指出："改革开放作为一场新的伟大革命，不可能一帆风顺，也不可能一蹴而就。最根本的是，改革开放符合党心民心、顺应时代潮流，方向和道路是完全正确的，成效和功绩不容否定，停顿和倒退没有出路。"[①]

大会指出，改革开放以来我们取得一切成绩和进步的根本原因，归结起来就是，开辟了中国特色社会主义道路，形成了中国特色社会主义理论体系。强调要坚定不移地高举中国特色社会主义伟大旗帜，坚持中国特色社会主义道路和中国特色社会主义理论体系。

十七大的一项重要内容和理论创新，就是深刻阐述了科学发展观的时代背景、科学内涵、精神实质，对科学发展观作出了科学评价，对落实科学发展观提出了根本要求。强调，科学发展观，第一要义是发展，核心是以人为本，基本要求是全面协调可持续，根本方法是统筹兼顾。

大会指出，新世纪新阶段，我国发展站在了一个新的历史起点上。必须更加自觉地走科学发展道路，奋力开拓中国特色社会主义更为广阔的发展前景。全党同志要全面把握科学发展观的科学内涵和精神实质，增强贯彻落实科学发展观的自觉性和坚定性，着力转变不适应不符合科学发展观的思想观念，着力解决影响和制约科学发展的突出问题，把全社会的发展积极性引导到科学发展上来，把科学发展观贯彻落实到经济社会发展各个方面。大会将科学发展观写入党章。

在十六大确立的全面建设小康社会目标的基础上，十七大提出新的更高要求，强调要增强发展协调性，努力实现经济又好又快发展；扩大社会主义民主，更好保障人民权益和社会公平正义；加强文化建设，明显提高全民族文明素质；加快发展社会事业，全面改善人民生

---

① 中共中央文献研究室编：《十七大以来重要文献选编》（上），中央文献出版社 2009 年版，第 8 页。

活；建设生态文明，基本形成节约能源资源和保护生态环境的产业结构、增长方式、消费模式。

十七大以党的执政能力建设和先进性建设为主线，坚持党要管党、从严治党，贯彻为民、务实、清廉的要求，部署了党的建设的任务和措施。

在党内民主方面，强调要以扩大党内民主带动人民民主，尊重党员主体地位，保障党员民主权利，推进党务公开，营造党内民主讨论环境；完善党的代表大会制度，实行党的代表大会代表任期制，选择一些县（市、区）试行党代表大会常任制；建立健全中央政治局向中央委员会全体会议、地方各级党委常委会向委员会全体会议定期报告工作并接受监督的制度；改革党内选举制度，改进候选人提名制度和选举方式，逐步扩大基层党组织领导班子直接选举范围。

大会选举出由 204 名委员、167 名候补委员组成的十七届中央委员会，选举出中央纪律检查委员会委员 127 名。

随后的十七届一中全会选举了中央政治局及其常务委员会；选举胡锦涛为中央委员会总书记；决定胡锦涛为中央军事委员会主席；批准贺国强为中央纪律检查委员会书记。

十、中共十八大

中国共产党第十八次全国代表大会于 2012 年 11 月 8 日—14 日在北京举行。胡锦涛作题为《坚定不移沿着中国特色社会主义道路前进，为全面建成小康社会而奋斗》的报告。

十八大是在我国进入全面建成小康社会决定性阶段召开的一次十分重要的大会，是党的奋斗历程中又一次承先启后、继往开来的会议。

十八大对科学发展观给予了正式定位。5 年前的十七大对科学发展观作出了科学评价，但还没有正式定位。经过 5 年的实践，十八大根据实践的成效、人民和全党的意愿，把科学发展观与马克思列宁主义、毛泽东思想、邓小平理论、"三个代表"重要思想一道，在党章中正式确立为"党必须长期坚持的指导思想"，实现了党的指导思想的又一次与时俱进。这是十八大作出的一个最重要的历史决策。

十八大明确界定了中国特色社会主义道路、中国特色社会主义理论体系、中国特色社会主义制度的内涵。强调，在改革开放 30 多年一以贯之的接力探索中，我们坚定不移高举中国特色社会主义伟大旗帜，既不走封闭僵化的老路，也不走改旗易帜的邪路。中国特色社会主义道路，中国特色社会主义理论体系，中国特色社会主义制度，是党和人民 90 多年奋斗、创造、积累的根本成就，必须倍加珍惜、始终坚持、不断发展。

十八大明确提出要"确保到二〇二〇年实现全面建成小康社会宏伟目标"。"全面建成小康社会"与十六大报告标题中的"全面建设小康社会"相比，"建设"改成了"建成"。一字之改，凝集了小康建设不平凡的历程，凝集了十八大决胜小康的决心和部署。根据我国经济社会发展实际，十八大提出，要在十六大、十七大确立的全面建设小康社会目标的基础上努力实现五个新要求。明确提出"实现国内生产总值和城乡居民人均收入比二〇一〇年翻一番"。

十八大明确指出："建设中国特色社会主义，总依据是社会主义初级阶段，总布局是五位一体，总任务是实现社会主义现代化和中华民族伟大复兴。"[①]"五位一体"是指全面推进经济建设、政治建设、文化建设、社会建设、生态文明建设。"总布局"，是指将五个方面

---

① 中共中央文献研究室编：《十八大以来重要文献选编》（上），中央文献出版社 2014 年版，第 10 页。

建设统筹一体、紧密协调的整体谋划和战略部署。这个总布局的一个重要亮点，是把生态文明建设当作关系人民福祉、关乎民族未来的长远大计，提到了前所未有的高度。

大会选举出由 205 名委员、171 名候补委员组成的十八届中央委员会，选举出由 130 名委员组成的中央纪律检查委员会。

随后的十八届一中全会选举了中央政治局及其常务委员会；选举习近平为中央委员会总书记；决定习近平为中央军事委员会主席；批准王岐山为中央纪律检查委员会书记。

随着十九大宣布中国特色社会主义进入新时代，十八大成为进入新时代的标志。

十一、十八届三中全会

中国共产党第十八届中央委员会第三次全体会议于 2013 年 11 月 9 日—12 日在北京举行。全会由中央政治局主持，习近平作重要讲话。

全会听取和讨论了习近平受中央政治局委托作的工作报告，审议通过了《中共中央关于全面深化改革若干重大问题的决定》（以下简称《决定》）。习近平就《决定（讨论稿）》向全会作了说明。

全会高度评价了十一届三中全会召开 35 年来改革开放的成功实践和伟大成就，研究了全面深化改革若干重大问题，认为改革开放是党在新的时代条件下带领全国各族人民进行的新的伟大革命，是当代中国最鲜明的特色，是决定当代中国命运的关键抉择，是党和人民事业大踏步赶上时代的重要法宝。面对新形势新任务，全面建成小康社会，进而建成富强民主文明和谐的社会主义现代化国家、实现中华民族伟大复兴的中国梦，必须在新的历史起点上全面深化改革。

全会指出，全面深化改革的总目标是完善和发展中国特色社会主义制度，推进国家治理体系和治理能力现代化。这个目标包含了两个内容。其中，"国家治理"这个概念在党的文件中是第一次出现。《决定》中一共 24 次使用了"治理"概念。包括国家治理、政府治理、国际经济治理、社会治理、社区治理、法人治理、环境治理、综合治理、系统治理、依法治理、源头治理等。要求到 2020 年，在重要领域和关键环节改革上取得决定性成果，形成系统完备、科学规范、运行有效的制度体系，使各方面制度更加成熟更加定型。

全会对全面深化改革作出系统部署，强调紧紧围绕使市场在资源配置中起决定性作用深化经济体制改革，紧紧围绕坚持党的领导、人民当家作主、依法治国有机统一深化政治体制改革，紧紧围绕建设社会主义核心价值体系、社会主义文化强国深化文化体制改革，紧紧围绕更好保障和改善民生、促进社会公平正义深化社会体制改革，紧紧围绕建设美丽中国深化生态文明体制改革，紧紧围绕提高科学执政、民主执政、依法执政水平深化党的建设制度改革。

全面深化改革必须更加注重改革的系统性、整体性、协同性，加快发展社会主义市场经济、民主政治、先进文化、和谐社会、生态文明，让一切劳动、知识、技术、管理、资本的活力竞相迸发，让一切创造社会财富的源泉充分涌流，让发展成果更多更公平惠及全体人民。

全会指出，经济体制改革的核心问题是处理好政府和市场的关系，使市场在资源配置中起决定性作用和更好发挥政府作用。

中央成立全面深化改革领导小组，负责改革总体设计、统筹协调、整体推进、督促落实。

十二、十八届四中全会

中国共产党第十八届中央委员会第四次全体会议于 2014 年 10 月 20 日—23 日在北京举行。全会由中央政治局主持，习近平作重要讲话。

全会听取和讨论了习近平受中央政治局委托作的工作报告，审议通过了《中共中央关于全面推进依法治国若干重大问题的决定》（以下简称《决定》）。习近平就《决定（讨论稿）》向全会作了说明。

全会高度评价长期以来特别是十一届三中全会以来我国社会主义法治建设取得的历史性成就，研究了全面推进依法治国若干重大问题，认为全面建成小康社会、实现中华民族伟大复兴的中国梦，全面深化改革、完善和发展中国特色社会主义制度，提高党的执政能力和执政水平，必须全面推进依法治国。

全会《决定》直面我国法治建设领域的突出问题，明确提出了全面推进依法治国的指导思想、总目标、基本原则，提出了关于依法治国的一系列新观点、新举措，回答了党的领导和依法治国的关系等一系列重大理论和实践问题，对科学立法、严格执法、公正司法、全民守法、法治队伍建设、加强和改进党对全面推进依法治国的领导作出了全面部署，有针对性地回应了人民群众呼声和社会关切，成为我国法治建设的纲领性文件。

全会提出，全面推进依法治国，总目标是建设中国特色社会主义法治体系，建设社会主义法治国家。这就是，在中国共产党领导下，坚持中国特色社会主义制度，贯彻中国特色社会主义法治理论，形成完备的法律规范体系、高效的法治实施体系、严密的法治监督体系、有力的法治保障体系，形成完善的党内法规体系，坚持依法治国、依法执政、依法行政共同推进，坚持法治国家、法治政府、法治社会一体建设，实现科学立法、严格执法、公正司法、全民守法，促进国家治理体系和治理能力现代化。实现这个总目标，必须坚持中国共产党的领导，坚持人民主体地位，坚持法律面前人人平等，坚持依法治国和以德治国相结合，坚持从中国实际出发。

全会明确了全面推进依法治国的重大任务：完善以宪法为核心的中国特色社会主义法律体系，加强宪法实施；深入推进依法行政，加快建设法治政府；保证公正司法，提高司法公信力；增强全民法治观念，推进法治社会建设；加强法治工作队伍建设；加强和改进党对全面推进依法治国的领导。

据此，全会确定了180多项重大改革举措。

十八届四中全会通过的《决定》，是由中央全会通过的第一个关于加强法治建设的专门决定，是中国共产党依法治国的宣言，也是建设社会主义法治国家的号角。

十八届四中全会是中国共产党成立90多年来、中华人民共和国成立将近70年来，第一次专门研究法治建设问题的中央全会，在中国建设社会主义法治国家的征程上树起了一座新的里程碑。

十三、中共十九大

中国共产党第十九次全国代表大会于2017年10月18日—24日在北京举行。习近平作题为《决胜全面建成小康社会，夺取新时代中国特色社会主义伟大胜利》的报告。

大会的主题是：不忘初心，牢记使命，高举中国特色社会主义伟大旗帜，决胜全面建成小康社会，夺取新时代中国特色社会主义伟大胜利，为实现中华民族伟大复兴的中国梦不懈奋斗。

十九大报告登高望远，站在历史、时代和大局的高度，回顾、总结、思考、回答了一系列具有全局性、战略性、前瞻性的问题，阐述了未来一个时期党和国家事业发展的大政方针和行动纲领，提出了一系列新的重要思想、重要观点、重大判断、重大举措。

大会宣告，经过长期努力，中国特色社会主义进入了新时代，这是我国发展新的历史方位。大会从五个方面对这个新时代作了界定。

大会确立了习近平新时代中国特色社会主义思想的历史地位，并写入了党章。用"八个明确"概括了习近平新时代中国特色社会主义思想的内涵，包括总目标和总任务、社会主要矛盾、总体布局和战略布局、全面深化改革总目标、全面推进依法治国总目标、新时代的强军目标、中国特色大国外交、新时代党的建设总要求。

大会提出了新时代坚持和发展中国特色社会主义的基本方略，共14条。这些方略，是习近平新时代中国特色社会主义思想在治国理政中的转化、实践和应用。在总结历史经验的基础上系统地概括提出"基本方略"，这是党的历史上的第一次。

大会提出新时代中国共产党为实现中华民族伟大复兴而奋斗的历史使命，并用"四个伟大"作了深刻阐述。

大会对我国社会主要矛盾作出重大调整，确认"我国社会主要矛盾已经转化为人民日益增长的美好生活需要和不平衡不充分的发展之间的矛盾"。这是十九大的一个重大亮点。在政治上和理论上都是一个重大的创新，具有重大的意义。

大会第一次规划了从 2020 年到本世纪中叶总共 30 年分两步走建成富强民主文明和谐美丽的社会主义现代化强国的战略安排。第一个阶段，从 2020 年到 2035 年，在全面建成小康社会的基础上，再奋斗15 年，基本实现社会主义现代化。第二个阶段，从 2035 年到本世纪中叶，在基本实现现代化的基础上，再奋斗 15 年，把我国建成富强民主文明和谐美丽的社会主义现代化强国。

大会对新时代中国特色社会主义和决胜全面建成小康社会、全面建设社会主义现代化强国作出了全面部署，鲜明地提出了"决胜全面建成小康社会"的号召。

十九大对党的建设和全面从严治党作出了系统的部署。第一次提出把党的政治建设摆在首位，强调政治建设是党的根本性建设。党的政治建设的首要任务是保证全党服从中央，坚持党中央权威和集中统一领导。强调"夺取反腐败斗争压倒性胜利"，强化不敢腐的震慑，扎牢不能腐的笼子，增强不想腐的自觉，通过不懈努力换来海晏河清、朗朗乾坤。

十九大对党章进行了重大的修改，把十八大以来的理论实践成果和十九大报告确立的重大理论观点和重大战略思想写入了党章。

大会选举出由 204 名委员、172 名候补委员组成的十九届中央委员会，选举出由 133 名委员组成的中央纪律检查委员会。

随后的十九届一中全会选举了中央政治局及其常务委员会；选举习近平为中央委员会总书记；决定习近平为中央军事委员会主席；批准赵乐际为中央纪律检查委员会书记。

十四、十九届四中全会

中国共产党第十九届中央委员会第四次全体会议于 2019 年 10 月 28 日—31 日在北京举行。全会由中央政治局主持，习近平作重要讲话。

全会听取和讨论了习近平受中央政治局委托作的工作报告，审议通过了《中共中央关于坚持和完善中国特色社会主义制度、推进国家治理体系和治理能力现代化若干重大问题的决定》。习近平就《决定（讨论稿）》向全会作了说明。

全会强调，我国国家制度和国家治理体系具有多方面的显著优势。这些显著优势，是我们坚定中国特色社会主义道路自信、理论自信、制度自信、文化自信的基本依据。

全会提出，坚持和完善中国特色社会主义制度、推进国家治理体系和治理能力现代化的总体目标是，到我们党成立 100 年时，在各方面制度更加成熟更加定型上取得明显成效；到 2035 年，各方面制度更加完善，基本实现国家治理体系和治理能力现代化；到新中国成立 100 年时，全面实现国家治理体系和治理能力现代化，使中国特色社会主义制度更加巩固、优越性充分展现。

全会提出，坚持和完善党的领导制度体系，提高党科学执政、民主执政、依法执政水平；坚持和完善人民当家作主制度体系，发展社会主义民主政治；坚持和完善中国特色社会主义法治体系，提高党依法治国、依法执政能力；坚持和完善中国特色社会主义行政体制，构建职责明确、依法行政的政府治理体系；坚持和完善社会主义基本经济制度，推动经济高质量发展；坚持和完善繁荣发展社会主义先进文化的制度，巩固全体人民团结奋斗的共同思想基础；坚持和完善统筹城乡的民生保障制度，满足人民日益增长的美好生活需要；坚持和完善共建共治共享的社会治理制度，保持社会稳定、维护国家安全；坚持和完善生态文明制度体系，促进人与自然和谐共生；坚持和完善党对人民军队的绝对领导制度，确保人民军队忠实履行新时代使命任务；坚持和完善"一国两制"制度体系，推进祖国和平统一；坚持和完善独立自主的和平外交政策，推动构建人类命运共同体；坚持和完善党和国家监督体系，强化对权力运行的制约和监督。

坚持和完善中国特色社会主义制度、推进国家治理体系和治理能力现代化，是全党的一项重大战略任务。各级党委和政府以及各级领导干部要切实强化制度意识，带头维护制度权威，做制度执行的表率，带动全党全社会自觉尊崇制度、严格执行制度、坚决维护制度。

十五、中共二十大

2022 年 10 月 16 日上午，中国共产党第二十次全国代表大会在北京举行。

习近平作题为《高举中国特色社会主义伟大旗帜，为全面建设社会主义现代化国家而团结奋斗》的报告。

大会的主题是：高举中国特色社会主义伟大旗帜，全面贯彻新时代中国特色社会主义思想，弘扬伟大建党精神，自信自强、守正创新，踔厉奋发、勇毅前行，为全面建设社会主义现代化国家、全面推进中华民族伟大复兴而团结奋斗。

报告共分 15 个部分：（一）过去五年的工作和新时代十年的伟大变革；（二）开辟马克思主义中国化时代化新境界；（三）新时代新征程中国共产党的使命任务；（四）加快构建新发展格局，着力推动高质量发展；（五）实施科教兴国战略，强化现代化建设人才支撑；（六）发展全过程人民民主，保障人民当家作主；（七）坚持全面依法治国，推进法治中国建设；（八）推进文化自信自强，铸就社会主义文化新辉煌；（九）增进民生福祉，提高人民生活品质；（十）推动绿色发展，促进人与自然和谐共生；（十一）推进国家安全体系和能力现代化，坚决维护国家安全和社会稳定；（十二）实现建军一百年奋斗目标，开创国防和军队现代化新局面；（十三）坚持和完善"一国两制"，推进祖国统一；（十四）促进世界和平与发展，推动构建人类命运共同体；（十五）坚定不移全面从严治党，深入推进新时代党的建设新的伟大工程。

大会指出，党的十八大以来，我们党勇于进行理论探索和创新，以全新的视野深化对共产党执政规律、社会主义建设规律、人类社会发展规律的认识，取得重大理论创新成果，集中体现为习近平新时代中国特色社会主义思想。党的十九大、十九届六中全会提出的"十个明确""十四个坚持""十三个方面成就"概括了这一思想的主要内容，必须长期坚持并不断丰富发展。

二十大指出，坚持和发展马克思主义，必须坚持解放思想、实事求是、与时俱进、求真务实，一切从实际出发，着眼解决新时代改革开放和社会主义现代化建设的实际问题，不断回答中国之问、世界之问、人民之问、时代之问，作出符合中国实际和时代要求的正确回答，得出符合客观规律的科学认识，形成与时俱进的理论成果，更好指导中国实践。

二十大指出："只有把马克思主义基本原理同中国具体实际相结合、同中华优秀传统文化相结合，坚持运用辩证唯物主义和历史唯物主义，才能正确回答时代和实践提出的重大问题，才能始终保持马克思主义的蓬勃生机和旺盛活力。""坚持和发展马克思主义，必须同中华优秀传统文化相结合。只有植根本国、本民族历史文化沃土，马克思主义真理之树才能根深叶茂。"

大会提出新时代新征程中国共产党的使命任务，明确规定，从现在起，中国共产党的中心任务就是团结带领全国各族人民全面建成社会主义现代化强国、实现第二个百年奋斗目标，以中国式现代化全面推进中华民族伟大复兴。

中国式现代化，是中国共产党领导的社会主义现代化，既有各国现代化的共同特征，更有基于自己国情的中国特色。二十大指出，中国式现代化是人口规模巨大的现代化，是全体人民共同富裕的现代化，是物质文明和精神文明相协调的现代化，是人与自然和谐共生的现代化，是走和平发展道路的现代化。

中国式现代化的本质要求是：坚持中国共产党领导，坚持中国特色社会主义，实现高质量发展，发展全过程人民民主，丰富人民精神世界，实现全体人民共同富裕，促进人与自然和谐共生，推动构建人类命运共同体，创造人类文明新形态。

大会强调，我国发展进入战略机遇和风险挑战并存、不确定难预料因素增多的时期，各种"黑天鹅""灰犀牛"事件随时可能发生。我们必须增强忧患意识，坚持底线思维，做到居安思危、未雨绸缪，准备经受风高浪急甚至惊涛骇浪的重大考验。前进道路上，必须牢牢把握以下重大原则：坚持和加强党的全面领导，坚持中国特色社会主义道路，坚持以人民为中心的发展思想，坚持深化改革开放，坚持发扬斗争精神。

大会强调，全面建设社会主义现代化国家、全面推进中华民族伟大复兴，关键在党。我们党作为世界上最大的马克思主义执政党，要始终赢得人民拥护、巩固长期执政地位，必须时刻保持解决大党独有难题的清醒和坚定。"全党必须牢记，全面从严治党永远在路上，党的自我革命永远在路上，决不能有松劲歇脚、疲劳厌战的情绪，必须持之以恒推进全面从严治党，深入推进新时代党的建设新的伟大工程，以党的自我革命引领社会革命。"

10月22日上午，二十大闭幕会在人民大会堂举行。到会的代表和特邀代表以无记名投票方式，选举出由205名委员、171名候补委员组成的二十届中央委员会，选举出二十届中央纪律检查委员会委员133名。

接着，大会通过了关于十九届中央委员会报告的决议、关于十九届中央纪律检查委员会工作报告的决议、关于《中国共产党章程（修正案）》的决议。

随后于 10 月 23 日召开中国共产党第二十届中央委员会第一次全体会议，选举了中央政治局委员、中央政治局常务委员会委员、中央委员会总书记；根据中央政治局常务委员会的提名，通过了中央书记处成员，决定了中央军事委员会组成人员；批准了二十届中央纪律检查委员会第一次全体会议选举产生的书记、副书记和常务委员会委员人选。

最为引人注目和重要的，是再次选举习近平为中央委员会总书记，决定习近平为中央军事委员会主席。

十六、二十届三中全会

中国共产党第二十届中央委员会第三次全体会议于 2024 年 7 月 15 日—18 日在北京举行。

全会听取和讨论了习近平受中央政治局委托所作的工作报告，审议通过了《中共中央关于进一步全面深化改革、推进中国式现代化的决定》（以下简称《决定》）。习近平就《决定（讨论稿）》向全会作了说明。

习近平在说明中指出，围绕党的中心任务谋划和部署改革，是党领导改革开放的成功经验。

全会高度评价新时代以来全面深化改革的成功实践和伟大成就，认为当前和今后一个时期是以中国式现代化全面推进强国建设、民族复兴伟业的关键时期。面对纷繁复杂的国际国内形势，面对新一轮科技革命和产业变革，面对人民群众新期待，必须自觉把改革摆在更加突出位置，紧紧围绕推进中国式现代化进一步全面深化改革。

将党的十八届三中全会与二十届三中全会相比较，十八届三中全会标志的是"全面深化改革"，二十届三中全会标志的是"进一步全面深化改革"。十八届三中全会确定全面深化改革的总目标，是完善和发展中国特色社会主义制度，推进国家治理体系和治理能力现代化。二十届三中全会确定的进一步全面深化改革的总目标，是继续完善和发展中国特色社会主义制度，推进国家治理体系和治理能力现代化。内容一致，但增加了一个"继续"。

全会《决定》标题包含两个最重要的关键词（实际是词组构成的命题），一个是"进一步全面深化改革"，一个是"推进中国式现代化"。两个命题如"量子纠缠"，揭示了二十届三中全会和《决定》的主题。

全会强调，进一步全面深化改革要总结和运用改革开放以来特别是新时代全面深化改革的宝贵经验，贯彻坚持党的全面领导、坚持以人民为中心、坚持守正创新、坚持以制度建设为主线、坚持全面依法治国、坚持系统观念等原则。

《决定》科学谋划了围绕中国式现代化进一步全面深化改革的总体部署，明确了进一步全面深化改革的指导思想、总目标、重大原则，重点部署了未来 5 年的重大改革举措。

《决定》指出，进一步全面深化改革的总目标是，继续完善和发展中国特色社会主义制度，推进国家治理体系和治理能力现代化。到 2035 年，全面建成高水平社会主义市场经济体制，中国特色社会主义制度更加完善，基本实现国家治理体系和治理能力现代化，基本实现社会主义现代化，为到本世纪中叶全面建成社会主义现代化强国奠定坚实基础。

全会对进一步全面深化改革作出系统部署，强调构建高水平社会主义市场经济体制，健全推动经济高质量发展体制机制，构建支持全面创新体制机制，健全宏观经济治理体系，完善城乡融合发展体制机制，完善高水平对外开放体制机制，健全全过程人民民主制度体系，完善中国特色社会主义法治体系，深化文化体制机制改革，健全保障和改善民生制度体系，深化生态文明体制改革，推进国家安全体系和能力现代化，持续深化国防和军队改革，提高党对进一步全面深化改革、推进中国式现代化的领导水平。

全会还明确规定，到 2029 年中华人民共和国成立 80 周年时，完成本决定提出的改革任务。

二十届三中全会是在新时代新征程上，中国共产党坚定不移高举改革开放旗帜、紧紧围绕推进中国式现代化进一步全面深化改革召开的一次十分重要的会议。

第四章

共和国的经济建设

一、经济增长

中华人民共和国成立以来，国民经济获得了长足的发展。综合国力不断增强。其成就，集中反映在经济的增长及其速度上。

经济增长一般用国内生产总值（GDP）来集中反映。国内生产总值是一个国家（或地区）所有常住单位，在一定时期内，生产的全部最终产品和服务价值的总和，是国民经济核算的核心指标，也是衡量一个国家总体经济状况的重要指标。

1985年前，中国大陆对国民经济的核算方式源于苏联与计划经济相配套的物质产品平衡表体系（MPS）。1985年至1992年，在改革开放中，逐步与联合国推荐的源于市场经济的国民经济核算体系（SNA）接轨，开始实施新国民经济核算体系。1993年起，完全摈弃物质产品平衡表体系，彻底转向新国民经济核算体系，从而增强了中国与市场经济国家经济的可比性。2003年，国家统计局发布《关于我国GDP核算和数据发布制度的改革》，完全规范了国内生产总值数据，发布的国内生产总值分为初步核算数、初步核实数和最终核实数三类。

中华人民共和国成立时，面对的是一个烂摊子。由于连年战乱，本来就很薄弱的经济更是千疮百孔。1949年与全民族抗战前的1936年比较，工业总产值下降了一半，其中钢铁比1943年降低了90%。抗战前上海的小学教师工资为每月30—45元，按物价折合小米600—900斤，而到1949年只能买80斤。粮食作物从1936年的15000万吨下降到1949年的11218万吨。灾民4000万人。从1949

年 4 月到 1950 年 2 月，全国接连 4 次出现物价大涨风潮。

到国民经济恢复后的 1952 年，中国的国内生产总值为 679 亿元，人均国内生产总值为 119 元。

此后，全国人民在中国共产党领导下大力开展社会主义建设，战胜了国际国内的无数困难，建立了相对独立的比较完整的国民经济体系和工业体系，推动国民经济不断增长。在一些重要领域，取得了振奋人心的成就。1956 年的国内生产总值突破 1000 亿元。

但由于出现"左"的错误，坚持"以阶级斗争为纲"，特别是错误地发动"文化大革命"这样全局性的内乱，经济建设受到严重干扰。所以，到 1977 年，国内生产总值仅为 3221.05 亿元人民币，人均为 341 元人民币。1976 年的棉花产量只略高于 1965 年的水平，油料作物的产量还不到 1952 年的水平。国民经济到了崩溃的边缘。

1978 年的十一届三中全会，实现新中国成立以来党和国家历史上具有深远意义的伟大转折，开启了改革开放和社会主义现代化的伟大征程。生产力获得大解放、大发展，国民经济以奇迹般的速度增长。

40 年来，我国国内生产总值由 1978 年的 3679 亿元人民币增长到 2017 年的 82.7 万亿元人民币，年均实际增长 9.5%，远高于同期世界经济 2.9% 左右的年均增速。我国国内生产总值占世界生产总值的比重由改革开放之初的 1.8% 上升到 15.2%，多年来对世界经济增长贡献率超过 30%。我国货物进出口总额从 206 亿美元增长到超过 4 万亿美元，累计使用外商直接投资超过 2 万亿美元，对外投资总额达到 1.9 万亿美元。我国主要农产品产量跃居世界前列，建立了全世界最完整的现代工业体系，科技创新和重大工程捷报频传。

中国国内生产总值在世界上的排名（美元计算或有差异）：

1980 年，国内生产总值 3015 亿美元，在世界上排名第八；也有的计算为第十一名。

2000 年，国内生产总值按当时汇率计算为 11928 亿美元，超过西方七强中的意大利，成为世界第六位。

2005 年，为 22837 亿美元，继超过意大利之后，又一次超越西方七强中的法国，成为世界第五位。

2006 年，为 27873 亿美元，超过英国，成为世界第四位。

2007 年，为 34940 亿美元，超越德国，成为世界第三大经济体。

2010 年，超过日本，成为世界第二位。2011 年 1 月，国家统计局公布，经初步核实，2010 年中国的国内生产总值为 58786 亿美元。同年日本的国内生产总值为 54742 亿美元。

到 2014 年，中国的经济规模超过 10 万亿美元，成为全球除美国之外第二个超 10 万亿美元的国家。

2018 年，国内生产总值突破 90 万亿元人民币。

2020 年，国内生产总值突破 100 万亿元人民币。

根据《中华人民共和国 2023 年国民经济和社会发展统计公报》，2023 年全年国内生产总值 1260582 亿元人民币，比上年增长 5.2%。

1979 —2023 年我国经济年均增长 8.9%，远高于同期世界经济 3.0% 的平均增速，对世界经济增长的年均贡献率为 24.8%，居世界第一位。

二、短缺现象

短缺现象，是经济发展中资源、产品、服务的供给不能满足有支付能力的需求的一种经济现象。

全世界所有的社会主义国家，都曾经长期存在商品、物资特别是消费品供应不足的现象，也就是所谓"短缺"。这种短缺，植根于高度集中的计划经济体制。计划经济有助于集中全社会的所有资源，重点办成一些大事难事，在一定时期内出现经济快速发展的局面。但难以激发社会各个主体的创造活力和动力，无论企业还是个人，都缺乏生产经营的积极性，也没有创业创新的环境和条件。因此，在动力衰减之后，必然地造成生产力发展缓慢，经济建设不能满足人民日益增长的物质文化需要，甚至长期不能解决人民的温饱问题，表现在供求关系中，就是许多生活资料乃至生产资料的"短缺"。

这种短缺，在集中和僵化的制度体制下难以得到解决，因此几乎成为社会主义国家经济的一个基本特点。人民生活消费品长期得不到满足，生活水平和质量提高非常缓慢。原中共中央党史研究室编写的《中国共产党历史》第二卷提供了如下数据：

"文化大革命"10年间，人民生活水平基本上没有提高，有些方面甚至有所下降。从吃的方面看，粮食人均消费量1976年为380.56斤，比1966年的379.14斤仅多1.42斤（比此前最高的1956年的408.58斤减少28.02斤）；食用植物油人均消费量1976年为3.19斤，低于1966年的3.52斤（比此前最高的1956年的5.13斤减少1.94斤）。

"文化大革命"10年中，全民所有制单位职工平均实际工资的年均增长速度均为负增长，其中"三五"时期为-1.2%，"四五"时期为-0.1%。从1966年到1976年，全民所有制单位职工历年的平均货币工资和实际工资指数均低于"一五"期末的1957年和"二五"期末的1965年。1976年，全国平均每个农业劳动力创造的农业净产值为319元，仅比1965年增长7.4%，还低于1952年323元的水平；每个农民年平均纯收入为113元，仅比1965年增加6元，平均每年仅增加0.55元。

由于"短缺"，在苏联等国家，排队抢购成为普遍现象。在中国，则采取发放票证的办法，控制社会整体购买力，将有限的商品平均分配给居民，以解决大多数人起码的生存问题。

短缺不仅表现在生活资料上，也表现在很多生产资料上。不仅影响人民的生活，也影响社会的生产和扩大再生产。

匈牙利经济学家亚诺什·科尔奈提出"短缺经济"理论，从而出现了一门经济学科，叫作"短缺经济学"。"短缺经济学"认为，"短缺"是社会主义国家常见的现象。资本主义经济基本上是需求限制型的，经常"供过于求"；社会主义经济基本上是资源限制型的，经常是"求过于供"。"短缺"影响了人民生活质量的提高，造就了"卖者"支配"买者"的社会关系。只有经济体制改革才有可能消除"短缺"现象。

改革开放以来，党和国家坚持发展是硬道理的思想，把发展作为执政兴国的第一要务，用发展的办法解决前进中的问题，不断解放和发展生产力，不断推进经济建设上台阶。经济发展了，财富增加了，市场上的供应充足了，也从根本上消除了"短缺"现象。所以，从20世纪80年代开始，各种规格品种的日用、耐用、高档消费品就迅速增加，极大地丰富了城乡居民的生活。票证制度也逐步退出历史舞台。到90年代中后期，出现了供大于求的现象，市场上不再是老百姓愁买不到东西，而是商场愁东西卖不出去。国家不得不宏观调控，要求大幅度压缩产能。直到今天，去产能仍然是供给侧结构性改革的一项重要内容。但用历史眼光来看，这种变化充分证明了，只有改革开放才能发展中国、发展社会主义，才能真正提高人民群众的生活水平。

三、家庭承包经营

家庭承包经营制度是改革开放以来中国农民的伟大创造。

家庭是社会的细胞，也是中国几千年来最基本的生产单位。虽然以户为单位的生产经营有其不足和弊端，但却具有强大的生存能力、聚合能力，可以保证人们最基本的生存需求和最基础的社会稳定。

20世纪50年代中后期，中国大陆农村普遍建立起高级社和人民公社。这种组织形式有助于集中资源，为现代化创造必要的条件。但也打破了家庭这种最基本的生产经营细胞，影响了农民的生产积极性，带来了很多消极的后果，农村相继发生抛荒、减产、严重缺粮甚至饿死人的情况。为了生存，农民再次向家庭经营寻求出路。先后兴起了三次自发的包产到组、包产到户、包干到户浪潮。一次是1957年反右派斗争之前，一次是1959年"反右倾"斗争之前，一次是1962年八届十中全会之前，但当时的"左"倾思想均认定这是典型的资本主义倾向，坚决予以打压和取缔。明里暗里支持农民的领导干部，大多受到了处分或其他处理。

粉碎"四人帮"以后，为了解决温饱问题，农民从夹缝中寻求生存之道，再次自发地实行一定限度的包产到户、包干到户。十一届三中全会后，在解放思想、实事求是精神的鼓舞下，农村改革蓬勃兴起。安徽、四川、甘肃等地的农民，先后创造了包产到户、包干到户等以家庭承包为主要形式的生产责任制。

这种责任制，改变了集体生产中平均主义浓厚的分配方式，将成果分配直接与家庭及其劳动贡献联系起来，"保证国家的，留足集体的，剩下全是自己的"，因而深受农民欢迎，明显促进了农业生产，不仅解决了农民的生存问题，而且大幅度增加了农业产量。

农村改革的探索也受到很多质疑和批评。面对这种状况，1980年5月，邓小平明确给予肯定和支持，有力地推动了以家庭联产承包责任制为主要内容的农村改革。

1982年1月1日，中共中央下发一号文件，肯定农村正在出现的各种形式的生产责任制，都是社会主义集体经济的生产责任制。从 1982 年到 1984 年，中共中央连续三年都以"一号文件"的形式，对包产到户和包干到户的生产责任制给予充分肯定，并在政策上积极引导，从而使这种责任制迅速在全国广泛推行。此后，家庭联产承包责任制不断完善，最终形成农民家庭承包经营制度。

1984 年，中央将土地承包期延长到 15 年以上。1993 年 11 月，中共中央、国务院印发《关于当前农业和农村经济发展的若干政策措施》，指出以家庭联产承包为主的责任制和统分结合的双层经营体制，是中国农村经济的一项基本制度，要长期稳定，并不断完善。原定的耕地承包期到期之后，再延长 30 年不变。1998 年全国人大常委会修订后的《中华人民共和国土地管理法》以及党的十五届三中全会通过的《关于农业和农村工作若干重大问题的决定》，贯彻了土地承包期再延长 30 年的政策。

1999 年，再次修改宪法时，将"家庭联产承包责任制"改为"家庭承包经营"。以农民家庭承包经营为基础、统分结合的双层经营体制，成为我国农村的基本经营制度，其核心是土地承包经营制度。

实践证明，家庭承包经营制度的实行，使中国广大农民获得了充分的经营自主权，极大地调动了农民的积极性，解放和发展了农村生产力。

2016 年 4 月 25 日，习近平在安徽凤阳县小岗村主持召开农村改革座谈会，指出新形势下深化农村改革，主线仍然是处理好农民和土地的关系。最大的政策，就是必须坚持和完善农村基本经营制度，坚持农村土地集体所有，坚持家庭经营基础性地位，坚持稳定土地承包关系。

2018 年 10 月 1 日，中共中央、国务院印发《关于保持土地承包关系稳定并长久不变的意见》，指出，保持土地集体所有、家庭承包经营的基本制度长久不变；保持农户依法承包集体土地的基本权利长久不变；保持农户承包地稳定。

十九届六中全会通过的第三个历史决议充分肯定"我国改革从农村实行家庭联产承包责任制率先突破"。

二十届三中全会要求：巩固和完善农村基本经营制度。有序推进第二轮土地承包到期后再延长30年试点，深化承包地所有权、承包权、经营权分置改革，发展农业适度规模经营。完善农业经营体系，完善承包地经营权流转价格形成机制，促进农民合作经营，推动新型农业经营主体扶持政策同带动农户增收挂钩。健全便捷高效的农业社会化服务体系。发展新型农村集体经济，构建产权明晰、分配合理的运行机制，赋予农民更加充分的财产权益。

四、乡镇企业

按照《中华人民共和国乡镇企业法》的界定，乡镇企业，是指农村集体经济组织或者农民投资为主，在乡镇（包括所辖村）举办的承担支援农业义务的各类企业。所谓"投资为主"，是指农村集体经济组织或者农民投资超过50%，或者虽不足50%，但能起到控股或者实际支配作用。

乡镇企业包括乡镇办企业、村办企业、农民联营的合作企业、其他形式的合作企业和个体企业五级，是中国乡镇地区多形式、多层次、多门类、多渠道的合作企业和个体企业的统称。

新中国成立初期，农村就有一些零散的副业和手工业。随着合作化和人民公社化运动，社队企业出现。但随着经济和政治形势的变化，时起时伏。

20世纪70年代，一些靠近大城市的农村，为了发展集体经济，通过与城市工厂合作的形式，创办了一些加工企业，为国营企业拾遗补阙。社队企业在计划经济的夹缝中迅速发展。

改革开放后，中共中央、国务院先后制定一系列文件鼓励社队企业发展。特别是1984年3月，中共中央、国务院批转农牧渔业部和部党组《关于开创社队企业新局面的报告》，即著名的中发〔1984〕4号文件，将社队企业正式改名为乡镇企业，明确指出了发展乡镇企业的意义和作用，制定了指导乡镇企业发展的总方针，提出了开创乡镇企业新局面的历史任务。

此后，乡镇企业迅速发展，被邓小平称为"异军突起"。但由于国际国内、政治经济形势的变化，乡镇企业在总体大发展的过程中，也出现多次波折。

1997年1月1日，《中华人民共和国乡镇企业法》正式公布实施，为乡镇企业的改革、发展和提高奠定了法律基础。进入21世纪之后，乡镇企业走科学发展之路，及时转型升级，调整结构，在改革发展中呈现新的态势。从集体办厂到民营经济、从乡镇企业到中外合资、从粗放加工到发展高新产业、从付出生态环境代价到重视绿色GDP，乡镇企业与时俱进、改革创新，不断地超越自我。乡镇企业的布局也逐步向城镇和工业小区集中。

早期的乡镇企业，一般规模较小、条件简陋，产品档次较低。很多作坊式的企业在激烈的竞争中消失、淘汰。但其中具有一定规模的乡镇企业，通过控股、参股、兼并和联合等资本运作手段，实施跨乡镇、跨区域的兼并重组，发展成混合所有制经济。很多乡镇企业采取股份公司、控股公司、战略联盟、企业集团、企业联合体等形式，进一步适应现代生产力发展要求，推进生产经营组织形式的创新，发展规模经济，发展高精尖产业，成长为引领产业发展的龙头企业。有的走向世界，成为国际品牌企业。

乡镇企业促进了农村经济市场化的进程，为农村富余劳动力的转移开辟了广阔途径，推进了农村经济结构的调整，提高了农民农村的富裕程度，有力地冲破了城乡二元结构，推进了农村工业化和城镇化进程，成为社会主义市场经济的重要组成部分，对中国特色社会主义的发展作出了重大贡献。

二十届三中全会要求："壮大县域富民产业"，"培育乡村新产业新业态"。

五、农民工

农民工，实际是指"身在城市从事非农业工作的农业户口的工人"。按照有关统计口径，是指户籍仍在农村，进入城市务工和在当地或异地从事非农产业劳动 6 个月及以上的劳动者。本地农民工是指在户籍所在乡镇地域内从业的农民工。外出农民工是指在户籍所在乡镇地域外从业的农民工。

农民工的概念，是改革开放的产物。但农民进城或在当地务工，在中华人民共和国成立初期，是平常的事情。当时人口迁徙自由，没有强制性限制农民进城。城市人口和务工人员的增长，主要来自农村。1957 年，城市人口增加到 9949 万人，比 1949 年增长 72.6%。"一五"计划和"大跃进"时期，国家曾抽调大批农民进城转为工人。1958 年，城镇非农职工增加了 2500 万人，其中近 2000 万人来自农村。当时进了工厂就是工人，并非既是农民又是工人的"农民工"。

但由于"大跃进"的失败，城市粮食供应成了严重问题，因此便创造出"下放"政策，动员城市人口下乡。1961 — 1965 年间，全国压缩城镇人口 3000 多万人，精减职工 2000 万人左右。

1958 年，国家实行户口登记条例，划分"城镇居民户口"和"农村户口"。1963 年，又以是否拥有计划供应商品粮为依据，把户口划分为"非农业户口"和"农业户口"。城乡之间建起了一道高墙，农民的身份固化，而且代代世袭，农民再也不能随便进城了。

农村改革的发展，解放了农村劳动力。集市贸易的放宽，促进了人口流动。但 1981 年，国务院发布通知，严格控制农村劳动力进城做工和农业人口转为非农业人口。对农村富余劳动力采取"离土不离乡"的政策，引向乡镇企业就地务工。

随着城市经济的发展，对劳动力的需求增加。1984 年的中央一号文件，开始允许务工、经商、办服务业的农民自带口粮到集镇落户。1986 年，允许国有企业招收农村劳动力。到 1986 年底，全国登记在册的进城农民已达 480 万人，加上未登记的估计有 1500 多万人。

随着东南沿海改革开放快速发展，大量农民开始向这些地区跨地区流动。1989 年，出现第一次"民工潮"，全国流动大军达到 3000 万人。

治理整顿期间，国家有关部门又严格控制农民流动进城，下发通知紧急控制外出，控制"农转非"过快增长。社会上甚至称农民是"盲目流动"，简称"盲流"。

1992 年邓小平南方谈话后，社会主义市场经济迅速发展。票证的逐步取消，粮食供应的放宽，为农民进城提供了基本条件，国家也转而采取疏导政策。"民工潮"越来越猛，外出就业的农民，1993 年达到 6200 万人，1994 年达到 7000 万人，1997 年突破 1 亿人大关。国家也随之逐步松动户口政策。

2002 年，在中央一号文件中，明确提出农民工进城务工的 16 字方针："公平对待，合理引导，完善管理，搞好服务。" 2006 年，国务院专门作出《关于解决农民工问题的若干意见》。2008 年 12 月

20 日，国务院办公厅发出《关于切实做好当前农民工工作的通知》。2012 年 8 月 30 日，国务院办公厅转发《关于做好进城务工人员随迁子女接受义务教育后在当地参加升学考试工作的意见》。2014 年，又发出《关于进一步做好为农民工服务工作的意见》。有关部门相应制定了一系列具体政策，着力解决农民工一系列实际问题，保障农民工的权益。

伴随经济形势的变化和政策的调整，农民工的数量时有波动。截至 2017 年末，全国农民工总量 28652 万人。

2019 年 2 月人社部公布，全国农民工已接近 3 亿人，其中 1980 年及以后出生的新生代农民工占 50.5%，逐渐成为农民工主体。

农民工是中国改革开放和工业化城镇化进程中涌现的一支新型劳动大军，已成为中国产业工人的重要组成部分，对中国现代化建设作出了重大贡献。农民工有力地冲击了城乡二元格局，为城市发展贡献了力量，为城市居民提供了大量服务，降低了经济发展的成本，为企业转型升级提供了条件，自身也加快走向富裕，并提高了素质能力，成为中国经济社会发展中一道独特的风景线。在新的条件下，还出现"城归"现象，一些农民工返乡创业，成为乡村振兴的重要力量。

党的十八大以来，户籍制度改革全面落地，以人为核心的新型城镇化持续推进，农民工市民化程度进一步提高。2016 年至 2020 年，约 1 亿左右农业转移人口在城镇落户。

二十届三中全会要求："健全推进新型城镇化体制机制"，"加快农业转移人口市民化"，"保障进城落户农民合法土地权益"。

六、取消农业税

农业税是一个古老的税种。从公元前 594 年的初税亩开始征收。

1950 年，农业各税占国家各项税收收入的比重达到 40%。1958 年 6 月，一届全国人大常委会第九十六次会议通过《中华人民共和国农业税条例》。该条例实施以来，对于国家收入和粮食供应，发挥了重要作用。

改革开放以后，如何在促进农业生产的同时提高农民收入，始终是国家关注的大问题。通过家庭联产承包，发展乡镇企业、进城务工等，农民较之以往大幅度增加了收入。但由于客观的经济规律，农民单靠务农是很难进一步提高收入水平的。加之地方和基层政府对农民的各种收费，农民的负担加重，收入的增长缓慢。

1990 年，中央开始抓减轻农民负担工作。此后农民减负和农村税费改革大致经历了 3 个阶段。

从 1990 年到 1999 年，中央着重解决国家税收之外对农民的各种收费、罚款和摊派问题，先后下发了《关于切实减轻农民负担的通知》（1990 年）、《关于坚决制止乱收费、乱罚款和各种摊派的决定》（1990 年）、《农民承担费用和劳务管理条例》（1991 年）、《关于切实做好减轻农民负担工作的决定》（1996 年）等文件。

1998 年 10 月，国务院成立农村税费改革工作小组，为减轻农民负担工作由治乱减负适时地转向税费改革做准备。进入新世纪后，税费改革开始按照"减轻、规范、稳定"的目标进行试点。

2000 年 3 月，中共中央、国务院正式下发了《关于进行农村税费改革试点工作的通知》，并在安徽全省进行了改革试点，正式启动了农村税费改革。2002 年，试点范围扩大到了 20 个省区市。2003 年，全国所有省区市全面推进农村税费改革试点工作。

从 2004 年开始，农村税费改革进入新的阶段。温家宝在政府工作报告中宣布，将于 5 年内取消农业税。国务院开始在全国降低农业税的税率，还在黑龙江、吉林两省进行全部免除农业税的试点，并取消除烟叶外的农业特产税，同时对种粮农民实行直接补贴、对部分地区农民进行良种补贴和购置农机具的补贴。2005 年，又全面取消牧业税，加快降低农业税税率的步伐。当年上半年，已有 27 个省区市决定全部免征农业税。

2005 年 12 月 29 日，十届全国人大常委会第十九次会议决定，从 2006 年 1 月 1 日起正式废止《中华人民共和国农业税条例》。这标志着在我国延续了 2600 年的农业税从此退出历史舞台。

农业税的取消，给亿万农民带来了看得见的物质利益，极大地调动了农民积极性，又一次解放了农村生产力。

七、国有企业改革

国有企业，原称国营企业，也叫全民所有制企业，是指国家对其资本拥有所有权或者控制权的企业。国有企业是国民经济发展的中坚力量，是中国特色社会主义的支柱。国有企业改革是中国经济体制改革的中心环节。

目前，按照国有资产管理权限划分，国有企业分为中央企业（由中央政府监督管理的国有企业）和地方企业（由地方政府监督管理的国有企业）。国有企业作为一种生产经营组织形式，同时具有商业性和公益性的特点，其商业性表现为要实现国有资产的保值和增值，其公益性表现为要实现国家调节经济的目标，起着调和国民经济各个方面发展的作用。

中华人民共和国成立后，首先通过没收官僚资本，建立了一大批国营企业。通过社会主义改造，将一大批个体、私营企业改造为全民所有制和集体所有制企业。在"一五""二五"计划期间，以苏联援助的 215 项工程和东欧援助的许多项目为主，国家建立了一大批以重工业为主的国营企业。60 年代以后，特别是改革开放以来，国家又根据国民经济发展需要，独立自主，自力更生，陆续新建了很多各类国营企业。长期以来，国营企业为国家的社会主义建设发挥了支柱性作用，作出了巨大的历史性贡献。

国营企业长期称为"国营"，就是这种企业在所有制上是全民所有，实际属于国家；而其经营，也是按照政府的意志和指令经营，企业的领导和管理人员都是国家工作人员，企业的所有生产经营活动都要严格执行国家计划，确保计划的完成，几乎没有任何自主经营权。这种模式，能够确保国家意志的贯彻执行，办成一些大事难事，但统得太死，管理僵化，缺乏内在的活力和动力，严重忽视市场的作用，很多效益低下。

十一届三中全会之后，国营企业作为经济体制改革的首要和主要的内容迅速展开。1993 年 3 月 29 日，八届全国人大一次会议通过宪法修正案，将"国营经济"改为"国有经济"。同时，国营企业对应更名为国有企业。

40 年来，国有企业的改革经历了漫长的探索和发展过程。

1978 年到 1984 年，主要是放权让利，扩大企业自主权。

1984 年到 1986 年，主要是进一步扩大企业自主权，同时实行两步"利改税"。

1983 年实行第一步利改税，1984 年 10 月实行第二步利改税。

1987 年到 1991 年，主要是完善企业经营机制，实行以"包死基数、确保上交、超收多留、欠收自补"为主要内容的承包制，打破"大锅饭"，调动企业和职工的积极性。

1992 年到 2002 年，主要是建立以"产权清晰，权责明确，政企分开，管理科学"为目标的现代企业制度，使企业真正成为市场主体。其中 1997 年到 2000 年，着眼于从整体上搞好国有经济，抓大放小，实施"有进有退"的战略性调整，完成三年脱困的目标。

2003 年到 2012 年，主要是探索公有制特别是国有制的多种有效实现形式，深化国有企业公司制股份制改革，健全现代企业制度，优化国有经济布局和结构，完善各类国有资产管理体制和制度。

2012 年十八大之后，国有企业改革进入新时代。主要是分类推进国有企业改革、完善现代企业制度和国有资产管理体制、发展混合所有制经济、强化监督防止国有资产流失、加强和改进党对国有企业的领导，增强国有经济活力、控制力、影响力，做强做优做大国有资本。

国资国企坚持社会主义市场经济改革方向，不断涉深水区、啃硬骨头，全面落实国企改革"1+N"文件体系，接力实施国企改革三年行动、国企改革深化提升行动，取得一系列突破性进展、标志性成果。

1952 年，我国国有工业企业实现利润总额 28.2 亿元，固定资产原值 149 亿元。

到 2017 年，全国的国有企业营业收入达到 50 万亿元，利润达到了 2.9 万亿元。其中中央企业的营业收入是 26.4 万亿元，实现利润达到 1.42 万亿元。通过持续不断的改革，国有企业经济效益和运行质量显著提高，国有经济总量进一步增加，国有企业竞争能力进一步增强，对国家的经济和社会发展作出了重大贡献。

十八大以来，全国国资系统监管企业资产总额从 2012 年的 71.4 万亿元增长到 2023 年的 317.1 万亿元，利润总额从 2012 年的 2 万亿元增长到 2023 年的 4.5 万亿元，规模实力和质量效益明显提升。

二十届三中全会把深化国资国企改革纳入全面深化改革的战略全局，进行了系统部署，明确了新征程上深化国资国企改革的方位、节奏和重点，要求："深化国资国企改革，完善管理监督体制机制，增强各有关管理部门战略协同，推进国有经济布局优化和结构调整，推动国有资本和国有企业做强做优做大，增强核心功能，提升核心竞争力。""进一步明晰不同类型国有企业功能定位，完善主责主业管理，明确国有资本重点投资领域和方向。""深化国有资本投资、运营公司改革。"

八、个体经济

个体经济，是指在劳动者个人占有生产资料的基础上，从事个体劳动和个体经营的私有制经济。个体经济具有规模小、工具简单、操作方便、经营灵活等特点。生产者既是直接的劳动者，又是生产资料的所有者，主要依靠自己的劳动取得收入。

个体经济古已有之，而且几乎在世界绝大多数国家都有存在。现代化水平再高的国家，也有个体经济存在和发展的需要。中国数千年来，无论在农业、手工业还是服务业方面，个体经济都是最广泛的经济形式。

中华人民共和国成立之初，个体经济也是广泛存在的。1949 年的《共同纲领》中就载有"农民和手工业者的个体经济"。但随后的社会主义改造和农业集体化运动，使个体经济大幅度减少，甚至濒于消失。由于认定个体经济是私有制经济，所以长期以来一直采取严格的限制政策。但在高压下顽强存在或短暂出现的个体经济，仍为解决很多人的生存和温饱问题，作出了不可忽视的贡献。

在拨乱反正和改革开放进程中，为了解决就业问题，国家不得不放松限制，允许个体经济在一定条件下存在。农村改革也使大量农民走上个体经营的道路。由于个体经济为解决全社会的就业、服务、流通、温饱、致富等现实问题发挥了不可替代的重要作用，党和政府逐步对个体经济给予了肯定和保护。1980 年，温州的章华妹领到了第一张个体工商户营业执照。到 1987 年，全国城镇个体工商等各行业从业人员达到 569 万人。

1982 年 12 月，五届全国人大五次会议把发展和保护个体经济写入《中华人民共和国宪法》，正式承认了个体经济的合法地位，规定"在法律规定范围内的城乡劳动者个体经济，是社会主义公有制经济的补充。国家保护个体经济的合法的权利和利益"[①]。

1999 年 3 月九届全国人大二次会议通过的《中华人民共和国宪法修正案》，把个体经济的地位提高到了新的高度，进一步确认个体经济"是社会主义市场经济的重要组成部分"[②]。

2002 年的十六大指出："个体、私营等各种形式的非公有制经济是社会主义市场经济的重要组成部分，对充分调动社会各方面的积极性、加快生产力发展具有重要作用。"[③]个体户从业人员，也都是中国特色社会主义事业的建设者。

关于个体经济的经营范围，1987 年颁布的《城乡个体工商户管理暂行条例》规定，个体工商户的经营范围是：在国家法律和政策允许的范围内，经营工业、手工业、建筑业、交通运输业、商业、饮食业、服务业、修理业及其他行业。2011 年 11 月施行的《个体工商户条例》，进一步放宽了对个体工商户经营主体、经营范围、经营规模等方面的限制，规定"有经营能力的公民"经登记都可以成为个体工商户，可以经营"不属于法律、行政法规禁止进入的行业"。

改革开放以来，个体经济的数量稳定增长，经营规模持续扩大，

---

① 中共中央文献研究室编：《十二大以来重要文献选编》（上），中央文献出版社 2011 年版，第 189—190 页。
② 中共中央文献研究室编：《十五大以来重要文献选编》（上），中央文献出版社 2011 年版，第 712 页。
③ 中共中央文献研究室编：《十六大以来重要文献选编》（上），中央文献出版社 2011 年版，第 19 页。

发展质量不断提高，政策环境逐步宽松，对经济社会的贡献不断增强。截至 2018 年底，全国个体工商户达 7328.6 万户。

九、民营经济

改革开放以来，中国个体、私营等非公有制经济不断发展壮大，已经成为社会主义市场经济的重要组成部分和促进社会生产力发展的重要力量。积极发展个体、私营等非公有制经济，有利于繁荣城乡经济、增加财政收入，有利于扩大社会就业、改善人民生活，有利于优化经济结构、促进经济发展，对全面建成小康社会和加快社会主义现代化进程具有重大的战略意义。

毫不动摇地巩固和发展公有制经济，毫不动摇地鼓励、支持和引导非公有制经济发展，使两者在社会主义现代化进程中发挥各自优势，相互促进，共同发展，这是社会主义初级阶段需要长期坚持的基本方针，是完善社会主义市场经济体制、建设中国特色社会主义的必然要求。

民营经济是具有中国特色的一种经济概念和经济形式。改革开放前，民营经济基本消失，长期没有"民营经济"的概念；改革开放后，民营经济得以出现和发展，成为中国经济高速发展的生力军和社会主义市场经济的组成部分。

中国现行宪法和法律中，并没有明确使用"民营经济"一词。现行法律或者政策是依据生产资料所有制性质划分经济类型的，比如国有经济、集体经济、个体私营经济、外资经济等。在提及民营经济的时候，法律文件一般用"非公有制经济"的概念加以表述。

但在现实生活中，"民营经济"的概念使用比较广泛。这一概念不是从所有制，而是从经营主体的角度来界定的。在某种程度上有意回避了敏感的所有制问题。

一般来说，民营经济是指除了国有和国有控股企业、集体经济、外商和港澳台商独资及其控股企业以外的多种所有制经济，包括国有民营经济、个体经济、私营经济、混合所有民营经济、民营科技企业、农民专业合作社等类型，其中私营经济和个体经济占据了绝大部分。因为没有法定的界定，所以其定义和范围一直有不同意见。

民营企业多数为自筹资金、自由组合的经济实体，无论是个人投资、合伙投资或外商投资以及集体筹资创办的企业，其产权关系和利益关系都比较明确。民营企业都是"自主经营、自负盈亏、自我约束、自我发展"的实体，能够在市场竞争中自主决策，不断开发新产品，开拓新市场，适应能力比较强。

2015 年，十八届五中全会并列使用了"民营企业""非公有制经济"两个概念，指出，要"鼓励民营企业依法进入更多领域，引入非国有资本参与国有企业改革，更好激发非公有制经济活力和创造力"[①]。

2018 年 11 月 1 日，习近平主持召开民营企业座谈会。会议的名称没有用私营经济、个体经济，也没有使用非公有制经济，而是明确使用了"民营企业"。

习近平列举了民营经济的发展和贡献，指出，40 年来，我国民营经济从小到大、从弱到强，不断发展壮大。截至 2017 年底，我国民营企业数量超过 2700 万家，个体工商户超过 6500 万户，注册资本超过 165 万亿元。概括起来说，民营经济具有"五六七八九"的特征，即贡献了 50% 以上的税收，60% 以上的国内生产总值，70% 以上的技术创新成果，80% 以上的城镇劳动就业，90% 以上的企业数量。

---

① 中共中央文献研究室编：《十八大以来重要文献选编》（中），中央文献出版社 2016 年版，第 798 页。

在世界 500 强企业中，我国民营企业由 2010 年的 1 家增加到 2018 年的 28 家。

习近平指出，我国民营经济已经成为推动我国发展不可或缺的力量，成为创业就业的主要领域、技术创新的重要主体、国家税收的重要来源，为我国社会主义市场经济发展、政府职能转变、农村富余劳动力转移、国际市场开拓等发挥了重要作用。我国经济发展能够创造中国奇迹，民营经济功不可没！

针对人们的种种疑虑，习近平明确强调，支持民营企业发展，是党中央的一贯方针，这一点丝毫不会动摇。民营经济是我国经济制度的内在要素，民营企业和民营企业家是我们自己人。民营经济是社会主义市场经济发展的重要成果，是推动社会主义市场经济发展的重要力量，是推进供给侧结构性改革、推动高质量发展、建设现代化经济体系的重要主体，也是我们党长期执政、团结带领全国人民实现"两个一百年"奋斗目标和中华民族伟大复兴中国梦的重要力量。在全面建成小康社会、进而全面建设社会主义现代化国家的新征程中，我国民营经济只能壮大、不能弱化，不仅不能"离场"，而且要走向更加广阔的舞台。

2019 年 12 月 4 日，中共中央、国务院印发《关于营造更好发展环境支持民营企业改革发展的意见》。

二十大要求："优化民营企业发展环境，依法保护民营企业产权和企业家权益，促进民营经济发展壮大。"

二十届三中全会强调坚持和落实"两个毫不动摇"。坚持致力于为非公有制经济发展营造良好环境和提供更多机会的方针政策。制定民营经济促进法。深入破除市场准入壁垒，推进基础设施竞争性领域向经营主体公平开放，完善民营企业参与国家重大项目建设长效机制。

十、混合所有制经济

新中国首先进入的是新民主主义社会。按照《共同纲领》，最初的新民主主义经济，包括国营经济、合作社经济、国家资本主义经济、私人资本主义经济、个体经济5种成分。在随后对资本主义工商业进行的改造中，采取赎买的办法建立了一部分公私合营企业。所有这些，在国营经济的主导之下，多少带有一点混合的色彩，当然还不是现在我们所说的"混合所有制经济"。

随着社会主义改造的完成，所有制结构主要留下全民所有制和集体所有制两种，且所有制实现形式高度单一，越来越走向一大二公。这种过于单一的所有制结构和经济形式，存在不少弊端。

因此，改革开放之后逐步放宽政策，允许多种所有制发展，也允许经营形式多样化，大大促进了生产力的发展。国家从法律上确立了以公有制为主体、多种所有制并存的基本经济制度。不同的所有制经济按照生产力发展的需要，相互联合、结合、融合，创造了多种不同的经济形式，特别是公有制经济实现形式出现多样化，进而形成了混合所有制经济。

所谓混合所有制经济，就是由不同所有制经济按照一定的原则、实行联合生产或经营的所有制形式。也可以简单地说，就是指财产权分属于不同性质所有者的经济形式。

混合所有制经济广义上包括宏观和微观两个层面。宏观上，国外有些国家的经济被称为混合所有制经济。中国虽然有多种经济成分，但仍是以公有制为主体，所以不冠以混合所有制经济。但在微观层面，逐步肯定了由不同所有制性质的投资主体共同出资组建的混合所有制经济的地位和作用，并采取有效措施，大力发展混合所有制经济。

1993 年的十四届三中全会第一次使用了"混合所有"的概念。1997 年的十五大第一次明确指出："公有制经济不仅包括国有经济和集体经济，还包括混合所有制经济中的国有成分和集体成分。"① 此后，党和国家积极推动发展混合所有制经济。

2013 年，十八届三中全会通过的《中共中央关于全面深化改革若干重大问题的决定》进一步肯定："国有资本、集体资本、非公有资本等交叉持股、相互融合的混合所有制经济，是基本经济制度的重要实现形式，有利于国有资本放大功能、保值增值、提高竞争力，有利于各种所有制资本取长补短、相互促进、共同发展。"② 要求积极发展混合所有制经济。

2015 年，国务院印发了《关于国有企业发展混合所有制经济的意见》，要求分类分层推进国有企业混合所有制改革，鼓励各类资本参与国有企业混合所有制改革，建立健全混合所有制企业治理机制。2017 年的十九大把混合所有制作为国有企业深化改革的重要形式，要求："深化国有企业改革，发展混合所有制经济，培育具有全球竞争力的世界一流企业。"③

混合所有制经济的形式已经多种多样，包括国有经济或集体经济与外资联合而成的企业、国有经济或集体经济同国内私营经济联合组成的企业、国有企业股份制改造中吸收本企业职工持有部分股权的企业、集体经济实行股份合作制的企业中集体所有与个人所有相结合的混合所有制企业、城市国有企业与农村乡镇企业或城市集体企业组成的联合体等。

为了促进多种所有制经济共同发展，十九大以来，党和国家突出

① 中共中央文献研究室编：《十五大以来重要文献选编》（上），中央文献出版社 2011 年版，第 18 页。
② 中共中央文献研究室编：《十八大以来重要文献选编》（上），中央文献出版社 2014 年版，第 515 页。
③ 《习近平著作选读》第二卷，人民出版社 2023 年版，第 27—28 页。

强调，按照竞争中性原则，在要素获取、准入许可、经营运行、政府采购和招投标等方面，对各类所有制企业平等对待。

二十届三中全会要求："保证各种所有制经济依法平等使用生产要素、公平参与市场竞争、同等受到法律保护，促进各种所有制经济优势互补、共同发展。"

十一、股份制

股份制，是指以入股方式把分散的、属于不同人所有的生产要素集中起来，统一使用，合理经营，自负盈亏，按股分红的一种经济组织形式，是现代企业的一种资本组织形式。股份制的基本特征是生产要素的所有权与使用权分离，在保持所有权不变的前提下，把分散的使用权转化为集中的使用权。

股份制企业以集股经营的方式自愿结合在一起，发行股票，作为股东入股的凭证，一方面借以取得股息，另一方面参与企业的经营管理；建立企业内部组织结构，股东代表大会是股份制企业的最高权力机构，董事会是最高权力机构的常设机构，总经理主持日常的生产经营活动；具有风险承担责任，所有权收益分散化，经营风险也随之由股东共同分担；股东从利益上关心企业资产的运行状况，使企业的重大决策趋于优化。

股份制是资本主义经济发展的产物。但在中国，山西晋商早在明清时期就采用了股份形式。近代中国，股份制曾有很大发展，不少工厂、矿山、铁路，限于资金缺乏，都采取了集资入股的方式。新中国成立后，一度也有股份制存在。对资本主义工商业进行改造时，通过将资本家的企业作价入股，给资本家发放定息的办法实行公私合营。这种方式因为剥夺了资本家参与管理的权力，不是真正的股份制。在计划经济体制建立之后，股份制在中国大陆就基本消失了。

改革开放后，股份制经济开始得到发展。1979 年到 1984 年间，一些地方以集资的方式兴办乡镇企业或服务公司，成为股份制的萌芽。

1984 年以城市为中心的经济体制改革兴起后，一些国有企业和集体企业开始打破地区、部门和所有制的界限，组建多种形式的经济联合体，随之出现了股份公司。北京天桥股份有限公司、上海飞乐音响公司等相继成立。到 1988 年，全国已有 6000 家股份制企业。1990 年和 1991 年，国家先后批准在上海、深圳开设证券交易所，股份制走向规范化的新阶段。1997 年至 2001 年，股份制企业从 7.2 万家发展到近 30 万家。与此同时，股份合作制经济也不断发展。

长期以来，股份制一直被当作资本主义的东西。随着改革开放的发展，党和国家对于股份制的认识趋于科学、理性，对股份制逐步加以肯定和鼓励，并适时加以规范。1987 年的十三大认可股份制是社会主义企业财产的一种组织方式，允许继续试行。随后国务院及有关部门制定了很多文件和政策。到十六届三中全会，进一步提出要大力发展混合所有制经济，使股份制成为公有制的主要实现形式。十五大明确指出："股份制是现代企业的一种资本组织形式，有利于所有权和经营权的分离，有利于提高企业和资本的运作效率，资本主义可以用，社会主义也可以用。不能笼统地说股份制是公有还是私有，关键看控股权掌握在谁手中。"十七大要求"深化国有企业公司制股份制改革，健全现代企业制度"。十九大要求："深化国有企业改革，发展混合所有制经济，培育具有全球竞争力的世界一流企业。"

实行股份制，可以把不同性质的所有制经济组合在一起，形成混合所有制经济，共同推进生产力的发展进步；可以把不同形式和种类的资本组合在一起，形成资本集聚，充分发挥社会资本的力量；可以把分散的、不同层次、不同水平的生产力迅速联合成为集中的、高层次的、集约的社会生产力，打造跨地区、跨行业、跨所有制、跨国经营的大企业集团；可以为建立产权"归属清晰、权责明确、保护严格、流转顺畅"的现代企业制度奠定良好基础；可以形成新的监督和激励运作机制。

十二、证券交易所

证券是多种经济权益凭证的统称。证券交易所是为证券集中交易提供场所和设施、组织和监督证券交易、实行自律管理的法人。

世界知名的证券交易所主要有：纽约证券交易所、东京证券交易所、纳斯达克证券交易所、泛欧证券交易所、伦敦证券交易所、上海证券交易所、香港证券交易所、法兰克福证券交易所、多伦多证券交易所集团、西班牙马德里证券交易所、瑞士证券交易所，等等。

目前，中国有五家证券交易所：北京证券交易所、上海证券交易所、深圳证券交易所、香港证券交易所及台湾证券交易所。这里只介绍大陆的证券发展和三家证券交易所。

中华人民共和国成立之初，为了打击投机，稳定市场，曾在天津、北京等城市成立在人民政府管理下的证券交易所。到1952年，宣布关闭停业。当年，政府曾发行过几期公债，但都没有上市流通，1968年全部偿清，因此也没有国债市场。

改革开放之后，股份制得到发展，证券交易也就成为必然，证券市场便在改革中应运而生。

证券市场分为发行市场（初级市场）和流通市场（二级市场）。从发行市场来看，1981年国家发行国库券。此后，债券持续发行，种类也由国家债券扩展到金融债券、企业债券、国际债券。1984

年，开始发行股票。随着股份制试点企业的增加，股票发行规模不断扩大。

有了初级市场必然要有二级市场。1986 年 8 月，沈阳信托投资公司第一次面向社会开办了证券交易业务。9 月，上海市几家专业银行的信托部门及信托投资公司也开办了股票"柜台交易"，1988 年，财政部先后在全国 61 个大中城市进行转让市场的试点。到 1990 年，全国证券场外交易市场已基本形成，场内交易市场也迅速发展起来。

1990 年 11 月 26 日，国务院授权中国人民银行批准的上海证券交易所宣告成立，并于 1990 年 12 月 19 日正式营业，成为中国大陆改革开放以来第一家证券交易所；1991 年 4 月 11 日，我国另一家由中国人民银行批准的证券交易所——深圳证券交易所也宣告成立，并于同年 7 月 3 日正式营业。两家证券交易所的成立，标志着中国大陆证券市场由分散的场外交易进入了集中的场内交易。

与此同时，其他一些大中城市如武汉、天津、沈阳、大连等地还成立了 27 家证券交易中心。并先后建立了全国证券交易所自动报价系统（STAQS）和证券交易网"中国证券交易系统有限公司"（NET）。到 1998 年，一度形成了以"两所两网"为主体、集中与分散相结合的证券交易市场。但经过波动、整顿，最终形成了高度集中的两所体制，即沪、深交易所并存发展、股票流通集中在交易所的格局。

经过 29 年的快速成长，上海证券交易所已发展成为拥有股票、债券、基金、衍生品四大类证券交易品种、市场结构较为完整的证券交易所。截至 2018 年末，沪市上市公司达 1450 家，总市值 27 万亿元，沪市投资者开户数量已达 29610 万户。

经过 28 年的发展，深圳证券交易所已初步建立起板块特色鲜明、监管规范透明、运行安全可靠、服务专业高效的多层次资本市场体系。截至 2018 年 12 月底，共有上市公司 2134 家，其中主板 473 家、中小板 922 家、创业板 739 家，总市值 16.54 万亿元。

2018 年 11 月 5 日，习近平在出席首届中国国际进口博览会开幕式的主旨演讲中，宣布在上海证券交易所设立科创板并试点注册制。2019 年 6 月 13 日，中国证监会和上海市人民政府联合举办科创板开板仪式。7 月 22 日，科创板正式开市，中国资本市场迎来了一个全新板块。8 月 8 日，第二批科创板公司挂牌上市。

2021 年 9 月 2 日晚，习近平在 2021 年中国国际服务贸易交易会全球服务贸易峰会致辞中宣布，继续支持中小企业创新发展，深化新三板改革，设立北京证券交易所，打造服务创新型中小企业主阵地。2021 年 9 月 3 日，北京证券交易所（简称"北交所"）注册成立，这是经国务院批准设立的中国第一家公司制证券交易所，受中国证监会监督管理。11 月 15 日，北京证券交易所在北京市西城区金融街金阳大厦正式开市。

截至 2023 年 11 月 15 日，北交所上市公司数量增至 229 家，总市值超 2800 亿元。2024 年 1 月 15 日上午，北交所公司和企业债券市场正式开市。

十三、产权制度

产权，是财产权利的简称，是指自然人、法人对各类财产的所有权以及相关的占有权、使用权、收益权和处置权等一组权利的总称，包括物权、债权、股权和知识产权及其他无形财产权等。

产权是所有制的核心和主要内容。计划经济时期，中国大陆的所有制主要是全民所有制和集体所有制。理论上产权很清楚，但实际上处于虚化状态，影响经营效益和国有资产的保值增值。

改革开放后，发展商品经济进而市场经济，首先就遇到产权问题。多种所有制的发展，要求明晰产权。国有企业的改革，也需要明晰产权，避免无人负责的情况。

1997 年，十五大对国有企业改革提出了一个重要要求——"产权清晰"，明确指出："要健全财产法律制度，依法保护各类企业的合法权益和公平竞争，并对它们进行监督管理。"

十六届三中全会第一次明确提出"建立归属清晰、权责明确、保护严格、流转顺畅的现代产权制度"。

2013 年十八届三中全会通过的《中共中央关于全面深化改革若干重大问题的决定》，明确提出"产权是所有制的核心"，要求把"完善产权保护制度"作为全面深化改革的内容之一。

2016 年 11 月 27 日，中共中央、国务院发布《关于完善产权保护制度依法保护产权的意见》，明确指出："产权制度是社会主义市场经济的基石，保护产权是坚持社会主义基本经济制度的必然要求。有恒产者有恒心，经济主体财产权的有效保障和实现是经济社会持续健康发展的基础。"

建立归属清晰、权责明确、保护严格、流转顺畅的现代产权制度，是市场经济存在和发展的基础，是坚持和完善社会主义基本经济制度的必然要求。当前我国经济社会发展中出现的一些矛盾和问题，都直接或间接地涉及产权问题。国有产权由于所有者和代理人关系不够清晰，存在内部人控制、关联交易等导致国有资产流失的问题；利用公权力侵害私有产权、违法查封扣押冻结民营企业财产等现象时有发生；知识产权保护不力，侵权易发多发。解决这些问题，必须加快完善产权保护制度。

加强产权保护，根本之策是全面推进依法治国，推进产权保护法治化，在事关产权保护的立法、执法、司法、守法等各方面各环节体现法治理念。

产权保护的原则是：

第一，坚持平等保护。健全以公平为核心原则的产权保护制度，毫不动摇巩固和发展公有制经济，毫不动摇鼓励、支持、引导非公有制经济发展，公有制经济财产权不可侵犯，非公有制经济财产权同样不可侵犯。

第二，坚持全面保护。保护产权不仅包括保护物权、债权、股权，也包括保护知识产权及其他各种无形财产权。

第三，坚持依法保护。不断完善社会主义市场经济法律制度，强化法律实施，确保有法可依、有法必依。

第四，坚持共同参与。做到政府诚信和公众参与相结合，建设法治政府、责任政府、诚信政府，增强公民产权保护观念和契约意识，强化社会监督。

第五，坚持标本兼治。着眼长远，着力当下，抓紧解决产权保护方面存在的突出问题，提高产权保护精准度，加快建立产权保护长效机制，激发各类经济主体的活力和创造力。

针对现实存在的问题，产权制度改革，要突出完善科技创新产权制度，完善农村土地产权制度，完善自然资源的产权制度，完善国有企业产权制度，完善民营企业的产权保护制度。

《中华人民共和国民法典》第二百零七条规定："国家、集体、私人的物权和其他权利人的物权受法律平等保护，任何组织或者个人不得侵犯。"第一千一百六十五条规定："行为人因过错侵害他人民事权益造成损害的，应当承担侵权责任。"第一千一百六十七条规定："侵权行为危及他人人身、财产安全的，被侵权人有权请求侵权人承担停止侵害、排除妨碍、消除危险等侵权责任。"

2019年，中共中央办公厅、国务院办公厅印发《关于统筹推进自然资源资产产权制度改革的指导意见》《关于强化知识产权保护的意见》。

2021 年 7 月 23 日，中共中央、国务院印发《知识产权强国建设纲要（2021—2035 年）》。

二十大指出，"依法保护民营企业产权"，"完善产权保护、市场准入、公平竞争、社会信用等市场经济基础制度"，"加强知识产权法治保障，形成支持全面创新的基础制度"。[①]

十四、金融体系

金融是现代经济的核心。

中国共产党在革命战争时期，就高度重视金融工作。1931 年，在中央苏区开始筹建中华苏维埃共和国国家银行，在其他根据地也建立了多个银行。

1948 年 12 月 1 日，中国人民银行在石家庄市成立，以华北银行总行为中国人民银行总行，并正式发行第一套人民币。此后还先后成立建设银行、农业银行等金融机构。新中国的金融体系在社会主义建设中发挥了重要的作用。

但是过去的中国人民银行既行使中央银行职权，又办理工商信贷和储蓄业务，因此它既非真正意义上的中央银行，又非符合市场经济规律的商业银行。

1979 年 10 月 4 日，邓小平提出，银行应该抓经济，现在只是算账、当会计，没有真正起到银行的作用。银行要成为发展经济、革新技术的杠杆，要把银行真正办成银行。在这一思想的指导下，中国拉开了金融改革的大幕。

---

① 《习近平著作选读》第一卷，人民出版社 2023 年版，第 24、29 页。

1983 年 9 月 17 日，国务院作出《关于中国人民银行专门行使中央银行职能的决定》，指出自 1984 年 1 月 1 日起，中国人民银行不再办理针对企业和个人的信贷业务，成为专门从事金融管理、制定和实施货币政策的政府机构。这一决定标志着我国金融体制向市场化方向的根本转变。

1993 年 12 月 25 日，国务院公布《关于金融体制改革的决定》，为之后的金融体制改革绘就了蓝图。

经过几十年的改革，中国大陆已经基本形成由中央银行调控和监督，国家银行为主体，政策性金融与商业性金融分工，多种金融机构合作、功能互补的金融体系。

中国人民银行，作为我国的中央银行，是在国务院领导下制定和实施货币政策、参与金融业监督管理的国家机关，具有发行的银行、银行的银行、政府的银行三大职能。

政策性银行，是由政府投资设立、根据政府决策专门从事政策性金融业务的银行，包括国家开发银行、中国进出口银行和中国农业发展银行。

国有商业银行，处于我国金融机构体系的主体地位，是 4 家从专业银行转变而来的国有独资商业银行，即中国工商银行、中国农业银行、中国银行和中国建设银行。

其他商业银行，如中信实业银行、中国光大银行、华夏银行、中国民生银行、广东发展银行、深圳发展银行、招商银行、兴业银行、上海浦东发展银行、北京银行、南京银行、烟台住房储蓄银行，以及其他以城市名命名的商业银行。

农村和城市信用合作社。

其他非银行金融机构，主要包括信托投资公司、证券公司、财务公司、金融租赁公司、邮政储蓄机构。

保险公司，是指以中国人民保险（集团）公司为主体，多种保险形式并存，多家保险公司相互竞争、共同发展的保险体系。

在华外资金融机构，一类是外资金融机构在我国的代表处，一类是外资金融机构在我国设立的营业性分支机构。

在2018年的机构改革中，将中国银行业监督管理委员会和中国保险监督管理委员会的职责整合，组建中国银行保险监督管理委员会。保留中国证券监督管理委员会。

二十大要求："深化金融体制改革，建设现代中央银行制度，加强和完善现代金融监管，强化金融稳定保障体系，依法将各类金融活动全部纳入监管，守住不发生系统性风险底线。"[1]

二十届三中全会指出："深化金融体制改革。加快完善中央银行制度，畅通货币政策传导机制。积极发展科技金融、绿色金融、普惠金融、养老金融、数字金融，加强对重大战略、重点领域、薄弱环节的优质金融服务。完善金融机构定位和治理，健全服务实体经济的激励约束机制。发展多元股权融资，加快多层次债券市场发展，提高直接融资比重。优化国有金融资本管理体制。"[2]

---

① 《习近平著作选读》第一卷，人民出版社2023年版，第24—25页。
② 《中共中央关于进一步全面深化改革 推进中国式现代化的决定》，人民出版社2024年版，第20页。

第五章

共和国的科技之路

一、1956—1967 年《十二年科技发展规划》

《十二年科技发展规划》，即《一九五六——一九六七年科学技术发展远景规划纲要》的简称。但即使在科技系统，其简称也不完全相同。

1954 年 6 月，中国科学院为适应国家计委制订全国经济建设长远计划的需要，组织科学家讨论众多学科的长远计划。苏联总顾问柯夫达建议编制中国科学事业十五年计划，得到国家领导人认可。中国科学院先后确定了 53 个重大项目。

1956 年 3 月，随着"向科学技术进军"口号的提出，国务院正式成立科学规划委员会，全面展开规划编制工作。

在周恩来、陈毅、李富春、聂荣臻等领导下，600 多位科学家、近百名苏联专家历时数月反复论证，终于在当年 8 月形成了《一九五六——一九六七年科学技术发展远景规划纲要（修正草案）》。12 月，经中共中央、国务院批准后，正式施行。

《十二年科技发展规划》旨在把世界科学的最先进成就尽可能迅速地介绍到中国科学技术部门、国防部门、生产部门和教育部门，把中国科学界最短缺的国防建设最急需的门类，尽可能迅速地补足，其目标是迅速赶上世界先进国家科技水平。

按照"重点发展，迎头赶上"的方针，规划提出 13 个方面、57 项国家重要的科学技术任务，并确定了 12 个带有关键意义的重点项目或课题。它们是：1. 原子能的和平利用；2. 无线电电子学中的新技术；3. 喷气技术；4. 生产过程自动化和精密仪器；5. 石油及其他特别缺乏的资源的勘探，矿物原料基地的探寻和确定；6. 结合中国资源情况建立合金系统并寻求新的冶金过程；7. 综合利用燃料，发展重有机合成；8. 新型动力机械和大型机械；9. 黄河、长江综合开发的重大科学技术问题；10. 农业的化学化、机械化、电气化的重大科学问题；11. 危害中国人民健康最大的几种主要疾病的防治和消灭；12. 自然科学中若干重要的基本理论问题。

《十二年科技发展规划》是我国第一个长期科学技术发展规划。它勾画了国家科技发展的蓝图，确定了重要领域和课题，为科学技术为国家建设服务找到了具体的组织和实现形式，大大提高了科学研究的效益，加快了中国赶超世界科技先进水平的进程，成为当时全国人民向现代科学进军的行动纲领。

针对一些急需的科技任务，科学规划委员会在 1956 年还提出了一份《发展计算技术、半导体技术、无线电电子学、自动学和远距离操纵技术的紧急措施方案》(简称"四大紧急措施")。

根据《十二年科技发展规划》提出的方针和任务，国家重点发展核技术、喷气技术、计算机技术、半导体技术、自动化技术、无线电技术。围绕这些领域，开展了 600 多项中心课题研究。

20 世纪 50 年代中期到 60 年代初，中国成功地启动了航空、核能、火箭、电子、自动化等现代科学技术的研究，促进了航空、电子、船舶、兵器、核、航天等一系列新兴工业的发展，缩短了与世界先进水平的差距。

到 1962 年，《十二年科技发展规划》宣告提前完成。中国科技事业快速发展，在 7 年时间内完成了十几年的工作量，科技水平从十分落后的状况，大体上达到了国际上 20 世纪 40 年代的水平。

二、1963—1972 年《十年科技规划》

《十年科技规划》，即《一九六三年——一九七二年科学技术发展规划》，是在《十二年科技发展规划》主要任务基本完成的基础上，于 1963 年制订的我国第二个科学技术发展规划。

20 世纪 60 年代初，国内外形势发生重大变化，世界社会主义阵营出现分化，中苏关系迅速恶化，苏联撤走全部专家和科研人员。国内又受到"大跃进"等运动的影响，科研工作受到影响和干扰。党和国家提出"调整、巩固、充实、提高"八字方针。在各项事业中，突出强调"独立自主、自力更生"的方针。

随着《十二年科技发展规划》的完成，为了利用科学技术的力量解决国民经济、国防尖端和基础科学中的重大问题，经中共中央批准，决定在《十二年科技发展规划》的基础上，制订《一九六三年——一九七二年科学技术发展规划》。1962 年在广州召开全国科学技术工作会议，总结制订和执行《十二年科技发展规划》的经验教训，讨论新的《十年科技规划》的编制方法，明确了《十年科技规划》的总的指导思想。

会后，国家科委组织几百名专家参与制订规划，1963 年 6 月正式定稿。12 月，毛泽东在听取汇报时说："规划要认真执行，条件工作要跟上，科学技术这一仗，一定要打，而且必须打好。……不搞科学技术，生产力无法提高。"

到 1963 年 12 月 2 日，中共中央、国务院原则批准中央科学小组、国家科学技术委员会党组关于一九六三年——一九七二年科学技术发展规划的报告、科学技术发展规划纲要及科学技术事业规划。《十年科技规划》正式实施。

《十年科技规划》总的方针是：自力更生，迎头赶上。总的要求是：动员和组织全国的科学技术力量，自力更生地解决我国社会主义建设中的关键性的科学技术问题，迅速壮大又红又专的科学技术队伍，在重要的急需的方面掌握 60 年代的科学技术，力争接近和赶上世界先进科学技术水平。

《十年科技规划》包括重点项目规划，事业发展规划，农业、工业、资源调查、医药卫生等方面的专业规划，技术科学规划，基础科学规划。确定了重点研究试验项目 374 项（其中直接为经济建设和国防需要服务的 333 项，基础研究项目 41 项，第一批执行 32 个重点项目），3205 个中心问题，1.5 万个研究课题。

在规划的头三年，规划实施取得了可喜的成绩。但是，随之而来的十年内乱，使《十年科技规划》的执行基本陷于停顿。尽管如此，在广大科技人员的努力下，《十年科技规划》仍然取得了许多成果，特别是"两弹一星"的研制取得了重大的成就。

三、全国科学大会

1978 年 3 月 18 日—31 日的全国科学大会，是在粉碎"四人帮"后国家百废待兴形势下，中共中央召开的一次重要会议，是动员全党全国各族人民向科学技术现代化进军的会议，是中国科学技术事业发展史上的一个重要里程碑。

科技战线是"文化大革命"的"重灾区"。"文化大革命"前，中国科学院已发展到 106 个研究所，到 1973 年，中国科学院直属的研究所只剩下 13 个，许多科学家被打成"反动学术权威"，受到迫害和摧残，大批科技人员被下放到"五七"干校。

1975 年，胡耀邦在邓小平支持下，对中国科学院的工作进行整顿。胡耀邦和李昌、王光伟联名向中央提交《关于科技工作的几个问题（讨论稿）》（即《科学院工作汇报提纲》），但很快就受到批判，刚刚进行了 4 个月的整顿被迫中断。

"文化大革命"结束后，科技领域开始拨乱反正。1977 年 5 月 12 日，邓小平专门同中国科学院的两位负责同志谈话，提出科技战线拨乱反正的指导方针。

1977 年 5 月 30 日，中央政治局会议决定召开一次全国科学大会。9 月 18 日发出会议通知。在筹备和迎接会议召开的时间里，全国上下兴起了向科学技术现代化进军的热潮。

1978 年 3 月 18 日—31 日，全国科学大会在北京隆重举行。华国锋主持会议。邓小平在开幕式上发表重要讲话，强调指出："四个现代化，关键是科学技术的现代化。没有现代科学技术，就不可能建设现代农业、现代工业、现代国防。没有科学技术的高速度发展，也就不可能有国民经济的高速度发展。"[1] 他针对几个被搞乱了的重要问题明确指出：科学技术是生产力，而且正在成为越来越重要的生产力；我国的知识分子绝大多数已经是工人阶级和劳动人民自己的知识分子，已经是工人阶级的一部分，是我们党的一支依靠力量。他深情地向与会的科技工作者们表示："我愿意当大家的后勤部长"。

华国锋在会上作了《提高整个中华民族的科学文化水平》的报告。方毅作了《关于发展科学技术的规划和措施》的报告，提出了当前科技工作的 10 项具体任务。大会讨论并制定了《一九七八——一九八五年全国科学技术发展规划纲要（草案）》。

许多劫后余生的科学家出现在会场上：王大珩、马大猷、王淦昌、叶笃正、贝时璋、朱光亚、任新民、严东生、严济慈……多少科学家在身受迫害时没有流过一滴泪，但在这样的场合却热泪盈眶，人们仿佛一夜之间唤回了青春。

---

[1] 《邓小平文选》第二卷，人民出版社 1994 年版，第 86 页。

大会举行了隆重的授奖仪式，奖励了新中国成立以来的 7657 项科研成果，表彰了 826 个先进集体、1192 名先进科技工作者。大会期间，还在北京举办了全国科研成果展览会，展出了新中国成立以来的 600 多项重大科研成果。

中国科学院院长郭沫若在 3 月 31 日的闭幕式上，以《科学的春天》为题作了书面发言，饱含激情地称颂："科学的春天到来了！"于是，"科学的春天"成为对这次会议最形象、最贴切、最温暖人心的评价，也成为对拨乱反正后科学技术战线大好形势的高度概括。

这次大会不但有力地推动了科技领域的拨乱反正，而且对社会主义现代化建设事业产生了深远影响。此后，广大科技工作者受到前所未有的重视，科学技术事业的发展受到全社会的关注和支持。到 1978 年底，中国科学院的独立研究机构由 1976 年的 64 个增加到 110 个。国家加大了对中国科学院的基本建设投资。党中央发出的向科学技术现代化进军的号召，逐步变为实实在在的行动。中国的科学技术事业，开始重新展现出春天的景象。

四、1978—1985 年《八年科技规划纲要》

《八年科技规划纲要》，就是在 1978 年全国科学大会上通过的《一九七八——一九八五年全国科学技术发展规划纲要》，是改革开放之后我国的第一个科技发展规划，也是我国发展科学技术的第三个长远规划。

1977 年 8 月，在科学和教育工作座谈会上，邓小平指出，我们国家要赶上世界先进水平，要从科学和教育着手。科学、教育目前的状况不行，需要有一个机构，统一规划，统一调度，统一安排，统一指导协作。

1977 年 9 月，国家科委正式恢复。其任务之一，就是要组织编制全国科学技术发展的年度计划和长远规划。12 月，国家科委召开有 1200 多位科技专家和管理干部参加的全国自然科学规划会议，组织制订《一九七八——一九八五年全国基础科学发展规划》。年底又召开全国科学技术规划会议，集中讨论制订《一九七八——一九八五年全国科学技术发展规划纲要》，以及《科学技术研究主要任务》和《技术科学规划》。为起草规划，仅直接参加各种讨论会、规划会和参加编制规划的人员就超过 2 万人。

1978 年 3 月的全国科学大会通过了《一九七八——一九八五年全国科学技术发展规划纲要》。

规划明确提出"科学技术是生产力""四个现代化的关键在于科学技术现代化"的战略思想，提出了我国科学技术工作的八年奋斗目标和国家建设中需要解决的重大科学技术问题。

在制订《八年科技规划纲要》时，中国科学技术水平与世界先进水平相比，多数领域落后 15 —20 年，有些领域落后更多一些。因此，规划提出 1978 —1985 年科技工作的奋斗目标：部分重要的科学技术领域接近或达到 20 世纪 70 年代的世界先进水平；专业科学研究人员达到 80 万人；拥有一批现代化的科学实验基地；建成全国科学技术研究体系。

规划对自然资源、农业、工业、国防、环境保护等 27 个领域和基础科学、技术科学两大门类的科学技术研究任务做了安排，确定了 108 个重点研究项目。其中，又把农业、能源、材料、电子计算机、激光、空间、高能物理、遗传工程 8 个影响全局的综合性科学技术领域，作为重中之重。

《八年科技规划纲要》推动全国形成了重视科技的热潮，极大地调动了广大科技人员的积极性，推动了拨乱反正和改革开放起步之时的科学技术工作，取得了显著的成果。但规划也有急于求成的倾向。随着改革开放的发展，规划内容和任务也做了一些调整。

五、科技体制改革全面启动

我国原有科技体制的特点是高度的集中管理和单一的计划模式。这种体制能够集中资源攻克重点任务和重点课题，曾起过重要的历史作用。但也存在着动力缺乏，管得太死，科研成果与市场脱节、不能及时转化成现实生产力等弊端。随着我国经济体制由计划经济向市场经济转变，科技体制改革的任务也提上日程。

1985 年 3 月 2 日—7 日，全国科学技术工作会议在北京举行，专门讨论科技体制改革问题。会议讨论通过了《中共中央关于科学技术体制改革的决定》(以下简称《决定》)。3 月 13 日，《决定》正式公布。随后，国务院也陆续发布若干文件，促进科技体制的改革。

《决定》指出：全党必须高度重视并充分发挥科学技术的巨大作用。应当按照经济建设必须依靠科学技术、科学技术工作必须面向经济建设的战略方针，尊重科学技术发展规律，从我国的实际出发，对科学技术体制进行坚决的有步骤的改革。

《决定》指出当前科学技术体制改革的主要内容是：

在运行机制方面，要改革拨款制度，开拓技术市场，克服单纯依靠行政手段管理科学技术工作，国家包得过多、统得过死的弊病；在对国家重点项目实行计划管理的同时，运用经济杠杆和市场调节，使科学技术机构具有自我发展的能力和自动为经济建设服务的活力。

在组织结构方面，要改变过多的研究机构与企业相分离，研究、设计、教育、生产脱节，军民分割、部门分割、地区分割的状况；大力加强企业的技术吸收与开发能力和技术成果转化为生产能力的中间环节，促进研究机构、设计机构、高等学校、企业之间的协作和联合，并使各方面的科学技术力量形成合理的纵深配置。

在人事制度方面，要克服"左"的影响，扭转对科学技术人员限制过多、人才不能合理流动、智力劳动得不到应有尊重的局面，造成人才辈出、人尽其才的良好环境。

由此，科技体制改革全面启动。按照经济建设必须依靠科学技术、科学技术工作必须面向经济建设的战略方针，采取了一系列措施，放开很多政策，扩大科研机构自主权，促进人才合理流动；提倡科研机构与生产企业横向联系，推动科学技术的开发和利用；改革国家拨款的单一计划调节，按科技活动不同类型实行分类管理，实行技术商品化，建立和开发技术市场，促使科研成果转化为生产力；促进研究机构、设计机构与高等学校、企业之间的协作和联合；实行技术职务聘任制，提倡人员流动。

这些改革虽然还是初步的，但迅速激发了科技战线的活力，在面向经济建设、面向市场，更加紧密地与经济社会发展的现实要求结合起来，推动科技成果加速向现实的生产力和市场转化方面，开了先河，发挥了先导作用。

在此之后，科技体制的改革不断发展、不断深入，取得了明显的成效，促进了中国科学技术的进步，对国家的现代化建设发挥了重要作用。

六、国家科技攻关计划

国家科技攻关计划，是第一个国家综合性的科技计划，也是20世纪中国最大的科技计划，1982年开始实施。计划主要是解决国民经济和社会发展中带有方向性、关键性和综合性的问题，涉及农业、电子信息、能源、交通、材料、资源勘探、环境保护、医疗卫生等领域。

从 20 世纪 80 年代开始，为了加速推动科学技术攻关、推动科学技术向生产力转化，促进经济社会全面发展和进步，国家在实施科技发展规划的同时，实施了一系列国家指令性科技计划，如科技攻关计划、星火计划、"863 计划"、火炬计划等，形成了面向经济建设主战场、发展高新技术及其产业和加强基础性研究 3 个层次的纵深部署，构筑了中国新时期科技发展的战略框架。

国家科技攻关计划就是这些计划之一，是我国第一个被纳入国民经济和社会发展规划的国家指令性科技计划。

1982 年 10 月，在全国科学技术奖励大会上，中共中央和国务院要求科技、经济界发挥社会主义大协作的优越性，运用集中优势兵力打歼灭战的方法，有选择、有重点地发展那些对国民经济有重大影响的、产业关联度比较大的技术，集中人力、物资、资金等各方面的力量，攻克技术难关，提高经济发展水平和产业技术水平，增强国际竞争力。

国家计委和国家科委对制定《八年科技规划纲要》中的项目建议进行汇总筛选，将《八年科技规划纲要》中的 108 个重点项目调整为最迫切和最有条件实现的 38 个项目，包括农业、食品及轻纺消费品、能源开发及节能技术、地质和原材料、机械及电子设备、交通运输、新兴技术、社会发展等 8 个方面，从中又选出对国民经济全局关系重大的 7 个"重中之重"项目，以"六五"国家科技攻关计划的形式实施。

国家科技攻关计划的出台，是我国综合性科技计划从无到有的一个重要里程碑。从此，科技攻关计划成为国家科技计划体系的主体和我国国民经济和社会发展计划的重要组成部分。

科技攻关计划的管理方式与以往不同，是在国家计委和国家科委的共同领导下，由国务院各部门分别主持项目的研究工作。先对项目作选题划分，然后采取招标、有偿合同、无偿合同等形式，明确项目及课题的主持单位、承担单位、经费分配等，与主要研究单位签订攻关专题合同。

"六五"期间，国家拨款15亿元，参加计划的科技人员10万多人，取得3900项重要成果，其中用于重点建设、技术改造和工农业生产的有3165项。此外，还建立了122条试验生产线、297个中试车间和中试基地、168个不同生态地区农作物品种区试验点，增强了我国技术开发能力，对经济和社会建设起到了积极推动作用。包括研制成功了亿次大型电子计算机、"长征三号"火箭发射等。

"七五"攻关计划拨款32亿元，共有13万名科技人员参与，获得成果1万多项。成果中包括实现了天然气新增探明储量2993.9亿立方米，研制成功30万千瓦、60万千瓦火电机组成套设备等。

从"六五"计划到"九五"计划期间，国家科技攻关计划先后安排了534个科技攻关重点项目，总经费投入379亿元人民币，获得专利2434项，产生直接经济效益2033.7亿元人民币。

到"十一五"计划期间，"国家科技攻关计划"扩展为"国家科技支撑计划"。

七、星火计划

星火计划，是经国家批准实施的第一个依靠科学技术促进农村经济发展的计划，是中国国民经济和科技发展计划的重要组成部分。

中国是一个农业大国，解决农业、农村和农民问题，必须依靠科技，发挥科技的作用。农村改革兴起、乡镇企业发展后，对科学技术的需求进一步加大。科技体制改革也进一步激发了科技人员投身农村经济建设的积极性。

在开展科技扶贫工作取得经验的基础上，1985年5月，国家科委向国务院提出了《关于抓一批"短平快"科技项目促进地方经济振兴的请示》（以下简称《请示》），建议在科技计划中专列一项促进地方经济振兴技术开发计划，命名为"星火计划"。《请示》引用了中国的一句谚语"星星之火，可以燎原"，寓意为科技的星星之火，必将燃遍中国的农村大地。

《请示》得到国务院领导的高度重视。1985年10月，国家科委在扬州召开第一次星火计划工作会议。1986年初，计划开始实施。

星火计划的宗旨是：把先进适用的技术引向农村，引导亿万农民依靠科技发展农村经济，引导乡镇企业的科技进步，促进农村劳动者整体素质的提高，推动农业和农村经济持续、快速、健康发展。

星火计划是一项指导性科技计划，由政府组织引导，以政府、社区（乡镇）、企业（尤其是乡镇企业）、农户为主体，联合有关部门和社会各界共同参与。在资金筹集方面，首创了国家、地方、企业共同集资的原则，改变了过去单纯依靠国家投资的做法。星火计划在各级政府指导下，实行国家、省、地、县分级管理。

科学技术部星火计划办公室负责归口管理。

星火计划的主要内容，一是支持一大批利用农村资源、投资少、见效快，先进适用的技术项目，建立一批科技先导型示范企业，引导乡镇企业健康发展，为农村产业和产品结构的调整作出示范；开发一批适用于农村、适用于乡镇企业的成套设备并组织批量生产；培养一批农村技术、管理人才和农民企业家；发展高产、优质、高效农业，推动农村社会化服务体系的建设和农村规模经济发展。

二是在一定的经济区域内，按照星火计划的宗旨，建设依靠科技进步提高经济增长的质量和效益，管理、技术、人才、资金综合集成，生产要素配置优化，产业的产品结构合理，经济、科技和社会全面进步的农村区域经济综合发展示范区。

三是在一定的经济区域内，依靠科技进步，为科学技术大规模进入农村、与农村经济密切结合发挥先导作用，开发具有区域资源优势的主导产品，形成规模，并能带动企业和相关产业发展，实行集约化、规模化、产业化经营，在区域经济中占有相当比重和作用的产业。

截至 1995 年底，全国共组织实施星火计划项目 66736 项，覆盖了全国 85% 以上的县；已经完成的星火项目为 35254 项，占立项总数的 52.9%；星火计划总投入为 937.6 亿元。1995 年全国星火计划实现产值 2682.7 亿元，实现利税 473.9 亿元，创汇 88.9 亿美元。截至 1996 年，在全国共建立了 127 个国家级星火技术密集区和 217 个星火区域性支柱产业。

1986 年至 1995 年 10 年间，星火计划向全国推荐了 500 多项星火技术装备，促进乡镇企业的技术更新和技术改造，培育了上百个产值超亿元、利税超千万的星火企业和产业集团。

八、"863 计划"

"863 计划"，即国家高技术发展研究计划，是跟踪发展中国高技术研究、力争在世界高技术领域占据一席之地的战略性科技发展计划。

20 世纪中叶以来，以高技术为核心的新一轮科技革命迅速发展，并产生了广泛的影响。国家有关部门从 1984 年起就多次组织专家学者对美国的"星球大战计划"等进行研究，一致认为也要加快中国高技术的发展。1986 年 3 月 3 日，王大珩、王淦昌、杨嘉墀、陈芳允 4 位著名科学家给中共中央写信，提出"关于跟踪研究外国战略性高技术发展的建议"。

邓小平对这封信高度重视，于 3 月 5 日批示："这个建议十分重要"，并指示"找些专家和有关负责同志讨论，提出意见，以凭决策。此事宜速作决断，不可拖延"。①

中共中央有关部门立即邀请部分科学家进行座谈讨论。从 1986 年 4 月至 9 月，组织几百名专家进行调查研究。经过广泛、全面和极为严格的科学论证，制定了《高技术研究发展计划纲要》。不久中央政治局扩大会议审议批准了这一纲要。11 月 18 日，中共中央、国务院正式批转了《高技术研究发展计划纲要》。

这个计划纲要从世界高技术发展的趋势和中国的需要与实际出发，选择了对中国未来经济和社会发展有重大影响的生物技术、航天技术、信息技术、先进防御技术、自动化技术、能源技术和新材料 7 个高技术领域（1996 年增加了海洋技术领域）的 15 个主题项目，作为我国高技术研究发展的重点。

其中包括高产、优质、抗逆的动植物新品种，新型药物、疫苗和基因治疗，蛋白质工程；大型运载火箭，为和平目的的空间科技的研究与开发；智能计算机系统，光电子器件、光电子系统集成技术，信息获取与处理技术；高性能和高质量的激光器及其在加工与生产上的应用；计算机综合自动化制造系统，智能机器人；燃煤磁流体发电技术，先进核反应堆技术；高性能结构材料和特种功能材料。以这些属于当前国际上高技术发展前沿的项目为目标，通过伞形辐射，带动相关方面的科学技术进步。

计划目的是以有限的投入在世界高技术前沿占有一席之地。总体

---

① 《邓小平年谱（1975—1997）》（下），中央文献出版社 2004 年版，第 1107 页。

目标是：集中少部分精干力量，在所选的高技术领域，瞄准世界前沿，缩小与发达国家的差距，带动相关领域科学技术进步，造就一批新一代高水平技术人才，为未来形成高技术产业准备条件，为20世纪末特别是21世纪初我国经济和社会向更高水平发展和国防安全创造条件。

由于促成这个计划"建议"的提出和邓小平的批示都发生在1986年3月，因而这个计划被命名为"863计划"。1987年3月，"863计划"开始正式实施。从此，中国的高技术研究进入了一个新的发展阶段。上万名科学家在各个不同领域，协同合作，联合攻关，很快取得了丰硕的成果。

"863计划"是改革开放以来我国推出的第一个以国家利益为目标的高技术发展计划，担负全局性的、中长期的、重大的战略任务。依据这一特点，计划采用了"军民结合，以民为主"的总方针，体现"瞄准前沿，积极跟踪"的思想，坚持"优先目标，重点突出"的原则，结合中国国情，具有中国特色，并把培养新一代高水平人才作为一个重要目标。

对具有前沿标志性的、关乎国计民生的关键技术，如超级服务器的研究与开发、6000米水下机器人等，"863计划"通过设立重大关键技术项目进行重点部署。

1991年，邓小平又挥笔为"863计划"工作会议题词："发展高科技，实现产业化"，再次给为实现"863计划"而攻关的科学家们以鼓励，也为我国高科技的发展指明了方向。

"863计划"从1987年开始，已经大致经历了三个阶段。第一阶段，1987—2000年；第二阶段，2001—2005年，继续实施"863计划"；第三阶段，2006年之后，要求"863计划"成为"统筹高技术的集成和应用，引领未来新兴产业发展的计划"。

"863 计划"实施以来，在高性能计算机、生物工程药物、现代通信设备、人工晶体及深海机器人等国际高技术竞争的热点领域形成了我国的优势项目，为中国在世界高科技领域占有一席之地奠定了坚实的基础。

2016 年，随着国家重点研发计划的出台，"863 计划"结束了自己的历史使命。

九、火炬计划

火炬计划，即高新技术产业发展计划，是促进高技术、新技术研究成果商品化，推动高技术、新技术产业形成和发展的部署和安排。1988 年由国家科委制订和组织实施。

20 世纪 70 年代以来，世界范围内兴起了一场以发展高新技术及其产业为中心的科技革命浪潮；同时兴起的还有科学园区，几乎所有发达国家都建起了各种类型的科学园区。

面对这一浪潮和国内经济建设的新形势，从 1985 年开始，党和国家就在多个文件和会议上指出要加紧推动高新技术产业发展，兴办高技术产业开发区。1988 年初，国家科委向国务院提交报告，建议实施火炬计划。8 月，中共中央、国务院正式作出实施火炬计划的重大决策。

火炬计划是发展中国高新技术产业的指导性计划。它由科技部组织实施，其宗旨是：实施科教兴国战略，以市场为导向，促进高新技术成果商品化、高新技术商品产业化和高新技术产业国际化。

1988 年 5 月，国务院批准在北京市海淀区中关村建立我国第一个国家级高新技术产业开发区（简称"高新区"）——北京市新技术产业开发试验区，并制定了 18 条政策。

1988 年 8 月，国家科委召开全国第一次火炬计划工作会议，宣布火炬计划正式出台。火炬计划开始实施。1989 年 10 月，国家科委火炬高技术产业开发中心正式成立，牵头负责中国火炬计划的具体实施。

1991 年 4 月，邓小平同志题词"发展高科技，实现产业化"，明确了火炬计划工作的初心使命。

火炬计划是进一步开发国家"七五"科技攻关计划中的高新技术成果和高技术研究发展计划即"863 计划"的成果，使之形成在国内外市场上具有竞争能力的高新技术产业产品的一系列部署，主要内容有 7 个方面。

一是创造高新技术产业发展的环境。包括立法与管理体制、资金与风险、信息与中长期规划等方面的建设。

二是建设和发展高新技术产业开发区。即建立起面向国内外市场、高新技术产业集中的区域，最大限度地把科技成果转化为现实生产力。

三是建立高新技术创业服务中心。宗旨是创造局部优化环境，培育新的经济生长点，促进高新技术成果的商品化，如"留学人员回国创业园"等。

四是实施火炬计划项目。重点发展电子与信息、生物技术、新材料、光机电一体化、新能源、高效节能与环保等领域。

五是设立科技型中小企业技术创新基金。即通过贷款贴息、拨款和投资等方式扶持和引导其创新活动，促进科技成果的转化。

六是推动高新技术产业走向国际化、高新技术产品进入国际市场和高新技术企业走向世界。

七是人才培训。

从"九五"时期开始，为扶持火炬计划项目的发展，采取了以下措施：认定重点火炬计划项目，认定重点高新技术企业（集团），建立国家火炬计划软件产业基地。

1995 年 6 月，全国第一家火炬计划特色产业基地在江苏海门诞生。1997 年 5 月，国家科委在北京举行国家火炬计划软件产业基地命名授牌仪式。

火炬计划在促进我国高新技术产业化和积极探索新型工业化道路方面，发挥了十分重要的作用。以联想集团、北大方正、深圳华为、长沙远大等为代表的一些著名企业已在微电子、生物制药、通信、新材料等高新技术领域，产生了一批具有自主知识产权的名牌产品，提升了在世界范围内竞争的实力。

2023 年 8 月，根据《党和国家机构改革方案》，火炬中心划入工业和信息化部。2023 年 11 月，中央编办批复设立工业和信息化部火炬高技术产业开发中心。

十、国家重点实验室

国家重点实验室，是依托一级法人单位建设、具有相对独立人事权和财务权的科研实体。属于科学与工程研究类国家科技创新基地，面向前沿科学、基础科学、工程科学等，开展基础研究、应用基础研究等，推动学科发展，促进技术进步，发挥原始创新能力的引领带动作用。作为国家科技创新体系的重要组成部分，是国家组织高水平基础研究和应用基础研究、聚集和培养优秀科学家、开展高层次学术交流的重要基地。

建设国家重点实验室是我国政府为改善基础科学研究条件，提高科学技术基础性研究能力而设立的一种科学设施建设行动。

新中国成立以后，国家就非常重视科研机构的实验室建设。1952

年曾从国外引进金额达 1.18 亿元的仪器，装备各科研单位的实验室。

1984 年，为加快我国社会主义现代化建设，围绕国家发展战略目标，面向国际竞争，增强科技储备和原始创新能力，原国家计委启动了国家重点实验室建设计划，自 1984 年至 1997 年的国家重点实验室起步阶段，相继建成 155 个国家重点实验室。

1992 年至 1998 年，为加强与国家安全息息相关的国防工业的发展，考虑到国防科技研究与应用开发的大量资金需求和保密性要求，国防科工委决定启动国防科技重点实验室建设计划，原国防领域的国家重点实验室陆续自动转为国防科技重点实验室，划归国防科工委管辖。国防科工委此后相继审核增设了两批国防科技重点实验室，使得国防科技重点实验室总数达到 55 个，其中位于高等院校的 35 个，位于研究所的 20 个。

2000 年开始，在国家重点实验室工作基础上，推动学科交叉、综合集成的国家实验室（试点）工作。2003 年，为带动地方基础研究和基地建设，开展了省部共建国家重点实验室培育基地工作。2006 年，为加强国家技术创新体系建设，开展了依托企业和转制院所建设国家重点实验室的工作。

2015 年 11 月，科技部公布第三批企业国家重点实验室名单。其 75 个国家重点实验室，分布在新能源汽车、农业生物技术、高性能复合材料、核能、智能电网、电子核心基础等多个领域。

2018 年 6 月 22 日，科技部、财政部联合印发《关于加强国家重点实验室建设发展的若干意见》，规划到 2020 年，基本形成定位准确、目标清晰、布局合理、引领发展的国家重点实验室体系，管理体制、运行机制和评价激励制度基本完善，实验室经优化调整和新建，数量稳中有增，总量保持在 700 个左右。到 2025 年，国家重点实验室体系全面建成，科研水平和国际影响力大幅跃升。

国家重点实验室的主要任务是针对学科发展前沿和国民经济、社会发展及国家安全的重要科技领域和方向，开展创新性研究。实验室应在科学前沿探索研究中取得具有国际影响的系统性原创成果；或在解决国家经济社会发展面临的重大科技问题中具有创新思想与方法，实现相关重要基础原理的创新、关键技术突破或集成；或积累基本科学数据，为相关领域科学研究提供支撑，为国家宏观决策提供科学依据。

国家重点实验室是本领域国内研究中心，对学科领域的发展具有辐射带动作用。开展高水平和实质性的国内外学术交流与合作，积极参与国际重大科学研究计划。

国家重点实验室实行人财物相对独立的管理机制和"开放、流动、联合、竞争"的运行机制。国务院组成部门（行业）或地方省市科技管理部门是国家重点实验室的行政主管部门，实验室的依托单位以中国科学院各研究所、重点大学为主体。

实验室统一命名为"××国家重点实验室（依托单位）"。

经过多年的建设与发展，国家重点实验室已发展成为国家组织高水平基础研究和应用基础研究、聚集和培养优秀科技人才、开展高水平学术交流、科研装备先进的重要基地，是我国科技创新体系的重要组成部分，在促进重大科研成果的产生和杰出科学家的培育方面，发挥了不可替代的重要作用。

《中华人民共和国 2021 年国民经济和社会发展统计公报》显示：截至 2021 年末，正在运行的国家重点实验室 533 个。

十一、高新技术产业开发区

高新技术产业开发区，简称"高新区""国家级高新区"，是各级政府批准成立的科技工业园区，是改革开放后在一些知识密集、技术密集的大中城市和沿海地区建立的、以发展高新技术为目的而设置的特定区域。

建设高新技术产业开发区，是中国经济和科技体制改革的重要成果，是符合中国国情的发展高新技术产业的有效途径。

1988 年，国务院开始批准建立国家高新技术产业开发区。1988 年 8 月，中国国家高新技术产业化发展计划——火炬计划开始实施，创办高新技术产业开发区和高新技术创业服务中心被明确列为火炬计划的重要内容。在火炬计划的推动下，各地纷纷结合当地特点和条件，积极创办高新技术产业开发区。

1988 年，中关村成为中国第一家高新技术产业开发区。

1991 年 3 月 6 日，国务院发出《关于批准国家高新技术产业开发区和有关政策规定的通知》，决定继 1988 年批准北京市新技术产业开发试验区之后，在各地已建立的高新技术产业开发区中，再选定 26 个开发区作为国家高新技术产业开发区；1992 年后又陆续批准多批。

科技部自 1995 年开始，依托国家高新区组建国家火炬计划软件产业基地。

1997 年开始，批准部分高新区作为向 APEC 成员特别开放的科技工业园区，以促进 APEC 成员与中国在高新技术产业领域的合作与交流。

2000 年以来，科技部和外经贸部联合认定数十家国家高新区为"国家高新技术产品出口基地"。

2018 年 11 月 23 日，国务院批复同意乌鲁木齐、昌吉、石河子 3 个高新技术产业开发区建设，享受国家自主创新示范区相关政策。

到 2018 年底，国家高新区达到 168 家。

　　高新技术产业开发区是依托于智力密集、技术密集和开放环境，依靠科技和经济实力，吸收和借鉴国外先进科技资源、资金和管理手段，通过实行税收和贷款方面的优惠政策和各项改革措施，实现软硬环境的局部优化，最大限度地把科技成果转化为现实生产力而建立起来的，促进科研、教育和生产结合的综合性基地。

　　高新技术的范围包括：微电子科学和电子信息技术，空间科学和航空航天技术，材料科学和新材料技术，光电子科学和光机电一体化技术，生命科学和生物工程技术，能源科学和新能源、高效节能技术，生态科学和环境保护技术，地球科学和海洋工程技术，基本物质科学和辐射技术，医药科学和生物医学工程，其他在传统产业基础上应用的新工艺、新技术。高新技术范围将根据国内外高新技术的不断发展而进行补充和修订。

　　高新技术产业开发区的目标内涵是：1. 建立和发展高新技术产业的基地；2. 加速成果转化和科技创新创业的示范区；3. 深化改革和加快体制创新的试验区；4. 实施科技兴贸战略和对外开放的展示区；5. 培养、造就高新技术企业和企业家的学校；6. 用高新技术改造传统产业的辐射源；7. 体现社会主义现代文明的新社区；8. 培养一批有胆识、有能力、有素质，能够独当一面的现代化商人。

　　高新技术产业是以高新技术为基础，从事一种或多种高新技术及其产品的研究、开发、生产和技术服务的企业集合，这种产业所拥有的关键技术往往开发难度很大，但一旦开发成功，就具有高于一般的经济效益和社会效益。

　　产业发展是开发区发展的核心内容之一。开发区在高新技术成果商品化、产业化以及引进外资、开发高新技术等方面发挥着重要的示范带动作用。

　　高新技术产业开发区实行"以自主研究开发创新为主，以引进吸收创新为辅"的产业发展方针，在加强与境外机构合作的同时，重点扶持具有自主知识产权的高新技术企业。园区内诞生了一批以联想、方正、海尔、长虹、华为、远大等为代表的著名高新技术企业集团，形成了具有各自优势和特色的支柱产业。

改革开放以来，中国在经济建设和科学技术发展上取得了令世人瞩目的成就，其中高新区的建设与发展是一个耀眼的亮点。高新区已经成为当地经济增长快、投资回报率高、创新能力强、具有极大发展前景的经济增长点。高新区在技术创新方面取得了明显进展。当然，高新区的发展并不平衡。某些高新区的产业特色不够鲜明，没有形成支柱产业，多数高新技术企业的创新能力还有待提高。

根据有关统计资料，截至 2023 年 11 月，国家高新技术产业开发区总数达 178 家。

十二、国家自主创新示范区

国家自主创新示范区，是指经国务院批准，在推进自主创新和高技术产业发展方面先行先试、探索经验、做出示范的区域。

国家自主创新示范区的主要功能是：着力实施创新引领战略，到 2020 年实现技术创新领先、产业领先、经济和社会发展领先、体制机制创新领先的建设目标，成为世界一流的高科技园区，对其他国家高新区和区域经济社会的发展做出引领和示范。

其具体内容包括：开展股权激励试点；深化科技金融改革创新试点；国家科技重大专项项目（课题）经费中按规定核定间接费用；支持新型产业组织参与国家重大科技项目；实施支持创新企业的税收政策；组织编制发展规划。

2009 年 3 月，北京中关村国家自主创新示范区成为第一个国家自主创新示范区。2009年12月，武汉东湖国家自主创新示范区成为第二个国家自主创新示范区。2011年3月，上海张江国家自主创新示范区成为第三个国家自主创新示范区。

2014年6月，深圳国家自主创新示范区成为第四个国家自主创新示范区，也是十八大后第一个以城市为基本单位的国家自主创新示范区。

2014年10月，苏南国家自主创新示范区成为第五个国家自主创新示范区，是中国首个以城市群为基本单元的国家自主创新示范区。苏南国家自主创新示范区不是以一个城市或一个国家高新区为主体，而是由9个国家高新区组成，横跨了南京、无锡、常州、苏州、镇江5个国家创新型试点城市。

2015年1月，长株潭国家自主创新示范区获得国务院批复同意。根据申报方案，株洲高新区的轨道交通、航空航天、新能源汽车3大动力产业，长沙高新区的高端制造及新材料产业，湘潭高新区的先进矿山装备产业，都将被纳入国家创新型产业试点。

2015年2月26日，致力于打造京津冀科技干线新节点的天津国家自主创新示范区，在天津滨海高新技术产业开发区揭牌，成为第七个国家自主创新示范区。天津国家自主创新示范区总用地面积达55.24平方公里，主要包括华苑、北辰、南开、武清、塘沽海洋5个科技园。

此后，国务院又陆续批准了一批国家自主创新示范区。

2018年2月11日，国务院正式发文同意宁波、温州高新技术产业开发区建设国家自主创新示范区，区域范围为国务院有关部门公布的开发区审核公告确定的四至范围。

2018年11月28日，国务院发文，同意成立乌鲁木齐、昌吉、石河子高新技术产业开发区建设国家自主创新示范区。

根据有关统计资料，到2022年7月1日，全国国家自主创新示范区有23家，涉及66家国家高新区。

建设国家自主创新示范区，对于进一步完善科技创新的体制机制，加快发展战略性新兴产业，推进创新驱动发展，加快转变经济发展方式等方面发挥着重要的引领、辐射、带动作用。

国家自主创新示范区整合国家高新区资源，加大体制机制创新和政策先行先试力度，聚焦科技自立自强，不断探索创新驱动发展新路径。大胆探索适应本地区科技创新和产业发展需求的政策措施，瞄准世界科技前沿，加速聚集各类创新要素，创新创业生态不断优化、科技型企业大量涌现，为我国全面深化改革、实施创新驱动发展战略贡献了新路径、新方案、新能量。

十三、创新发展的一面旗帜——中关村

中关村是改革开放之后中国第一个高技术园区，也是第一个国家自主创新示范区，是我国高科技产业中心，是我国体制机制创新的试验田。40多年前，它从海淀起步，伴随着改革开放不断发展和腾飞，并在全国改革开放和创新发展大局中发挥着重要的引领和示范作用。

2013年9月30日，中共中央政治局第九次集体学习选择在中关村举行。习近平指出，中关村已经成为中国创新发展的一面旗帜，面向未来，要加快向具有全球影响力的科技创新中心进军。这是对中关村成就和经验的充分肯定，也是对未来中关村发展和作用的亲切勉励。

40多年前，在世界新技术革命和中国改革开放的双重大潮中，位处北京市海淀区，也是世界上少有的智力密集区的中关村，历史性地走在了这一进程的前列。

中关村是我国科教智力和人才资源最为密集的区域，拥有以北京大学、清华大学为代表的高等院校40多所，以中国科学院、中国工程院所属院所为代表的国家（市）科研院所206家；拥有国家重点实验室67个，国家工程研究中心27个，国家工程技术研究中心28个；大学科技园26家，留学人员创业园34家。中关村留学归国创业人才超过2万人，累计创办企业超过6000家，是国内留学归国人员创办企业数量最多的地区。

1980年10月，中国科学院物理研究所研究员陈春先等科技人员，在海淀创办了第一个民办科技机构"先进技术发展服务部"，拉开了科技人员面向市场、自主创业的序幕。1984年发展到40家，1985年有90家，1987年达到148家。著名的中关村电子一条街由此形成。

1987年底到1988年初，中央调查组对中关村地区的新型科技企业进行深入调查，肯定了"中关村电子一条街"的探索，并正式建议把中关村地区作为我国科学工业园区（或新技术开发区）的试点。

1988年5月20日，北京市人民政府发布了5月10日由国务院批准的《北京市新技术产业开发试验区暂行条例》，明确规定："以中关村地区为中心，在北京市海淀区划出100平方公里左右的区域，建立外向型、开放型的新技术产业开发试验区"。该条例是第一个经国务院批准的关于高新技术开发区的地方法规，其发布标志着国内第一个新技术产业开发园区的正式诞生，也标志着中国的改革开放在建立经济特区、经济技术开发区和沿海开放城市的基础上，又增加了具有重大战略意义的高新技术产业开发区。

由此，原先自发、分散的科技创新和企业布局，转入政府主导的、有规划、有政策、有组织、有统一管理的新技术产业开发区阶段，并被纳入国家改革开放和经济发展战略的总格局之中。国家的很多改革开放政策在这里先行先试，一大批自主创新科技企业在这里崛起。

1994 年 4 月，国家科委批准将丰台科技园区、昌平科技园区纳入试验区政策区范围。1999 年 1 月，试验区区域再次调整，将电子城、亦庄园纳入试验区政策区范围。北京市新技术产业开发试验区形成"一区五园"的空间格局。

1995 年 5 月，国家提出科教兴国战略。1999 年 6 月，国务院对科技部、北京市政府报送的《关于实施科教兴国战略加快建设中关村科技园的请示》作出批复，原则同意建设中关村科技园区和中关村科技园区的发展规划。1999 年 8 月，北京市新技术产业开发试验区更名为中关村科技园区，海淀成为中关村科技园区海淀园。2005 年 8 月，国务院进一步作出了支持做强中关村科技园区的 8 条决定。

2009 年 3 月，国务院印发《关于同意支持中关村科技园区建设国家自主创新示范区的批复》，明确中关村科技园区的新定位是国家自主创新示范区，要求把中关村建设成为具有全球影响力的科技创新中心、创新型国家建设的重要载体，并同意在中关村示范区实施股权激励、科技金融改革创新等试点工作。

自此，中关村成为中国首个国家级自主创新示范区，海淀成为中关村国家自主创新示范区的核心区。调整后的中关村科技园区形成"一区十园"的空间格局，中关村创新发展掀开了新的篇章。

2011 年 1 月，国务院批复同意《中关村国家自主创新示范区发展规划纲要（2011—2020 年）》，进一步明确了中关村示范区今后 10 年的战略定位和发展思路。

2012 年 10 月，国务院批复同意调整中关村国家自主创新示范区空间规模和布局，形成了"一区十六园"的格局，包括东城园、西城园、朝阳园、海淀园、丰台园、石景山园、门头沟园、房山园、通州园、顺义园、大兴—亦庄园、昌平园、平谷园、怀柔园、密云园、延庆园等园区，示范区面积由原来的 233 平方公里，增加到 488 平方公里。

围绕建设具有全球影响力的科技创新中心，中关村持续发力，不断盘活资源，优化创新生态环境，集中构建多元主体、融合互动的创新生态体系。

2012 年的十八大作出实施创新驱动发展战略的重大部署。2013 年 9 月 30 日，中央政治局在中关村集体学习。习近平指出，中关村要加大实施创新驱动发展战略力度，加快向具有全球影响力的科技创新中心进军，为在全国实施创新驱动发展战略更好发挥示范引领作用。

2017 年，北京市委市政府作出以"三城一区"为平台加快建设全国科技创新中心的重大决策部署，提出聚焦中关村科学城，建设原始创新策源地和自主创新主阵地。

如果说小岗村首开农村领域改革先河，深圳首开区域性对外开放先河的话，那么科技领域改革的先锋和窗口就是北京海淀的中关村。40 多年来，海淀区和中关村不断改革探索，不断扩大开放，不断激发创新创业主体活力，一路伴随着改革开放的前进而不断创新，一路发挥着改革开放试验田和示范、标杆的作用，一路引领着改革开放特别是科技改革和科技创新的发展。海淀区和中关村是我国体制机制改革创新的试验田、当之无愧的"中国硅谷"。

中关村以海淀为基础，又逐步向海淀之外拓展，相继成为中国第一个国家级高新技术产业开发区、第一个国家自主创新示范区、第一个国家级人才特区，也成为京津石高新技术产业带核心园区。中关村的每一步发展、每一步升级，都走在全国改革开放的前列，展示了全国改革开放的进程，发挥了先锋和窗口的作用。

作为中国科技体制改革的试验田，40多年来，在海淀这个区域内，诞生了中国科技体制改革史上的多个第一：第一家民营科技企业、第一家不核定经营范围的企业、第一家无形资产占注册资本100%的企业、第一家有限合伙投资机构、第一个政府引导基金。

经过40多年的改革发展，中关村已经聚集了以联想、百度为代表的高新技术企业近2万家，形成了以下一代互联网、移动互联网和新一代移动通信、卫星应用、生物和健康、节能环保、轨道交通等6大优势产业集群，以及集成电路、新材料、高端装备与通用航空、新能源和新能源汽车等4大潜力产业集群为代表的高新技术产业集群和高端发展的现代服务业，构建了"一区多园"各具特色的发展格局，成为首都跨行政区的高端产业功能区，也成为中国改革开放最为成功的标志和缩影。

2021年，中关村示范区领导小组印发《"十四五"时期中关村国家自主创新示范区发展建设规划》，为"十四五"时期中关村示范区的发展制定了明确的"路线图"和"工期表"。到2025年，中关村示范区将率先建成世界领先的科技园区，为北京形成国际科技创新中心提供有力支撑。到2035年，中关村示范区将成为全球科技创新的重要引擎和世界创新版图重要一极，为实现高水平科技自立自强、加快建设科技强国提供战略支撑。

第六章

共和国的重大科技成果

一、"两弹一星"

"两弹一星",指核弹（原指原子弹,后来演化为原子弹和氢弹的合称）、导弹、人造卫星,是中华人民共和国尖端科学技术的代表成果,也是 20 世纪中国研制原子弹、导弹和人造卫星的"大科学"工程。

20 世纪五六十年代,面对严峻的国际形势,中共中央和毛泽东下决心研制"两弹一星",重点突破国防尖端技术,作出了一个对中国发展和安全具有战略意义的决策。

1955 年 1 月,毛泽东在主持中央书记处扩大会议听取李四光、刘杰、钱三强关于铀矿资源和核科学技术的情况汇报时,就指出:"这件事总是要抓的。现在到时候了,该抓了。"3 月,在党的全国代表会议上,毛泽东宣布中国进入"开始要钻原子能这样的历史的新时期"。7 月,成立了由陈云、聂荣臻、薄一波组成的中央三人小组,负责指导原子能事业的发展工作。

1956 年,国家制定的第一个科学技术发展远景规划,把原子能的和平利用列为第一项重点任务,同时部署了原子弹和导弹两个项目。4 月,周恩来主持中央军委会议,听取钱学森关于发展导弹技术的规划设想。会后,成立了以聂荣臻为主任的航空工业委员会,负责导弹事业的发展。5 月,周恩来再次主持中央军委会议,讨论聂荣臻提出的《建立我国导弹研究工作的初步意见》。在科学论证的基础上,中央果断作出发展导弹技术的决策。10 月,成立了导弹研究机构国防部第五研究院;11 月成立第三机械工业部（1958 年改为第二机械工业部），具体负责原子能事业的建设和发展。

1957 年，中国开始研制发展包括导弹、原子弹在内的尖端武器。

1958 年，科学家提出研制人造地球卫星的建议。5 月 17 日，毛泽东在八大二次会议上提出："我们也要搞人造卫星！" 6 月 21 日，他在中央军委扩大会议上说："搞一点原子弹、氢弹、洲际导弹，我看有十年功夫是完全可能的。"中央决定以中国科学院为主组建专门的研究、设计机构，拨出专款，研制人造地球卫星，代号为 "581" 任务。

研制原子弹、导弹，开始曾得到苏联的技术援助。从 1955 年到 1958 年，中苏两国政府先后签订 6 个有关协定，由苏联对中国提供援助。1957 年 10 月 15 日，中苏双方签订国防新技术协定，规定从 1957 年至 1961 年底，苏联将在火箭、航空技术和原子弹研制等方面向中国提供技术。苏联向中国提供了原子弹和导弹方面的技术装备，并派专家到中国指导有关工作。这些援助，对中国原子弹、导弹研制的起步具有重要作用。但是，从一开始，苏联的援助就是有条件和有限度的。援助主要是非军事性的，一般不提供军事应用方面的技术。

随着中苏分歧和矛盾的扩大，1959 年 6 月 20 日，苏共中央致函中共中央，以苏联正在与美国等西方国家谈判关于禁止试验核武器协议为理由，宣布中断向中国提供原子弹样品的有关技术资料等项目。中国决定自己动手，中央把原子弹工程定名为 "596 工程"。1960 年，苏联单方面撕毁合同、撤走了专家。这以后，中国只能完全靠自己的力量发展国防尖端科学技术，原子弹、导弹的研制进入了全面自力更生的新阶段。

1961 年 7 月，中共中央作出《关于加强原子能工业建设若干问题的决定》，指出："为了自力更生，突破原子能技术，加速我国原子能工业的建设，中央认为有必要进一步缩短战线，集中力量，加强各有关方面对原子能工业建设的支援。"1962 年 9 月，二机部提出争取在 1964 年、最迟在 1965 年上半年爆炸我国第一颗原子弹。10 月，罗瑞卿在二机部报告基础上向毛泽东、中共中央写出报告，明确提出 1964 年爆炸第一颗原子弹，建议中央成立 15 人专门委员会。11 月 3 日，毛泽东指示："要大力协同做好这件工作。"中央成立以周恩来为主任的 15 人专门委员会，1965 年改称"中央专门委员会"，并将导弹和人造卫星的研制统一纳入中央专门委员会的领导范围之内。全国 26 个部委、20 多个省区市、1000 多家单位的科技人员大力协同，在攻克尖端科技难关方面显示出社会主义制度的优势。

一大批科学家和科研人员、工程技术与管理人员参加了"两弹一星"的研制工作。钱学森、邓稼先等一批曾身居海外的科学家，抛弃比较优越的科研条件和物质生活待遇，相继归国效力。很多人来到戈壁荒滩、深山峡谷建立基地，风餐露宿，披星戴月，艰苦创业。出于保密的需要，许多人隐姓埋名，断绝与外界的联系，默默无闻地为祖国的国防尖端科技事业作贡献，有的甚至献出了宝贵的生命。1968 年 12 月 5 日，著名力学家郭永怀在完成第一次热核弹头试验准备工作返回北京时，因飞机着陆失事不幸遇难。当人们从机身残骸中找到郭永怀时，发现他同警卫员紧紧抱在一起，胸前保护着完好无损的装有绝密实验资料的公文包。

广大科技人员、解放军指战员以及有关部门的职工、干部都发挥了巨大的积极性、主动性和创造性。科学家提出了"理论联系实验""技术民主"和"冷试验"的科研理论和方法；广泛运用系统工程、并行工程和矩阵式管理等现代管理理论与方法；设计、实验、工程部门之间紧密配合、创新攻关；领导干部身体力行、进行深入细致的思想政治工作。这些都为这项事业的成功奠定了坚实的基础。

1964 年 10 月 16 日，中国成功爆炸第一颗原子弹。

从 1960 年开始，科学家们对氢弹理论的研究逐步取得进展，到 1965 年，突破了氢弹研制中的关键技术，探索出一种新的制造氢弹的理论方案。1966 年 12 月成功进行氢弹原理试验。1967 年 6 月 17 日，成功爆炸了第一颗氢弹。

1969 年 9 月，首次成功进行了地下核试验。1971 年 8 月，第一艘核潜艇建成并完成系泊试验，1974 年 4 月完成试航任务。

中央强调，两弹为主，导弹第一，要实现原子弹与导弹结合。在导弹和喷气技术领域，经过了仿制、改进到自行研制三个阶段的飞跃。1960 年，中国仿照苏联 P-2 导弹制成的地地近程导弹"东风一号"发射成功。1964 年，中国自行设计的中近程导弹"东风二号"发射成功。1966 年 10 月，中国第一枚装有核弹头的地地导弹"东风二号甲"发射成功。

人造卫星的研制也经过了艰苦的过程。1958 年的计划因受三年困难影响，暂缓进展。1965 年，中央专门委员会原则批准中国科学院《关于发展我国人造卫星工作规划方案建议》，计划在 1970—1971 年发射中国第一颗人造卫星，并由国防科工委组织协调。人造卫星进入工程研制阶段，代号为"651"任务。卫星命名为"东方红一号"。经 5 年努力，1970 年 4 月 24 日，中国第一颗人造地球卫星发射成功。翌年 3 月，又发射科学实验卫星"实践一号"。1971 年 9 月，洲际火箭首次飞行试验基本成功。1975 年 11 月，第一颗返回式遥感人造地球卫星发射成功，中国成为继美、苏之后第三个掌握回收卫星技术的国家。

从此之后，中国的国防科技工业不断发展壮大，先后掌握了中子弹设计技术和核武器小型化技术，研制和发射了各种型号的战略战术导弹和运载火箭，潜艇水下发射成功，发射多颗返回式卫星、地球同步轨道及太阳同步轨道卫星。

以"两弹一星"为核心的国防尖端科技的辉煌成就，不仅是中国国防现代化的伟大成就，也是中国现代科学技术事业发展的重要标志。它带动了中国现代科学技术的发展，填补了许多学科空白，为中国实现技术发展的跨越积累了宝贵经验。邓小平后来说："如果六十年代以来中国没有原子弹、氢弹，没有发射卫星，中国就不能叫有重要影响的大国，就没有现在这样的国际地位。这些东西反映一个民族的能力，也是一个民族、一个国家兴旺发达的标志。"①

1999 年 9 月 18 日，中共中央、国务院、中央军委作出《关于表彰为研制"两弹一星"作出突出贡献的科技专家并授予"两弹一星功勋奖章"的决定》（以下简称《决定》）。同日，在人民大会堂举行表彰大会。江泽民发表讲话并为获奖人员颁发奖章和证书。《决定》高度评价了"两弹一星"研制成功的伟大成就，热情赞扬了"热爱祖国、无私奉献，自力更生、艰苦奋斗，大力协同、勇于登攀"的"两弹一星"精神；对为研制"两弹一星"作出突出贡献的 23 位科技专家予以表彰，并授予于敏、王大珩、王希季、朱光亚、孙家栋、任新民、吴自良、陈芳允、陈能宽、杨嘉墀、周光召、钱学森、屠守锷、黄纬禄、程开甲、彭桓武（排名按姓氏笔画为序）"两弹一星功勋奖章"，追授王淦昌、邓稼先、赵九章、姚桐斌、钱骥、钱三强、郭永怀（排名按姓氏笔画为序）"两弹一星功勋奖章"。

2021 年 9 月，"两弹一星"精神被列入第一批中国共产党人的精神谱系。

二、杂交水稻

杂交水稻，技术上是指选用两个在遗传上有一定差异，同时其优

---

① 《邓小平文选》第三卷，人民出版社 1993 年版，第 279 页。

良性状又能互补的水稻品种，进行杂交，生产具有杂种优势的第一代杂交种，并用于生产的一种水稻。中国的杂交水稻，是以袁隆平为代表的农业科学家所研制的杂交水稻，最早培育成功并在生产中实现大面积推广应用的重大科技成果，被誉为"第二次绿色革命"，多年来一直处于国际领先地位。

中国科技人员从 20 世纪 60 年代开始研究杂交水稻。1960 年 7 月，在湖南黔阳农校当教师的袁隆平在一块试验田里发现一株天然杂交稻，随后开始进行水稻的有性杂交试验。1966 年，袁隆平在《科学通报》第 4 期上发表他的第一篇重要论文《水稻的雄性不孕性》，指出可以利用杂交水稻第一代优势，实现大面积增产。

1970 年秋，根据袁隆平"用远缘的野生稻与栽培稻进行杂交"的设想，他的学生李必湖在海南找到一棵雄性不育株。转育出来的三粒雄性不育种子被命名为"野败"，为三系配套打开了突破口。1971 年春，在湖南省委领导下，成立了由湖南农科院、农学院、师范学院、黔阳农校和贺家山原种场组成的省杂交水稻研究协作组。

1972 年春，在国务院召开的全国农林科技座谈会上，杂交水稻被列为国家重点科研项目，由中国农林科学院和湖南省农科院主持。袁隆平与他的助手协同攻关，终于在 1973 年研发出杂交水稻三系配套技术体系，实现了水稻育种的重大突破。1974 年成功配制杂交稻种子，试种 20 余亩后进行优势鉴定，平均亩产量超过 500 公斤。

1974 年，湖南开始试种杂交水稻，亩产超过 650 公斤，充分显示了增产优势。1975 年，试种面积达到 5600 亩。1975 年冬，中央决定迅速扩大试种并大规模推广杂交水稻。1976 年开始在全国范围内推广。1979 年，袁隆平在国际会议上宣读《中国杂交水稻育种》论文，首次向国际社会公开杂交水稻研究取得的成功。

在三系杂交水稻的基础上，1986 年袁隆平正式发表《杂交水稻的育种战略设想》。1987 年，袁隆平担任国家"863 计划"两系杂交水稻专题的责任专家。历经 9 年的攻坚克难，终于在 1995 年实现二系法杂交稻研制。三系法是经典育种方法，而二系法则是中国的独创。袁隆平解决了二系法杂交水稻研究中的一些关键技术难题。二系法简化了育种程序，也大大提高了选到优良组合的概率，从而具有非常广阔的应用前景。

1997 年，袁隆平又开展超级杂交水稻研究，在《杂交水稻超高产育种》一文中提出超级杂交水稻的综合技术路线。该文被国际权威刊物《科学》专门推介。2000 年，超级杂交稻实现百亩示范片亩产 700 公斤的第一期目标。2013 年，由袁隆平科研团队攻关的国家第四期超级稻百亩示范片平均亩产达 988.1 公斤，创世界纪录。

2003 年，中国大陆 50% 以上的水稻都为袁隆平的杂交品种，世界 20% 的水稻采用袁隆平的杂交技术。2007 年，中国大陆的水稻产量为 5000 亿公斤。2016 年，中国双季超级稻成功实现亩产 1537.78 公斤，又创造了双季稻产量的世界纪录。

杂交水稻是社会主义大协作的产物。党和国家实施了组织、领导，给予了大力支持。除袁隆平外，还有一大批农业科学家，如颜龙安、张先程、李必湖、朱英国、石明松等，都从不同角度参与或独立开展了对杂交水稻的研究，取得了重要成果，或作出了不同贡献。

1979 年，中国农业部将 1.5 公斤杂交水稻种子赠送给美国友人，此后，100 多个国家和地区引进了中国杂交水稻品种或技术。以袁隆平为代表的中国水稻科研工作者为保障中国乃至世界的粮食安全作出了卓越贡献。2024 年 10 月 26 日，中国与文莱杂交水稻高级专家顾问项目启动仪式在文莱首都斯里巴加湾市举行。

2001 年 2 月 19 日，中共中央、国务院在北京隆重举行国家科学技术奖励大会，江泽民向吴文俊、袁隆平颁发 2000 年度国家最高科学技术奖。

2002 年 9 月 16 日，首届国际水稻大会在北京中国国际科技会展中心隆重召开，江泽民出席开幕式并作重要讲话。

2019 年 10 月 21 日—22 日，第三代杂交水稻在湖南省衡阳市衡南县清竹村进行首次公开测试，亩产 1046.3 公斤。2020 年 11 月 2 日，在湖南省衡阳市衡南县清竹村进行袁隆平领衔的杂交水稻双季测产，亩产达到 1530.76 公斤。2022 年 9 月，中国杂交水稻制种大面积产量获新突破，亩产 459.07 公斤。2023 年 10 月 14 日，袁隆平"超级稻"单季亩产 1200 公斤超高产攻关（德昌）测产验收会在四川凉山德昌县举行，最终测定平均亩产 1251.5 公斤，创造了杂交水稻单季亩产的世界纪录。

据 2023 年 10 月在湖南长沙举行的籼型杂交水稻研究成功 50 周年国际学术研讨会介绍，50 年来，中国杂交水稻在国内累计推广面积达 90 亿亩，累计增产稻谷超 8000 亿公斤。

2021 年 12 月 14 日，杂交水稻项目入选 2021 年度全球十大工程成就。

三、青蒿素

2015 年 10 月 8 日，中国科学家屠呦呦与美国的威廉·坎贝尔和日本的大村智一起，分享 2015 年诺贝尔生理学或医学奖。多年从事中药和中西药结合研究的屠呦呦，因为抗疟新药——青蒿素和双氢青蒿素的发现，成为第一个获得诺贝尔自然科学奖的中国本土科学家。这也是中国医学界迄今为止获得的最高奖项，反映了中国中医学的魅力，展示了中国医学科学研究的成果。

青蒿素是从复合花序植物黄花蒿茎叶中提取的有过氧基团的倍半

萜内酯的一种无色针状晶体，其分子式为 $C_{15}H_{22}O_5$，由屠呦呦在 1971年发现。青蒿素是继乙氨嘧啶、氯喹、伯喹之后最热门的抗疟特效药，尤其是对于脑型疟疾和抗氯喹疟疾，具有速效和低毒的特点。

疟疾是危害严重的世界性流行病，全球百余个国家每年约有 3 亿多人感染疟疾。1964 年，越南战争爆发，当时北越军队常出没于山野丛林地区，而这一地区恶性疟疾流行猖獗，且对奎宁及奎诺酮类抗疟药物如氯喹等普遍具有耐药性，平民与军队的患病人数猛增，越南政府向外界请求支援。中国政府应越共中央请求，并考虑到中国南方的疟疾问题，决定把研制抗疟药物作为战备任务。1967 年 5 月 23日，国家科委和解放军总后勤部联合召开"疟疾防治药物研究工作协作会议"，并在北京成立"523"抗疟计划办公室，统一领导"523"抗疟计划的实施，其全称为中国疟疾研究协作项目，代号为"523"。在接下来的 14 年中，来自 60 所军民机构的 500 位科学家参与了此项目。

"523"任务是一项全国性的大规模合作项目。参与者来自全国多家单位，共分 5 个研究专题。中医药与针灸防治是其中之一。参与该部分研究的单位有 20 多家。1969 年，全国"523"办公室邀请卫生部中医研究院（现中国中医科学院）中药研究所加入"523"任务的"中医中药专业组"。中药所指定化学研究室的屠呦呦担任组长。

屠呦呦 1930 年 12 月 30 日出生于浙江省宁波市，1955 年毕业于北京医学院（今北京大学医学部）药学系，分配在卫生部中医研究院中药研究所工作。

从 1969 年 1 月接受任务开始，屠呦呦领导的课题组从系统收集整理历代医籍、本草、民间方药入手，收集了 2000 余方药。基本思路是采取民间验方，然后利用现代的有机溶剂分离药用部分并进行相应的药理筛选和临床验证。最初的重点是中药"常山"。该药抗疟作用强，但有副作用。随后，研究小组的余亚纲和从军事医学科学院借调的顾国明，对多达808种可能的中药进行梳理，筛选出十几种中药，分别采用"酯、醇、水"三种类型的溶剂，制备了近百个提取物，并进行筛选检验。他们发现，青蒿提取物有60%—80%的抑制率，但效果并不稳定。到1970年，因主要人员任务有变化，中医研究院承担的"523"任务暂时陷于停滞。

1971年7月，屠呦呦重返抗疟第一线。对于青蒿的提取方法，东晋葛洪《肘后备急方》中有将青蒿"绞汁"的记载："青蒿一握，以水二升渍，绞取汁，尽服之。"鉴于青蒿乙醇提取物效果不稳定，屠呦呦意识到高温可能对其有效成分造成破坏，便改用乙醚低温提取青蒿，取得明显效果。1971年10月，青蒿的动物效价由30%—40%提高到95%。1971年12月下旬，用乙醚提取物与中性部分分别对感染伯氏疟原虫小鼠以及感染猴疟原虫猴的疟原虫血症进行试验，显示100%的疗效。

历经380多次失败，利用现代医学和方法进行分析研究，不断改进提取方法，1972年初，抗疟有效单体终于从植物青蒿中分离得到。当时的代号为"结晶Ⅱ"，后改名为"青蒿Ⅱ"，最后定名为青蒿素。青蒿素为具有"高效、速效、低毒"优点的新结构类型抗疟药，对各型疟疾特别是抗性疟有特效。

1972年3月，在南京召开的"523"任务工作会议上，屠呦呦《用毛泽东思想指导发掘抗疟中草药工作》的内部报告公布了这一关键的研究成果。报告引起与会者的注意，山东省中医药研究所、山东省寄生虫病防治研究所、云南省药物研究所、广州中医学院也开展有关研究，都有突破。

屠呦呦的研究小组继续集中加强对青蒿的研究，在分离青蒿中的活性成分等方面取得进展，鼠疟实验证明一种结晶体正是有效的抗疟单体物质。由于计划时间进度紧张，为了尽早应用于临床，1972 年 5 月，屠呦呦等部分相关研究人员用自身进行人体试验并获得通过。随后，在海南部分地区进行临床试验。经治疗后，患者的发热症状可迅速消失，血中疟原虫的数目锐减，而接受氯喹的对照组患者则无效。

1973 年，为确证青蒿素结构中的羰基，合成了双氢青蒿素。1974 年，屠呦呦开始研究青蒿素的效应与结构关系。经构效关系研究，明确在青蒿素结构中过氧是主要抗疟活性基团，在保留过氧的前提下，羰基还原为羟基可以增效，这为国内外开展青蒿素衍生物的研究打开了局面。

1975 年，由北京中药研究所和上海有机化学研究所借助国内仅有的几台大型仪器确定了青蒿素的分子式。年底通过单晶 X 射线衍射分析确定其分子结构。1978 年由反常散射的 X 射线衍射分析确定了青蒿素的绝对构型。

由于青蒿素不溶于水，生物利用率低，化学改造就成为提高其疗效的重要途径。1976 年，上海有机化学研究所展开青蒿素化学改造的工作。李英等人先后合成青蒿素的酯类、醚类、碳酸酯类衍生物。广西桂林制药厂也成功研制了青蒿素的衍生物。

1977 年和 1979 年，青蒿素的研究成果在中国《科学通报》与《化学学报》上发表。青蒿素的分子式被美国《化学文摘》收录。

1978 年，"523"项目的科研成果鉴定会最终认定青蒿素的研制成功，按中药用药习惯，将中药青蒿抗疟成分定名为青蒿素。

同年，青蒿素抗疟研究课题获全国科学大会"国家重大科技成果奖"。

1979 年，青蒿素研究成果获国家科委授予的国家发明奖二等奖。

1979 年 9 月，依国家医药管理总局建议，"523"计划列入各级民用医药科研计划之中，不再另列医药军工科研项目。1981 年 3 月

3 日—6 日，"523" 计划举行最后一次会议。5 月该会议纪要下发，"523" 计划结束。原卫生部副部长黄树则对青蒿素成功发现的经验作了总结："思想上目标一致，计划上统一安排，任务上分工合作，专业上取长补短，技术上互相交流，设备上互通有无。"

1981 年 10 月，世界卫生组织主办的第四届疟疾化疗研讨会在北京召开，屠呦呦就《青蒿素的化学研究》一题作首位发言，获得高度评价，认为"青蒿素的发现不仅增加一个抗疟新药，更重要的意义还在于发现这一新化合物的独特化学结构，它将为合成设计新药指出方向"。

1984 年，青蒿素的研制成功被中华医学会等评为"建国 35 年以来 20 项重大医药科技成果"之一。1992 年获得"全国十大科技成就奖"，1997 年获得"新中国十大卫生成就"之一称号。

为了防止和延缓抗药性出现，1981 年屠呦呦就提出研发复方青蒿素的设想。有关方面开始研发复方药物，开发出复方蒿甲醚等系列复方药。针对青蒿素成本高、对疟疾难以根治等缺点，屠呦呦团队发明出双氢青蒿素，抗疟疗效为前者 10 倍。1992 年，"双氢青蒿素及其片剂"获一类新药证书（92 卫药证字 X-66、67 号）。

2005 年，医学刊物《柳叶刀》发表文章指出，研究发现使用单方青蒿素的地区疟原虫对青蒿素敏感度下降，这意味着疟原虫有开始出现抗药性的可能。世卫组织开始全面禁止使用单方青蒿素，改用青蒿素的联合疗法，并推荐多种联合治疗，即每种方案包括青蒿素类化合物，配以另一种化学药物。这说明当年中国科学家的预见是对的。

根据世卫组织的统计数据，自 2000 年起，撒哈拉以南非洲地区约 2.4 亿人口受益于青蒿素联合疗法，约 150 万人因该疗法避免了疟疾导致的死亡。在西非的贝宁，当地民众把中国医疗队给他们使用的这种疗效明显、价格便宜的中国药称为"来自遥远东方的神药"。

此外，青蒿素在其他疾病的治疗中也显示出诱人的前景。如抗血吸虫、调节或抑制体液的免疫功能、提高淋巴细胞的转化率，利胆，祛痰，镇咳，平喘等。已研制出第二代换代产品和用青蒿素治疗肿瘤、黑热病、红斑狼疮等疾病的衍生新药，同时开始探索青蒿素治疗艾滋病、恶性肿瘤、利氏曼、血吸虫、绦虫、弓形虫等疾病以及戒毒的新用途。

1995 年，屠呦呦出席全国劳动模范和先进工作者表彰大会，由国务院授予"全国先进工作者"称号，同年以"中国政府代表团"代表的身份出席第四届世界妇女大会，并再次出席全国科学技术大会。

2011 年 9 月，屠呦呦因青蒿素和双氢青蒿素的贡献，获得被誉为诺贝尔奖风向标的拉斯克奖。

2015 年 10 月 5 日，瑞典卡罗琳医学院在斯德哥尔摩宣布，中国女药学家、中国中医科学院中药研究所首席研究员屠呦呦与威廉·坎贝尔和大村智获 2015 年诺贝尔生理学或医学奖。这是中国科学家因为在中国本土进行的科学研究而首次获诺贝尔科学奖，是中国医学界迄今为止获得的最高奖项。理由为，她发现了青蒿素，这种药品可以有效降低疟疾患者的死亡率。

2015 年 12 月 7 日，屠呦呦作为 2015 年诺贝尔生理学或医学奖得主，在瑞典卡罗琳医学院用中文发表主题演讲《青蒿素的发现：传统中医献给世界的礼物》。

2016 年 3 月，屠呦呦获影响世界华人终身成就奖。2017 年 1 月 9 日，国务院授予屠呦呦国家最高科学技术奖。2018 年 12 月 18 日，党中央、国务院授予屠呦呦"改革先锋"称号，颁授改革先锋奖章，并获评"中医药科技创新的优秀代表"。

2019 年 6 月 17 日，新华社报道，经过 3 年多科研攻坚，屠呦呦团队在"抗疟机理研究""抗药性成因""调整治疗手段"等方面获得新突破，提出新的治疗应对方案：一是适当延长用药时间，由 3 天疗法增至 5 天或 7 天疗法；二是更换青蒿素联合疗法中已产生抗药性的辅助药物，疗效立竿见影。国际医学权威期刊《新英格兰医学杂志（NEJM）》刊载了屠呦呦团队该项重大研究成果和"青蒿素抗药性"治疗应对方案，引发业内关注。

四、北京正负电子对撞机

北京正负电子对撞机，是中国在 20 世纪 80 年代建造的第一台高能加速器，是高能物理研究的重大科技基础设施，是在周恩来和邓小平关怀支持下建设的国家大科学装置。中国科学院高能物理研究所已成为世界八大高能物理实验研究中心之一。

高能物理研究的是物质最深层次的结构及其相互作用的规律，这种研究需要一系列技术手段，加速器和对撞机就是其中的典型代表。

1972 年 8 月，张文裕等 18 位科技工作者给周恩来写信，反映对发展中国高能物理研究的意见和希望。1972 年 9 月 11 日，周恩来对关于建设中国高能加速器实验基地报告的复信中指示："这件事不能再延迟了。科学院必须把基础科学和理论研究抓起来，同时又要把理论研究与科学实验结合起来，高能物理研究和高能加速器的预制研究，应该成为科学院要抓的主要项目之一。"[1]

1973 年 2 月，中国科学院高能物理研究所正式成立，开始了加速器的预研和论证工作。

1975 年 3 月，国家计委向国务院提出《关于高能加速器预制研究和建造问题的报告》（七五三工程）。刚刚复出主持中央工作的邓小平同意了这个报告，并转送周恩来批示。

---

[1]　《周恩来选集》下卷，人民出版社 1984 年版，第 473 页。

1977 年，邓小平在国家科委、国家计委《关于加快建设高能物理试验中心的请示报告》（八七工程）上批示："拟同意"。

后来经历一系列复杂的论证、出国考察、制订方案、设计、选址、调整等过程。1983 年 12 月 15 日，中央书记处会议决定将北京正负电子对撞机（BEPC）工程列入国家重点工程建设项目，并成立工程领导小组。14 个部委组成了工程非标准设备协调小组，组织全国上百个科研单位、工厂、高等院校大力协同攻关，土建工程由北京市负责全力保证。

1984 年 10 月 7 日，北京正负电子对撞机工程破土动工。邓小平等党和国家领导人来到高能所参加奠基仪式，他为奠基石铲了第一锹土，并接见了参加工程建设的科技人员和职工代表。邓小平为基石题写了"中国科学院高能物理研究所北京正负电子对撞机国家实验室奠基"的题词。他说："我相信这件事不会错。"

1988 年 10 月 16 日，北京正负电子对撞机工程首次实现正负电子对撞，亮度达到 $8 \times 10^{27}/cm^2 \cdot s$。完成了邓小平提出的"我们的加速器必须保证如期甚至提前完成"的目标。

10 月 20 日，《人民日报》报道这一成就，称"这是我国继原子弹、氢弹爆炸成功、人造卫星上天之后，在高科技领域又一重大突破性成就"，"它的建成和对撞成功，为我国粒子物理和同步辐射应用开辟了广阔的前景，揭开了我国高能物理研究的新篇章"。

10 月 24 日，邓小平等党和国家领导人视察北京正负电子对撞机工程，表示祝贺，并慰问参加工程建设的代表。邓小平发表了"中国必须在高科技领域占有一席之地"的重要讲话。

1989 年 7 月 5 日，北京正负电子对撞机和北京谱仪通过技术鉴定。1990 年 7 月 21 日，北京正负电子对撞机通过国家验收。

1991 年 8 月 13 日，北京正负电子对撞机国家实验室成立。

2000 年 7 月 27 日，国务院科教领导小组会议审议并原则通过《关于我国高能物理和先进加速器发展目标的汇报》，同意在北京正负电子对撞机取得成功的基础上，投入 4 亿元对该装置进行重大改造。

2004 年 4 月 30 日早 8 时，北京正负电子对撞机正式结束运行，标志着北京正负电子对撞机 / 北京谱仪胜利结束实验任务。高能所举行了庆祝 BEPC 圆满完成任务暨 BEPC Ⅱ 设备安装仪式大会。

2008 年 7 月 19 日，北京正负电子对撞机重大改造工程的加速器与北京谱仪联合调试对撞成功，观察到了正负电子对撞产生的物理事例，标志着北京正负电子对撞机重大改造工程圆满完成了建设任务。

2009 年 7 月 17 日，国家验收委员会对北京正负电子对撞机重大改造工程进行了验收，"国家验收委员会认为，北京正负电子对撞机重大改造工程按指标、按计划、按预算、高质量地完成了各项建设任务，是我国大科学工程建设的一个成功范例"。改造后对撞亮度和数据获取率将提高 100 倍，可进行 τ - 粲能区的精确测量，探索新的物理现象，预期在相关物理前沿课题将取得多项具有世界领先水平的重大物理成果。

北京正负电子对撞机的建成和投入运行，为中国粒子物理和同步辐射应用提供了基本研究实验手段和条件，成为跨部门、跨学科共同享用的实验研究基地，使中国高能物理研究进入了世界前沿，取得了具有国际水平的诸如实现 τ 轻子质量精确测量等成果。而且，正负电子对撞机所产生的同步辐射光作为特殊光源，可在生物、医学、化学、材料等领域开展广泛的应用研究工作。

北京正负电子对撞机的建设，不但推动了中国高能物理及相关领域的基础研究，还有力带动了中国相关高技术产业的发展，促进了中国计算机、探测技术、医用加速器、辐照加速器和工业 CT 等产业的技术进步，产生了巨大的经济和社会效益。

2024年5月，北京正负电子对撞机获得新的重大成果。其实验装置北京谱仪Ⅲ合作组首次测得X（2370）粒子的量子态性质，其质量、产生和衰变性质都与人们长久以来寻找的胶球特性一致。

五、汉字激光照排系统

激光照排技术，就是将文字通过计算机分解为点阵，然后控制激光在感光底片上扫描，用曝光点的点阵组成文字和图像，实际即为电子排版系统。

文明的传播与文字的使用紧紧联系在一起。仓颉造字，使人类创造的文明能够以规范的符号显示和留存下来；毕昇发明（传承）了活字印刷术，使人类文明能够以便捷的方式得到更为广泛的传播和交流；到20世纪的改革开放新时期，王选和他率领的团队创造和推广了激光照排系统，从而使今人能够以几何级数更快和更大规模地创造和传播人类文明。

电子排版系统的诞生，给出版印刷行业带来了一次革命性的变革。我国绝大多数的报纸、杂志和书籍都在使用着这套系统，它比古老的铅字排版工效至少提高5倍。在中国延续了上千年的活字排版方式退出历史。

1974年8月，由四机部（电子工业部）、一机部（机械工业部）、中国科学院、新华社等机构联合发起，国家计委批准设立了国家重点科技攻关项目"汉字信息处理系统工程"，简称"748工程"。王选作为技术总负责人，主持研究工作。

1976年8月，王选作出越过当时国际流行的第二代、第三代照排机，直接上第四代激光照排系统的决策。

1976—1979 年，王选发明了高分辨率字形的信息压缩、高速还原和输出方法等世界领先技术，成为汉字激光照排系统的技术核心，分别获得 1 项欧洲专利和 8 项中国专利。

1979 年 7 月 27 日，在北大汉字信息处理技术研究室的计算机房里，科研人员用自己研制的照排系统，在短短几分钟内，一次成版地输出了一张由各种大小字体组成、版面布局复杂的八开报纸样纸，报头是"汉字信息处理"6 个大字，就是这 6 个大字后来彻底改变了中文排版印刷系统。

1981 年 7 月，中国第一台计算机汉字激光照排系统原理性样机华光Ⅰ型通过国家计算机工业总局和教育部联合举行的部级鉴定，鉴定结论是"与国外照排机相比，在汉字信息压缩技术方面领先，激光输出精度和软件某些功能达到国际先进水平"。

汉字激光照排系统的研制成功，为世界上最浩繁的文字——汉字告别铅字印刷开辟了广阔道路。这种数字化的转变，实现了脱胎换骨的印刷革命，使汉字文明、印刷技术跟上了世界信息化、网络化的步伐，对实现中国新闻出版印刷领域的现代化发挥了巨大作用。它引起当代世界印刷界的惊叹，被誉为中国印刷技术的再次革命。

随着研究工作的不断深入，"华光"激光照排系统日臻完善。1985 年 5 月，华光Ⅱ型系统通过国家鉴定，在新华社投入运行。之后，华光Ⅲ型机、Ⅳ型机、方正 91 型机相继推出。

1987 年，汉字激光照排系统获国家科学技术进步奖一等奖。《经济日报》成为中国第一家试用华光Ⅲ型机的报纸。1988 年，经济日报社印刷厂卖掉了全部铅字，成为世界上第一家彻底废除了中文铅字的印刷厂。1990 年，全国省级以上的报纸和部分书刊已基本采用这一照排系统。20 世纪末，全国的报纸和出版社全部实现激光照排。

1991 年 8 月 29 日，北京大学与人民日报社合作，在北京和湖北日报社之间首次成功地进行了报纸卫星实地远传试验。到 1992 年底，人民日报社已通过卫星向全国 22 个城市传送版面。从此，全国大多数地区都在同一天看上了《人民日报》。到 1994 年，有大约 100 家报纸实现了远程传版。

1992 年 1 月 21 日，北大方正彩色出版系统在《澳门日报》投入生产性使用。同年 5 月，《大公报》成为香港第一家购买这一系统的报纸。1992 年 6 月 1 日，《科技日报》成为大陆首家采用方正彩色出版系统的报社。

1994 年，北大计算机所又研制成高档彩色桌面出版系统，中国印刷业又一次实现了彩色出版的技术跨越。

1995 年，中文电子出版系统被评为中国十大科技成就之一，并再获国家科学技术进步奖一等奖。

1999 年，方正直接制版系统研制成功，在羊城晚报社的《新快报》正式投入生产性使用。

王选被誉为"当代毕昇"。激光照排系统引发了我国印刷业"告别铅与火，迈入光与电"的一场技术革命。

2002 年 2 月 1 日，王选荣获 2001 年度国家最高科学技术奖。

六、超级计算机

超级计算机，是指能够执行一般个人电脑无法处理的大量资料与高速运算的电脑，是一种超大型电子计算机，是计算机中功能最强、运算速度最快、存储容量最大的一类计算机，是国家科技发展水平和综合国力的重要标志，对国家安全、经济和社会发展具有重要的意义。

超级计算机主要特点包含两个方面：极大的数据存储容量和极快

的数据处理速度，因此它可以在多个领域进行一些普通计算机无法进行的工作。超级计算机主要用来承担重大的科学研究、国防尖端技术和国民经济领域的大型计算课题及数据处理任务，如大范围天气预报，整理卫星照片，原子核物理的探索，研究洲际导弹、宇宙飞船，制订经济社会发展计划等项目繁多、时间性强、要综合考虑各种因素、依靠超级计算机才能较顺利完成的任务。

1976 年，美国克雷公司推出了世界上首台运算速度达每秒 2.5 亿次的超级计算机。此后，便在诸如天气预报、生命科学的基因分析、核业、军事、航天等高科技领域发挥了巨大作用。随着科学技术的迅猛发展，计算机的运行速度也越来越快。各国竞相研发超级计算机，大型超级计算机不断问世。

中国在超级计算机方面发展迅速，是第一个以发展中国家的身份制造了超级计算机的国家。

1958 年 8 月 1 日，通过学习苏联的计算机技术，中国第一台数字电子计算机——103 机诞生。1973 年 8 月 26 日，中国第一台每秒运算 100 万次的集成电路电子计算机在北京试制成功。

1983 年，研制出第一台超级计算机银河一号，中国成为继美国、日本之后第三个能独立设计和研制超级计算机的国家。随后继续成功研发了银河二号、银河三号、银河四号为系列的银河超级计算机，中国成为世界上少数几个能发布 5 天至 7 天中期数值天气预报的国家之一。

1992 年，又研制成功曙光一号超级计算机。2008 年 9 月 16 日，首台超百万亿次超级计算机曙光 5000 A 在天津下线。2002 年，联想集团研发成功深腾 1800 型超级计算机，并开始发展深腾系列超级计算机。

2009 年 10 月，中国研制的第一台千万亿次超级计算机在湖南长沙亮相，这台名为"天河一号"的计算机位居同日公布的中国超级计算机前 100 强之首，也使中国成为继美国之后世界上第二个能够研制千万亿次超级计算机的国家。天河一号由天津滨海新区和国防科技大学共同建设的国家超级计算机天津中心研制。2014 年，天河二号达到每秒 3.39 亿亿次。

在发展银河和曙光系列的同时，发现由于向量计算机自身的缺陷很难继续发展，因此需要发展并行计算机，于是开始研发神威超级计算机，并在神威超级计算机基础上研制了神威蓝光超级计算机。2016年 6 月 20 日，我国自主研制的第一台全部采用国产处理器构建的"神威·太湖之光"夺得世界超算冠军，成为当时全球运行速度最快的超级计算机。

目前中国超级计算机的系列有：国防科技大学计算机研究所的银河系列、天河系列；中国科学院计算技术研究所（曙光信息产业股份有限公司）的曙光系列；国家并行计算机工程技术中心的神威系列；联想集团的深腾系列。浪潮集团参与了部分超级计算机的研发生产工作，并有计划独立研发生产超级计算机。

国际 TOP500 组织是发布全球已安装的超级计算机系统排名的权威机构，他们以超级计算机基准程序 Linpack 测试值为序进行排名，每年发布两期全球超级计算机 500 强排行榜。

截至 2017 年底，中国连续 10 次蝉联全球最快超级计算机。

根据 2018 公布的榜单，中国企业在全球十大超算制造商中占据了前三名，其中联想以 140 台名列冠军，浪潮以 84 台名列亚军，中科曙光以 57 台名列季军。华为制造 14 台，位列第八。

2019 年 6 月 17 日上午，在德国法兰克福举办的"国际超算大会"（ISC）发布了第 53 届全球超算 TOP500 名单。中国超算"神威·太湖之光"和天河二号分列三、四名。2021 年 11 月 16 日，全球超级计算机 500 强榜单（TOP500）公布，日本计算科学研究中心的超级计算机"富岳"在运算速度等四项性能排名上位居世界第一，来自美国的超算"顶点"和"山脊"分列第二、三位，来自中国的超算"神威·太湖之光"位列第四。

2023 年 12 月，百亿亿次超级计算机入选 2023 全球十大工程成就。

超级计算机是世界高新技术领域的战略制高点，各大国均将其视为国家科技创新的重要基础设施，投入巨资进行研制开发。据预测，超级计算机的下一个目标和"皇冠"，将是 E 级超算，即每秒可进行百亿亿次运算的超级计算机。

七、载人航天工程——"神舟""天宫"

载人航天工程，是指通过发射载人宇宙飞船送宇航员进入太空飞行的系统工程。中国载人航天工程是中国空间科学实验的重大战略工程之一，是中国航天史上迄今规模最大、系统组成最复杂、技术难度和安全可靠性要求最高的国家重点工程。

改革开放前，中国的导弹与航天技术已经取得重大进步，研制成功近程、中程和洲际导弹；研制出长征二号、长征三号和风暴一号运载火箭；进行了 11 次卫星发射。1971 年启动了载人航天计划，开始研制"曙光"号载人飞船，到 1974 年终止时已取得一些成果。

改革开放后，随着科学的春天到来，航天工程取得更快进展。1984 年，研制成功长征三号运载火箭，发射成功东方红二号通信卫星。

1986 年，党和国家把发展载人航天事业纳入发展高技术的"863计划"。1992 年，面对世界科技进步突飞猛进、综合国力竞争日趋激烈的新形势，中央作出了实施载人航天工程的重大战略决策。

1992 年 9 月 21 日，中共中央政治局常委会讨论同意《中央专委关于开展我国载人飞船工程研制的请示》，认为，从政治、经济、科技、军事等诸方面考虑，发展我国载人航天是必要的。中国载人航天工程正式立项，代号为"921 工程"。王永志任载人航天工程总设计师。

载人航天工程主要包括七大系统，分别是航天员系统、飞船应用系统、载人飞船系统、运载火箭系统、发射场系统、测控通信系统和着返回陆场七大系统。进入第二阶段后，又增加了空间实验室系统，形成了八大系统，其中飞船与运载火箭研制是重中之重的任务。

载人航天工程的八大系统涉及学科领域广泛、技术含量密集，全国 110 多个研究院所、3000 多个协作单位和几十万工作人员承担了研制建设任务。

按照中国航天事业发展规划，载人航天工程计划分三步实施。

第一步，发射无人和载人飞船，将航天员安全送入近地轨道，进行对地观测和科学实验，并使航天员安全返回地面。

第二步，继续突破载人航天的基本技术：多人多天飞行、航天员出舱在太空行走、完成飞船与空间舱的交会对接。在突破这些技术的基础上，发射短期有人照料的空间实验室，建成完整配套的空间工程系统。

第三步，建立永久性的空间实验室，建成中国的空间工程系统，航天员和科学家可以来往于地球与空间站，进行较大规模的空间科学实验和应用技术研究。

中国载人航天"三步骤"计划完成后，航天员和科学家在太空的实验活动将会实现经常化，为中国和平利用太空和开发太空资源打下坚实基础，为人类和平开发宇宙空间作出贡献。

载人航天工程经历了一系列不断发展推进的过程：

（一）工程研制和设施建设

中国太空飞行采用的是飞船方式。这种飞船的构型是三舱一段，即轨道舱、返回舱、推进舱和附加段。装有两对太阳能电池翼。飞往太空必须首先研制载人飞船。1995年，完成了总体技术方案设计。1998年完成了火箭—飞船—发射场的合练及分系统试验。飞船由江泽民题名"神舟"。

用于发射飞船的火箭为长征二号F，是在长征二号E基础上研制的，增加了逃逸系统和故障监测处理系统两个新系统。火箭起飞质量479.8吨，起飞推力604.4吨，近地轨道运载能力为8.4吨。

除载人飞船外，载人航天工程中其他系统的建设工作也紧锣密鼓地分工展开。1995年10月，决定从空军歼、强击机飞行员中选拔首批预备航天员。不久，12名预备航天员从数千名候选者中脱颖而出，连同2名航天员教练员，组成中国首批航天员的队伍。1997年底，经中央军委批准，由14名预备航天员组成的世界上第三支航天员大队成立。1998年1月5日，14人到齐。这一天从此成为中国人民解放军航天员大队的生日。

（二）神舟飞船不载人发射

1999—2003年，神舟号飞船共进行了4次不载人发射，对飞船和火箭以及发射与运行进行全面考核。

神舟一号，1999年11月20日6时30分在酒泉卫星发射基地顺利升空，经过14圈、21小时11分的飞行后顺利返回地面。中共中央、国务院、中央军委致电热烈祝贺。

神舟二号，2001年1月10日1时0分3秒发射成功，在轨飞行6天18小时后返回地面。这是第一艘正样无人飞船，技术状态与载人飞船基本一致。发射完全按照载人飞船的环境和条件进行，凡是与航天员生命保障有关的设备，基本上都采用了真实件。

神舟三号，携带"模拟人"，2002 年 3 月 25 日 22 时 15 分发射升空，4 月 1 日返回地面，绕地球飞行 6 天 18 小时。搭载了人体代谢模拟装置、拟人生理信号设备以及形体假人，能够定量模拟航天员呼吸和血液循环等重要生理活动参数。飞船工作正常，预定试验目标全部达到，试验获得圆满成功。

江泽民到载人航天发射场观看飞船发射，并发表重要讲话指出，神舟三号飞船的发射成功，是我国航天事业发展史上一座新的里程碑。

神舟四号，2002 年 12 月 30 日 0 时 40 分，在经受了零下 29 ℃低温的考验后成功发射，突破了我国低温发射的历史纪录。2003 年 1 月 5 日安全返回，完成了对地观测、材料科学、生命科学实验和空间天文和空间环境探测等试验任务。

四次发射全面考核了飞船、火箭系统的发射、入轨、飞船系统的制导与控制、返回制动、分离解锁、返回着陆和防热技术，以及飞船内部的生命保障系统。同时，搭载实验仪器进行了大量科学实验、技术试验和对地观测等。

（三）第一阶段载人航天飞行

从神舟五号到神舟七号的载人飞行，属于中国载人航天工程的第一阶段。

神舟五号，为中国第一艘载人飞船，2003 年 10 月 15 日 9 时 0 分成功发射。中国首位航天员杨利伟成为浩瀚太空的第一位中国访客。在太空飞行 14 圈、21 小时 23 分钟的行程，标志着中国成为世界上继俄罗斯和美国之后第三个能够独立开展载人航天活动的国家。

神舟五号飞船首次载人太空飞行的成功，实现了中国载人航天工程的历史性突破，也标志着第一步的任务已经完成。

神舟六号，中国第二艘载人飞船，也是多人飞船，2005 年 10 月 12 日 9 时成功发射，航天员费俊龙、聂海胜被顺利送上太空。17 日凌晨，在经过 115 小时 32 分钟的太空飞行后，返回舱顺利着陆。神舟六号进行了我国载人航天工程的首次多人多天飞行试验，完成了中国真正意义上有人参与的空间科学实验。

11 月 26 日，中共中央、国务院、中央军委在京举行庆祝神舟六号载人航天飞行圆满成功大会，胡锦涛出席并强调要大力弘扬"载人航天精神"。

神舟六号的发射，标志着中国开始实施载人航天工程的第二步计划。

神舟七号，第三艘载人飞船，2008 年 9 月 25 日 21 时 10 分成功发射，三名航天员翟志刚、刘伯明、景海鹏顺利升空。27 日，翟志刚身着我国研制的"飞天"舱外航天服，在身着俄罗斯"海鹰"舱外航天服的刘伯明辅助下，进行了 19 分 35 秒的出舱活动。中国成为世界上第三个掌握空间出舱活动技术的国家。同时完成在轨道上释放卫星伴飞。28 日傍晚时分，神舟七号飞船在顺利完成空间出舱活动和一系列空间科学实验任务后，成功返回。航天员出舱活动和释放伴随卫星，是中国载人航天工程新的突破，对于后续任务意义重大。

（四）第二阶段载人航天飞行

从神舟八号开始，是中国载人航天工程的第二阶段任务，主要是发射和运行空间实验室。这期间，天宫号实验室共发射了 2 艘，神舟飞船发射了 4 艘。

天宫一号是中国第一个目标飞行器和空间实验室，于 2011 年 9

月 29 日 21 时 16 分 3 秒发射进入近地轨道。天宫一号全长 10.4 米，最大直径 3.35 米，由实验舱和资源舱构成。实验舱可支持 3 名航天员的工作和生活。

天宫二号是中国第一个真正意义上的空间实验室，安排了 14 项科学与应用项目和航天医学实验。2016 年 9 月 15 日 22 时 4 分 12 秒发射升空，经过多次轨道控制，于 9 月 25 日调整至距地面 393 公里的停泊轨道，等待与飞船对接。

神舟八号，2011 年 11 月 1 日 5 时 58 分 10 秒由改进型长征二号F 遥八火箭发射升空，进行不载人飞行。3 日凌晨，神舟八号与此前发射的天宫一号成功交会对接。14 日，进行第二次自动对接。在神舟八号上开展了 17 项中德合作的空间生命科学实验。17 日返回地面。中国成为继美、俄之后世界上第三个完全独立掌握太空交会对接技术的国家。

作为中国载人航天"三步走"战略目标第二步中的关键环节，突破和掌握空间交会对接技术，为开展更大规模的载人航天活动奠定了基础。

神舟九号，2012 年 6 月 16 日 18 时 37 分由长征二号 F 遥九火箭发射升空。这是长征火箭的第 165 次发射，也是神舟飞船的第四次载人飞行。景海鹏、刘旺、刘洋第一次入住"天宫"。33 岁的刘洋也成为中国第一个飞向太空的女性。18 日和 24 日，飞船先后与天宫一号实现自动和手控交会对接，航天员进入天宫一号并值守，开展了一系列科学实验和技术试验。6 月 29 日飞船安全返回。

这次载人交会对接任务的圆满成功，实现了中国空间交会对接技术的又一次重大突破，标志着我国载人航天工程第二步战略目标取得了具有决定性意义的重要进展。

神舟十号，2013 年 6 月 11 日—26 日，搭载着聂海胜、张晓光、王亚平 3 位航天员的载人飞船成功发射并顺利返回着陆。在轨飞行期间，神舟十号与天宫一号目标飞行器成功进行自动和手控交会对接，并首次开展中国航天员太空授课活动。

2016 年 9 月 15 日、10 月 17 日，天宫二号空间实验室和搭载着景海鹏、陈冬两位航天员的神舟十一号载人飞船先后成功发射。在轨飞行期间，首次实现我国航天员为期 30 天的中期在轨驻留，考核面向长期飞行的乘员生活、健康和工作保障相关技术；开展航天医学、空间科学和空间技术等试验，4 次对接天宫号实验室，均圆满成功。

到 2016 年底，中国载人航天工程"三步走"发展战略已经完成了前两步，实现了中国航天员首航太空的梦想。在这期间，共发射了 5 艘不载人飞船、6 艘载人飞船、2 个空间实验室，11 名航天员完成了 14 次航天飞行。

（五）第三阶段空间站建设

2010 年 9 月，中央批准正式实施中国载人航天工程第三阶段任务：研制、发射和运行载人空间站。空间站采用积木式舱段结构。载人空间站安排了 10 个领域的数百项科学与应用项目。

按照中国载人航天工程"三步走"战略，2020 年左右中国将建成长期有人照料的空间站，实现月球采样返回和火星着陆探测，完成全球卫星导航系统和高分辨率对地观测系统建设，全面推进重型运载火箭研制，建成以通信、导航和遥感卫星系统为主的民用空间基础设施，使我国具备全面的宇宙空间探索和应用能力。

2017 年 4 月 20 日，中国自主研制的首艘货运飞船天舟一号成功发射。在轨期间，先后顺利完成空间站货物补给、推进剂在轨补加、自主快速交会对接等多项拓展应用和相关试验。

2021 年 4 月 29 日，中国空间站天和核心舱发射成功，标志着我国空间站建造进入全面实施阶段。6月17日,搭载着聂海胜、刘伯明、汤洪波3名航天员的神舟十二号载人飞船成功发射并与天和核心舱完成自主快速交会对接。3名航天员先后进入天和核心舱,中国人首次进入自己的空间站。航天员在轨驻留3个月,开展了一系列空间科学实验和技术试验,在轨验证了一系列空间站建造和运营关键技术,于9月17日顺利返回。

2021年10月16日,搭载着翟志刚、王亚平和叶光富3名航天员的神舟十三号载人飞船在长征二号F遥十三运载火箭的托举下点火升空,这是中国载人航天工程立项实施以来的第21次飞行任务,也是空间站阶段的第二次载人飞行任务。中国朝着建设空间站迈出重要一步。航天员乘组在空间站组合体工作生活了183天,刷新了中国航天员单次飞行任务太空驻留时间的纪录。2022年4月16日0时44分,神舟十三号载人飞船与空间站天和核心舱成功分离。9时56分,载人飞船返回舱在东风着陆场成功着陆。空间站关键技术验证阶段任务圆满完成,即将进入建造阶段。

2022年6月5日,神舟十四号载人飞船发射取得圆满成功,航天员陈冬、刘洋、蔡旭哲顺利进驻天和核心舱。7月24日,中国空间站首个科学实验舱问天实验舱发射取得圆满成功。25日,神舟十四号航天员乘组顺利进入问天实验舱。这是中国航天员首次在轨进入科学实验舱。

2022年11月29日23时8分,搭载神舟十五号载人飞船的长征二号F遥十五运载火箭在酒泉卫星发射中心点火发射。11月30日7时33分,神舟十五号3名航天员顺利进驻中国空间站,与神舟十四号航天员乘组首次实现"太空会师"。

2023年5月30日9时31分,搭载神舟十六号载人飞船的长征二号F遥十六运载火箭在酒泉卫星发射中心点火发射。此次任务是工程立项实施以来的第 29 次发射任务。

2023 年 10 月 26 日 11 时 14 分，搭载神舟十七号载人飞船的长征二号 F 遥十七运载火箭在酒泉卫星发射中心点火发射。10 月 31 日，神舟十六号载人飞船返回舱成功着陆。

2024 年 1 月 17 日 22 时 27 分，搭载天舟七号货运飞船的长征七号遥八运载火箭，在中国文昌航天发射场点火发射。

2024 年 4 月 25 日 20 时 59 分，搭载神舟十八号载人飞船的长征二号 F 遥十八运载火箭在酒泉卫星发射中心点火发射。神舟十八号载人飞船入轨后，于北京时间 2024 年 4 月 26 日 3 时 32 分，成功对接于空间站天和核心舱径向端口。4 月 26 日 5 时 4 分，在轨执行任务的神舟十七号航天员乘组顺利打开"家门"，欢迎远道而来的神舟十八号航天员乘组入驻"天宫"。随后，两个航天员乘组拍下"全家福"。4 月 30 日 17 时 46 分，神舟十七号载人飞船返回舱在东风着陆场成功着陆。

2024 年 10 月 30 日 4 时 27 分，搭载神舟十九号载人飞船的长征二号 F 遥十九运载火箭在酒泉卫星发射中心点火发射。10 月 30 日 12 时 51 分，在轨执行任务的神舟十八号航天员乘组顺利打开"家门"，欢迎远道而来的神舟十九号航天员乘组入驻中国空间站，"70后""80后""90后"航天员齐聚"天宫"，完成中国航天史上第 5 次"太空会师"。11 月 4 日 1 时 24 分，神舟十八号载人飞船返回舱在东风着陆场成功着陆，神舟十八号载人飞行任务取得圆满成功。

2024 年 11 月 15 日 23 时 13 分，长征七号遥九运载火箭搭载天舟八号货运飞船，从中国文昌航天发射场点火发射。天舟八号货运飞船入轨后顺利完成状态设置，于 11 月 16 日 2 时 32 分，成功对接于空间站天和核心舱后向端口。

航天事业是综合国力和大国地位的集中体现，是维护国家安全的战略基石，是推动科学技术进步、服务经济社会发展的重要力量，在国家全局中居于重要战略地位。

从无人飞行到载人飞行，从天地往返到航天员出舱行走，从单船飞行到组合体稳定运行，从交会对接到在轨驻留……中国逐步掌握了航天领域的核心关键技术，形成了一大批具有自主知识产权的创新成果，培养了一支高素质的航天队伍，走出了一条自力更生、自主创新的发展道路。

广大航天工作者发扬以爱国主义为核心的民族精神和以改革创新为核心的时代精神，团结一心、群策群力、锐意创新、拼搏奉献，突破一大批拥有自主知识产权的核心关键技术，胜利完成了各个阶段的任务，培育形成了"特别能吃苦、特别能战斗、特别能攻关、特别能奉献"的载人航天精神，为全党全军全国各族人民建设和发展中国特色社会主义、实现中华民族伟大复兴中国梦增添了精神力量。

每年 4 月 24 日，已被定为"中国航天日"。2016 年，在首个"中国航天日"之际，习近平作出重要指示，明确指出："探索浩瀚宇宙，发展航天事业，建设航天强国，是我们不懈追求的航天梦。"①

2017 年，十九大明确提出建设航天强国的战略目标。二十大肯定载人航天取得的成就，要求加快建设航天强国。

八、探月工程——"嫦娥"

探月工程，是利用航天器对月球进行的各种探测活动。中国探月工程，又称"嫦娥工程"。

月球是地球的唯一天然卫星，是距离地球最近的天体，也是人类

---

① 《习近平在首个"中国航天日"之际作出重要指示强调 坚持创新驱动发展勇攀科技高峰 谱写中国航天事业新篇章》，《人民日报》2016 年 4 月 25 日。

离开地球到达地外天体的第一站。月球不但存在着丰富的资源，还是从地球之外研究地球及地月系统的重要途径和平台，是人类开展深空探测的首选目标和前哨。重返月球，开发月球资源，建立月球基地已成为世界航天活动的必然趋势和热点。

从 1959 年开始，美、苏两个超级大国展开绕月探测的竞争。1959 年 1 月 2 日，月球 1 号在苏联的拜科努尔发射场顺利升空，随即离开地球轨道，成为人类发射成功的第一个摆脱地球引力场的航天器。1969 年，阿波罗 11 号飞船载人登月。美国宇航员阿姆斯特朗在月球上踏下人类的第一个足印，并且说道："这是我个人的一小步，但却是全人类的一大步。"全世界有 6 亿人通过电视转播同时收看了这历史性的一幕。

中国在发展人造地球卫星和载人航天之后，适时开展以月球探测为主的深空探测，是中国科学技术发展和航天活动的必然选择，也是中国航天事业持续发展，有所作为、有所创新的重大举措。

中国航天科技工作者在 1994 年进行了探月活动必要性和可行性研究，1996 年完成了探月卫星的技术方案研究，1998 年完成了卫星关键技术研究，以后又开展了深化论证工作。2004 年，国务院正式批准开展月球探测工程。随后，绕月探测工程领导小组将工程命名为"嫦娥工程"，将第一颗绕月卫星命名为"嫦娥一号"。"嫦娥奔月"是中国人熟知的神话故事，表达了人们对于爱情和月球的美好向往。现在，中国要将这一向往变为现实。

经过 10 年的酝酿，最终确定中国探月工程的目标是：

1. 获取月球表面三维影像。划分月球表面的基本地貌构造单元，初步编制月球地质与构造纲要图，为后续优选软着陆提供参考依据。

2. 分析月球表面有用元素含量和物质类型的分布特点。对月球表面有用元素进行探测，初步编制各元素的月面分布图。

3. 探测月壤特性。探测并评估月球表面月壤层的厚度、月壤中氦-3的资源量。

4. 探测地月空间环境。记录原始太阳风数据，研究太阳活动对地月空间环境的影响。

整个探月工程分为"绕""落""回"3个阶段。

第一步为"绕"，即发射我国第一颗月球探测卫星，突破至地外天体的飞行技术，实现月球探测卫星绕月飞行，通过遥感探测，获取月球表面三维影像，探测月球表面有用元素含量和物质类型，探测月壤特性，并在月球探测卫星奔月飞行过程中探测地月空间环境。

第二步为"落"，时间定为2013年下半年。即发射月球软着陆器，突破地外天体的着陆技术，并携带月球巡视勘察器，进行月球软着陆和自动巡视勘测，探测着陆区的地形地貌、地质构造、岩石的化学与矿物成分和月表的环境，进行月岩的现场探测和采样分析，进行日—地—月空间环境监测与月基天文观测。具体方案是用安全降落在月面上的巡视车、自动机器人探测着陆区岩石与矿物成分，测定着陆点的热流和周围环境，进行高分辨率摄影和月岩的现场探测或采样分析，为以后建立月球基地的选址提供月面的化学与物理参数。

第三步为"回"，时间在2014年至2020年之间。即发射月球软着陆器，突破自地外天体返回地球的技术，进行月球样品自动取样并返回地球，在地球上对取样进行分析研究，深化对地月系统的起源和演化的认识。目标是月面巡视勘察与采样返回。

绕月探测工程是中国月球探测的第一期工程，即研制和发射第一颗月球探测卫星。该星将环绕月球运行，并将获得的探测数据资料传回地面。这一工程由探月卫星、运载火箭、发射场、测控和地面应用五大系统组成。

绕月探测工程计划实现五项工程目标：研制和发射中国第一颗月

球探测卫星；初步掌握绕月探测基本技术；首次开展月球科学探测；初步构建月球探测航天工程系统；为月球探测后续工程积累经验。

探月工程，由卫星（探测器）、运载火箭、发射场、测控和地面应用等五大系统组成，每个系统各司其职、各负其责，任何一个系统的进程，都关系整个工程的成败。

2007年10月24日18时5分，嫦娥一号在西昌卫星发射中心用长征三号甲运载火箭成功发射进入太空，标志着中国月球探测工程迈出了重要的一步。在经历了长达494天的飞行、圆满完成各项使命后，2009年3月1日16时13分10秒，嫦娥一号按预定计划受控成功撞击月球，为中国月球探测的一期工程画上了圆满句号。2007年12月12日上午10时，庆祝我国首次月球探测工程圆满成功大会在北京人民大会堂举行。

2010年10月1日18时59分57秒，嫦娥二号顺利发射，主要任务是获得更清晰更详细的月球表面影像数据和月球极区表面数据。嫦娥二号圆满并超额完成各项既定任务。11月8日上午，国防科技工业局首次公布了嫦娥二号卫星传回的嫦娥三号预选着陆区——月球虹湾地区的局部影像图。温家宝出席仪式并为影像图片揭幕。

2011年6月9日，嫦娥二号飞离月球轨道，开展了日地拉格朗日L2点探测和图塔蒂斯小行星飞越探测等多项拓展试验，成为绕太阳飞行的人造小行星，距地球超过9000万千米。预计2029年将再次飞回地球附近700万千米处。

2013年12月2日，嫦娥三号探测器发射成功。它还携带了中国的第一艘月球车即巡视器，该月球车11月26日正式命名为玉兔号。12月14日，嫦娥三号着陆器着陆月球虹湾区域。15日，嫦娥三号着陆器和巡视器玉兔号月球车互拍成像。中国首次实现航天器在地外天体软着陆和巡视勘察，探月工程第二步战略目标圆满完成，中国成为世界上第三个实现月球软着陆和巡视探测的国家。

嫦娥三号月球探测器自成功着陆月球后，已经创下在月球表面工作时间最长的世界纪录，获得的大量数据已经形成了丰硕的科研成果，其中多项都属于世界首次，并得到了国际同行的认可。2017年1月9日，嫦娥三号工程荣获国家科学技术进步奖一等奖。

探月工程四期由嫦娥四号、嫦娥六号、嫦娥七号和嫦娥八号4次任务组成。其中嫦娥四号于2018年12月发射，实现了世界首次月球背面软着陆巡视探测；嫦娥六号于2024年上半年发射，计划到月球背面采样；嫦娥七号和嫦娥八号将构成月球科研站基本型，开展月球环境探测等任务。

嫦娥四号是嫦娥三号的备份星。由于嫦娥三号圆满完成任务，嫦娥四号被赋予了新的任务。嫦娥四号是人类历史上第一个登陆月球背面的太空探测器。嫦娥四号项目同许多国家进行了合作。

2018年5月21日5时28分，中国在西昌卫星发射中心用长征四号丙运载火箭，成功将探月工程嫦娥四号任务鹊桥号中继星发射升空。

2020年11月24日4时30分，在文昌航天发射场，用长征五号遥五运载火箭成功发射探月工程嫦娥五号探测器。12月17日，嫦娥五号返回器携带月球样品，采用半弹道跳跃方式再入返回，在内蒙古四子王旗预定区域安全着陆。中国探月工程"绕""落""回"三步走规划如期完成。

2024年3月20日，鹊桥二号中继星搭乘长征八号遥三运载火箭，顺利进入太空，开启奔月之旅，将为探月工程四期及后续中国国内和外国月球探测任务提供中继通信服务。

2024年5月3日17时27分，嫦娥六号探测器由长征五号遥八运载火箭在文昌航天发射场成功发射。2024年6月4日7时38分，嫦娥六号上升器携带月球样品自月球背面起飞，随后成功进入预定环月轨道，完成世界首次月球背面采样和起飞。6月25日14时7分，嫦娥六号返回器携带月壤返回地球。

嫦娥七号计划2026年前后实施发射，主要任务是去月球南极寻找月球存在水的证据，嫦娥七号任务是后续探月四期任务中的一步，未来它将和嫦娥八号组成国际月球科研站的基本型，计划在2030年前建成。

嫦娥八号计划于2028年前后发射，主要任务是对月球上的资源进行勘查，并对资源的再利用进行实验。

2023年5月29日消息，中国载人月球探测工程登月阶段任务已启动实施，计划在2030年前实现中国人首次登陆月球。中国载人航天工程办公室已全面部署开展各项研制建设工作，包括研制新一代载人运载火箭（长征十号）、新一代载人飞船、月面着陆器、登月服等飞行产品，新建发射场相关测试发射设施设备等。

2024年2月24日消息，中国载人月球探测任务新飞行器名称已经确定，新一代载人飞船命名为"梦舟"，月面着陆器命名为"揽月"。

2024年6月4日，中国探月工程"时间表"公布。2026年，发射嫦娥七号；2028年，发射嫦娥八号。整个的探月工程四期，是为月球科研站的建立做前期准备。计划在2028年前构建国际月球科研站基本型，开展月球环境探测和资源利用试验验证；2030年前，计划实现载人登月。后续，在2040年前，建成一个完善型的国际月球科研站，开展日—地—月空间环境探测及科学试验；再之后，建设"应用型月球科研站"，形成一个多功能月球基地。

2024年10月15日，中国科学院、国家航天局、中国载人航天工程办公室联合发布了我国首个国家空间科学规划《国家空间科学中长期发展规划（2024—2050 年）》，对我国空间科学发展的基本原则、发展目标以及至 2050 年我国空间科学发展路线图等内容作出了规划。除了 5 大主题和 17 个优先发展方向以外，还提出了至 2050 年我国空间科学发展路线图。其中，路线图第一阶段，至 2027 年，运营中国空间站，实施载人月球探测、探月工程四期与行星探测工程，论证立项 5—8 项空间科学卫星任务，形成若干有重要国际影响力的原创成果。第二阶段，2028—2035 年，继续运营中国空间站，论证实施载人月球探测、月球科研站等科学任务，论证实施约 15 项空间科学卫星任务，取得位居世界前列的原创成果。第三阶段，2036—2050 年，论证实施 30 余项空间科学任务，重要领域达到世界领先水平。

中国探月工程使中国成为继美、苏之后世界上第三个月球采样返回的国家。工程推进了中国航天技术的进步和发展，为中国未来月球与行星探测奠定了坚实基础。工程取得的成果，将进一步深化对月球成因和太阳系演化历史的科学认知，也将会进一步推进人类对月球形成、地月系统乃至太阳系的全面认识。

九、深海探测工程——"蛟龙"

2017 年中共十九大报告在总结五年成就时列举："天宫、蛟龙、天眼、悟空、墨子、大飞机等重大科技成果相继问世。"

"蛟龙"，即中国深海探测工程的主要成果——"蛟龙"号载人潜水器，这是一艘由中国自行设计、自主集成研制的载人潜水器，也是"863 计划"中的一个重大研究专项。

"蛟龙"号载人潜水器是中国首台自主设计、自主集成研制的作业型深海载人潜水器，设计最大下潜深度 7000 米级，也是目前世界上下潜能力最深的作业型载人潜水器。"蛟龙"号可在占世界海洋面积 99.8% 的广阔海域中使用，对于中国开发利用深海资源有着重要的意义。

深海是国际海洋科学技术的热点领域，也是人类解决资源短缺、拓展生存发展空间的战略场所。无论是探索深海科学奥秘，还是开发海洋战略资源，都离不开海洋高技术的支撑。实施深海探测工程，就是研究和开发海洋的必备手段和工程。

深海研究，需要有深海装备。美国是较早开展载人深潜的国家之一，1964 年建造"阿尔文"号载人潜水器，最大下潜深度 4500 米。1985 年它曾找到泰坦尼克号沉船的残骸，如今已经进行超过 5000 次下潜。俄罗斯是当前世界上拥有载人潜水器最多的国家，1987 年建成的"和平一号"和"和平二号"两艘潜水器，最大下潜深度 6000 米级，带有 12 套检测深海环境参数和海底地貌的设备，可以在水下停留 17 — 20 小时。

为推动深海运载技术发展，为中国大洋国际海底资源调查和科学研究提供重要高技术装备，同时为中国深海勘探、海底作业研发共性技术，2002 年，科技部将深海载人潜水器研制列为国家高技术研究发展计划（"863 计划"）重大专项，启动"蛟龙"号载人深潜器的自行设计、自主集成研制工作。

在国家海洋局组织安排下，中国大洋协会作为业主具体负责"蛟龙"号载人潜水器项目的组织实施，并会同中船重工集团、中国科学院、国土资源部、国家海洋局、教育部等所属约 100 家科研机构与企业联合攻关，攻克了深海技术领域的一系列技术难关，经过 10 年努力而完成。

"蛟龙"号最关键的结构件是载人球舱。载人球舱委托给俄罗斯的波罗的海造船厂。702 所全程参与了载人球舱的制造和焊接过程，并对产品进行了检查和验收。因当时中国尚不具备独立制造其中一部分关键设备的能力,"蛟龙"号所使用的浮力材料、推进器、高压海水泵、机械手、液压系统、水下定位系统、观察窗、照明设备和摄影摄像装置等均为进口。

"蛟龙"号,长、宽、高分别是 8.2 米、3.0 米与 3.4 米,空重不超过 22 吨,最大荷载是 240 公斤,最大速度为每小时 25 海里,巡航每小时 1 海里,最大工作设计深度为 7000 米。当前最大下潜深度7062.68 米。具备深海探矿、海底高精度地形测量、可疑物探测与捕获、深海生物考察等功能。理论上的工作范围可覆盖全球 99.8% 的海洋区域。

近底自动航行和悬停定位、高速水声通信、充油银锌蓄电池容量,被誉为"蛟龙"号的三大技术突破。

2009 年 8 月 18 日,"蛟龙"号进行最初的 50 米海试,首潜 38米,迈出了中国载人深潜第一步。之后,越过了 50 米、300 米、1000 米的门槛。随后,"蛟龙"号一步步走向深海:2010 年 5—7月,在南海进行 3000 米级海上试验,最大潜深达到 3759 米;2011年 7—8 月,在东北太平洋海域进行 5000 米级海试,实现最大潜深5188 米;2012 年 6 月,首次向世界最深处的马里亚纳海沟进发,成功创下 7062 米同类型载人潜水器的最大潜深纪录,实现了中国深海装备和深海技术的重大突破。

从 2013 年起,"蛟龙"号正式进入试验性应用阶段。2017 年 6 月13 日,"蛟龙"号深海载人潜水器圆满完成为期 5 年的试验性应用航次全部下潜任务,其中 11 个潜次作业水深超过 6500 米,为下一阶段业务化运行奠定了坚实基础。

"蛟龙"号通过验收后,即正式由科技部"863 计划"海洋技术领域移交其用户中国大洋矿产资源勘探开发协会,在未来深海矿产资源勘探和深海科学研究中发挥开拓者的作用。

截至 2018 年 11 月，"蛟龙"号已成功下潜 158 次。

"蛟龙"号是当前世界上下潜深度最大的作业型载人潜水器。"蛟龙"号载人潜水器研制和海试成功，标志着中国系统地掌握了大深度载人潜水器设计、建造和试验技术，实现了从跟踪模仿向自主集成、自主创新的转变，跻身世界载人深潜先进国家行列，成为继美、法、俄、日之后第五个掌握 6000 米以上大深度载人深潜技术的国家。

目前全世界投入使用的各类载人潜水器约 90 艘，其中下潜深度超过 1000 米的仅有 12 艘，拥有 6000 米以上深度载人潜水器的国家有中国、美国、日本、法国和俄罗斯。除中国外，其他 4 国的作业型载人潜水器最大工作深度为日本深潜器的 6527 米。因此"蛟龙"号载人潜水器海试成功到达 7020 米海底，创造了作业类载人潜水器新的世界纪录。

除此之外，2020 年 6 月，"海斗一号"全海深自主遥控潜水器在马里亚纳海沟成功完成其首次万米海试与试验性应用任务，刷新了我国潜水器最大下潜深度纪录，填补了我国万米级作业型无人潜水器的空白。11 月 28 日，"奋斗者"号全海深载人潜水器成功完成万米海试并胜利返航。

深海载人潜水器的研制与应用，极大地提振了中国自主研发深海重大装备的信心和决心，推动了万米级载人潜水器、万米级无人潜水器等深海重大装备的立项，加快了中国载人潜水器谱系化的发展步伐。以"龙家族"潜水器而言，中国已初步建成以"蛟龙"号载人潜水器、"海龙"号无人缆控潜水器和"潜龙"号无人遥控潜水器为代表的"三龙"潜水器装备体系。此外，自然资源部已联合地方政府推动载人潜水器谱系化工作。中国的载人深潜装备正在向全海深、谱系化方向发展。

通过 150 个潜次的下潜作业，深潜队伍不断成长，初步建立了一支职业化的潜航员和技术保障人员，探索了载人深潜业务化运行的机制。

所以，"蛟龙"号是中国载人深潜发展历程中的一个重要里程碑。

2024年1月27日，"蛟龙"号载人潜水器完成在南大西洋首次下潜，下潜深度3350米。截至2024年2月23日，"蛟龙"号在南大西洋顺利完成23次下潜，并创造九天九潜的下潜新纪录。

2024年8月18日，"蛟龙"号载人潜水器在西太平洋海域顺利完成航次首潜，这是"蛟龙"号第300次下潜。

截至2024年9月，"蛟龙"号载人潜水器在西太平洋完成14次下潜。

深海潜水器不是完全自主运行的，必须依靠母船给予支持和保障。"深海一号"科考船于2019年下水，它接替了已退役的"向阳红09号"科考船，成为中国第一台作业型深海载人潜水器"蛟龙"号的母船。"深海一号"船总长90.2米，型宽16.8米，设计吃水5.5米，型深8.3米，设计航速16节以上，续航能力超过12000海里，是一艘满足无限航区要求、具有全球航行能力专用载人潜水器支持母船。它不仅能为"蛟龙"号深潜作业提供水下、水面支持，还具备数据、样品的现场处理和分析能力，同时还拥有专门的维护保养机库，极大提升有效下潜次数，提高作业效率。

十、"天眼"工程

"天眼"，也是中共十九大报告列举的重大科技成果之一。

"天眼"，即500米口径球面射电望远镜（Five-hundred-meter Aperture Spherical radio Telescope，简称FAST），安装于贵州省黔南布依族苗族自治州平塘县克度镇大窝凼的喀斯特洼坑中，是国家重大科技基础设施、天文学领域的大科学工程。由中国科学院和贵州省人民政府共同建设。

"天眼"工程由主动反射面系统、馈源支撑系统、测量与控制系统、接收机与终端及观测基地等几大部分构成。

射电望远镜是主要接收天体射电波段辐射的望远镜。400 多年前，意大利人伽利略首次用望远镜观测星空，从而开始了靠光学设备进行天文学研究。后来人们发现，天体除了发出可见光外，还发出电磁波。1931 年，美国新泽西州的贝尔实验室首次发现来自银河系的射电辐射。由此，开创了用射电波研究天体的新纪元。1937 年，美国人 G. 雷伯成功制造出世界上第一架专门用于天文观测的射电望远镜。第二次世界大战后，英、澳、美、苏、法、荷等国竞相建造大小不同和形式各异的早期射电望远镜。21 世纪后，射电的分辨率高于其他波段几千倍，能更清晰地揭示射电天体的内核。2015 年，科学家还计划从地球向宇宙发射信息，希望主动与太阳系其他生命取得联系。

射电望远镜与光学望远镜不同，它既没有高高竖起的望远镜镜筒，也没有物镜、目镜，它由天线和接收系统两大部分组成。巨大的天线是射电望远镜最显著的标志。

2012 年 10 月 28 日，中国科学院和上海市人民政府重大合作项目——亚洲最大的全方位可转动射电望远镜在上海天文台正式落成。这台 65 米口径可转动射电天文望远镜的综合性能排名亚洲第一、世界第四，能够观测 100 亿光年的天体。

1993 年，在东京召开的国际无线电科学联盟大会上，包括中国在内的 10 国天文学家提出建造新一代射电"大望远镜"的建议。

1994 年 7 月，中国天文学家南仁东提出 FAST 工程概念和构想。

1995 年 11 月，以北京天文台为主，联合国内 20 余家大学和科研机构，组建了"大射电望远镜"中国推进委员会，由南仁东任主任。

2001 年，FAST 预研究作为中国科学院首批"创新工程重大项目"立项。2007 年 7 月，国家发改委批复 500 米口径球面射电望远镜国家重大科技基础设施立项建议书，原则同意将 FAST 项目列入国家高技术产业发展项目计划，FAST 工程进入可行性研究阶段。2008 年 10 月，可行性研究报告获批，FAST 工程进入初步设计阶段。

2011 年 3 月，FAST 工程开工报告获得批复，并正式开工建设，工期 5.5 年。基地、主动反射面的建造均于 2013 年内动工。2016 年 7 月 3 日，500 米口径球面射电望远镜的最后一块反射面单元成功吊装，标志着 FAST 主体工程顺利完工。

2016 年 9 月 25 日，具有中国自主知识产权的世界最大单口径巨型射电望远镜落成启动。FAST 是一个 500 米宽球面射电望远镜，反射面本身由 4450 个三角形面板制成，下面有 2225 个绞盘，这可以使反射面的形状变形，从而可以对观察结果进行一些方向控制。

"天眼"启动后，开始接收来自宇宙深处的电磁波，很快就取得成果。2017 年 10 月，发现 2 颗新脉冲星，距离地球分别约 4100 光年和 1.6 万光年，这是中国射电望远镜首次发现脉冲星。12 月，新发现 3 颗脉冲星，且已分别得到认证。

2018 年 4 月 28 日确认，"天眼"首次发现毫秒脉冲星并得到国际认证，是至今发现的射电流量最弱的高能毫秒脉冲星之一。

截至 2018 年 9 月 12 日，500 米口径球面射电望远镜已发现 59 颗优质的脉冲星候选体，其中有 44 颗已被确认为新发现的脉冲星。

"天眼"的天线口径为 500 米，拥有 30 个标准足球场大的接收面积，是目前世界上最大口径的射电望远镜。与号称"地面最大的机器"的德国波恩 100 米望远镜相比，灵敏度提高约 10 倍；比目前世界上最大的美国阿雷西博天文望远镜观测面积大幅增加，灵敏度提高了 2.25 倍。作为世界最大的单口径望远镜，FAST 将在未来 20—30 年保持世界一流设备的地位。

"天眼"的科学目标是：

1. 将中性氢观测延伸至宇宙边缘，重现宇宙早期图像。

2. 能用一年时间发现数千颗脉冲星，建立脉冲星计时阵，参与未来脉冲星自主导航和引力波探测。

3. 主导国际甚长基线干涉测量网，获得天体超精细结构。

4. 进行高分辨率微波巡视，检测微弱空间信号。

5. 参与地外文明搜寻。

6. 参与子午工程，提高非相干散射雷达双机系统性能。

7. 将深空通信能力延伸至太阳系外缘行星，将卫星数据接收能力提高 100 倍。

FAST 将在基础研究众多领域，例如宇宙大尺度物理学、物质深层次结构和规律等方向提供发现和突破的机遇，也将在日地环境研究、国防建设和国家安全等方面发挥不可替代的作用。其建设将推动众多高科技领域的发展，提高原始创新能力、集成创新能力和引进消化吸收再创新能力。它的建设与运行将促进西部经济的繁荣和社会进步，符合国家区域发展总体战略。

FAST 可以进行大天区、高精度的天文观测，甚至能够接收到 137 亿光年以外的电磁信号。基于这强大功能，如果银河系（直径约为 15 万光年）内存在外星人，他们的信息就很可能被发现。

"天眼"工程凝聚了国内 100 多家单位的力量，实现了中国大科学工程由跟踪模仿到集成创新的跨越，为中国射电天文多个研究领域和自然科学相关领域提供了做出重大科学发现的机会。

2020 年 1 月 11 日，FAST 通过中国国家验收工作，正式开放运行。

截至 2024 年 4 月 17 日，FAST 已发现超 900 颗新脉冲星，其中 FAST 优先和重大项目之一的银道面脉冲星巡天项目发现了 650 余颗脉冲星。900 余颗脉冲星中至少包括 120 颗双星脉冲星、170 颗毫秒脉冲星、80 颗暗弱的偶发脉冲星，这些发现极大拓展了人类观察宇宙视野的极限。

2024 年 9 月 25 日，FAST 核心阵试验样机建设正式启动。

习近平在 FAST 落成启用的贺信中，充分肯定 500 米口径球面射电望远镜"对我国在科学前沿实现重大原创突破、加快创新驱动发展具有重要意义"。

十一、"悟空"号暗物质粒子探测卫星

"悟空"，也是中共十九大报告列举的重大科技成果之一。

"悟空"，即"悟空"号暗物质粒子探测卫星（Dark Matter Particle Explorer，简称 DAMPE），是中国科学院空间科学战略性先导科技专项中首批立项研制的 4 颗科学实验卫星之一，是目前世界上观测能段范围最宽、能量分辨率最优的暗物质粒子探测卫星。

20 世纪 30 年代初，美国加州理工学院的天体物理学家兹威基发现，宇宙中可见物质远远不足以把宇宙连成一片，如果不是存在一种神秘而不可见的物质，星系早就分崩离析。

科学家把这种看不见的神秘物质称为"暗物质"。到了 20 世纪 70 年代，多种天文观测，比如盘星系的旋转曲线、星系团 X 射线观测、引力透镜等都显示了暗物质的存在。暗物质占宇宙的 25%，暗能量占 70%，通常所观测到的普通物质只占宇宙质量的 5%。

假如没有暗物质的引力作用，我们所在的银河系将永远无法在宇宙大爆炸后的膨胀过程中坍缩形成。那样的话，现在既没有太阳，也

没有地球，更没有人类。

但暗物质不发光、不发出电磁波、不参与电磁相互作用，它无法用任何光学或电磁观测设备直接"看"到。直到现在，人类还没有探测到确定的暗物质信号。

由于人类还不了解暗物质，不得已才称它们"暗"，一旦发现了它们是什么，并且随着研究的深入，新发现的粒子就会有很多名字。"暗"只是阶段性的名字。

暗物质粒子的探测目前是国际科学前沿最为关注的研究领域之一。包括我国在内的世界各国，正在筹建或实施多个暗物质探测实验项目，其研究成果可能带来基础科学领域的重大突破。

现阶段探测暗物质主要有 3 种方案：直接探测、间接探测和对撞机探测。间接探测主要探测银河系内的暗物质粒子湮灭产生的普通粒子。这类实验需要发射空间探测器在大气层进行探测。国际上正在运行的空间科学卫星有费米大天区望远镜（Fermi-LAT），阿尔法磁谱仪 2（AMS-02）、电子望远镜（CALET）和中国的暗物质粒子探测卫星 DAMPE。

2011 年，中国的暗物质粒子探测卫星工程立项。

2015 年 12 月 17 日 8 时 12 分，在酒泉卫星发射中心用长征二号丁运载火箭成功将暗物质粒子探测卫星"悟空"发射升空。卫星顺利进入预定转移轨道。此次发射任务圆满成功，标志着我国空间科学研究迈出重要一步。

暗物质粒子探测卫星是一个空间望远镜，由 4 个有效载荷组成，分别是塑闪列阵探测器、硅列阵探测器、BGO 能量器和中子探测器，有效载荷质量 1410 公斤。可以探测高能伽马射线、电子和宇宙射线。所有探测器及电子设备安装在 1 个立方米的空间内，技术难度超过了我国目前所有的上天高能探测设备。

　　暗物质粒子探测卫星的主要科学目标有 3 个：暗物质粒子间接探测、宇宙线物理和伽马射线天文。它可以以更高的能量和更好的分辨率来测量宇宙射线中正负电子之比，以找出可能的暗物质信号。它也有很大潜力来加深人类对于高能宇宙射线的起源和传播机制的理解，也有可能在高能 γ 射线天文方面有新发现。

　　这次发射的暗物质卫星由中国科学院紫金山天文台暗物质与空间天文研究部、中国科学技术大学、中国科学院近代物理研究所和中国科学院高能物理研究所等合作研发。首席科学家常进。卫星造价 1 亿美元，远低于国外同类探测器，计划在轨运行 3 年以上。

　　2015 年 12 月 24 日 17 时 55 分，暗物质粒子探测卫星在成功升空后的第七天，第一批科学数据成功下传至中国科学院国家空间科学中心空间科学任务大厅。

　　2016 年 3 月 17 日，暗物质粒子探测卫星圆满完成三个月的在轨测试任务，顺利交付用户单位。

　　2016 年 12 月 29 日，中国科学院紫金山天文台通报，暗物质粒子探测卫星近两个月内频繁记录到来自超大质量黑洞 CTA102 的伽马射线爆发。这是暗物质卫星科研团队自卫星上天后首次发布观测成果。"悟空"观测到的现象表明，黑洞 CTA102 正经历新一轮活跃期。

　　暗物质粒子探测卫星的设计寿命为 3 年。2018 年 12 月 17 日，暗物质粒子探测卫星的研制团队宣布，鉴于卫星目前运行状态依然良好、关键科学数据仍在累积，卫星科研团队已与各保障部门商定，让"悟空"延长 2 年工作时间。2019 年 1 月正式进行首次延寿运行，为期 2 年。基于其优异的工作状态，2020 年 12 月再次延寿运行。

　　暗物质粒子探测卫星的名字是通过公开征名活动最后确定的，公开征名活动共收到有效名称方案 32517 个。在数据统计基础上，经过专家评委投票，由中国科学院批准，2015 年 12 月 16 日，将暗物质粒子探测卫星正式命名为"悟空"。

悟空是中国古典名著《西游记》中齐天大圣的名字，"悟"有领悟的意思，"悟空"有领悟、探索太空之意；悟空的火眼金睛，犹如暗物质粒子探测卫星的探测器，可以在茫茫太空中识别暗物质的踪影。

将暗物质粒子探测卫星命名为"悟空"，符合将科学卫星以神话形象命名的做法，如美国的阿波罗、欧洲的尤利西斯、中国的玉兔等。这样做可以借助传统文化，提升我国公众科学素养，吸引青少年热爱科学、探索未知。

暗物质粒子探测卫星"悟空"是中国第一颗空间天文卫星，具有能量分辨率高、测量能量范围大和本底抑制能力强等优势，观测能段、能量分辨率超过国际上其他同类探测器，大大提升了我国暗物质探测水平，可谓神通广大的"火眼金睛"。

暗物质粒子探测卫星的成功发射和在轨运行，将有望推动我国科学家在暗物质探测领域取得重大突破，对促进我国空间科学领域的创新发展具有重大意义。

2017 年以来，"悟空"号相继在电子、质子宇宙线测量方面取得突破性进展，标志着中国的空间高能粒子探测研究已跻身世界最前列。

十二、"墨子号"量子科学实验卫星

"墨子"，也是中共十九大报告列举的重大科技成果之一。

"墨子"，即"墨子号"量子科学实验卫星，是中国科学院空间科学先导专项首批科学实验卫星之一。其主要科学目标，一是借助卫星平台进行星地高速量子密钥分发实验，并在此基础上进行广域量子密钥网络实验，以期在空间量子通信实用化方面取得重大突破；二是在空间尺度进行量子纠缠分发和量子隐形传态实验，开展空间尺度量子力学完备性检验的实验研究。

量子卫星工程还包括南山、德令哈、兴隆、丽江4个量子通信地面站和阿里量子隐形传态实验站等地面科学应用系统，它们与量子卫星共同构成天地一体化量子科学实验系统。奥地利科学院和维也纳大学的科学家也与中国方面合作，在维也纳和格拉茨设置了地面站。

量子卫星工程由中国科学院国家空间科学中心总负责，中国科技大学、中国科学院上海微小卫星创新研究院、中国科学院上海技术物理研究所等单位共同参与。

量子通信系统的问世，点燃了建造"绝对安全"通信系统的希望。量子保密通信，能够从三个方面保障信息安全。第一，发送者和接收者之间的信息交互是安全的，不会被窃听或盗取。第二，"主仆"身份能够自动确认，只有主人才能够使唤"仆人"，而其他人无法指挥"仆人"。第三，一旦发送者和接收者之间的传递口令被恶意篡改，使用者会立刻知晓，从而重新发送和接收指令。

在量子通信的国际赛跑中，中国属于后来者。经过多年的努力，中国已经跻身于国际一流的量子信息研究行列，在城域量子通信技术方面也走在了世界前列。

2005年，潘建伟团队实现了13公里自由空间量子纠缠和密钥分发实验，证明光子穿透大气层后，其量子态能够有效保持，从而验证了星地量子通信的可行性。近几年开展的一系列后续实验都为发射量子卫星奠定了技术基础。

2011年，中国科学院正式启动全球首颗"量子科学实验卫星"的研制，这既意味着中国科学家率先向星地量子通信发起挑战，更意味着中国或将领先欧美获得量子通信覆盖全球的能力。

2015 年 12 月 6 日，量子科学实验卫星系统与科学应用系统完成星地光学对接试验，验证了天地一体化实验系统能够满足科学目标的指标要求。

2016 年 8 月 15 日，潘建伟透露，量子科学实验卫星已正式命名为"墨子号"。中国古代哲学家、墨家学派创始人墨子也是一位伟大的科学家，《墨经》里记载了世界上第一个"小孔成像"实验，该实验解释了小孔成倒像的原因。墨子提出光是沿着直线传播的，第一次对光是直线传播的进行了解释——这在光学中也是非常重要的一条原理。潘建伟说："卫星之名取自于中国科学家先贤，体现了我们的文化自信。"

2016 年 8 月 16 日 1 时 40 分，我国在酒泉卫星发射中心用长征二号丁运载火箭成功将世界首颗量子科学实验卫星"墨子号"发射升空。

2017 年 1 月 18 日，世界首颗量子科学实验卫星"墨子号"在圆满完成 4 个月的在轨测试任务后，正式交付中国科技大学使用。

2017 年 6 月 16 日，"墨子号"量子卫星在世界上首次实现千公里级的量子纠缠，这意味着量子通信向实用迈出一大步。

2017 年 8 月 12 日，"墨子号"在国际上首次成功实现千公里级的星地双向量子通信，为构建覆盖全球的量子保密通信网络奠定了坚实的科学和技术基础，至此，"墨子号"量子卫星提前圆满完成了预先设定的全部三大科学目标。

2017 年 9 月 29 日，世界首条量子保密通信干线"京沪干线"与"墨子号"科学实验卫星进行天地链路，中国科学家成功实现了洲际量子保密通信。这标志着中国在全球已构建出首个天地一体化广域量子通信网络雏形，为未来实现覆盖全球的量子保密通信网络迈出了坚实的一步。

2018 年 1 月，在中国和奥地利之间首次实现距离达 7600 公里的洲际量子密钥分发，并利用共享密钥实现加密数据传输和视频通信。该成果标志着"墨子号"已具备实现洲际量子保密通信的能力。

2019 年 1 月 31 日，美国科学促进会宣布，由中国科技大学潘建伟教授领衔的"墨子号"量子科学实验卫星科研团队被授予 2018 年度克利夫兰奖，以表彰该团队通过实现千公里级星地双向量子纠缠分发推动大尺度量子通信实验研究作出的贡献。

2019 年 2 月 14 日，中国研究人员在美国华盛顿说，"墨子号"量子科学实验卫星预计将超出预期寿命，继续工作至少 2 年以上，并展开更多国际合作。

2020 年 6 月 15 日，中国科学院宣布，"墨子号"量子科学实验卫星在国际上首次实现 1000 千米级基于纠缠的量子密钥分发。

2022 年 5 月 5 日，从中国科学技术大学获悉，"墨子号"量子科学实验卫星刷新世界纪录，首次实现了地球上相距 1200 千米两个地面站之间的量子态远程传输，向构建全球化量子信息处理和量子通信网络迈出重要一步。

2022 年 8 月中国中央电视台消息，中国科学技术大学潘建伟院士科研团队与中国科学院大学杭州高等研究院院长王建宇院士团队，通过"天宫二号"和 4 个卫星地面站上的紧凑型量子密钥分发（QKD）终端，实现了空—地量子保密通信网络的实验演示。

中国后续还计划发射"墨子二号""墨子三号"。由于单颗低轨卫星无法覆盖全球，同时由于强烈的太阳光背景，截至 2022 年的星地量子通信只能在夜间进行。要实现高效的全球化量子通信，还需要形成一个卫星网络。按照规划，将建立一个由几十颗量子卫星组成的"星群"，与地面量子通信干线配合，形成天地一体的量子通信网。到 2030 年左右，力争率先建成全球化的广域量子保密通信网络。在此基础上，构建信息充分安全的"量子互联网"，形成完整的量子通信产业链和下一代国家主权信息安全生态系统。

十三、北斗卫星导航系统

越来越多使用手机的中国人，已经离不开北斗卫星导航系统（以下简称"北斗系统"）了。

北斗系统是中国着眼于国家安全和经济社会发展需要，自主建设、独立运行的全球卫星导航系统，是为全球用户提供全天候、全天时、高精度的定位、导航和授时服务的国家重要时空基础设施。

北斗系统（BDS）和美国GPS、俄罗斯GLONASS、欧盟GALILEO，是联合国卫星导航委员会已认定的供应商。

北斗星是自远古时起人们用来辨识方位的依据，司南是中国古代发明的世界上最早的导航装置。两者结合既彰显了中国古代科学技术成就，又象征着卫星导航系统星地一体，为人们提供定位、导航、授时服务。

北斗系统由空间段、地面段和用户段3部分组成：

空间段。北斗系统空间段由数十颗地球静止轨道卫星、倾斜地球同步轨道卫星和中圆地球轨道卫星等组成。

地面段。北斗系统地面段包括主控站、时间同步/注入站和监测站等若干地面站，以及星间链路运行管理设施。

用户段。北斗系统用户段包括北斗兼容其他卫星导航系统的芯片、模块、天线等基础产品，以及终端产品、应用系统与应用服务等。

中国高度重视北斗系统建设发展。从改革开放新时期到进入新时代，从北斗一号到北斗三号，从双星定位到全球组网，从覆盖亚太到服务全球，北斗系统与国家发展同频共振，与民族复兴同向同行。

从 20 世纪 80 年代开始探索适合国情的卫星导航系统发展道路，形成了"三步走"发展战略，并稳步实施。

第一步，建设北斗一号系统。1994 年，启动北斗一号系统工程建设；2000 年，发射 2 颗地球静止轨道卫星，建成系统并投入使用，采用有源定位体制，为中国用户提供定位、授时、广域差分和短报文通信服务；2003 年，发射第三颗地球静止轨道卫星，进一步增强系统性能。中国成为世界上第三个独立拥有全球卫星导航系统的国家。

第二步，建设北斗二号系统。2004 年，启动北斗二号系统工程建设；2012 年底，完成 14 颗卫星（5 颗地球静止轨道卫星、5 颗倾斜地球同步轨道卫星和 4 颗中圆地球轨道卫星）发射组网。北斗二号系统在兼容北斗一号系统技术体制基础上，增加无源定位体制，为亚太地区用户提供定位、测速、授时和短报文通信服务。

第三步，建设北斗三号系统。2009 年，启动北斗三号系统建设。2015 年 3 月，首颗北斗三号系统试验卫星发射。2017 年 11 月，完成北斗三号系统首批 2 颗中圆地球轨道卫星在轨部署，北斗系统全球组网按下快进键。2018 年 12 月，完成 19 颗卫星基本星座部署。2020 年 6 月 23 日，北斗三号最后一颗全球组网卫星，亦即北斗系统第五十五颗导航卫星成功发射。至此，由 24 颗中圆地球轨道卫星、3 颗地球静止轨道卫星和 3 颗倾斜地球同步轨道卫星组成的完整星座比原计划提前半年完成部署。

2020 年 7 月，北斗三号系统正式开通全球服务，"中国的北斗"真正成为"世界的北斗"。7 月 31 日上午 10 时 30 分，北斗三号全球卫星导航系统建成暨开通仪式在人民大会堂举行，习近平宣布北斗三号全球卫星导航系统正式开通。

2024 年 9 月 19 日 9 时 14 分，在西昌卫星发射中心发射第五十九颗、第六十颗北斗导航卫星。此次发射的北斗导航卫星属中圆地球轨道（MEO）卫星，是我国北斗三号全球卫星导航系统建成开通后发射的第二组 MEO 卫星，入轨并完成在轨测试后将接入北斗卫星导航系统。

中国卫星导航系统管理办公室主任、北斗卫星导航系统新闻发言人冉承其指出，北斗系统自 2020 年开通以来，工作重点已经从聚焦系统建设转入到聚焦系统运行管理阶段。

中国坚持"自主、开放、兼容、渐进"的原则建设和发展北斗系统。进入新时代，又进一步提出了更加系统、全面的要求。

——开放兼容。免费提供公开的卫星导航服务，持续提升全球公共服务能力。积极开展国际合作与交流，倡导和加强多系统兼容共用。

——创新超越。坚持创新驱动发展战略，实现创新引领，提升自主发展能力。持续推动系统升级换代，融合新一代通信、低轨增强等新兴技术，推动与非卫星导航技术融合发展。

——优质服务。确保系统连续稳定运行，发挥特色服务优势，为全球用户提供优质的卫星导航服务。完善标准、政策法规、知识产权、宣传推广等体系环境建设，优化北斗产业生态。

——共享共赢。深化北斗系统应用推广，推进北斗产业高质量发展，融入千行百业，赋能生产生活。与世界共享中国卫星导航系统建设发展成果，实现互利互赢。

北斗系统可在全球范围内全天候、全天时为各类用户提供高精度、高可靠定位、导航、授时服务，并且具备短报文通信能力。

随着北斗系统建设和服务能力的发展，相关产品已广泛应用于交通运输、海洋渔业、水文监测、气象预报、测绘地理信息、森林防火、通信系统、电力调度、救灾减灾、应急搜救等领域，逐步渗透到人类社会生产和人们生活的方方面面，为全球经济和社会发展注入新的活力。基于北斗的导航服务已被电子商务、移动智能终端制造、位置服务等厂商采用，广泛进入中国大众消费、共享经济和民生领域，应用的新模式、新业态、新经济不断涌现，深刻改变着人们的生产生活方式。

据有关机构统计，"十三五"末，中国卫星导航产业规模已突破4000亿元。截至2021年底，具有北斗定位功能的终端产品社会总保有量超过10亿台/套。2021年国内智能手机出货量中支持北斗的已达3.24亿部，占国内智能手机总出货量94.5%。预估到2025年，中国北斗产业总产值将达到1万亿元。

2022年11月4日，国务院新闻办公室发布《新时代的中国北斗》白皮书，介绍新时代中国北斗发展成就和未来愿景，分享中国北斗发展理念和实践经验。

2022年9月，百度地图官方公告发布了北斗卫星导航系统应用的最新进展。百度地图宣布正式切换为北斗优先定位，百度地图智能定位开放服务升级为百度地图北斗定位开放平台，北斗卫星日定位量首次突破1000亿次；同时，在北斗深度赋能下，百度地图还全面升级了车道级导航、车位级导航等多项功能。

2022年12月14日，中国卫星导航系统管理办公室发布消息说，近日高德地图公布了基于北斗系统的应用相关数据，截至2022年11月，其调用的北斗卫星日定位量已超过2100亿次，导航平均每次定位调用的卫星数量中，北斗卫星最多，较排名第二的GPS多出30%，提供的定位导航服务实现北斗主导，北斗+地图导航正为大众提供更优质服务。

截至2022年6月，北斗终端数量在交通运输营运车辆领域超过800万台，农林牧渔业达到130余万台。截至2023年7月，北斗系统已服务全球 200 多个国家和地区用户。

2024 年 10 月消息，高德地图调用北斗卫星日定位量已超 3000 亿次，峰值超 4500 亿次。

截至 2022 年 4 月，中国已出台与卫星导航相关的政策法规 1000 余件。全国北斗卫星导航标委会累计发布北斗领域国家标准 32 项、专项标准 56 项，有力支撑产品制造、工程建设、运行维护，推动北斗规模化应用和产业化发展；完成了国家北斗卫星导航标准体系修订，为今后一段时期北斗领域国家标准制修订提供依据。

2035 年前，将建成以北斗系统为核心，更加泛在、更加融合、更加智能的国家综合定位导航授时体系，为未来智能化、无人化发展提供核心支撑。届时，从室内到室外、深海到深空，用户均可享受全覆盖、高可靠的导航定位授时服务，北斗卫星导航系统将更好地服务全球、造福人类。

第七章

共和国的超级工程

一、苏联援建的"以 156 项为主的 215 项工程"

"以 156 项为主的 215 项工程",是中国第一及第二个五年计划期间苏联和东欧国家援助中国建设的重点基本建设项目。以这些项目为核心,以 900 余个限额以上大中型项目配套为重点,奠定了中国工业化的经济基础,初步建立起比较完整的国民经济体系。

20 世纪 50 年代,苏联帮助中国实施建设了 156 项工程(也称156 个项目),这是很多人熟知的。但其实之后还有很多后续项目,156 个加上后续项目,计划总数是 304 个,最后完成和由中国接续完成的共 215 个。如何统称这些项目,是个难题。为了照顾原有的 156 项工程的权威名称,但又不将撤销的项目包含在内,我主张统称为"以 156 项为主的 215 项工程"。

1949 年 1 月 31 日—2 月 8 日,苏共中央政治局委员米高扬和来华帮助修复东北地区铁路桥梁的苏联铁道部部长科瓦廖夫,一同访问当时中共中央所在的河北建屏县(今平山县)西柏坡。在会谈中,毛泽东等领导人介绍了中共建设新国家的构想。同时,表达了希望得到苏联援助的强烈愿望。

1949 年 6 月至 8 月,刘少奇率中共代表团秘密访问苏联。其间,商谈了苏联对华援助问题。8 月 14 日,刘少奇与科瓦廖夫及苏联专家 220 人一起离莫斯科回国。此后,中苏两国专家开始共同研究苏联帮助中国建设的具体项目。1950 年至 1952 年底,确定了 50 个项目。

1950 年 2 月 14 日,作为毛泽东访苏的重要成果,中苏两国正式签署《中苏友好同盟互助条约》,同时签订了《关于贷款给中华人民共和国的协定》。对于援助拟选项目，由苏联先派设计组来华，根据实际情况进行设计后再予确定，将新建工厂与改装原厂的计划结合起来。1950 年至 1952 年初，苏联帮助设计的项目共有 42 个。

1953 年 5 月 15 日，中苏两国政府签订《关于苏维埃社会主义共和国联盟政府援助中华人民共和国中央人民政府发展中国国民经济的协定》，规定苏联援助中国新建和改建 91 个工业项目。加上 1952 年已确定的 50 项，共 141 个项目。

1954 年 9 月赫鲁晓夫首次访华前，主持召开苏共中央主席团会议，决定对华大幅增加援助，并在前述 141 项工程的基础上再增加 15 项工程，并提升技术含量。伏罗希洛夫发言称这是苏联经济难以承受的，赫鲁晓夫则说非如此不能使中国人感受到友谊。1954 年新中国国庆 5 周年前夕，赫鲁晓夫率领庞大的代表团来华，主动提出交还旅顺基地并废除斯大林时代一些不平等的协定，承诺增加对华援助项目并供给先进装备。1954 年 10 月，苏联政府增加了 15 个援助项目，由此形成中国"一五"时期苏联援助建设的 156 项重点工程。1955 年 3 月，中国政府又同苏联政府签订新的中苏协定。这个协定包括军事工程、造船工业和原材料工业的 16 个项目。以后，通过口头协议又增加 2 个项目。后经多次调整，确定 154 项。因 156 项公布在先，故仍称"156 项工程"。

156 项工程实际施工 150 项。这些项目的施工，有的延续到了"二五"计划期间。在"二五"计划中，中国和苏联又商谈确定了一批项目。这些项目并不包含在 156 项工程之内。

其中，1956 年 4 月 7 日中苏再次签订协定，增加 55 个援助项目。9 月又签订了 12 项。截至 1957 年 3 月，中国与苏联签订了协议的建设项目共计 255 项，除去重复计算的 13 个项目，业经双方同意撤销的 10 个项目及 1957 年底可建成的 63 个项目外，留待第二个五年计划继续建设或需修改协定的共计 169 个项目。

后来，项目又有很大调整和变动。这样，整个 50 年代与苏联签订协定由苏联帮助中国建设的成套设备建设项目共计 304 项，单独车间和装置 64 项。

到 1960 年中苏关系破裂、终止经济合同，这 304 项中全部建成的 120 项，基本建成的 29 项，废止合同的 89 项，由中国自行续建的 66 项；64 项单独车间和装置中，建成的 29 项，废止合同的 35 项。所以，如果完整地概括两个五年计划期间苏联帮助中国建设的工程项目，并且不包括单独的车间和装置，由计划确定的，总共应该是 304 项。建成和基本建成的 149 项，由中国自行续建的 66 项，加起来是 215 项。废止的有 89 项。215 项是真正对中国工业化发挥了作用的。

此外，东欧国家也对中国给予了援助。根据目前见到的材料，20 世纪 50 年代中国和东欧各国签订协定引进成套设备建设的项目有 116 项，完成和基本完成的 108 项，解除义务的 8 项；单项设备 88 项，完成和基本完成的 81 项，解除义务的 7 项。苏联帮助中国建设的"以 156 项为主的 215 项工程"，规模浩大，当之无愧是中华人民共和国建设史上的浩大工程，也是世界工业化进程中的历史性工程。

这些工程项目跨越了两个五年计划，历时 10 余年。涉及的行业众多，包罗了国民经济最基础的重要工业领域，系统性、配套性也比较强。分布的区域广阔，包括东北、华北、西北、中南、西南等区域以及其他部分地点。均是着眼全局及基础条件来布局的。多数为成套设备，从设计、图纸、勘测、建设、设备制造和安装、调试、生产，一条龙帮助建设。在最尖端的核武器技术上，也因特定原因，一度提供技术，帮助制造。

无论中苏关系多么复杂、多么纠结，几十年过去后，站在更加客观的立场上来看，苏联援建的这些"以 156 项为主的 215 项工程"，以及东欧国家援建的项目，都对中国的工业化进程和社会主义建设发挥了重要的作用。一是作为两个五年计划的骨干工程，首先确保了新中国第一个五年计划的顺利完成，也对"二五"计划发挥了积极作用；二是大大提高了我国的工业生产能力，构建了我国独立的比较完整的工业体系的框架；三是改变了我国极不平衡的工业布局，带动了北部、中西部广大区域的发展；四是迅速提高了我国的军工生产能力，为巩固国防、打赢多次战争起到了特殊作用；五是实现了大量的技术转移，提高了中国设计、建造和建设能力，为中国自主创新打下了重要基础；六是培养了大批中国的科学技术和工程设计施工人才，形成了一支长期起作用的科技骨干队伍。

但是中苏之间的特殊友谊没有能经受住考验。20 世纪 50 年代，国际政治和国际共运中发生了一系列事件。1956 年，中苏两党首先在意识形态上出现分歧，随后又扩展到国家关系上。1959 年 6 月，苏联片面撕毁中苏双方关于国防新技术的协定，拒绝向中国提供原子弹样品和技术资料。1960 年 6 月，在布加勒斯特会议上，中苏之间发生尖锐冲突。赫鲁晓夫从罗马尼亚回国后，立即召开苏共中央全会，讨论对华政策，决定召回全部在华工作的专家。7 月 16 日，苏方照会中国政府，单方面决定召回尚在中国的全部 1390 名援华苏联专家，并带走全部图纸、计划和资料，停止供应中国建设急需的重要设备。

采取突然的、单方面发布照会的方式来中止大规模援助，这在一般国际关系中是罕见的，是一种没有理智和诚信的行为。由于这些专家分布在中国 200 多个单位的重要岗位上，他们的撤离使一些工程半途而废，一批正在试产的工厂、矿山无法投入运行，因而，给中国的经济建设造成了极大的困难，也给两国关系造成了无可挽回的重大破坏。

截至苏联撤回专家的 1960 年底，156 项工程已建成的有 133 项，还有 17 项正在建设中。随后，中国发扬"独立自主、自力更生"的精神，把社会主义建设继续推向前进，取得了新的伟大成就。

二、治理淮河

治理淮河，是中华人民共和国水利建设事业的第一个大工程。

中国虽然地大物博，但也灾害频发。新中国成立后，很快就遇到了一系列自然灾害。党和国家在建设新型政权、恢复国民经济的同时，迅速开展了防止各种严重灾害的斗争。除了治标之外，还进一步努力从根本上消除灾害威胁。其中，治理淮河就是中华人民共和国早期的一项巨大工程。

在中国的 7 条大河中，淮河是一条水灾多发的河流，特别是其下游排水不畅，是有名的害河。从 1194 年至 1855 年的 661 年中，淮河流域共发生较大洪水灾害 268 次，每次洪水泛滥，常使几十个县、市和上千个城镇沦为汪洋泽国，受灾人口数千万，成千上万的人葬身鱼腹。

历朝历代，包括清朝和中华民国时期，都曾进行过治理，也取得了一定成效，如春秋战国时的芍陂灌溉工程，陈蔡、邗沟、菏水和鸿沟等人工运河；两汉时的鸿隙陂，魏晋南北朝时的曹魏两淮屯田，南朝梁五帝在淮河中游兴筑的浮山堰拦淮大坝；隋唐北宋时的通济渠和汴渠以及苏北海堤等，都在我国水利史上占重要地位。1928 年国民政府成立后，在建设委员会下设立导淮图案整理委员会，1929 年 7 月 1 日成立了直属国民政府的导淮委员会，蒋介石任委员长。国民政府导淮期间，用中英庚子赔款搞了一些勘测、设计和局部性治淮计划，在苏北疏浚了几条淮河支流，建了几座小船闸，对防洪、排涝、抗旱、航运发挥了一定作用，但距离根治还很遥远。

1950 年 7、8 月间，淮河流域发生了特大洪涝灾害。河南、安徽两省共有 1300 多万人受灾，4000 余万亩土地被淹。有些灾民因躲水不及，爬到树上，有的被毒蛇咬死。

1950 年 7 月 20 日，毛泽东批示："除目前防救外，须考虑根治办法，现在开始准备，秋起即组织大规模导淮工程，期以一年完成导淮，免去明年水患。"[1]

1950 年 8 月，政务院召开第一次治淮会议。10 月 14 日，政务院颁布了《关于治理淮河的决定》，制定了"蓄泄兼筹"（即上游以蓄为主，中游蓄泄兼施，下游以泄为主）的治淮方针、治淮原则和治淮工程实施计划，确定成立隶属于中央人民政府的治淮机构——治淮委员会。由此掀起了新中国第一次大规模治理淮河的高潮。

在全国人民的支援下，治理淮河第一期工程于 1950 年 11 月底开工。数十万民工和工程技术人员奋战在治淮工程的工地上。

1951 年 5 月，中央治淮视察团把印有毛泽东亲笔题词"一定要把淮河修好"的 4 面锦旗分送到了治淮委员会和三个治淮指挥部，进一步鼓舞了治淮大军的士气。

到 1951 年 7 月下旬，第一期工程全部完工。共完成蓄洪、复堤、疏浚、沟洫等土方工程约 19500 万立方米，石漫滩山谷水库一座，板桥、白沙两处山谷水库的一部分，润河集蓄洪分水闸一座，其他大小涵闸 62 处，谷坊 155 座。

1951 年冬，开始治淮第二期工程。1952 年 7 月，二期工程结束；1953 年的治淮工程又开始了紧张的筹备。经过 8 个年头的不懈治理，到 1957 年冬，国家共投入资金 12.4 亿元，治理大小河道 175 条，修建水库 9 座，库容量 316 亿立方米，还修建堤防 4600 余公里，大大

---

[1]　《毛泽东文集》第六卷，人民出版社 1999 年版，第 85 页。

提高了防洪泄洪能力。

1957 年，国务院在北京召开淮河流域治理工作会议，总结治淮 7 年来的成绩和问题，着重讨论了淮河流域规划，提出了今后治淮的方针任务。要求治淮应从治标转到治本为主。

1969 年 10 月，根据中央指示，国务院治淮规划小组在北京召开第一次会议，研究进一步治淮方案，形成《治淮规划小组第一次会议纪要》。

1970 年 10 月，国务院召集豫、皖、苏、鲁四省有关负责人研究讨论治淮工作，原则同意水电部编制的《治淮规划报告》。

1971 年 2 月，治淮规划小组向国务院提出《关于贯彻执行毛主席"一定要把淮河修好"指示的情况报告》。

1981 年，国务院召开治淮会议，形成了 1981 年《国务院治淮会议纪要》，提出了淮河治理纲要和 10 年规划设想。

1985 年 3 月，国务院在合肥召开治淮会议，审议淮委提出的《淮河流域规划第一步规划报告》《治淮规划建议》和"七五"期间治淮计划的安排。

至 1985 年，国家为治淮投资 77 亿元，加上地方投资，累计不下 200 亿元。完成土方 76 亿立方米，混凝土 1000 万立方米。

1991 年，淮河大水。党和国家领导人江泽民、李鹏、朱镕基多次亲临现场视察，对淮河救灾和治理作出指示。9 月，针对淮河、太湖发生严重洪涝灾害所暴露出的问题，国务院及时召开治淮治太会议，并决定成立由副总理为组长、国务院有关部门和流域四省参加的国务院治淮领导小组，作出了《关于进一步治理淮河和太湖的决定》，提出要坚持"蓄泄兼筹"的治淮方针，近期以泄为主，基本完成以防洪、除涝为主要内容的 19 项治淮骨干工程建设任务，再次掀起治淮高潮。

1950 年和 1991 年两次具有战略意义的治淮会议，对治淮建设起了重要的指导和推动作用。

1991 年，国务院发布《关于进一步治理淮河和太湖的决定》。1991 年后，国务院又分别于 1992 年、1994 年、1997 年召开了 3 次治淮会议，检查治淮进度，协调各方工作，进一步明确治淮目标和任务，解决治理中的问题，使治淮工程建设呈现整体推进、逐步生效的态势。

为科学有序地指导治淮工作，国务院水行政主管部门及淮河水利委员会多次组织编制流域性治淮规划。1951 年，编制了以防洪为主要内容的《关于治淮方略的初步报告》，这是新中国第一个治淮规划；1954 年淮河发生大洪水后，1956 年编制了《淮河流域规划报告（初稿）》，1957 年完成了《沂沭泗流域规划报告（初稿）》。1964 年起开始重新研究编制淮河流域治理规划。1971 年提出《关于贯彻执行毛主席"一定要把淮河修好"指示的情况报告》，即"71 年淮河规划"。

从 80 年代初起，又组织开展第五次淮河流域规划工作，完成了《淮河流域综合规划纲要（1991 年修订）》，该规划成为 1991 年后大规模治淮的依据。主要内容是：在山丘区开展水土保持，新治理水土流失面积 2 万平方公里。对 34 座大型水库中的 19 座进行除险加固；复建因"75 · 8"洪水垮坝的板桥、石漫滩水库；兴建出山店（或红石潭）、白莲崖、燕山等水库，增加拦蓄洪水的能力。

进入 21 世纪以来，又继续开展了一系列治淮行动。

1991 年国务院《关于进一步治理淮河和太湖的决定》中确定的治淮骨干工程至 2009 年全面完成，并在 2020 年抗击淮河大水灾中充分发挥作用。

2003 年，淮河发生自 1954 年以来的最大洪水。10 月，国务院召开治淮工作会议。12 月，水利部印发《加快治淮工程建设规划（2003—2007）》。除继续坚持"蓄泄兼筹"的方针外，还强调"以人为本""人与自然和谐相处"。此后，治淮重点工程全面提速。

2011 年，淮河入江水道整治工程初步设计获水利部批复，汛后开工。这标志着新一轮淮河治理全面启动。淮河入江水道整治工程是国家加快淮河治理的重大项目之一，总投资 31.2 亿元，工程主要任务是系统整治河道、加固堤防、改造病险建筑物，使入江水道行洪能力全面达到 1.2 万立方米每秒。

2018 年，经国务院批准，国家发展改革委员会印发了《淮河生态经济带发展规划》，将对淮河的综合治理提升到生态文明建设的新高度。

2022 年 7 月 30 日，淮河入海水道二期工程正式开工，工程总投资约 438 亿元，是 70 多年治淮历史上投资最大的防洪单项工程。

三、荆江分洪工程

荆江分洪工程，位于湖北省公安县境内，始建于 1952 年春末夏初之交，是为减少长江决堤危险而建造的重要水利工程。

现在湖北省荆江南岸公安县太平口与北岸沙市大堤上，矗立着一座雄伟壮观的纪念碑。碑为方形塔式，3 层，高 10 余米，花岗岩构筑，汉白玉镶嵌，新颖庄严。中层四面，镌毛泽东、周恩来的题词，邓子恢七言韵语，李先念、唐天际合写碑文；下层四面，浮雕有群众施工场面；上层顶端置五角红星。碑两侧分立六角攒尖亭，碧瓦红柱，俏拔明丽。亭内石碑上刻有近千名工程模范英名。

这座碑就是为纪念 1952 年建成荆江分洪工程而建的。而荆江分洪工程，本身就是中华人民共和国成立初期与长江水患作斗争的一座丰碑。

"万里长江，险在荆江。"长江湖北荆江段，由于江底泥沙不断淤积，河床抬高，致使江面超出两岸市镇、农田数米至 10 多米，形成了著名的"悬江"，完全依赖堤防挡水，民间自古有"人在水中走，船在街中行"的俗语。长江不时发生的大洪水，会给长江堤坝包括荆江堤坝造成严重威胁。一旦堤坝决口，将会对武汉和其他很多地区造成毁灭性的打击。

1950 年，中共中央在武汉成立长江水利委员会（简称"长委会"）。1950 年 8 月，通过周密的查勘与研究，长委会提出《荆江分洪初步意见》，建议中央修建荆江分洪工程，作为治理长江水患的第一个重大措施。两个月后，毛泽东、刘少奇、周恩来等中央领导经研究，同意修建荆江分洪工程。1952 年 3 月 31 日，中央人民政府政务院作出《关于荆江分洪工程的规定》。

工程计划本着"蓄泄兼筹，以泄为主"，"江湖两利"的原则，以 1931 年 8 月 5 日—25 日宜昌—枝江洪峰水位、流量为标准，配合荆江北岸加固荆江大堤，在荆江南岸藕池口安乡河以北、太平口虎渡河以东地区，开辟 921.34 平方公里的分洪区，以分、蓄荆江上游洪水的超量洪峰流量，减轻洪水对荆江北岸大堤的威胁。

分洪工程包括：荆江大堤加固；太平口进洪闸；黄山头虎渡河节制闸及拦河坝；分洪区围堤培修；南线大堤等。工程分为两期实施。

毛泽东为工程题词："为广大人民的利益，争取荆江分洪工程的胜利"。周恩来的题词是："要使江湖都对人民有利"。

1952 年 4 月 5 日，荆江分洪工程全面动工，参加施工的有 10 万军工、16 万民工以及技术工人和工程技术人员 4 万人，共 30 万人。他们为工程建设日夜奋战，作出了巨大贡献。苏联水利专家布可夫先后两次到工地勘察，并对工程设计与施工提出了许多宝贵的建议。

6月20日，荆江分洪工程比预定计划提前15天胜利建成，仅用了75天的工期，创造了工程建设速度的奇迹。

荆江分洪第二期工程于同年9月由长委会拟订计划并于11月14日进行施工。工程先后动员荆州、宜昌两地区的民工184777人，完成土方862.5万立方米，于1953年4月25日工程完工。至此，荆江分洪工程全面完成，国家总投资（旧币）为5576.46亿元。荆江河道安全泄洪能力由此得到显著提高，缓解了与上游巨大而频繁的洪水来量不相适应的矛盾。

荆江分洪区位于湖北沙市对岸15公里处的公安县境内。东西平均宽13.55公里，南北平均长68公里，总面积为921.34平方公里。设计蓄洪量为54亿立方米，区内辖4镇、4场、5区，共23个乡，有居民41万人。

荆江分洪工程建成不到两年，就在1954年发挥了重大作用。

1954年4月至7月，长江中下游地区持续发生大雨、暴雨。8月，长江、汉江上流又降大雨，洪峰接踵而至。8月18日，武汉关水位涨到29.73米，超过1931年历史最高水位1.45米，形成长江百年稀遇洪水。荆江河段各站水位均超过历史最高纪录，预报还将继续上涨，洪水将会漫溢大堤，形势十分危急。在这种情况下，国家防总统筹全局水情，运用荆江分洪工程实施了3次分洪。

7月22日2时20分，首次启动新建成的荆江分洪工程进洪闸。7月27日13时10分全部关闸，分洪总量23.53亿立方米。

7月29日，中央决定第二次分洪，至8月1日关闸，分洪总量17.17亿立方米。

8月1日21时40分，第三次分洪，同时采用其他分洪措施。这次分洪20天又10时10分，分洪总量81.9亿立方米。

荆江分洪工程3次开闸，分泄荆江洪水总量达122.6亿立方米，降低了荆江河槽的洪水位近 1 米，确保了荆江大堤和武汉市的安全，也减少了荆江四口泄入洞庭湖的水沙量，发挥了江湖两利的显著效益。

荆江分洪工程首次运用，不仅使江汉平原和洞庭湖区直接受益，而且对武汉三镇和沿江城乡 7500 万人民的生命财产安全起到了重要的作用。分洪区的人民作出了重大的牺牲和贡献。

长江三峡水利枢纽工程兴建后，荆江分洪工程仍是长江中下游平原地区的重要水利枢纽，承担着配合组成长江远期防洪系统、解决长江较大和稀遇洪水危害的责任。荆江分洪工程是治标与治本相结合的大型水利枢纽，是平原水资源综合利用的典范工程。

2006 年 5 月 25 日，荆江分洪闸（北闸）被国务院批准列入第六批全国重点文物保护单位名单。2023 年 1 月，荆江分洪工程入选"人民治水·百年功绩"治水工程项目名单。

四、要把黄河的事情办好

黄河，干流全长约 5464 公里，是世界闻名的大河，也是世界上含沙量最多的河流。它是中华民族的母亲河，但千百年来也造成了无数灾难。历史上，黄河平均三年两决口，百年一改道。一旦决口，水沙俱下，大河内外，一片泽国，给沿河两岸人民带来无尽的灾难。

早在《诗经》中，就有了治理黄河的记载。千百年来，不同朝代、不同时期的人民都历经艰辛，努力治理黄河。

从 1946 年开始，中国共产党就领导人民治理黄河，翻开了治黄史册的新篇章。冀鲁豫解放区行政公署成立冀鲁豫解放区黄河水利委员会，渤海解放区行政公署成立山东省河务局。1949 年 6 月，华北、中原、华东三大解放区成立统一的治河机构——黄河水利委员会。

1949 年中华人民共和国成立后，党和国家高度重视治黄事业。1952 年 10 月，毛泽东第一次离京外出巡视，首先就是视察黄河，他要求："要把黄河的事情办好。"以后又多次听取治黄工作汇报，对治黄工作作了重要指示。周恩来更是直接领导治黄工作，从 1949 年前的"反蒋治黄"斗争，到编制"黄河综合利用规划"和三门峡工程建设，以及 1958 年大洪水的抗洪斗争等，所有治黄工作的重大决策，几乎都是周恩来亲自主持作出的。直到 1976 年，他已重病在身，还向去医院看望他的中央领导询问三门峡工程改建后的情况。后来的历届中央领导人，都非常关心黄河治理工作，不仅精心谋划决策，还多次视察黄河，现场研究决定很多问题。

为搞好黄河的治理与开发，1950 年 1 月 25 日，中央人民政府决定黄河水利委员会为流域性机构，直属中华人民共和国水利部领导，统一领导和管理黄河的治理与开发。

1955 年 7 月 30 日，一届全国人大二次会议通过《关于根治黄河水害和开发黄河水利的综合规划的决议》。1984 年，经国务院批准，国家计委下达了《关于黄河治理开发规划修订任务书》。1996 年初完成了《黄河治理开发规划纲要》的编制工作。

新中国的治黄工作，一开始就是按照全面规划、统筹安排、标本兼治、除害兴利的原则，全面开展流域的治理开发，有计划地安排重大工程建设。无论是关于黄河问题的勘测研究，还是治黄建设的规模，都是以往任何时代不能比拟的。

黄河上中下游开展了不同程度的治理开发，基本形成了"上拦下排，两岸分滞"蓄泄兼筹的防洪工程体系。1957 年，在黄河干流上开工兴建黄河第一坝——三门峡大坝。但建成后出现泥沙严重淤积情况。在周恩来的关注下，先后进行了两次改建，并实行"蓄清排浑"运行方式，达到了改建的目的，使三门峡水库继续发挥了防洪、防凌、发电、灌溉、供水的综合效益。此后，相继建成了刘家峡、龙羊峡、盐锅峡、八盘峡、青铜峡、三盛公、天桥、小浪底和万家寨等水利枢纽和水电站。黄河的洪水得到一定程度的控制，防洪能力比过去显著提高。

在黄河上中游黄土高原地区，广泛开展了水土保持建设，采取生物措施与工程措施相互配合，治坡与治沟并举办法，治理水土流失取得明显成效。截至 1995 年底，累计兴修梯田、条田、沟坝地等基本农田 7755 万亩，造林 11802 万亩，兴建治沟骨干工程 854 座，淤地坝 10 万余座，沟道防护及小型蓄水保土工程 400 多万处。依靠这些工程措施和广大军民的严密防守，扭转了历史上黄河频繁决口改道的险恶局面，保障了黄淮海广大平原地区的安全和稳定发展。

黄河的水利水电工程，在防洪、防凌、减少河道淤积、灌溉、城市及工业供水、发电等方面，都发挥了巨大的综合效益，促进了沿黄地区经济和社会的发展。

改革开放和社会主义现代化建设新时期，更加注重对黄河的保护工作，提出了"维持黄河健康生命"的治黄新理念，水土流失治理的重点转向生态建设。21 世纪初，黄河中下游地区开始投入建设标准化堤防，以期建成集防洪保障线、抢险交通线和生态景观线于一体的标准化堤防体系。针对黄河水资源浪费与污染问题，通过发展集约型农业，加强农村、城市、工业基地等用水节约宣传，出台系列规章制度等举措，实现了卓有成效的水资源节约与保护。

十八大以来，明确了"节水优先、空间均衡、系统治理、两手发力"的治水思路，黄河流域生态保护与高质量发展全面驶入"快车道"。黄河保护治理的一系列政策、机制、制度得以确立，生态环境保护和水资源管理制度逐步建立健全；"河长制"全面推行，并逐步由虚向实，为流域管理与区域管理协同发展提供了更有力的抓手；黄河河道整治和滩区安全建设基本形成了"上拦下排，两岸分滞"的下游防洪工程体系，初步形成了"拦、调、排、放、挖"的综合处理泥沙体系，彻底扭转了历史上黄河下游频繁决口的险恶局面。

2020年10月5日，中共中央、国务院印发《黄河流域生态保护和高质量发展规划纲要》。12月9日，推动黄河流域生态保护和高质量发展领导小组全体会议举行。

2022年8月5日，为落实黄河流域生态保护和高质量发展国家重大战略，深入打好污染防治攻坚战，生态环境部等12部门联合印发《黄河生态保护治理攻坚战行动方案》，部署在黄河流域覆盖的青海、四川、甘肃、宁夏、内蒙古、山西、陕西、河南、山东等9省区范围内，以黄河干流、主要支流及重要湖库为重点开展流域生态保护治理行动。

方案明确到2025年，黄河流域地表水达到或优于Ⅲ类水体的比例达到81.9%，基本消除地表水劣Ⅴ类水体；森林覆盖率达到21.58%，综合治理沙化土地136万公顷，水土保持率达到67.74%。

方案提出了黄河生态保护治理五大攻坚行动，分别是河湖生态保护治理、减污降碳协同增效、城镇环境治理设施补短板、农业农村环境治理和生态保护修复。

2022年10月30日，十三届全国人大常委会第三十七次会议表决通过《中华人民共和国黄河保护法》，自2023年4月1日起施行。该法成为国家"江河战略"法治化的重要里程碑。

十八大以来，习近平总书记多次考察沿黄省区，多次发表重要讲话、作出重要指示批示。2019年9月18日，习近平在郑州主持召开黄河流域生态保护和高质量发展座谈会，强调黄河流域生态保护和高质量发展是重大国家战略，要共同抓好大保护，协同推进大治理，让黄河成为造福人民的幸福河。2024年9月12日，习近平总书记在兰州主持召开全面推动黄河流域生态保护和高质量发展座谈会，进一步回答了事关黄河保护治理的一系列方向性、全局性、战略性重大问题。

未来的黄河治理，将着重完善流域水资源节约集约利用体系，完善流域水资源优化配置体系，完善流域水生态保护治理体系，同时要进一步全面深化水利改革，保护传承弘扬黄河文化。

五、北京十大建筑

北京十大建筑，首先是指首都北京于 20 世纪 50 年代末建造完成的一批重要建筑物。这十大建筑是人民大会堂、中国历史博物馆与中国革命博物馆（两馆属同一建筑内，即今中国国家博物馆）、中国人民革命军事博物馆、民族文化宫、民族饭店、钓鱼台国宾馆、华侨大厦（已被拆除后重建）、北京火车站、全国农业展览馆和北京工人体育场。之后，北京又先后评选了不同时期的十大建筑。

中华人民共和国成立后，首都北京的建设不断发展。但与当时领导和社会的理念和希望还有很大差距。所列问题，如北京的新房子有 3/4 盖在了郊区[①]；对天安门广场虽经多次局部改建，但一直不彻底。所以，1958 年初，毛泽东指示，今后几年应当彻底改变北京市的面貌。1958 年 4 月 14 日，周恩来召开国务院常务会议讨论落实毛泽东的指示并致信中央。1958 年 6 月，北京市委向中央请示展宽天安门广场。同月，《中共北京市委关于北京城市建设总体规划初步方案向中央的报告》提出，从 1958 年起，有计划地改变北京城内以前的面貌。

1958 年 9 月，为迎接中华人民共和国成立 10 周年，中共中央决

---

① 《北京市重要文献选编（1958）》，中国档案出版社 2003 年版，第 450 页。

定在北京兴建一批国庆工程。9月8日，北京市召开国庆工程动员大会。时任北京市委书记处书记、副市长万里指出：北京市要通过国庆重点工程，还有配套的供电、供水、道路等市政公用设施，搞出一批优秀的建筑，改善市政公用设施条件，改变首都的面貌。

十大建筑主要分布在以天安门广场为中心的北京城内，主要目的是充分发挥首都功能，改变北京旧城的面貌。时任北京市委第一书记彭真说，像国庆工程这样的大建筑，也是逼上梁山，非搞不行。要盖大礼堂，全国有2万多个公社，2000个县，但怀仁堂只能容纳1000多人，全国人代会不能每个县来个代表，礼堂把人限制住了，北京市开大会、作报告也总是在体育馆。10年大典要来很多外国朋友，不能把他们分散到几处同时请客，让人家不能全部见面，所以要盖宴会厅。①

工程启动时，距10周年国庆只有不到一年的时间。就当时北京市的建筑设计和施工能力来说，要在短短一年时间里完成如此要求高、难度大、任务重的工程，困难巨大。但从中央到地方各级领导都志在必得。广大设计者和建设者发挥了巨大的创造性和积极性。全国建筑界精英采用非常规的"三边"工作法（边设计、边备料、边施工），加速推进工程进展。工程项目主要由北京建设力量承担，同时得到中央各有关部门、全国各地的大力支援。

周恩来提出"古今中外、皆为我用"的原则。在设计上，除了组织北京的34个设计单位之外，还邀请了上海、南京、广州等地的30多位建筑专家，进京共同进行方案创作。建筑专家、教授、工人、市民都提出了自己的建议，人们对各项工程先后提出了400个方案，其中仅人民大会堂就提出了84个平面方案和189个立面方案，并结合

---

① 《彭真同志在市人民委员会扩大会议上的发言》（1958年12月30日），北京市档案馆档案2-11-157。

工程对天安门广场提出了多种规划意见。1959 年 2 月，当时的"十大国庆工程项目"最后确定。

在一年时间里，广大建设者在无经验可凭借、无先例可依循的条件下，经过科学的组织管理，凭着冲天干劲，创造了建筑史上的奇迹。李瑞环、张百发都是当时的突击队长，为工程建设发挥了重要作用。

到 1959 年国庆节前，建设工程最终落成。工程完工后，在新闻报道中一般不提"国庆工程"字样，代之而起的有"十大建筑"等。最后完成并确定为首都国庆十大建筑的公共建筑，与原计划的有所不同。

1958—1959 年国庆工程，除十大建筑外，还包括一系列市政建设项目，如天安门广场改造、长安街改建、崇文门车站道路、天竺机场到市中心道路、南苑机场到市中心道路、热力煤气工程，涵盖了道路、广场、综合管道、桥梁、河湖、煤气、热力、电话等方面。

通过国庆工程诸多项目的建设，首都面貌，尤其是天安门广场和东、西长安街焕然一新。在天安门广场的东西两侧，分别建起了人民大会堂、中国革命和历史博物馆等建筑物，不仅体现了新的"人民是主人"的规划思想，而且建筑面积超过了旧的皇宫建筑群。天安门广场的面积由 11 万平方米扩大到 40 万平方米。

扩建后的天安门广场，从规模上、建筑艺术上，都有了极大的发展和革新。原来广场上有众多纵横交错的电线网，在扩建过程中预埋了各种地下管线，使扩建后的天安门广场找不到一根高架线，显得非常整齐美观。围绕广场改造的一系列市政建设使广场地区更加壮丽辉煌。北京的城市中心和重心，由历史上的皇宫转移到天安门广场，天安门广场成了首都的核心地带。

尽管新中国成立以来在北京城市建设的布局和方向上走过一些弯

路，特别是拆除城墙等历史建筑留下了重大的遗憾，但是对于北京十大建筑本身，迄今并无多少不同意见，总体上都给予高度评价。

国庆 10 周年落成的这批建筑，使北京作为首都的政治功能和文化功能得到了加强。人民大会堂、钓鱼台国宾馆等建筑，在国家政治生活和对外交往中发挥着重要作用，其他工程也对人民物质文化生活水平的提高发挥了不可替代的作用。尤其在改革开放前的很长时期，十大建筑成了首都的重要象征，促进了首都功能的完善和发挥。十大建筑给年轻的共和国所留下的，远不止建筑物本身。

改革开放后，北京市的建设进一步发展。1988 年，又评选了 20 世纪 80 年代的北京十大建筑。从 23 万张群众投票中产生的这届北京十大建筑是：北京图书馆新馆（今国家图书馆）、中国国际展览中心、中央彩色电视中心、首都国际机场候机楼（2 号航站楼）、北京国际饭店、大观园、长城饭店、中国剧院、中国人民抗日战争纪念馆和北京地铁东四十条车站。

2001 年 5 月 15 日，20 世纪 90 年代北京十大建筑评选活动揭晓。它们是：中央广播电视塔、国家奥林匹克体育中心与亚运村、北京新世界中心、北京植物园展览温室、清华大学图书馆新馆、外语教学与研究出版社办公楼、北京恒基中心、新东安市场、国际金融大厦、首都图书馆新馆。

2009 年 3 月 31 日，"北京当代十大建筑"评选活动启动。9 月 24 日评选结果揭晓。它们按得票数从高到低是：首都机场 3 号航站楼、国家体育场、国家大剧院、北京南站、国家游泳中心、首都博物馆、北京电视中心、国家图书馆（二期）、北京新保利大厦、国家体育馆。

从 20 世纪 50 年代的北京十大建筑，到随后评选出的不同时期的北京十大建筑，实际上从一个重要的侧面，反映了中华人民共和国发展的步伐。从这些建筑中，可以解读出许多深刻的内涵。

近年来，根据旅游需要和游客印象，民间还非正式提出了北京十大地标建筑，主要有：故宫博物院、国家体育场（鸟巢）、中央广播电视塔、中央电视台总部大楼、八达岭长城、天安门、天坛公园、国家游泳中心（水立方）、北京中信大厦（中国尊）、中国国家大剧院。

六、红旗渠

红旗渠，位于河南省林州市，是 20 世纪 60 年代林县（今林州市）人民在极其艰难的条件下，以"愚公移山"精神，从太行山腰修建的引漳入林工程，被称为"人工天河"。

林县位于太行山东麓，自古以来就是严重干旱缺水的地区，极度贫困。1949 年后，林县政府组织修建了不少水利工程。1957 年起，先后建成英雄渠、淇河渠和南谷洞水库、弓上水库等水利工程，在一定程度上缓解了用水困难问题。但由于水源有限，仍不能解决大面积灌溉问题。

1959 年，林县又遇到前所未有的干旱。境内的 4 条河流都断流干涸，已经建成的水渠无水可引，水库无水可蓄，山村群众又得远道取水吃。经过多次讨论，要解决水的问题，必须从外地寻找新的可靠的水源，修渠引水入林县。

1959 年夏，林县县委扩大会议提出了跨越太行山到山西斩断浊漳河，然后逼水上山，把水引进林县，彻底改变缺水状况的大胆设想。计划得到河南省委的支持。山西省委也同意了林县人民的请求。经豫、晋两省协商，国家计委委托水利电力部批准了这一项目。时任中共林县县委书记的杨贵发出了"重新安排林县河山"的豪言壮语。

1960年2月，工程开始施工，3.7万名林县群众向太行山"开战"。工程原称"引漳入林"工程。3月，正式命名为"红旗渠"，意思就是高举红旗前进。

红旗渠以浊漳河为源，渠首位于山西省平顺县石城镇侯壁断下。总干渠长70.6千米，渠底宽8米，渠墙高4.3米，纵坡为1/8000，设计最大流量23立方米每秒，全部开凿在峰峦叠嶂的太行山腰，工程艰险。

林县县委开始对引漳入林的艰巨性认识不足，认为"上7万人，每人1米，2月初动工，大干3个月，5月1日就能通水"。开工后不久才发现，工程的难度大大超过预想，必须打持久战才能完成。

当时正逢三年困难时期，全县只有300万元储备金、28名水利技术人员，最高学历为中等技术学校毕业，条件非常困难。但建设者们发扬"愚公移山"精神。民工带着家里的铁镢、铁锹、小推车上了工地，用这些原始的劳动工具，开始了修建红旗渠的大工程。

红旗渠工程总投工5611万个。总投资12504万元，其中国家投资4625万元，占37%，社队投资7878万元，占63%。参与群众7万人。红旗渠修建10年中，涌现出许多英雄人物。先后有81位干部和群众献出了宝贵的生命，年龄最大的63岁，年龄最小的只有17岁。

经过近8个月的奋战，林县人民斩断了45道山崖，搬掉了13座山垴，填平了58道沟壑，穿凿了总长度600余米的7个隧洞，建渡槽、路桥和防洪桥56座，完成土石方445.65万立方米，砌石42.86万立方米，终于拦住了奔腾不羁的浊漳河。此后，又经过四年苦战，于1965年4月5日实现了总干渠的通水。千百年来，林县人民渴望水的梦想，终于得以实现。

在1966年红旗渠总干渠竣工通水后，林县人民又于1967年进行红旗渠支渠配套。时值"文化大革命"，他们顶住压力，排除干扰，至 1969 年 7 月底，共建成大小石砌渠道 595 条，全长 1500 公里，同时进行总干渠加高加固，配套维修，直至 1974 年 8 月，红旗渠才全部竣工。

周恩来生前对红旗渠的建设倾注了很多心血。他曾自豪地告诉国际友人："新中国有两大奇迹，一个是南京长江大桥，一个是林县红旗渠。"

红旗渠是党和人民刻在太行山岩上的一座丰碑。红旗渠修建孕育了"红旗渠精神"。

20 世纪 90 年代后，红旗渠漳河水源减少，工程年久失修，老化非常严重。1992 年，32 位全国人大代表联名提出红旗渠急需更新改造，要求国家给予扶持的议案。随后，河南省计委下文批复，同意红旗渠进行技术改造，国家给予一定扶持。整个工程工期 5 年，总投资 7224 万元。

1993 年 4 月，红旗渠技术改造工程正式实施。工程分两期进行。

截至 2014 年，红旗渠的总干渠、二干渠、红英干渠、红英南分干渠、红英北分干渠等 5 条渠道的险工险段完成第二轮改造。

从 2017 年开始，对红旗渠总干渠、二干渠、三干渠、红英南分干渠、浙南干渠及天桥渠等干渠重要地段，以及 26 条灌溉面积较大的支渠进行续建配套及节水改造，分 3 年实施完成。

截至 2024 年 7 月，红旗渠灌区共有干渠、分干渠 10 条，总长 304.1 公里；支渠 51 条，总长 524.1 公里；斗渠 290 条，总长 697.3 公里；农渠 4281 条，总长 2488 公里；沿渠兴建小型一、二类水库 48 座，塘堰 346 座，共有库容 2381 万立方米，各种建筑物 12408 座，其中凿通隧洞 211 个，总长 53.7 公里，架渡槽 151 个，总长 12.5 公里，还建了水电站和提水站，已成为"引、蓄、提、灌、排、电、景"成龙配套的大型体系。从山坡到梯田，从丘陵到盆地，形成了一个较为完整的水利灌溉网。

自 1990 年起，红旗渠景区开始开发，1991 年对外开放。景区由分水苑、青年洞、络丝潭 3 个景区组成，主要景点有分水苑牌楼、红旗渠纪念馆、虎口崖、凌云亭、小三峡、神龟洞和铁索桥等。

2006 年 5 月 25 日，红旗渠被国务院批准列入第六批全国重点文物保护单位名单。2013 年 5 月，经国务院批准，红旗渠经济开发区升级为国家级经济技术开发区。2016 年 10 月，被评为国家 AAAAA 级风景区。2018 年 2 月，《红旗渠总体保护规划》通过国家文物局批复。2020 年 6 月，《红旗渠总体保护规划》经河南省政府公布实施。2023 年 1 月，红旗渠入选"人民治水·百年功绩"治水工程项目名单。

红旗渠建设，体现了"自力更生，艰苦创业，团结协作，无私奉献"的精神。2021 年 9 月，党中央批准中央宣传部梳理的第一批纳入中国共产党人精神谱系的伟大精神，红旗渠精神入选其中。

2022 年 10 月 28 日上午，习近平到安阳考察，来到红旗渠，参观红旗渠纪念馆，实地察看红旗渠分水闸运行情况，并来到红旗渠咽喉工程——青年洞。

七、三线建设

三线建设，指的是自 1964 年起在中西部地区的 11 个省区进行的一场以战备为指导思想的大规模国防、科技、工业和交通基本设施建设。

20 世纪 60 年代前期，国际形势出现新的动荡，美国对越南北方的战争逐步扩大。中央从战备考虑出发，根据战略位置的不同，将全国各地区分为一、二、三线。"一线"指东北及沿海各省市，"三线"包括云、贵、川、陕、甘、宁、青、晋、豫、鄂、湘等11个省区，一、三线之间的省区为"二线"。"三线"地区是全国的战略大后方。

在1964年5、6月间召开的中央工作会议期间，毛泽东指出：在原子弹时期，没有后方不行。要考虑解决全国工业布局不平衡的问题，要搞一、二、三线的战略布局，加强三线建设，防备敌人入侵。

越南战争升级后，中共中央和国务院加快了三线建设的部署。1964年8月，中央书记处会议作出加速三线建设的决策。毛泽东在会上提出现在工厂可以一分为二，抢时间迁到内地去；各省都要搬家，建立自己的战略后方。会议决定，首先集中力量建设三线，在人力、物力、财力上给予保证；新建项目都要摆在三线；一线能搬的项目要搬迁，短期不能见效的续建项目一律缩小建设规模；在不妨碍生产的条件下，有计划有步骤地调整一线。这一决定标志着经济建设的战略重点，由以大力发展农业、提高人民生活为中心转向了以加速三线建设、增强国防实力为中心的战备轨道。

根据中央决定，有关部门迅速从3个方面对西南、西北的三线建设进行了部署。一是在三线建设新的工厂，扩建部分工厂，由国家计委负责组织；二是将一线的全国独此一家的重要工厂和配合后方建设所必需的工厂搬迁到三线，由国家建委负责组织；三是组织好全国的工业生产，为三线建设提供设备和材料，由国家经委负责。随后，又分别成立西南、西北三线建设指挥部，负责组织中央有关部门在三线地区新建、扩建、迁建项目的计划协调和物资供应工作。

1964年下半年，有关方面对西南、西北、中南地区的铁路、矿山、冶金和国防建设项目进行选点考察，初步选定一批厂址和铁路线路，拟定了三线建设项目的总体布局。中央确定，三线建设的总目标是，采取多快好省的方法，在纵深地区建立起一个工农业结合的、为国防和农业服务的比较完整的战略后方基地。

据不完全统计，1964 年下半年至 1965 年，在西南、西北三线部署的新建、扩建和续建大中型项目有 300 多个。其中以四川攀枝花钢铁工业基地、甘肃酒泉钢铁厂、成昆铁路等铁路干线，以及重庆兵器工业基地、成都航空工业基地、西北航空航天工业基地和电子、光学仪器工业基地等为重点。

1965 年 2 月 26 日，中共中央、国务院发布《关于西南三线建设体制问题的决定》，成立西南三线建设委员会，以加强对整个西南三线建设的领导。

10 月后，根据毛泽东的指示，周恩来又召开会议，研究了地方省区的后方建设问题，形成了大小三线建设全面展开、齐头并进的局面。

从 1965 年初起，全国各地建设队伍陆续集中到三线地区，各种物资也源源运往内地。从 1965 年夏起，三线建设进入实质性实施阶段，并在 1965 年至 1966 年形成一个小高潮。为使三线建设能尽快形成生产能力，还对一、二线经济建设采取"停"（停建一切新开工项目）、"缩"（压缩在建项目）、"搬"（部分企事业单位全部搬到三线）、"分"（部分企事业单位分出一块或两块迁往三线）、"帮"（从技术力量和设备方面对口帮助三线企业建设）等项措施。1965 年 8 月召开的全国搬迁工作会议，确定立足于战争，搬迁项目实行大分散、小集中原则，国防尖端项目的建设则实行靠山、分散、隐蔽，有的还要进洞，即"山、散、洞"原则。

从 1964 年下半年到 1965 年，由一线迁入三线的第一批工厂有 49 个。1965 年完成全部搬迁计划的 40%。1965 年建成和部分建成的项目，接近在建项目的 40%。1966 年除继续进行已上马的重点项目外，贵州、甘肃、四川的一些大型项目开始上马。还计划从一、二线续迁和新迁项目 150 多个。

经过两年多的努力，三线建设取得了很大进展，但"文化大革命"使全国建设包括三线建设都受到严重冲击。

1969 年后，面对苏联的军事威胁，三线建设重新大规模、高速度展开。要求把"备战、备荒、为人民""要准备打仗"和"用打仗的观点观察一切，检查一切，落实一切"作为指导思想，集中力量加快大三线战略后方的建设，力争在 1975 年建成部门比较齐全、工农业协调发展的强大的战略后方。1970 年计划安排的大中型项目，三线地区占 60% 左右，全年基本建设投资总额中，三线地区占 55.3%。1971 年，计划用于大三线建设的投资，占全部预算内投资 55% 以上。这 3 年是 1949 年至 1985 年 36 年间国防工业完成基本建设投资比重最高的 3 年。

在紧张的战备气氛中，三线建设出现了继 1965 年以来的又一次高潮。1969 年 3 月，连接中国中南、西南地区的重要铁路干线——由湖北襄樊到重庆的襄渝铁路动工兴建。9 月，第二汽车制造厂在湖北十堰市开始大规模施工。11 月，由河南焦作至湖北枝城的焦枝铁路动工兴建。1970 年 5 月，从湖北枝城到广西柳州的枝柳铁路动工。7 月，纵贯中国西南地区的交通大动脉——成昆铁路通车。1972 年 4 月，甘肃西北铝加工厂建成投产。11 月，株洲至贵阳的湘黔铁路通车。

进入 70 年代前期，随着国际关系的逐步缓和，国家开始注重三线与沿海地区建设的并重发展。

从 1964 年至 1975 年，三线地区共完成基本建设投资 1269.67 亿元，占同期全国基本建设投资总额 2919.6 亿元的 43.5%；工业基本建设投资 767.6 亿元，占同期全部工业基本建设投资 1608.4 亿元的 47.7%。

改革开放后，中央确认和平与发展是当代世界的两大主题。许多三线建设单位由于位置偏僻闭塞而难以发展。从 80 年代初起，国家对三线建设实施全面调整与改造，缩短基本战线，调整投资方向，停建、缓建一批基建工程，对部分企业实行军转民或关、停、并、转、迁。1984 年 11 月国务院三线办公室在成都召开会议，确定第一批调整 121 个单位，迁并 48 个，全部转产 15 个。其后，一些三线企业陆续迁往邻近中小城市。而技术密集型企业和军工科技企业则迁往成都、重庆、西安、兰州等大城市。一些未迁移的企业，则逐步走向荒废关闭。也有部分在地方政府的帮助下得以继续生存，但生产门类已经发生巨大变化。

三线建设是出于国家战备考虑的，当时对国际形势的估计和对策有失偏颇，布局和选址适合战备但与经济建设的规律并不相符，因而对整个经济建设都造成了不小影响。但在三线建设过程中，广大工人、干部、科技人员、解放军官兵和民工，战胜了种种难以想象的困难，在短时期内建成了相对独立的战略后方基地，其顽强拼搏、无私奉献的精神可歌可泣。三线建设在一定程度上改善了中国的国防工业体系；在西部地区建成一大批机械工业、能源工业、原材料工业的重点企业和基地，显著改善了中国的工业布局；先后建成一批重要铁路、公路干支线，改善了西部地区的交通条件，促进了当地经济发展和社会进步。这些也都为后来解决东西部发展差距，进行西部大开发，奠定了重要基础。

八、宝钢建设

宝钢，即上海宝山钢铁总厂，现为中国宝武钢铁集团有限公司，是中国 20 世纪 70 年代后期开始兴建的大型现代化钢铁企业。宝钢工程是中国现代化建设中坚持对外开放，引进国外先进技术，又努力促进自力更生能力逐步壮大的特大型项目。

宝钢位于上海市北翼宝山区月浦一带，北濒长江，东临吴淞，南靠杨行，西近浏河，距上海市中心的人民广场 26 公里，江流至东海 60 公里。厂区面积 13.75 平方公里，1993 年扩建三期工程，增为 18.98 平方公里。

"文化大革命"结束后，中国现代化建设被重新提到最重要的议程上。党和国家高度重视中国钢铁工业的发展，并注重引进国外先进技术和设备以提升国内生产能力和水平。

1977 年末、1978 年初，中共中央政治局和国务院领导进行了两次讨论，作出在上海建设宝钢的战略决策。1978 年 3 月 11 日，国务院同意国家计委、建委、经委、上海市、冶金部《关于上海新建钢铁厂的厂址选择、建设规模和有关问题的请示报告》，决定从日本引进成套设备，在上海宝山县新建钢铁厂。

1978 年，中国同西方发达国家先后签订了 22 个成套引进项目的合同，共需外汇约 130 亿美元。其中投资规模最大的上海宝山钢铁厂，建设规模为年产钢、铁各 600 万吨。计划通过引进世界一流的生产技术和管理方式，使中国钢铁工业同世界先进水平的差距大大缩短。

经过 1977 年、1978 年两年的调查研究、规划方案、对外谈判、择址勘察、施工准备等紧张的筹备，1978 年 12 月 23 日，即十一届三中全会闭幕后一天，举行为宝钢工程奠基的动工典礼，宝钢正式动工兴建。

由于粉碎"四人帮"后急于实现现代化，国民经济出现冒进的苗头。十一届三中全会后，中央及时进行调整、整顿，宝钢工程也进行了一系列调整。1979 年 4 月，决定将原定引进全部设备改为主体装备全套引进，少部分设备国内制造或与外商合作制造，一期工程国内制造部分占 12%；在这个基础上，积极消化、吸收、引进技术，使二期工程国内设计、制造或合作设计、合作制造的比例显著提高，冷轧、热轧、连铸部分占 43.5%，高炉、烧结、焦化部分则占 86%。

在中国技术进口总公司与日本新日铁株式会社签订引进成套设备合同批准生效前，通过再谈判，1979 年 6 月将原定现汇支付货款修改为卖方贷款、分期支付，充分利用外资，避免现汇短缺的支付困难。

通过以上一系列调整，付出了一定的代价，但使宝钢工程的建设更加符合国情国力。

国家在并不富裕又处在十年内乱后恢复元气的时候，拿出 300 亿元人民币建设宝钢这个新中国成立以来的最大项目。

在上海市和冶金部的直接组织和各方支援下，来自全国 29 个省自治区直辖市、2000 多个单位的精兵强将，从五湖四海汇集到宝山，组成宝钢生产人员的基本队伍。宝钢工地上的建设队伍，在建设前期最高达 6 万余人。

宝钢集中展示了 20 世纪 80 年代初世界钢铁工业的新技术。一、二期工程期间，日本、德国、美国、法国、卢森堡等国家的专家 3578 人次，按合同规定陆续到宝钢从事施工和生产指导；同期，6282 人次的中方技术、管理人员和技术工人到国外进行谈判、考察、合作设计、驻厂监造、实习培训。

1985 年 9 月 15 日，宝钢第一期工程顺利投产。中共中央、国务院在贺电中指出：宝钢的建成投产，"是我国社会主义现代化建设取得的又一重大成就。这对提高我国钢铁工业的生产技术水平和管理水平，对促进国民经济的发展，加快我国社会主义现代化建设，具有重要的意义"。

1991 年 6 月 30 日，宝钢第二期工程顺利投产。1993 年，钢铁生产全面达到或超过了设计水平，使我国钢铁界出现了新的局面，形成了汽车用钢和石油用钢为主要生产结构的新格局。

由于宝钢成功地引进和学习消化了外国先进技术和管理软件，结合国情改革创新，形成一套现代化管理方式，因而在产品质量、劳动生产率等主要经济技术指标和经营贡献上走在了前列。1991 年 1 月，被评为一级企业；1993 年获得全国五一劳动奖状，并由中国企业管理协会审定为 1993 年度"全国优秀企业"（"金马奖"）。

宝钢是改革开放之初中国引进的重大设备。围绕着宝钢建设问题，中央高层进行了反复研究。宝钢上马还是下马，是当时全国高度关注的问题。1978 年 10 月 31 日，宝钢尚未正式开工，李先念就第一次前来视察。1979 年 5、6 月间，当社会上出现对宝钢工程种种议论时，陈云到上海调查研究，听取各方面专家、干部的意见；并于 6 月 16 日在北京主持国务院财经委员会全体会议，专题讨论宝钢工程问题。陈云肯定了宝钢开工后成绩很大，同时指出工程上马仓促，应从各方面多加考虑，以弥补过去的不足。陈云强调，对这个工程要"干到底"，"店铺开门，不怕买卖大"。

1979 年 7 月邓小平在上海说：宝钢，国内外议论多，我们不后悔，问题是要搞好。第一要干，第二是保证干好。1984 年 2 月 15 日，邓小平来到宝钢，看到一期工程有把握按期投产，二期工程从经济技术上衡量势必要上，且准备工作基本就绪，有可能把宝钢建设的步子迈得快一点，果断地提出：宝钢二期肯定要上，而且可以提前干，上得快一些，不要耽误时间。邓小平还为宝钢题词："掌握新技术，要善于学习，更要善于创新。"

1993 年 7 月 15 日，经国家体制改革委员会、国家经济贸易委员会批准，国家工商行政管理局注册登记，上海宝山钢铁总厂改名宝山钢铁（集团）公司，简称"宝钢"。

2016 年 9 月 22 日，国资委同意宝钢集团与武汉钢铁（集团）实施联合重组。宝钢集团有限公司更名为中国宝武钢铁集团有限公司，作为重组后的母公司，武汉钢铁（集团）公司整体无偿划入，成为其全资子公司。2016 年 12 月 1 日，中国宝武钢铁集团揭牌成立，采取上海、武汉"双总部"模式。2020 年，中国宝武被国务院国资委纳入中央企业创建世界一流示范企业。2023 年，中国宝武资产规模达 1.36 万亿元。在 2024 年公布的《财富》世界 500 强排行榜中，中国宝武位列第 44 位，继续位居全球钢铁企业首位。

九、三北防护林工程

三北防护林工程，是指在中国西北、华北和东北地区建设的大型人工林业生态工程。中国政府为改善生态环境，于 1979 年决定把这项工程列为国家经济建设的重要项目。

建设三北防护林工程是改善生态环境，减少自然灾害，维护生存空间的战略需要。三北地区分布着中国的八大沙漠、四大沙地和广袤的戈壁，总面积达 149 万平方公里，约占全国风沙化土地面积的 85%，形成了东起黑龙江西至新疆的万里风沙线。大部分地方年降水量不足 400 毫米，干旱等自然灾害十分严重。三北地区水土流失面积达 55.4 万平方公里（水蚀面积），黄土高原的水土流失尤为严重。建设三北防护林工程，不仅对改善三北地区生态环境起着决定性的作用，而且对改善全国生态环境也有举足轻重的影响。

按照总体规划，三北防护林工程要在保护好现有森林草原植被基础上，采取人工造林、飞机播种造林、封山封沙育林育草等方法，营造防风固沙林、水土保持林、农田防护林、牧场防护林以及薪炭林和经济林等，形成乔、灌、草植物相结合，林带、林网、片林相结合，多种林、多种树合理配置，农、林、牧协调发展的防护林体系。

三北防护林工程的建设范围东起黑龙江省的宾县，西至新疆的乌孜别里山口，北抵国界线，南沿海河、永定河、汾河、渭河、洮河下游、布尔汗布达山、喀喇昆仑山，东西长 4480 公里，南北宽 560 — 1460 公里。包括陕西、甘肃、宁夏、青海、新疆、山西、河北、北京、天津、内蒙古、辽宁、吉林、黑龙江 13 个省、自治区、直辖市的 725 个县（旗、市、区）。工程建设总面积 435.8 万平方公里，占全国陆地总面积的 45%。从 1979 年到 2050 年，历时 73 年，分三个阶段、八期工程进行。规划造林 5.35 亿亩。到 2050 年，三北地区的森林覆盖率将由 1979 年的 5.05% 提高到 14.95%。

1978 — 2000 年为第一阶段，分三期工程：1978 — 1985 年为一期工程，1986 — 1995 年为二期工程，1996 — 2000 年为三期工程。

2001 — 2020 年为第二阶段，分两期工程：2001 — 2010 年为四期工程，2011 — 2020 年为五期工程。

2021 — 2050 年为第三阶段，分三期工程：2021 — 2030 年为六期工程，2031 — 2040 年为七期工程，2041 — 2050 年为八期工程。

这项工程，根据中国国情，采取民办国助形式，实行群众投工、多方集资、自力更生、国家扶持为辅的建设方针，走一条生态效益和经济效益并重的具有中国特色的防护林建设之路。

三北工程建设之初为了从根本上改变三北地区生态面貌，改善人们的生存条件，促进农牧业稳产高产，维护粮食安全，把农田防护林作为工程建设的首要任务，集中力量建设以平原农区的防护林体系。

二期工程，随着经济体制的改革与深化，为进一步调动群众投身工程建设的积极性与主动性，工程建设提出了建设生态经济型防护林体系的指导思想，使生态治理与经济发展相协调，生态建设与群众脱贫致富相统一，改变单一生态型防护林建设模式，做到农林牧、土水林、带片网、乔灌草、多林种、多树种、林工商7个结合，使防护林体系达到结构稳定、功能完善，生态、经济、社会效益有机结合。

三期工程，1996年启动，总投资78.57亿元，是前15年总投资的2倍多，奋斗目标是再造林4万平方公里。到20世纪末，在东北西部到内蒙古东部、京津与河北北部、黄土高原、新疆绿洲等地区建成了一批不同等级的区域性防护体系，使三北地区环境质量有很大改善。

四期工程，根据日益严峻的防沙治沙形势，提出了以防沙治沙为主攻方向。提出"建设一个亮点、统筹三大区域"的工程建设思路，开展了新农村建设试点、农防林更新改造和重点农区、重点沙区和水土流失区的高标准防护林建设。

到2018年，三北工程建设40年，累计完成造林保存面积3014.9万公顷，工程区森林覆盖率由1979年的5.05%提高到13.59%，活立木蓄积量由7.4亿立方米提高到33.3亿立方米。

从新疆到黑龙江的风沙危害区营造防风固沙林1亿多亩，使20%的沙漠化土地得到有效治理，沙漠化土地扩展速度由20世纪80年代的2100平方公里下降到1700平方公里。辽宁、吉林、黑龙江、北京、天津、山西、宁夏等7个省（区、市）结束了沙进人退的历史，沙漠化土地每年481平方公里，拓宽了沙区广大人民的生存地区。重点治理的科尔沁、毛乌素两大沙地森林覆盖率分别达到20.4%和29.1%，不仅实现了土地沙漠化逆转，而且进入综合治理、综合开发的新阶段。重点治理的黄土高原造林779.1万公顷。近50%的水土流失面积得到不同程度治理，水土流失面积减少2万多平方公里，土壤侵蚀模数大幅度下降，每年入黄泥沙量减少3亿多吨。

2018年11月30日，三北工程建设40周年总结表彰大会在北京召开。会议对三北工程建设作出突出贡献的先进集体、先进个人和"绿色长城奖章"获得者进行了表彰。

1988年，邓小平为三北防护林工程亲笔书写了"绿色长城"的题词。

2018年11月，习近平对三北工程建设作出重要指示强调，三北工程建设是同我国改革开放一起实施的重大生态工程，是生态文明建设的一个重要标志性工程。经过40年不懈努力，工程建设取得巨大生态、经济、社会效益，成为全球生态治理的成功典范。当前，三北地区生态依然脆弱。继续推进三北工程建设不仅有利于区域可持续发展，也有利于中华民族永续发展。要坚持久久为功，创新体制机制，完善政策措施，持续不懈推进三北工程建设，不断提升林草资源总量和质量，持续改善三北地区生态环境，巩固和发展祖国北疆绿色生态屏障，为建设美丽中国作出新的更大的贡献。

2022年10月，三北工程启动20个科学绿化试点县建设，试点建设期限为2022年至2025年。

自2023年8月开始，科尔沁、浑善达克沙地歼灭战，黄河"几字弯"攻坚战，河西走廊—塔克拉玛干沙漠边缘阻击战相继正式启动，标志着三北工程三大标志性战役全面展开。

十、核电站

核电站，就是利用核能进行发电的电站。核电站建设是中国和平利用原子能，并以此改善能源结构的重大工程。

核电站是通过适当的装置将核能转变成电能的设施。核电站以核反应堆来代替火电站的锅炉，以核燃料在核反应堆中发生裂变产生热量，使核能转变成热能来加热水产生蒸汽。核电站由核岛、常规岛、核电站配套设施、核电站的安全防护措施组成。

核电站自 20 世纪 50 年代开始，根据其工作原理和安全性能的差异，已经历了 4 代。

中国核电站的建设始于 20 世纪 80 年代中期。1985 年开工建设我国大陆第一座核电站——秦山核电站。1991 年 12 月 15 日并网发电，1994 年商业运行，电功率为 300 兆瓦。这是中国第一座自行设计、自行建造的 30 万千瓦的核电站。它使中国成为继美国、英国、法国、苏联、加拿大和瑞典后，全球第七个能自行设计建造核电机组的国家。

1994 年 2 月 1 日，中国引进外国资金、先进设备和技术建设的第一座大型核电站——广东大亚湾核电站一号机组正式投入商业运行。2002 年 10 月 22 日，第十三届太平洋地区核能大会在深圳开幕。朱镕基在致大会的贺电中指出，中国政府历来重视和支持核能和核技术的和平利用。中国核电建设从 20 世纪 80 年代起步，已有了长足发展。核技术应用已遍及医学、农业、工业、环保、高新技术等多个领域，产业化规模正在不断扩大。核能和核技术在中国有着广阔的发展前景。中国愿与太平洋地区和世界各国在核能核技术应用方面加强交流合作，共同推进核事业的发展。

2014 年 3 月 22 日—4 月 1 日，习近平出席在荷兰海牙举行的第三届核安全峰会。3 月 24 日，在核安全峰会上首次提出理性、协调、并进的核安全观。

2014 年 12 月 18 日，中国第一座钠冷快中子反应堆——中国实验快堆首次实现满功率稳定运行 72 小时，标志着中国全面掌握快堆这一第四代核电技术的设计、建造、调试运行等核心技术。

2015 年 5 月 7 日，中国自主创新、拥有完整自主知识产权的第三代核电技术"华龙一号"全球首堆示范工程开工建设。"华龙一号"

采用全球三代核电最高安全标准，运用数字化与智能化技术推动建设，安全性、经济性特点突出，技术指标达到国际先进水平，是我国具有完整自主知识产权的三代核电技术，被誉为"国之重器""国家名片"。

2021 年 1 月 30 日，全球第一台"华龙一号"核电机组——中核集团福建福清核电 5 号机组投入商业运行。2022 年 3 月 25 日，"华龙一号"示范工程第二台机组——中核集团福清核电 6 号机组正式具备商运条件。至此，我国自主三代核电"华龙一号"示范工程全面建成投运。

目前，"华龙一号"已有 6 台机组在国内外建成运行、27 台机组在建，已成为全球在运在建机组总数最多的三代核电技术。而且在智能化上，通过技术迭代，"华龙一号"已实现核电设计与信息技术的深度融合。

2020 年 9 月 28 日，我国三代核电自主化标志性成果"国和一号"正式发布。

2021 年 12 月 20 日，全球首座第四代核电机组——华能石岛湾高温气冷堆核电站示范工程 1 号反应堆成功并网发电。

依据中国核能行业协会公布的数据，截至 2021 年 12 月 31 日，中国大陆共有 53 台商运核电机组，具体情况是：

红沿河核电站（中广核，5 台机组）；

石岛湾核电站（华能，1 台机组）；

海阳核电站（国电投，2 台机组）；

田湾核电站（中核，6 台机组）；

秦山核电站（中核，1 台机组）；

秦山第二核电站（中核，4 台机组）；

秦山第三核电站（中核，2 台机组）；

方家山核电站（中核，2 台机组）；

三门核电站（中核，2 台机组）；

宁德核电站（中广核，4 台机组）；

福清核电站（中核，6 台机组）；

岭澳核电站（中广核，4 台机组）；

大亚湾核电站（中广核，2 台机组）；

台山核电站（中广核，2 台机组）；

阳江核电站（中广核，6 台机组）；

防城港核电站（中广核，2 台机组）；

昌江核电站（中核，2 台机组）。

正在建设中的核电站有：

徐大堡核电站（中核，1、2 号机组）；

红沿河核电站（中广核，6 号机组）；

国和一号示范工程（国电投，1、2 号机组）；

田湾核电站（中核，7 号机组）；

三澳核电站（中广核，1、2 号机组）；

漳州核电站（中核，1、2 号机组）；

太平岭核电站（中广核，1、2 号机组）；

防城港核电站（中广核，3、4 号机组）；

昌江核电站（中核，3、4 号机组）；

昌江小堆示范工程（中核，1 号机组）；

霞浦示范快堆（中核，1、2 号机组）。

截至 2023 年 1 月，中国大陆商运核电机组 54 台，在建核电机组 23 台，在建规模继续保持世界领先。到 2035 年，核能发电量在中国电力结构中的占比将达到 10% 左右。

截至 2024 年 12 月 31 日，我国内地并网运行核电机组 58 台，总装机容量 6088.094 万千瓦；在运、在建和核准待建核电机组共 102 台，总装机容量 1.13 亿千瓦，连续两年位居全球首位。

十一、三峡工程

长江三峡工程，即长江三峡水电站、长江三峡水利枢纽工程，曾是世界上最大的水利枢纽工程、规模最大的水电站，也是中国有史以来建设的最大型的工程项目。

在长江上修建水电站，是多少代中国人的梦想。1919 年，孙中山在《建国方略之二——实业计划》中就提出了建设三峡工程的设想。

国民政府时期，曾经多次组织对长江中上游进行勘探、选址，与美国合作提出了有关计划。1945 年，国民政府资源委员会还成立了三峡水力发电计划技术研究委员会、全国水力发电工程总处及三峡勘测处。但到 1947 年 5 月，中止了三峡水力发电计划的实施，撤回了在美的全部技术人员。

中华人民共和国成立后的 50 年代，在不到 5 年的时间里，毛泽东为三峡工程和长江水利建设问题，先后 6 次咨询当时的长江水利委员会负责人。

1955 年起，在中共中央、国务院领导下，有关部门和各方面人士通力合作，全面开展长江流域规划和三峡工程勘测、科研、设计与论证工作。苏联专家也参与了有关工作。

1958 年 3 月，周恩来在中共中央成都会议上作了关于长江流域和三峡工程的报告，会议通过了《中共中央关于三峡水利枢纽和长江流域规划的意见》。毛泽东审阅了这一规划意见，并在必要性后面加了一句话："但是最后下决心确定修建及何时开始修建，要待各个重要方面的准备工作基本完成之后，才能作出决定。"[①]

8月，周恩来主持了在北戴河召开的长江三峡会议，更具体地研究了进一步加快三峡设计及准备工作的有关问题，要求1958年底完成三峡初设要点报告。但由于经济困难和国际形势影响，三峡建设步伐作了调整。

1970年，中央决定先建作为三峡总体工程一部分的葛洲坝工程，一方面解决华中用电供应问题，一方面为三峡工程做准备。

改革开放以后，建设三峡工程的呼声日益高涨。1980年7月，邓小平从重庆乘船视察三峡坝址、葛洲坝工地和荆江大堤，听取了三峡工程的汇报。1982年，在听取国家计委关于修建三峡工程以缓解电力紧张局面的汇报时，邓小平表示：看准了就下决心，不要动摇。

从三峡工程筹建的那一刻起，就始终有各种不同意见。党和国家以科学、开放、包容的态度对待不同意见，努力提高决策的科学性。

1983年，水利电力部提交工程可行性研究报告，并着手进行前期准备。1984年，经过国务院16个部委和鄂湘川3省以及58个科研施工单位、11所大专院校的专家审查通过，中共中央、国务院批准了蓄水位为150米的三峡方案。但是在1985年的全国政协会议上，周培源、李锐等一些政协委员表示了强烈反对。对于大坝的高程，重庆市对150米的低坝方案提出异议，认为万吨级船队不能直抵重庆。

因此，1986年6月，中共中央和国务院决定进一步扩大论证，责成水利部重新提出三峡工程可行性报告。于是，从1986年到1988年，国务院又召集张光斗、陆佑楣等412位专业人士，分14个专题对三峡工程进行全面重新论证。经过长达2年8个月的论证。结论认为技术方面可行、经济方面合理，"建比不建好，早建比晚建更为有利"。

---

① 《毛泽东年谱》第六卷，中央文献出版社2023年版，第330页。

1989 年，水利部提出关于建设三峡工程的可行性研究报告，认为建设三峡工程在实践中是必要的，在经济上是可行的。报告推荐的建设方案是："一级开发，一次建成，分期蓄水，连续移民"。方案确定坝高为 185 米，蓄水位为 175 米。

1989 年 7 月，江泽民到长江考察，详细听取了关于三峡工程的专题汇报，提出三峡工程要争取早日上马，把几代人的伟大理想在我们这代人手中变为现实。

1990 年 7 月，以邹家华为主任的国务院三峡工程审查委员会成立。至 1991 年 8 月，委员会通过了可行性研究报告，报请国务院审批，并提请七届全国人大审议。

1992 年 4 月，七届全国人大五次会议以 1767 票赞成、177 票反对、664 票弃权、25 人未按表决器通过《关于兴建长江三峡工程的决议》。其中令人瞩目的是大坝高程为 185 米。

三峡工程的一大难点是移民问题。三峡水库淹没涉及湖北省、重庆市的 20 个区县、270 多个乡镇、1500 多家企业，以及 3400 多万平方米的房屋。从开始实施移民工程的 1993 年到 2005 年，每年平均移民近 10 万人左右，累计有 110 多万移民告别故土。

1993 年 8 月，国务院发布了《长江三峡工程建设移民条例》，规定：国家在三峡工程建设中实行开发性移民方针，使移民的生活水平达到或者超过原有水平，并为三峡库区长远的经济发展和移民生活水平的提高创造条件。2001 年 2 月，又对这一条例进行了修订。

1994 年 12 月 14 日，在三峡大坝坝址——湖北省宜昌市三斗坪举行开工典礼，李鹏宣布三峡工程正式开工。

1997 年 3 月，八届全国人大五次会议批准设立重庆直辖市。这一决定有利于三峡工程建设和库区移民统一规划、安排和管理。

1997 年 10 月，胡锦涛在考察三峡工程时强调，要把工程质量摆在高于一切的位置上。

1997年11月8日，三峡工程实现大江截流，标志着为期5年的一期工程胜利完成，三峡工程转入二期工程建设。

1998年7月，三峡坝区遭遇57700立方米/秒流量的大洪水，坝址水域来水量达到1877年以来历史同期最高值，三峡工程经受住洪水考验，工程主要项目正常施工。

2003年6月，三峡工程下闸蓄水，首批机组开始发电。

2004年10月，历时5年、涉及16.6万人的三峡移民外迁安置工作正式结束。截至2004年9月，库区政府共组织外迁移民9.6万人，加上重庆市内、湖北省内安置4.5万人，以及自主外迁到20多个省市的2.5万人，共从库区外迁农村移民16.6万人。三峡农村移民安置在上海、江苏等11个省市的249个县、1062个乡镇、2000多个安置点。外迁移民的生产、生活条件得到落实，承包土地人均达到1亩左右，人均住房面积达到20—25平方米。

2006年5月20日，全线浇筑达185米高度的三峡大坝建成。毛泽东"更立西江石壁，截断巫山云雨，高峡出平湖"的预言成为现实。

2008年10月，三峡工程26台机组投产发电，比原计划提前一年建成。三峡工程对防洪、发电和促进航运事业发展具有重要作用。

2010年10月26日，三峡工程成功蓄水至175米。

2012年7月4日，三峡工程最后一台70万千瓦巨型机组正式交付投产。至此，世界装机容量最大的水电站——三峡电站32台机组全部投产。

三峡大坝为混凝土重力坝，大坝长2335米，底部宽115米，顶部宽40米，高程185米，正常蓄水位175米。大坝坝体可抵御万年一遇的特大洪水，最大下泄流量可达每秒钟10万立方米。整个工程的土石方挖填量约 1.34 亿立方米，混凝土浇筑量约 2800 万立方米，耗用钢材 59.3 万吨。水库全长 600 余公里，水面平均宽度 1.1 公里，总面积 1084 平方公里，总库容 393 亿立方米，其中防洪库容 221.5 亿立方米，调节能力为季调节型。

三峡水电站的机组布置在大坝的后侧，共安装 32 台 70 万千瓦水轮发电机组，其中左岸 14 台，右岸 12 台，地下 6 台，另外还有 2 台 5 万千瓦的电源机组，总装机容量 2250 万千瓦，远远超过位居世界第二的巴西伊泰普水电站。

三峡工程主要有三大效益，即防洪、发电和航运，其中防洪是三峡工程最核心的效益。经济效益则主要表现在发电上。到 2023 年 7 月 10 日，三峡电站首台机组投产发电整 20 年。20 年来，三峡电站已累计发出 16000 多亿千瓦时清洁电能，相当于我国居民 2022 年直接消耗的用电，相当于替代标准煤 4.8 亿多吨，减少二氧化碳排放量约 13.2 亿多吨。

2024 年 7 月 31 日，由乌东德、白鹤滩、溪洛渡、向家坝、三峡、葛洲坝 6 座梯级水电站构成的世界最大清洁能源走廊顶峰保供，高峰出力超过 7000 万千瓦，创历史新高。

2023 年 1 月，三峡工程入选水利部公布的"人民治水·百年功绩"治水工程项目名单。

十二、西电东送工程

西电东送工程，是将西部地区资源优势转化为经济优势的重大举措，是西部大开发的标志性工程。"西电东送"指开发贵州、云南、广西、四川、内蒙古、山西、陕西等西部省区的电力资源，将其输送到电力紧缺的广东、上海、江苏、浙江和京、津、唐地区。

中国地域辽阔，能源资源分布极不均匀。其中煤炭资源的69%集中在"三西"地区（即山西、陕西和内蒙古西部）和云南、贵州，水能资源的77%分布在西南和西北地区。但经济较发达的东部沿海地区能源资源匮乏，用电负荷却相对集中。如果开发西部的水电和煤炭资源，将西电东送，可以变西部资源优势为经济优势，满足东部地区电力需求，促进东、西部地区协调发展。

20世纪60年代，开始提出西电东送工程的设想，但由于当时国家财力不足、技术水平不够而无法实施。80年代，国家开展了实施西电东送的有关准备工作。1992年4月，七届全国人大五次会议正式批准建设长江三峡水电站，为西电东送的实施创造了新的条件。1999年，中共中央、国务院作出了西部大开发的重大决策，为西电东送的大规模实施提供了历史机遇。

2000年8月初，在北戴河会议上，时任广东省委书记李长春要求中央批准广东省在"十五"期间新建1000万千瓦发电机组。在讨论中，提出了这些电力到底由广东建电厂生产还是由贵州等地建电厂向广东输送的问题。由此，议定了西电东送工程问题。

2000年，国家计委主持召开西电东送发展战略研讨会，并向国务院提出了加快西电东送工程建设的建议，获国务院同意。

同年11月8日，贵州省洪家渡水电站、引子渡水电站、乌江渡水电站扩机工程等一批项目同时开工建设，标志着西电东送工程全面启动。

不久又组织了更大规模的西电东送工程第二次开工项目，一共有6个电源项目和3项输电工程项目，共计9个项目同时开工。电源项目有：贵州的黔北电厂、纳雍电厂二期、安顺电厂二期、贵阳电厂扩建，湖南的鲤鱼江电厂，云南的曲靖电厂二期工程也同时开工。输电工程开工项目有：三峡至广东的±500千伏直流输变电工程，贵州至

广东的 ±500 千伏直流输变电工程和贵州至广东的 500 千伏交流输变电工程。

西电东送工程由南、中、北三大通道构成。南通道是指开发西南地区的水电和云南、贵州的火电，相应建设输电工程，联合向广东送电；中通道是指以三峡电力送出为龙头，将输电网络向西延伸至长江上游地区，实现川渝和华中地区共同向华东、广东送电；北通道是指在山西北部、内蒙古西部向京津唐地区送电的基础上，逐步实现黄河上游水电和"三西"地区火电向华北、山东地区送电。

西电东送是西部大开发的标志性工程之一，在西部开发三大标志性工程中，西电东送投资最大，工程量最大。从 2001 年到 2010 年，西电东送项目的总投资在 5265 亿元人民币以上（不包括三峡电站）。西电东送同时开工的工程之多史无前例，单个工程的规模之大实属罕见。它不仅仅是西部的工程，也是东部的工程。

截至 2008 年底，西电东送三大通道送电能力已达 6318 万千瓦，其中南通道 2018 万千瓦，中通道 1750 万千瓦，北通道 2550 万千瓦。

根据有关资料介绍，西电东送工程实施至今，带来了巨大的经济和社会效益。

一是为西部地区的经济发展带来了前所未有的历史机遇，既为当地经济建设提供了大量资金支持，又将西部地区拥有的资源优势转化成经济优势，同时也带动了当地建筑业、运输业、服务业和农业的大发展，极大地促进当地经济社会发展，推进了西部地区城市化进程。建一个大型电厂，就会形成一个小城镇，并形成一个具有一定辐射能力的经济圈，带动相邻地区的发展。

二是向东部地区输送了经济、高效、清洁的电力，不仅满足了东部地区日益增长的电力需求，又平抑了东部省份过高的电价，而且减轻东部发电地区日益严重的环保压力，为东部地区的发展带来巨大的经济效益。

三是把东部地区和西部地区紧密地联系在一起，形成了东西优势互补、共赢发展的局面，有利于西部大开发和区域协调发展战略的顺利实施。

四是配套建设了一批大型水电站和高效火电机组，实现了全国更大范围内的资源优化配置，特别是水能资源的开发利用，有利于中国能源结构优化调整和生态环境改善，同时也拉动了电力设备制造业发展，使中国电力技术装备水平又上了一个新台阶，对实现电力工业可持续发展具有重要意义。

五是有利于江河治理和水资源合理利用。建一个大型水电站，不仅具有发电效益，而且还有防洪、供水、灌溉、航运等综合效益，实现生态、经济和社会效益的统一。

截至 2023 年 6 月底，中国西电东送输电能力已超过 3 亿千瓦，其中跨省跨区直流通道度夏期间最大输电能力可达 1.8 亿千瓦。

2024 年 7 月，南方电网西电东送单月送电量超 340 亿千瓦时，创历史新高，其中清洁电量占比约 85%。截至 2024 年 10 月，南方区域西电东送累计输送电量约 3.3 万亿千瓦时，相当于三峡水电站设计年均发电量的 33 倍。

十三、西气东输工程

西气东输工程，是中国距离最长、口径最大、由西部向东部的输气管道工程，西起塔里木盆地的轮南，东至上海。全线采用自动化控制，供气范围覆盖中原、华东、长江三角洲地区。西气东输工程是仅次于长江三峡工程的重大投资项目，是拉开西部大开发序幕的标志性建设工程。

改革开放以来，中国能源工业发展迅速，但结构很不合理，煤炭在一次能源生产和消费中的比重均高达72%，大量燃煤使大气环境不断恶化。发展清洁能源、调整能源结构已迫在眉睫。

中国西部地区的塔里木、柴达木、陕甘宁和四川盆地蕴藏着26万亿立方米的天然气资源，约占全国陆上天然气资源的87%。自20世纪90年代开始，石油勘探工作者相继探明21个大中小气田。将这些天然气输送到需求巨大的东部地区，无论对东部还是西部，都能产生巨大的效益，更好满足国计民生的需要。

1998年，西气东输工程开始酝酿。2000年2月14日，朱镕基主持召开总理办公会，听取论证汇报，明确启动西气东输工程是把新疆天然气资源变成造福广大新疆各族人民经济优势的大好事，也是促进沿线10省区市产业结构和能源结构调整、经济效益提高的重要举措。3月25日，国家计委召开西气东输工程工作会议。8月23日，国务院召开第76次总理办公会，批准西气东输工程项目立项。

"西气东输"有广义和狭义两个概念。从狭义上讲，是特指新疆塔里木至长江三角洲的输气工程。从广义上讲，是将中国中西部地区六大含油气盆地以及国外的天然气输往东部地区。西气东输工程除了已建成的陕京天然气管线外，还要再建设3条天然气管线，即塔里木—上海、青海涩北—西宁—甘肃兰州、重庆忠县—湖北武汉的天然气管道。从更大的范围看，正在规划中的引进俄罗斯西西伯利亚的天然气管道将与西气东输大动脉相连接，还有引进俄罗斯东西伯利亚地区的天然气管道也正在规划，这两条管道也属西气东输之列。

西气东输管道工程，采取干支结合、配套建设方式进行。一、二线工程干支线加上境外管线，长度达到15000多公里，这不仅是国内也是全世界距离最长的管道工程；西气东输工程穿越新疆、甘肃、宁夏、陕西、河南、湖北、江西、湖南、广东、广西、浙江、上海、江苏、山东和香港特别行政区，惠及人口超过 4 亿人，是惠及人口最多的基础设施工程。

2002 年 7 月 4 日，经国务院批准，西气东输工程开工典礼在京隆重举行。江泽民专门发来贺信，朱镕基会见参加开工典礼的外国企业家，吴邦国出席开工典礼、宣布开工并讲话。江泽民在贺信中指出，西气东输是一项举世瞩目的宏大工程，是实施西部大开发战略的重要举措。希望沿线各省区市党委和政府、参与工程建设的全体员工，精心组织，加强协作，群策群力，科学施工，把西气东输工程建成一流工程。

2003 年 10 月 1 日，靖边至上海段试运投产成功，2004 年 1 月 1 日正式向上海供气，2004 年 10 月 1 日全线建成投产，2004 年 12 月 30 日实现全线商业运营。该线管道工程起于新疆轮台县轮南镇，途经 10 省（区、市）66 个县，全长约 4000 公里。

2008 年 2 月 22 日，西气东输二线工程开工。至 2011 年 6 月，干线工程全线贯通。2012 年 12 月 30 日，来自中亚的天然气，经由西气东输二线最后一条投产的支干线广州—南宁段到达南宁，标志着西气东输二线工程 1 条干线、8 条支干线全部建成投产。

2012 年 10 月 16 日，西气东输三线工程开工。李克强作出批示，祝贺工程开工。三线工程总长度约为 7378 公里，设计年输气量 300 亿立方米。主要气源来自中亚国家，国内塔里木盆地增产气和新疆煤制气为补充气源。三线工程建设总投资 1250 亿元。

2014 年 8 月 25 日，在甘肃省瓜州县腰占子村，西气东输三线瓜州站完成最后一道焊口，标志着西气东输三线西段全线贯通。2021 年 9 月 23 日，西气东输三线中段（中卫—吉安）工程在宁夏中卫正式开工建设。

2022 年 9 月 28 日，西气东输四线工程正式开工，工程起于新疆乌恰县，止于宁夏中卫市，管道全长约 3340 公里。2024 年 9 月 29 日，西气东输四线（吐鲁番—中卫）新疆段建成投产。

西气东输工程投资巨大。工程将大大加快新疆地区以及中西部沿线地区的经济发展，相应增加财政收入和就业机会，带来巨大的经济效益和社会效益。沿线城市可用清洁燃料取代部分燃油和煤炭，有效改善大气环境，提高人民生活品质。

截至 2022 年底，由西气东输一线、二线、三线（西段、东段）组成的西气东输管道系统累计输气量超过 8000 亿立方米，替代标煤 10.7 亿吨，减少二氧化碳排放 11.7 亿吨、粉尘 5.8 亿吨。西气东输一线、二线、三线在亚洲最大的天然气枢纽站——宁夏中卫联络压气站汇集。2024 年以来，该站的日均输气量超过 1.8 亿立方米。

截至 2024 年 9 月底，西气东输工程已累计输送天然气超 9800 亿立方米。

到 2023 年底，全国在役天然气管道里程约 5.7 万公里，覆盖全国 30 个省区市。当前，西气东输管道系统供气范围覆盖我国西部、长三角、珠三角、华中地区的 400 多座城市、3000 余家大中型企业，惠及近 5 亿人口。

在西气东输工程建设之初，天然气在我国能源消费结构中的比例仅有 2.4% 左右；西气东输投产以后，截至 2023 年底，天然气在我国能源消费结构中的比例占到 8.5%。

西气东输工程，从决策酝酿到战略实施，从气源落实到市场开发，从试验示范到技术攻关，从工程建设到材料装备，从开工建设到商业供气，每一个环节都彰显了社会主义制度能够集中力量办大事的优越性。

十四、"鸟巢"

"鸟巢",即国家体育场,为 2008 年北京奥运会的主体育场,位于北京奥林匹克公园中心区南部、奥林匹克公园建筑群的中央位置,被誉为"第四代体育馆"的优秀建筑作品。因外形和理念均似鸟巢,故习称"鸟巢"。

"鸟巢"由雅克·赫尔佐格、皮埃尔·德梅隆、李兴钢等中外建筑师合作设计,由北京城建集团负责施工。赫尔佐格、德梅隆曾获 2001 年普利兹克奖。

"鸟巢"作为特级体育建筑、大型体育场馆,主体结构设计使用年限 100 年,耐火等级为 1 级,抗震设防烈度 8 度,地下工程防水等级 1 级。

北京获得 2008 年奥运会、残奥会的主办权之后,便展开了一系列比赛场地的建设。建设主体育场是筹备工作的主要内容之一。2002 年 10 月 25 日,北京市规划委员会受权面向全球征集 2008 年奥运会主体育场——国家体育场的建筑概念设计方案。

截至 2002 年 11 月 20 日,竞赛办公室共收到 44 家著名设计单位提供的有效资格预审文件,经过严格的资格预审,最终确定了 14 家设计单位进入正式的方案竞赛。2003 年 3 月 19 日—25 日,评审委员会投票,"鸟巢"方案压倒性胜出。经决策部门认真研究,"鸟巢"被确定为 2008 年北京奥运会主体育场——国家体育场的最终实施方案。

在各项开工准备工作就绪后,2003 年 12 月 24 日举行了开工奠基仪式。2004 年 2 月,国家体育场百根基础桩完成,"鸟巢"工程开始实质性结构建设。2006 年 9 月 17 日,在经历两年多的建设后,完成了钢结构施工的最后一个环节——整体卸载。2008 年 6 月,"鸟巢"

工程顺利完工。总造价 22.67 亿元。

"鸟巢"占地 20.4 万平方米，建筑面积 25.8 万平方米，可容纳观众 9.1 万人，其中正式座位 8 万个，临时座位 1.1 万个。无论观众坐在哪个位置，和赛场中心点之间的视线距离都在 140 米左右。"鸟巢"的观众席里，还为残障人士设置了 200 多个轮椅座席。所有观众都能享有同样的自然光和自然通风。

2008 年北京奥运会、残奥会期间，在"鸟巢"举行了奥运会、残奥会开闭幕式、田径比赛及足球比赛决赛。奥运会后，成为北京市民参与体育活动及享受体育娱乐的大型专业场所，并成为地标性的体育建筑和奥运遗产。

作为国家标志性建筑，"鸟巢"的整体设计新颖激进，结构十分独特。整个体育场结构的组件相互支撑，形成网格状的构架，外观看上去就如同一个由树枝编织成的鸟巢，更像一个孕育着生命的摇篮，寄托了人类对未来的希望。其外观、结构、内部设施和装饰都非常形象而准确地表达了绿色奥运、科学奥运、人文奥运的理念。

"鸟巢"主体建筑呈空间马鞍椭圆形，南北长 333 米。外部没有做任何处理，结构暴露在外，自然形成了建筑的外观。灰色矿质般的钢网以透明的膜材料覆盖，其中包含着一个土红色的碗状体育场看台。整个建筑通过迪士尼巨型网状结构联系，内部没有一根立柱，看台是一个完整的没有任何遮挡的碗状造型，如同一个巨大的容器。盘根错节的体育场立面与几何体的建筑基座合而为一，如同"树和树根"组成了一个体量庞大的建筑编织体。

在满足奥运会体育场所有的功能和技术要求的同时，体育场的空间效果新颖激进，但又简洁古朴，为 2008 年奥运会创造了独一无二又史无前例的地标性建筑，博得了世界的瞩目。

这种独特的结构，成为施工的极大挑战。建设者们以科学态度和创新精神进行施工，解决了大量复杂的难题，也对原设计作了适当的改进，取消了可开启屋顶，但保持风格不变，从而使得工程建设确保了质量和进度。

2014 年 4 月，中国当代十大建筑评审委员会从全国 1000 多座地标建筑中，综合年代、规模、艺术性和影响力四项指标，初评出 20 个建筑，最终产生十大当代建筑。北京"鸟巢"——国家体育场成为初评入围建筑之一。

2021 年 6 月 28 日，庆祝中国共产党成立 100 周年文艺演出《伟大征程》在国家体育场盛大举行。

2022 年 2 月，第二十四届冬季奥林匹克运动会开幕式、闭幕式均在"鸟巢"举行。"鸟巢"成为世界上唯一一座举办了夏奥会开幕式和冬奥会开幕式的体育场馆。

截至 2024 年 2 月 4 日，北京冬奥会赛后两年来，国家体育场、国家游泳中心、国家速滑馆三大场馆以优质产品和载体服务文体消费新需求，举办了上百场大型活动，累计接待 700 余万人次，书写了奥运场馆可持续利用的"中国答卷"。

十五、南水北调工程

南水北调工程，是中国从南方将长江水调往北方以解决北方缺水问题的大规模战略性工程，是从全局出发，优化水资源配置、促进区域协调发展的基础性工程，是新中国成立以来投资额最大、涉及面最广的战略性工程，事关中华民族长远发展。

中国幅员辽阔，南北地区气候差异很大，水资源的分布极不平衡。随着世界气象条件的变化，中国北方地区的缺水现象越来越严重。南水北调，是从根本上解决这一重大问题的途径之一。

早在 1952 年，毛泽东视察黄河时就提出："南方水多，北方水少，如有可能，借一点来是可以的。"[①] 这成为南水北调宏伟构想的发端。1958 年 8 月，《中共中央关于水利工作的指示》颁布，第一次正式提出南水北调。1959 年，中国科学院、水电部在北京召开西部地区南水北调考察研究工作会议，确定南水北调指导方针是："蓄调兼施，综合利用，统筹兼顾，南北两利，以有济无，以多补少，使水尽其用，地尽其利。"

十一届三中全会后，南水北调正式提上议事日程。1979 年，五届全国人大一次会议通过的《政府工作报告》正式提出："兴建把长江水引到黄河以北的南水北调工程。"1991 年 4 月，七届全国人大四次会议将南水北调列入"八五"计划和十年规划。1992 年 10 月，十四大把南水北调列入中国跨世纪的骨干工程。

1995 年 12 月，南水北调工程开始全面论证。2000 年 6 月，南水北调工程规划有序展开，广大科技工作者和工程人员，经年累月，做了大量野外勘查和测量，在分析比较 50 多种方案的基础上，形成了南水北调东线、中线和西线调水的基本方案。2002 年 12 月 23 日，国务院正式批复《南水北调工程总体规划》。2002 年 12 月 27 日，南水北调工程正式开工。

南水北调工程主要解决中国北方地区，尤其是黄淮海流域的水资源短缺问题，规划区人口 4.38 亿人，调水规模 448 亿立方米。总体规划东线、中线和西线三条调水线路。通过这三条线路与长江、黄河、淮河和海河四大江河联系，构成以"四横三纵"为主体的总体布局，把长江流域水资源从上游、中游、下游，抽调部分送至华北与淮海平原和西北地区水资源短缺地区，以利于实现中国水资源南北调配、东西互济的合理配置格局。

---

① 《毛泽东年谱》第四卷，中央文献出版社 2023 年版，第 621 页。

东线工程，从江苏省扬州附近的长江干流引水，利用京杭大运河以及与其平行的河道输水，连通洪泽湖、骆马湖、南四湖、东平湖，并作为调蓄水库。经泵站逐级提水进入东平湖后，水分两路。一路向北，穿黄河后自流到天津，从长江到天津北大港水库的输水主干线长约1156公里；另一路向东，经新辟的胶东地区输水干线连接引黄济青渠道，向胶东地区供水。

东线工程逐级翻水北送，向黄淮海平原东部、胶东地区和京津冀地区提供生产生活用水。供水区内分布有淮河、海河、黄河流域的25座地市级及其以上城市，1998年统计，区内人口1.18亿人，耕地880万公顷。东线第一、二、三期主体工程共计投资420亿元。

2002年12月27日，江苏段三潼宝工程和山东段济平干渠工程成为南水北调东线首批开工工程，也标志南水北调工程正式开工。2013年11月15日，东线一期工程正式通水运行。

中线工程，起点位于汉江中上游的丹江口水库。由丹江口大坝加高后扩容的丹江口水库调水，从河南南阳的淅川陶岔渠首闸出水，沿豫西南唐白河流域西侧过长江流域与淮河流域的分水岭方城垭口后，经黄淮海平原西部边缘，在郑州以西孤柏嘴处穿过黄河，继续沿京广铁路西侧北上，基本自流到终点北京。

中线工程重点解决河南、河北、天津、北京4个省市，沿线20多座大中城市的生活和生产用水，并兼顾沿线地区的生态环境和农业用水。中线输水干渠总长达1267公里，向天津输水的干渠长154公里。

西线工程，规划在长江上游通天河、支流雅砻江和大渡河上游筑坝建库，开凿穿过长江与黄河的分水岭巴颜喀拉山的输水隧洞，调长江水入黄河上游。主要解决青、甘、宁、内蒙古、陕、晋等6省（自治区）黄河上中游地区和渭河关中平原的缺水问题。结合兴建黄河干流上的骨干水利枢纽工程，还可以向邻近黄河流域的甘肃河西走廊地区供水，必要时也可向黄河下游补水。

西线工程规划于 2001 年通过审查。目前，仍处于可行性研究过程中，还未进入基建审批程序，因此，还没有开工建设。

南水北调工程规划最终调水规模 448 亿立方米，其中东线 148 亿立方米，中线 130 亿立方米，西线 170 亿立方米。工程规划的东、中、西线干线总长 4350 公里。东、中线一期工程干线总长 2899 公里，沿线 6 省市一级配套支渠约 2700 公里。建设时间约需 40 — 50 年。

2013 年 8 月 28 日，南水北调中线丹江口库区移民安置正式通过蓄水前最终验收，标志着库区蓄水前的各项移民相关任务全面完成。

2014 年 12 月 12 日下午，长 1432 公里、历时 11 年建设的南水北调中线正式通水。12 月 27 日，来自丹江口水库的江水正式进入北京市民家中。通水后，每年可向北方输送 95 亿立方米的水量，相当于 1/6 条黄河，基本缓解北方严重缺水局面。

到 2019 年 2 月 15 日，南水北调中线工程累计向北方输水 200 亿立方米，沿线河南、河北、北京、天津 4 个省市 5300 多万人喝上了南水，500 多万人告别高氟水、苦咸水。北京市自来水硬度从每升 380 毫克，下降到每升 120 — 130 毫克。南水北调中线工程输水水质一直保持并优于 II 类。2019 年 9 月 5 日，北京累计接收丹江口水库来水达到 50 亿立方米，全市直接受益人口超过 1200 万。

2003 年 12 月 28 日，国务院南水北调工程建设委员会办公室正式挂牌，开始履行其政府职能。2020 年 10 月 23 日，中国南水北调集团有限公司正式揭牌。南水北调工程投资已超过三峡工程，成为世界最大的水利工程。

2021 年 5 月 13 日，习近平在河南南阳实地了解南水北调中线工程建设管理运行和库区移民安置等情况。14 日，主持召开推进南水北调后续工程高质量发展座谈会。

截至 2022 年 5 月，南水已成为京津等 40 多座大中城市 280 多个县市区超过 1.4 亿人的主力水源。其中，为沿线 50 多条河流实施生态补水 85 亿立方米，为受水区压减地下水超采量 50 多亿立方米。

截至 2024 年 9 月，南水北调东、中线一期工程累计调水 752 亿立方米。已由原来规划的补充水源跃升为多个重要城市的重要水源。南水已占北京城区供水的 70% 以上，天津市主城区供水几乎全部为南水，河南省 10 余个省辖市用上南水，其中郑州中心城区 90% 以上居民用上南水。

南水北调工程是中国的战略性工程，工程建设对于中华民族长远发展和安全具有深远的战略性意义。

未来，将加快推进南水北调后续工程高质量发展，加快推进西线工程、东线后续工程前期工作，高质量建设中线引江补汉工程，加快实施防洪安全风险隐患处理，加快完善国家水网主骨架和大动脉。

第八章

共和国的交通工程

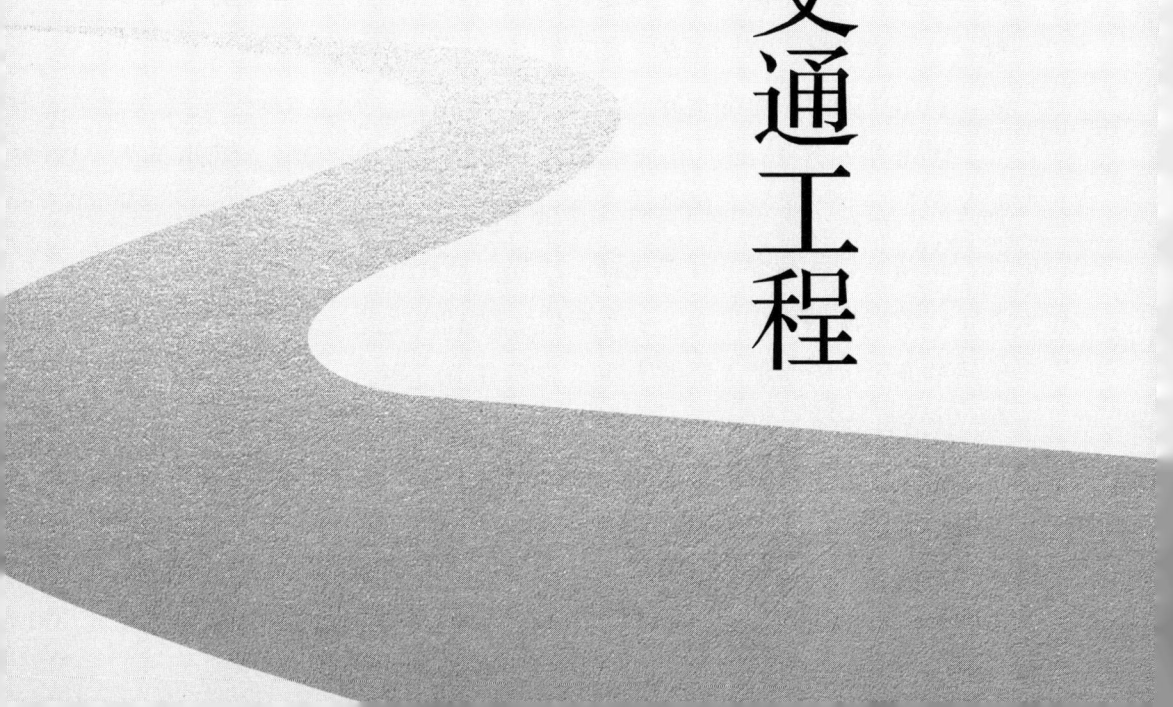

一、成渝铁路

成渝铁路，指竣工于 1952 年的成都到重庆的铁路，客运里程 504 公里，是新中国成立后建成的第一条铁路。

"蜀道之难，难于上青天"，"黄鹤之飞尚不得过，猿猱欲度愁攀援"，是李白的名句，也是千百年来人们对川渝地区交通艰难状况的感叹。如何解决大西南的交通问题，关系到国家和民族发展的大局。

1903 年，清政府提出修建川汉铁路意向，其西段为成渝铁路；1936 年，国民政府成立成渝铁路工程局，次年开始修筑；1937 年 7 月，因抗日战争爆发而停工。只在重庆到永川段修建了部分路基、隧道、桥梁，完成工程量的 14%。

1949 年 12 月 31 日，西南战事还没有完全结束，邓小平即主持西南局常委办公会议，决定兴建成渝铁路。1950 年春，中央批准西南军政委员会关于请求修建成渝铁路的报告，提出"依靠地方，群策群力，就地取材，修好铁路"的方针。筑路工作由西南军政委员会领导，技术业务由铁道部指导。

1950 年 6 月 15 日，在成都举行了成渝铁路开工典礼。邓小平莅临致辞，贺龙亲手将一面绣有"开路先锋"的锦旗授予筑路大军。当天，筑路一总队高举"开路先锋"旗帜，开赴九龙坡、油溪工地，揭开了修筑成渝铁路的序幕。3 万多名解放军官兵投入筑路施工。铁路沿线的农民也纷纷加入筑路大军，先后有 10 万民工。

成渝铁路动工之初，最大的困难是没有枕木和机械设备等。党中央确定了"就地取材"的原则。几十个县发动了献卖木料的运动。四川人民献出枕木 129 万根。国营某钢铁厂制造出了钢轨和配件。重庆 400 多家私营钢铁厂承担了道钉、道岔和某些机器的制造任务。10 万劳动大军所需要的工具，由重庆铁作业的职工包做了。完全用本国的器材修筑铁路，在中国铁路建设史上还是第一次。

工程于 1950 年 8 月 1 日开始从重庆向西铺轨，以每日 5010 米的进度推进，1951 年 6 月 30 日铺轨到永川，12 月 6 日铺轨到内江，1952 年 1 月 26 日铺轨到资中，6 月 13 日，铺轨到终点站成都。经过两年的艰苦奋斗，终于在 1952 年 6 月 13 日竣工，比计划工期提前了 3 个月。

1952 年 7 月 1 日，成渝铁路全线通车。贺龙在成都火车站成渝铁路通车典礼上将红绸彩带用力一剪，标志着"蜀道难"的历史从此改变了。1953 年 7 月 30 日，成渝铁路正式交付运营。毛泽东亲笔题写"庆贺成渝铁路通车，继续努力修筑天成路（后来的宝成铁路）"。

成渝铁路是中国自行设计施工、完全采用国产材料修建的第一条铁路。它西起成都，东至重庆，是连接川西、川东的经济、交通大动脉。它的建成，不仅实现了四川人民半个世纪的夙愿，改变了四川交通的格局，体现了中国共产党领导经济建设的能力，而且拉开了新中国大规模经济建设的序幕，为西南的工业化建设铺平了道路，对新中国成立初期重庆乃至整个西南地区国民经济的恢复都有着重大意义。至今，成渝铁路仍是联系成都与重庆及其所辐射的川西、川东地区的重要交通干线。

曾参加过保路运动的中央人民政府副主席张澜说："成渝铁路通车，顿使蜀道改观，山川无阻。广大地域的物产与文化加速交流。人民建设力量之伟大，使我今天能亲见其成，实感到无限欣慰。"

改革开放以后，成渝铁路于 1987 年 12 月实现了电气化。1998 年全线路运能力达到 2876 万吨，是新中国成立初期设计能力的 14

倍多。

2004 年，配合全国铁路第五次提速和运行图调整，成渝铁路成内段进行应急扩能改造。10 月底，全段双机牵引电力改造工程竣工。

2012 年 7 月 11 日开始，成都铁路局对建成于 1952 年的成渝铁路全线进行换砟换轨换岔大修施工，年底完工。成渝铁路实现了全线混凝土枕木及无缝线路。

2021 年 10 月印发的《四川省"十四五"综合交通运输发展规划》指出："扩能提升成渝铁路运输能力"。2022 年 6 月 20 日，成渝铁路重庆站停办客运业务。10 月 11 日，成渝铁路成都站停办客运业务。成渝铁路实施全面改造工程。改造完成后的成渝铁路原线路承担部分短途货物运输，运行标准仍在时速 80 公里左右。新线按照时速 120 公里建设并连接其他铁路。

2023 年 9 月 13 日，成渝铁路入选第三批中国工业遗产保护名录。

二、第一汽车制造厂

第一汽车制造厂（以下简称"一汽"），即长春第一汽车制造厂，是 1953 —1956 年在苏联援助下建成的新中国第一个大型汽车制造厂，是发展中国汽车制造的最早的标志性工程，是中国民族汽车工业的一面旗帜。现为中国第一汽车集团有限公司（简称"中国一汽"），是国有特大型汽车企业集团。

1950 年 1 月，毛泽东、周恩来在莫斯科同苏方领导人商定，由苏联援助中国建设一座现代化的载货汽车制造厂。同年 4 月，中央人民政府重工业部成立了汽车工业筹备组，开始酝酿汽车厂建设方案。由于中国缺乏汽车工业专门人才，决定聘请苏联专家承担汽车工厂设计。厂址经过大量考察研究，最后决定在长春市西郊孟家屯车站铁路以北地区兴建。1952 年 7 月，中共中央正式决定在长春成立"重工业部汽车工业筹备组六五二厂"（第一汽车制造厂代号）。

原计划 4 年建厂，但苏联建议改为 3 年，并向中方提交了一份经苏联汽车拖拉机设计院审查同意的 3 年建厂进度表。1953 年 6 月 9 日，毛泽东亲自签发了《中共中央关于力争三年建设长春汽车厂的指示》。

中央指示下达后，全国掀起轰轰烈烈支援一汽建设的热潮。中组部从全国各地抽调了 150 多名厅局级干部到筹备组从事领导工作，东北局调配了 529 名机关干部并从农村挑选了一大批党员、团员及复员军人，使来到一汽参加建设的干部猛增到 4000 多人。第一机械部也积极抽调了全国一大批技术干部、技术工人和汽车行业的专家，以及大专院校的毕业生。建工部还从上海、大连、沈阳、北京、天津等地调来大批技术工人和能工巧匠。铁道部优先运输一汽物资，邮电部开通莫斯科专线电话，以保证苏方图纸、设备分交等及时联系；外交部增设 4 名信使，加快资料和信息传递。一汽所在的吉林省、长春市，更是予以了全力的支援。1954 年长春市政建设费用的 95% 及 1955 年市政建设费用的 84% 都用于支援一汽建设。

经过 3 年紧张有序的筹备工作，一场规模宏大的建设工程就要开始。1953 年 6 月，周恩来向毛泽东报告汽车厂即将动工兴建的消息，毛泽东写下了"第一汽车制造厂奠基纪念"11 个大字。7 月 15 日，一汽万名建设者汇聚在长春西南郊，隆重举行了安放镌刻着毛泽东奠基题词基石的奠基典礼。

一汽几万名建设大军冒着东北的风霜雨雪，披星戴月，艰苦奋斗，克服了许多难以想象的困难，创造了许多先进的施工方法，确保了按进度完成建厂的任务。从 1955 年 8 月开始，在苏联专家的指导下，陆续调试生产出第一批合格的发动机、变速箱、底盘等各大总成。紧接着，全新的设备，全新的人，机器、高炉、生产线，空中、地下，全部相继运转起来。

1956年7月13日，在建厂3周年前夕，新中国成立后自己制造的第一辆载货汽车从第一汽车制造厂的总装线上盛装下线，上面嵌有中央领导同志亲自选定的"解放"牌图案。7月14日，第一批12辆解放牌汽车在雷鸣般的掌声中缓缓驶出装配线，标志着一汽的建设者们胜利完成了中央下达的"力争三年建成汽车厂"的任务，并迎来了7月15日正式开工生产。

能在短短3年时间里，完成一汽这样的重点工程建设，显示了社会主义大协作的优势，是历史的壮举。第一汽车制造厂的3年建成出车，对新中国的经济建设和国防建设具有极为重要的意义，不仅开创了中国汽车工业的新纪元，也为大规模的工业建设提供了丰富的宝贵经验，培养了大批领导骨干。长春第一汽车制造厂成为中国汽车工业的摇篮。

工厂建成以后，从1956年第三季度到1957年第一季度，一汽部署了3次全厂性的大行动，全面学习和熟悉生产、管理和工艺，使产品质量全面达到设计要求。

从1957年起，一汽进入了消化吸收苏联技术，独立自主的发展和建设阶段，标志着中国汽车工业开始走向自主发展。1956年4月，毛泽东在政治局扩大会议上提出："什么时候能坐上我们自己生产的小轿车开会就好了"。1957年5月，一机部下达了生产小轿车的任务，一汽从此迈出了制造轿车的步伐。1958年5月12日，国产CA71"东风"牌小轿车试制成功，运往北京，开到了中南海怀仁堂前，供参加八大二次会议的代表观赏。1958年，又开发了CA72型"红旗"牌轿车。首批30辆"红旗"牌高级轿车和2辆检阅车送往北京，参加中华人民共和国成立 10 周年国庆游行和阅兵式，接受了毛泽东的检阅。

1958 年 2 月 13 日，毛泽东视察一汽。

从 1965 年起，一汽开始了以达到年产 6 万辆汽车生产能力的扩建工程和技术改造，到 1966 年基本完成。1965 年，国家决定在湖北十堰筹建中国第二汽车制造厂（以下简称"二汽"）。一汽承担了支援和包建二汽的任务，这项工作一直延续到 20 世纪 70 年代初期。

1973 年 4 月 20 日，一汽开始实施 300 辆"红旗"轿车生产扩建工程。这是继"三年建厂"之后，大规模发展民族轿车工业的大工程，也是一汽发展史上一个重要发展项目。

1979 年至 1988 年，一汽换型调整，在一汽历史上被称为第二次创业。3 年更新 21800 多种工艺装备，新增和更新设备 7631 台，搬迁老设备 58660 台。到 1983 年 7 月，完成了第二代换型产品"CA141"型"解放"牌 5 吨载重汽车的设计、试验、鉴定定型。1987 年 1 月 1 日，新"解放"单轨垂直转产成功，宣告一汽彻底甩掉了"老'解放'三十年一贯制"的帽子。

1987 年 8 月，国务院在北戴河会议上作出重大决策，一汽被列为中国三大轿车基地之一，并确定"发展轿车，一汽先行"。由此，一汽在胜利完成"解放"车换型改造的第二次创业后不久，又抓住了大批量上轿车的机会，踏上了第三次创业的征途。

1989 年 8 月 1 日，第一台奥迪轿车驶下装配线。截至 1997 年底，累计生产奥迪轿车和自主品牌的小"红旗"轿车 123294 辆，国产化率分别达到 82% 和 93%。

1991 年 8 月 24 日，国务院以国办通 19 号文件批复了国家计委《关于批准一汽一大众汽车有限公司年产十五万辆轿车项目开工建设的请示》。一汽一大众 15 万辆轿车基地建设总投资 890636 万元人民币（含外汇 11017 万马克），注册资本 22.5 亿元，其中一汽占 60%，德国大众占 40%，成为当时全国最大的轿车生产基地。

一汽发展轿车走了两条路：一是合资合作，二是自主开发、联合开发。小"红旗"轿车就是在消化吸收奥迪轿车的整车技术和克莱斯勒发动机技术基础上，经过自主匹配成功的轿车新产品，实现了一汽"红旗不倒"的愿望，也完成了国家下达的恢复"红旗"轿车生产的政治任务，1995 年正式投入生产。

1982 年 12 月 20 日，一汽成立解放汽车工业联营公司。1991 年 2 月 6 日，一汽—大众汽车有限公司成立。1997 年，一汽轿车股份有限公司成立，6 月 18 日在深圳股票交易所上市。2003 年 1 月 18 日，一汽解放汽车有限公司在长春成立。2017 年 12 月 21 日，中国第一汽车集团公司正式更名为中国第一汽车集团有限公司。

2023 年 7 月 15 日，中国一汽在长春召开成立 70 周年大会，中国一汽生产的第 5577 万辆汽车在长春下线。

经过 70 多年的发展，中国一汽建立了东北、华北、华东、华南、西南等五大生产基地，构建了全球化研发布局，拥有红旗、解放、奔腾等自主品牌和大众（奥迪）、丰田、马自达等合资品牌，累计产销汽车超过 6000 万辆，销量规模位列中国汽车行业第一阵营。海外业务已覆盖欧洲、非洲、东南亚、中东、拉美等区域的 89 个国家和地区。

三、长江大桥

长江大桥，有狭义和广义之分，狭义上仅指宜宾岷江口以下长江段上的桥梁，广义上则泛指长江干流上的所有桥梁。通常把横跨长江及其较大支流具有较大工程性的桥梁称为长江大桥。

长江全长 6300 千米，是世界第三长河，仅次于非洲的尼罗河与南美洲的亚马孙河。千百年来，长江上没有一座桥梁，只能通过轮渡过江，交通十分不便，无论对经济、政治、军事都产生了极大的影响。

19 世纪末以来，历届政府和有关人士不断提出修建长江大桥的设想，有的还多次进行了规划。但由于种种原因，没有能够实际建成。

新中国成立以后，把在长江上建设大桥作为一项战略性的任务。

1957 年 10 月 15 日，首先建成了武汉长江大桥。武汉长江大桥位于湖北省武汉市武昌区蛇山和汉阳龟山之间，是万里长江上的第一座大桥，也是新中国成立后在长江上修建的第一座公铁两用桥，被称为"万里长江第一桥"。

武汉长江大桥是苏联援华 156 项工程之一，于 1955 年 9 月动工，1957 年 10 月 15 日正式通车。全长约 1670 米，上层为公路桥，下层为双线铁路桥（京广铁路），桥身共有 8 墩 9 孔，每孔跨度为 128 米。

武汉长江大桥将武汉三镇连为一体，极大地促进了武汉的经济社会发展。同时，大桥将被长江分隔的京汉铁路和粤汉铁路连为一体，从而形成了完整的京广铁路，对促进中国南北经济的发展起到了重要作用。

1956 年 6 月，毛泽东在《水调歌头·游泳》中抒写的"一桥飞架南北，天堑变通途"，就是对武汉长江大桥的真实写照。作为中国第一个五年计划的主要成就，大桥图案入选 1962 年 4 月发行的第三套人民币，成为新中国建设成就的一个重要标志。

2013 年 5 月 3 日，武汉长江大桥成为第七批全国重点文物保护单位。2016 年 9 月，入选"首批中国 20 世纪建筑遗产"名录。2018 年 1 月，入选第一批中国工业遗产保护名录。

1956 年，武汉长江大桥还在建设之中，国家又作出了在南京建设长江大桥以贯通京沪铁路线的决定。

南京长江大桥位于南京市鼓楼区下关和浦口区桥北之间，是长江上第一座由中国自行设计和建造的双层式铁路、公路两用桥梁，也是当时中国最大、桥梁技术最复杂的铁路、公路两用桥。

武汉大桥的设计施工是在苏联专家的帮助下进行的，而南京大桥的设计工作全部由中国完成。大桥的建设经历了 10 年时间。1958 年 9 月，国务院批准成立南京长江大桥建设委员会。1961 年 4 月，大桥总体建设方案得到批复。1968 年 9 月 30 日，铁路桥先行通车，南京市 5 万多军民举行了隆重的通车典礼。12 月 29 日，公路桥竣工通车，南京长江大桥全线贯通。1969 年 1 月 1 日，长江大桥公路桥交付使用。

南京长江大桥是中国东部地区交通的关键节点，上层为公路桥，长 4589 米，车行道宽 15 米，可容 4 辆大型汽车并行，两侧各有 2 米多宽的人行道。下层为双轨复线铁路桥，宽 14 米、全长 6772 米，连接津浦铁路与沪宁铁路干线，是国家南北交通要津和命脉。大桥由正桥和引桥两部分组成，正桥 9 墩 10 跨，长 1576 米，最大跨度 160 米。通航净空宽度 120 米，桥下通航净空高度为设计最高通航水位以上 24 米，可通过 5000 吨级海轮。长江大桥建设 8 年，耗资达 2.8758 亿人民币，耗用 38.41 万立方米混凝土、6.65 万吨钢材。

南京长江大桥是 20 世纪 60 年代中国经济建设的重要成就、中国桥梁建设的重要里程碑，标志着中国的桥梁建设达到世界先进水平。它的建成开创了中国"自力更生"建设大型桥梁的新纪元，具有极大的经济意义、政治意义和战略意义。

1969 年，邮电部发行"南京长江大桥胜利建成"邮票（一套 4 枚）作为纪念。同年 9 月 21 日，毛泽东视察了南京长江大桥。从

1970 年至 1993 年，先后接待过 100 多个国家和地区的国家元首、政府首脑及 600 多个外国代表团。1985 年，南京长江大桥建桥新技术荣获国家科学技术进步奖特等奖。2016 年 9 月入选"首批中国 20 世纪建筑遗产"名录。

改革开放以后，中国桥梁建设的水平越来越高，速度越来越快，在长江上建造的桥梁越来越多，形式也越来越多样化，有的一个城市就有好多座长江大桥和过江隧道。

截至 2019 年 11 月，中国在长江干流上已建成各类长江大桥 115 座，按桥型分，有梁桥 27 座，斜拉桥 57 座，悬索桥 22 座，拱桥 9 座；按功能分，共有公铁两用桥 9 座，铁路桥 9 座，公轨两用桥 4 座，人行桥 2 座，管道桥 1 座，其余均为公路桥。

根据《长江干线过江通道布局规划（2020—2035 年）》，到 2025 年，将建成过江通道 180 座左右；到 2035 年，建成过江通道 240 座左右。

中铁大桥局数据显示，截至 2024 年 10 月，长江干线和支线已建、在建桥梁超过 200 座。

长江上比较著名的"长江大桥"，除了武汉长江大桥、南京长江大桥外，还有重庆长江大桥、润扬长江大桥、苏通长江大桥、崇明长江大桥等，都是非常宏伟的建筑。沪苏通长江公铁大桥是世界首座跨度超千米公铁两用斜拉桥，南京大胜关长江大桥是世界首座双连拱六线铁路大桥，镇江五峰山长江大桥是世界首座跨度超千米高速铁路悬索桥。

长江大桥从一个侧面展示了中华人民共和国的历程，不仅展示了中国桥梁的风采，也展示了中华人民共和国的风采。

四、北京地铁

北京地铁，是服务于首都北京的城市地下轨道交通系统，第一条线路于 1971 年 1 月 15 日正式开通运营，使北京成为中国第一个开通地铁的城市。

1863 年，伦敦在世界上最早建设并开通地铁。20 世纪 30 年代，莫斯科也建造了地铁。1947 年，国民政府在北平城市规划中提出要修建地下铁道，但因时局动荡未能实施。

中华人民共和国成立初期，毛泽东从战备和民用角度提出：北京要搞地下铁道，不仅北京要搞，有很多城市也要搞，一定要搞起来。

1953 年 9 月 28 日，北京市委响应这个号召，开始筹备修筑地下铁道工作。但当时北京人出行连坐公共汽车都很少，建地铁的财力也远远不够。所以，据当年地铁筹备处总工程师谢仁德回忆，周恩来曾说过："北京修建地铁，完全是为了备战。如果为了交通，只要买 200 辆公共汽车就能解决。"

1956 年 4 月，北京市都市规划委员会第一次提出《北京市近期及远期地下铁道路网规划草案》。1956 年 10 月，苏联地下铁道 5 人专家组来京。经半年工作，拟定了北京地下铁道远景规划方案。1957 年 3 月 12 日，北京地下铁道筹建处党组提出地铁线路方案报告。但由于条件不具备，线路难以确定，加上三年困难和苏联专家撤走，1961 年 11 月，中央决定暂停北京地下铁道建设。

1964 年，国民经济得以恢复，北京地下铁道建设再次上马。为了更好服务战备，中共中央决定这次由军方牵头。拟定的建设方案为"一环二线"："一环"为沿内城城墙的环线；"二线"是一线从东郊热电厂经公主坟至石景山，另一线为西直门到颐和园、经青龙桥通向西北山区。这"一环二线"全长 53.5 公里。工程分三期。1965 年 2

月 4 日，毛泽东审阅了北京地铁建设方案，并作了"精心设计、精心施工"的指示。

1965 年 7 月 1 日，北京地下铁道一期工程举行开工典礼，标志着中国地铁建设迈出了第一步。朱德、邓小平、彭真、李先念、罗瑞卿以及国家有关部委和北京市领导、建设单位职工代表共 600 人参加了开工典礼。

经过 4 年施工，1969 年，地铁 1 号线在北京建成并基本通车，成为中国地铁历史的起点，也早于香港、首尔、新加坡、旧金山、华盛顿等城市。这条线路长 23.6 公里，采用明挖填埋法施工，从西山苹果园到北京火车站，共有 17 座车站。

1971 年 1 月 15 日，北京地铁一期工程开始试运营，主要任务以战备为主。但设备运转长期达不到正常运营的要求。还因政治任务，先后三次停止试运营，累计达到 398 天。1976 年，北京地铁的运营权由军方交还。1981 年 9 月 11 日，一期工程经国家批准正式验收，在试运营 10 年之后，正式对外开放。

1970 年，周恩来听取北京地铁建设的汇报，提出"二期工程的施工力量由铁道兵统一领导，整编为军队"。1971 年 3 月二期工程开工，到 1981 年 12 月基本建成。1984 年 9 月 20 日，二期工程开通运营。2 号线车站自复兴门至建国门，长 16.1 公里，有 12 座车站。后来逐步延长。

1983 年 7 月，中共中央、国务院原则批准《北京城市建设总体规划方案》。其中提出"四横、三竖加一环"的 8 条地铁线路方案，线路总长 236 公里，预计到 2000 年规划建成线路 110 公里。这是地下铁道路网规划方案第一次纳入《北京城市建设总体规划方案》。

1993 年 10 月，国务院批复《北京城市总体规划（1991 年至 2010年）》，计划在 20 年内初步形成以快速轨道交通为骨干、多种客运方式相结合的综合客运体系。快速轨道交通网要覆盖市区城市用地范围和通州镇、亦庄、黄村等卫星城，形成有 12 条线路、310 公里的轨道交通网络。

北京地铁虽然在 1969 年就开了头，但一直到 2001 年的 32 年时间里，仅仅竣工 42 公里，平均每年只修建 1.3 公里地铁。特别是从 1987 年到 1997 年的 10 年间，只开通了 1.8 公里，被其他国际大都市远远地抛在了后面。

2001 年 7 月 13 日，北京成功申办第 29 届奥运会，这给地铁发展带来良好契机。2005 年 1 月，国务院批复《北京城市总体规划（2004—2020 年）》。地铁、轻轨、市郊铁路都纳入其中，增加了城区线网的密度和穿射对角线，还增设了第二条环线，共由 15 条地铁线和 7 条轻轨线、6 条市郊铁路组成。这 15 条地铁线基本以 1993 年列入规划的 12 条线为基础，并对站点进行了重新规划。

从 2003 年开始，北京市政府全面启动地铁建设。共投资 2800 亿元用于城市基础设施建设和服务能力提高，其中 660 亿元用于轨道交通建设。

2007 年，北京制定《北京市城市快速轨道交通近期建设规划（2007—2015 年）》，确定北京近期轨道交通"三环""四横""五纵""七放射"的布局结构。

2015 年 9 月，国家发改委批复《北京市城市轨道交通第二期建设规划（2015—2021 年）》。2019 年 12 月 5 日，国家发改委批复《北京市轨道交通第二期建设规划调整方案》。

2022 年，北京地铁年客运量为 22.62 亿人次。截至 2022 年 12 月，北京地铁单日最高客运量为 1375.38 万人次（2019 年 7 月 12 日）。

2022 年 8 月 17 日，北京市规划和自然资源委员会发布《北京市轨道交通线网规划（2020—2035 年）》，方案规划北京市轨道交通线网由城市轨道交通及区域快线（含市郊铁路）两部分组成，规划线网总规模约 2683 公里；其中，城市轨道交通线网规划由 38 条线路构成，包含地铁普线、地铁快线、中低运量线路及 2 条机场专线，线网里程约 1625 公里；区域快线线网规划由 15 条（段）线路构成，包含利用铁路资源开行的市郊铁路线路及新建区域快线，线网里程约 1058 公里。

截至 2023 年 12 月，北京地铁运营线路共有 27 条，运营里程 836 公里，车站 490 座（其中换乘站 83 座）。

截至 2023 年 12 月，北京地铁在建线路 10 条。到 2025 年，北京地铁将形成线网由 30 条运营，总长 1177 公里的轨道交通网络。

经过数十年艰苦创业、努力探索，北京地铁建设取得了辉煌的成就。在动态的变迁中，地铁受到社会的广泛关注，与首都城市发展密切相关，对首都各项功能的发挥作了巨大的贡献，也为全国的地铁建设提供了宝贵的经验。

五、"五纵七横"国道主干线

"五纵七横"国道主干线，是中国规划建设的以高速公路为主的公路网主骨架工程，总里程约 3.5 万公里，贯通首都北京、各省省会、自治区首府、直辖市、经济特区、主要交通枢纽和重要对外开放口岸；约覆盖全国城市总人口的 70%，连接全国所有人口在 100 万人以上的大城市和 93% 的人口在 50 万人以上的中等城市（城市规模等级的划分标准有变化，此处按目前通行标准界定大、中城市）。

"要想富，先修路。"这是改革开放以来中国老百姓广泛流传的一句话。

20世纪80年代，随着改革开放的推进和经济社会的发展，对交通的需求迅速增加，大多数干线公路、城市出入口和沿海发达地区堵车、压港现象严重。因此，交通部于80年代末提出"五纵七横"12条路线（含支线）的规划布局方案，1992年得到国务院认可，并于1993年正式部署实施。

该规划的内容为：从1991年开始到2020年，用30年左右时间建成12条长35000公里国道主干线，将全国重要城市、工业中心、交通枢纽和主要陆上口岸连接起来，并连接所有100万以上人口的大城市和绝大多数50万以上人口的中等城市，逐步形成一个与国民经济发展格局相适应、与其他运输方式相协调、主要由高等级公路（高速、一级、二级公路）组成的快速、高效、安全的国道主干线系统。在技术标准上大体以京广线为界，京广线以东地区经济发达，交通量大，以高速公路为主；以西地区交通量较小，以一、二级公路为主。

国道主干线系统规划是我国公路发展史上第一个经缜密研究、科学论证的全国骨架公路网长远发展规划。在此之前，由于没有一个全国性的骨架公路网规划作为依据，我国公路建设存在着一定的随机性。国道主干线系统规划在广泛调研的基础上，采用科学方法、系统论证，描绘了我国干线公路长远发展蓝图，提出了实施原则和实施部署，明确了建设重点，使此后的干线公路建设有章可循，有序发展，提高了公路建设实施决策的科学性。

国道主干线系统规划引进了国际先进的科学公路网规划方法，节点法、综合运输客货OD流分析法（四阶段法）、路网总规模优化方法等在我国公路网规划中得到推广和普及应用，提高了我国大区域公路网规划的技术水平。

"五纵"国道主干线包括：黑龙江同江至海南三亚，长约5200公里；北京至福州，长约2500公里；北京至珠海，长约2400公里；二连浩特至云南河口，长约 3600 公里；重庆至湛江西南出海快速大通道，长约 1314 公里。

"七横"国道主干线包括：绥芬河至满洲里，长约 1300 公里；丹东至拉萨，长约 4600 公里；青岛至银川，长约 4400 公里；连云港至霍尔果斯，长约 4400 公里；上海至成都，长约 2500 公里；上海至云南瑞丽，长约 2500 公里；衡阳至昆明，长约 2000 公里。

1999 年，党中央、国务院提出西部大开发战略。2000 年 7 月在四川成都召开的西部开发交通基础设施建设工作会议，提出加快建设"八条西部开发省际公路通道"，作为"五纵七横"国道主干线在西部地区的重要补充和延伸，由"四纵四横"8 条路线组成，包括：甘肃兰州—云南磨憨口岸、内蒙古阿荣旗—广西北海、新疆阿勒泰—红其拉甫口岸、宁夏银川—湖北武汉、陕西西安—安徽合肥、重庆—湖南长沙、青海西宁—新疆库尔勒、四川成都—西藏樟木口岸，总里程近 1.5 万公里。

国道主干线系统规划拉开了我国加快高速公路建设的序幕。由于发展迅速，经过近 15 年特别是"十五"和"十一五"的建设，到 2007 年底，"五纵七横"国道主干线实际上已经基本贯通，创造了世界瞩目的中国速度。

在此过程中，京沈、京沪高速公路建成通车，在我国华北、东北、华东之间形成了快速、安全、畅通的公路运输通道；西南公路出海通道的全线贯通，使西部地区与大海不再遥远；京珠高速公路纵贯南北，是连接华北、华中、华南的交通大动脉；沪蓉高速公路构筑了一条沿江快速通道，将东、中、西部地区紧密联系在一起；同三线建成，形成了连接东部沿海所有重要城市的沿海大通道；连霍高速公路通车，连接了东部沿海与西北内陆及中亚地区，使古老的亚欧大陆桥重换新颜，成为现代化的运输通道。国道主干线的技术标准高于一般国道，是专供汽车行驶的公路，实现了机非分离；在功能上与一般国道相区别，主要承担重要城市间、省际间的直达客货运输和长途运输，由于进行了出入控制，减少了短途车辆。国道主干线的平均交通量是国道网的 1.5 倍左右，是整个公路网的 8—9 倍。由于消除了混合交通所产生的纵、横向干扰，加之路面技术状况优良，车辆的行驶速度一般为 70—120 公里／小时，平均为普通公路的 2 倍左右。与平行的普通公路相比，行驶时间一般可节约 50% 以上。

国道主干线的建设提高了干线公路网中高等级公路比例，使干线公路网的结构趋于合理。1990 年，国道网中高速公路只有 463 公里，占 0.42%，一、二级公路分别为 1581 公里和 23961 公里，分别占 1.45% 和 21.96%，二级以上公路比例不足 25%；三、四级公路比例为 64%，还有 11% 左右的等外公路和断头路。2006 年，国道网中高速公路达到 2.8 万公里，占 21%，一、二级公路分别为 1.6 万公里和 5.7 万公里，分别占 12% 和 43%，二级以上公路比例达到 76%，相比 1990 年提高了 52%。

"五纵七横"国道主干线的规划、建设，初步构筑了我国区域和省际横连东西、纵贯南北、连接首都的国家公路骨架网络，形成了国家高速公路网的雏形，并与其他国道、省道、县乡公路共同组成了我国的公路基础设施网络，优化了中国交通运输结构，促进了高速公路持续、快速和有序的发展，对缓解交通运输的"瓶颈"制约发挥了重要作用，有力地促进了中国经济发展和社会进步。

到 2017 年底，中国公路通车里程达到 477.35 万公里，是 1984 年底的 5.2 倍。高速公路里程达到 13.65 万公里，排名世界第一。2018 年又新增公路通车里程 8.6 万公里，其中高速公路 6000 公里。

十九大进一步提出了建设交通强国的目标。根据有关部门的规划，中国交通从 2020 年到本世纪中叶，将分"两步走"实现交通强国战略目标。为此，要着力打造构建"八大体系"。其中第一个，就是综合交通基础设施网络体系，要统筹推进铁路、公路、水运、航空、邮政、物流等基础设施网络建设，全面建成布局完善、互联互通、绿色智能、耐久可靠的综合交通基础设施网络体系。

二十大要求加快建设交通强国，加快推动交通运输结构调整优化，推进交通领域清洁低碳转型。

六、高速公路

高速公路属于高等级公路。各国对高速公路的定义、命名不尽相同，但都是专指有 4 车道以上、两向分隔行驶、完全控制出入口、全部采用立体交叉的公路。交通运输部发布的《公路工程技术标准》规定，高速公路为"专供汽车分方向、分车道行驶，全部控制出入的多车道公路"，"年平均日设计交通量宜在 15000 辆小客车以上"。高速公路平均时速在 80 公里以上，最高时速可以达到 120 公里，比普通公路高出 60%—70%。国外要求的时速普遍更高。

20 世纪 30 年代，欧洲一些国家开始修建高速公路。世界上最早的高速公路出自德国，于 1931 年建成。20 世纪 60 年代以来，各国高速公路发展迅速。

中国最早兴建高速公路的是台湾省。1970 年，北起基隆、南至高雄的南北高速公路开始兴建，于 1978 年 10 月竣工，历时 9 年，全长 373 公里。

中国大陆在改革开放前，还没有任何一条高速公路。改革开放后，要不要建设高速公路，曾经有很大争论。反对意见认为，高速公路属于专为小汽车服务的高消费产品，我国小汽车少，用不着花费巨资、占用大量土地建设高速公路。

1981 年，国务院授权国家计委、国家经委和交通部发布《关于划定国家干线公路网的通知》，确定了由 12 射、28 纵、30 横组成的国道网，总规模 10.92 万公里。作为我国第一个国家级干线公路网规划，虽未明确公路等级标准，但解决了国道网的布局问题，意义重大。

1984 年 6 月 27 日，沈（阳）大（连）公路按照一级汽车专用公路的标准开工建设，建成后已具备高速公路技术标准，1990 年 8 月 20 日开始通车。沈大高速是中国大陆第一条建设的高速公路，也是中国自行设计、自己施工、全部用国产材料修建成的第一条大规模、长距离的高速公路。全长 348 公里，1990 年完工时为全部四车道，全立交，全互通。2002 年开始拓宽改造，于 2004 年改造完成，成为八车道高速公路，设计时速 120 公里。所以，沈大高速也是中国大陆第一条八车道高速公路。

第一条完工投入使用的则是沪嘉高速公路，沪嘉高速公路是上海市区与原嘉定县城区连接的一条快速通道，也是上海市与江苏省沿江高速路网连接的一部分，全长 20.5 公里。始建于 1984 年 12 月 21 日，1988 年 10 月通车。

随着沪嘉高速公路一期工程、沈大高速公路部分路段 131 公里建成通车，1988 年成为我国内地高速公路的"元年"，并推动社会对高速公路有了新的认识。

1993 年，交通部印发了国道主干线系统规划布局方案，为我国高速公路持续、快速、健康发展奠定了基础。1993 年 6 月，在山东济南召开全国公路建设工作会议，成为我国高速公路发展史上迄今规模最大、规格最高、效果最佳、影响最深远的一次会议。会议确定我国公路建设将以高等级公路为重点实施战略转变，明确了 2000 年前我国公路建设的主要目标，从而掀起了全国高速公路建设的热潮。

从实现中国大陆高速公路零的突破之后，中国高速公路建设一路突飞猛进。

1993 年，京津塘高速公路建成通车。

1997 年，广深高速公路正式通车运营，改变了广州、东莞、深圳和香港之间"路程长、常堵车、耗时多"的交通状况。

1998—2005 年间，每年平均新通车高速公路里程在 4500 公里以上。"十一五"期间，通车里程新增 3.3 万公里，平均每年建成 6600公里，建设步伐相较前 15 年更快。

2004 年 12 月 17 日，国务院常务会议讨论通过《国家高速公路网规划》，这次规划的高速公路网由 7 条首都放射线、9 条南北纵线、18 条东西横线以及若干联络线、并行线、环线组成，简称"7918网"，规划里程约 8.5 万公里。这是我国历史上第一个国家高速公路网规划。

在"十一五"规划开局之年的 2006 年，高速公路建设翻开了新的一页。

2007 年底，"五纵七横"国道主干线基本贯通。"五纵七横"是国家规划建设的以高速公路为主的公路网主骨架，总里程约 3.5 万公里。

2013 年 6 月 20 日，国务院新闻办公布《国家公路网规划（2013年—2030 年）》，中国国家高速公路网改为"71118"工程，即 7 条首都放射线、11 条南北纵线、18 条东西横线。

此后，全国高速公路建设取得历史性新突破。到 2016 年底，公路通车里程达到 469 万公里，高速公路里程达到 13 万公里。

2017 年 7 月 15 日，北京到新疆的京新高速公路全线贯通，总里程约 2768 公里，这是目前世界上穿越沙漠、戈壁里程最长的高速公路。

中国大陆用于高速公路建设的资金主要来源于各种专项税费和财政性资金（如车购税、养路费、国债、地方财政等）、转让经营权、直接利用外资、通行费收入、企业自筹资金以及国内外银行贷款。其中银行贷款占了很大比重。

中国国家高速公路是国道网的重要组成部分，路线字母标识符采用汉语拼音"G"表示；主线的编号，由"G"加 1 位或 2 位数字顺序号组成，编号结构为"G#"或"G##"。

截至 2017 年底，全国高速公路通车里程达 13.65 万公里。2018 年又新增 6000 公里。

2021 年 2 月，党中央、国务院印发《国家综合立体交通网规划纲要》。

截至 2022 年底，我国公路总里程达到 535 万公里，10 年增长 112 万公里，其中高速公路通车里程 17.7 万公里，稳居世界第一。

2024 年 2 月 28 日，国务院新闻办举行新闻发布会，介绍交通运输高质量发展服务中国式现代化有关情况，中国高速公路已经达到 18.4 万公里。

七、青藏铁路

青藏铁路，简称青藏线，是一条连接青海省西宁市至西藏自治区拉萨市的国铁 I 级铁路，是中国新世纪四大工程之一，是通往西藏腹地的第一条铁路，也是世界上海拔最高、线路最长的高原铁路，被人们称为"天路"。

青藏高原交通闭塞，物流不畅。直至 1949 年，整个西藏仅有 1000 多米便道可以行驶汽车。美国旅行家保罗·索鲁在《游历中国》一书中断言："有昆仑山脉在，铁路就永远到不了拉萨。"

　　但是，早在 20 世纪 50 年代，党和国家就着手研究解决进藏铁路建设问题。1956 年开始，铁道部第一勘测设计院对从兰州到拉萨的 2000 余公里线路进行了全面的勘测设计工作。1958 年，中央作出了修建青藏铁路西宁至格尔木段（即西格段）的决策。

　　1958 年这段铁路开始动工修建，1960 年停工缓建，1974 年又挥师复建。到 1984 年 5 月，青藏铁路西格段 814 公里建成通车。西格段建成后，发挥了巨大的经济社会效益，被沿线各族人民誉为团结线、幸福线、生命线。国家用于西藏发展的重点物资绝大部分是通过这条铁路转运至西藏的。

　　改革开放之后，国民经济发展和西部大开发不断加快，这条铁路的运输能力越来越不能适应发展的需求，进一步修通青藏铁路逐步提上日程。

　　1994 年 7 月，中共中央、国务院召开第三次西藏工作座谈会。座谈会纪要明确提出"抓紧做好进藏铁路建设前期准备工作"。

　　1995 年，铁道部开始组织进藏铁路的论证工作。1996 年，八届全国人大四次会议通过的《关于国民经济和社会发展"九五"计划和 2010 年远景目标纲要》提出：下个世纪前 10 年进行进藏铁路的论证工作。

　　1999 年 11 月，国家计委批复青藏铁路西格段扩能改造可行性研究报告。2000 年初，西格段启动扩能改造工程建设。

　　2000 年 11 月，江泽民对建设青藏铁路作出重要批示。12 月，国家计委在京召开青藏铁路汇报论证会，正式向国务院上报青藏铁路项目建议书。2001 年 2 月 8 日，总理办公会议听取关于建设青藏铁路有关情况的汇报，对青藏铁路建设方案进行了研究，同意批准立项；同年 6 月 29 日，中央政府决定投资 262.1 亿元，修建青海格尔木至西藏拉萨的铁路。

经过各方面的精心论证和充分准备，2001 年 6 月 29 日，青藏铁路正式开工。开工典礼在青海省格尔木市和西藏自治区首府拉萨同时举行。江泽民致信祝贺，朱镕基出席开工典礼。同年 10 月，青藏铁路西格段扩能改造工程完工。

青藏铁路西宁至格尔木段 814 公里于 1979 年铺通，1984 年投入运营。当天开工的格尔木至拉萨段全长 1142 公里，其中新建线路 1110 公里，设计施工总工期 6 年。

青藏铁路是世界上海拔最高、线路最长、穿越冻土里程最长的高原铁路，沿线高寒缺氧，地质复杂，冻土广布，工程十分艰巨。青藏线大部分线路处于高海拔地区和"生命禁区"，铁路建设面临着三大世界铁路建设难题：千里多年冻土的地质构造、高寒缺氧的环境和脆弱的生态。修建这样一条铁路，不仅是对我国综合实力和科技实力的检验，也是对人类自身极限的挑战。

2002 年 5 月，青藏铁路冻土试验全面铺开。

2003 年 3 月，青藏铁路铺轨穿越昆仑山隧道。同年 6 月，世界海拔最高的唐古拉山车站开工。同年 8 月，青藏铁路铺架工程成功通过可可西里无人区。

2005 年 10 月 12 日，青藏铁路全线铺轨完成。2006 年 3 月 1 日，货物列车工程运营试验。5 月 1 日，不载客列车工程运营试验。

2006 年 7 月 1 日，青藏铁路全线开通试运营。这条穿越海拔数千米的世界屋脊的"天路"，终于全线通车了，西藏结束了没有铁路的历史。这是一件让祖国各民族人民欢欣鼓舞，让世界叹为观止的壮举。胡锦涛出席庆祝大会并发表讲话，号召全党全国各族人民学习和弘扬挑战极限、勇创一流的青藏铁路精神。

青藏铁路起于青海省西宁市，途经格尔木市、昆仑山口、沱沱河沿，翻越唐古拉山口，进入西藏自治区安多、那曲、当雄、羊八井，终到西藏自治区拉萨市，全长 1956 公里，途经青海湖、昆仑山、可可西里、三江源、藏北草原、布达拉宫等景区。其中西格段为双线电气化铁路，格拉段为单线非电气化铁路。

青藏铁路被列为"十五"期间四大标志性工程之一，名列西部大开发 12 项重点工程之首。国外媒体评价青藏铁路"是有史以来最困难的铁路工程项目"，"是世界上最壮观的铁路之一"。

青藏铁路全线贯通，对改变青藏高原贫困落后面貌，增进各民族共同团结进步和共同繁荣发展，促进青藏铁路沿线地区的经济社会又好又快发展，产生了广泛而深远的影响。青藏铁路建成后的 2007 年，青藏铁路西格段开始进行复线建设。2011 年 6 月 29 日，西格段复线建设完工并实现电气化运营。

2010 年起，青藏铁路正式启动换轨工程。2016 年 9 月 12 日，换轨工程正式完工，全线 1956 公里的青藏铁路实现了"千里青藏一根轨"，列车的平顺性和安全性有了很大的提高。

2016 年 3 月 1 日，青藏铁路格拉段扩能改造工程正式开工建设，工程项目包括新增 13 个车站，延长 8 处既有站到发线有效长度，对拉萨西站货场进行升级改造。2018 年 8 月 30 日，格拉段扩能改造主体工程顺利完工。

2008 年 7 月，青藏铁路格拉段工程获得"国家环境友好工程"称号，这是国家建设项目环境保护的最高荣誉。2009 年 1 月 9 日，青藏铁路工程荣获 2008 年度国家科学技术进步奖特等奖。2013 年 9 月，青藏铁路工程入选"全球百年工程"。

2022 年 6 月开始，对青藏铁路格拉段进行电气化改造，总工期 3 年。

2023 年 6 月 23 日 7 时，青藏铁路西格段"复兴号"动车组开始试运行，7 月 1 日正式运行。

青藏铁路所使用的旅客列车上的供氧装置分两种,一种是弥散式供氧,即通过混合空调系统中的空气,使每节车厢的含氧量达到23.5%;另一套系统为分布式供氧,即如果旅客需要更多氧气,可以随时取用座位底下的吸氧管,以免出现高原反应。

截至2024年6月30日,青藏铁路累计安全运送旅客3.09亿人次,累计运送进出藏旅客3688.5万人次、运送进出藏货物8775.1万吨。2024年8月11日,青藏铁路旅客发送达8.97万人次,创单日旅客发送历史新高。

八、铁路提速

1997年4月1日,成为中国铁路运输史上一个具有重要意义的日子。低速行驶了几十年的铁路列车普遍提速。京哈、京广、京沪三大干线开行的快速列车,最高时速达140公里。其他客货列车也普遍不同程度地提高了速度。与此同时,新运行图优化了列车开行结构,开行了78组"夕发朝至"列车。

提速,是铁路运输适应社会愿望和市场需求的一次大调整。正是市场这只无形的手,牵引铁路运输进入了提速的快车道。铁路大提速是中国铁路的重大事件之一,深得民心,对中国经济社会发展产生了深远的影响。

中华人民共和国成立以来,铁路建设一直摆在重要的位置上,获得了巨大的发展。但由于中国是人口大国,铁路运输始终都没有能满足人民群众日益增长的需要。特别是改革开放以后,人口流动以极快的速度增长,各种物资的运输量也大大增加。客货运输能力总是赶不上市场的需求。春运高峰期间,主要干线平均超员100%以上,热门车超员200%。

为了解决铁路运输的压力，国家大力发展公路、航空、水运多种运输方式，对铁路而言，除了加快建设更多的铁路之外，就是挖掘自身潜力，通过技术和设备的改造，大幅度提高列车运行的速度。

铁路大提速先后进行了6次，时间是1997年4月1日—2007年4月18日。

1997年4月1日零时第一次大提速。首次开行了快速列车和夕发朝至列车78组，特快列车40组，京广、京沪、京哈三大干线最高时速达到140公里。全国客车平均时速由1993年初的48.1公里提到54.9公里。

1998年10月1日零时第二次大提速。广深快速列车最高时速达到200公里，非提速区段快速列车最高时速120公里，特快最高时速140公里，普铁档次提升，全国铁路平均时速达到57公里。

2000年10月21日零时第三次大面积提速。提速线接近1万公里，全国铁路旅客列车平均时速提到60.3公里。列车由传统的快速列车、特快列车、直快列车、普通客车、混合列车、市郊列车、军运人员列车7个等级，调整为特快旅客列车、快速旅客列车、普通旅客列车3个，扩大了中高级普铁的范围。

2001年10月21日零时第四次大面积提速。主要针对京广南段、陇海、京九、沪昆、兰新等线，提速线增加3000公里，全国铁路旅客列车平均时速达到61.6公里。进一步增开了特快列车，树立了"夕发朝至"列车等客货运输品牌的形象。

2004年4月18日零时第五次大面积提速。提速线增加3500公里，增开19对最高时速160公里的直达特快列车，几大干线的部分地段线路基础达到时速200公里的要求，即升级为中级快速铁路，引进外国动车组，货车系统大改革，全国铁路旅客列车平均时速65.7公里，直达特快列车平均时速达到119.2公里，特快列车平均时速达到 92.8 公里。

2007 年 4 月 18 日零时第六次大提速。开行时速 200 公里以上的 52 对车组，部分有条件区段列车运行时速可达 250 公里，时速 200 公里提速线路延展里程一次达到 6003 公里，出现了中国品牌的高速列车 CRH，形成一批快速客运通道，快速铁路进一步大发展。

每次提速都基于铁路列车、设备的改进和创新，管理手段和方法的进步和提升。每次提速都标志着一些重大方面的进步。前四次提速是改变慢慢游普铁，发展中高级普铁；第五次提速是突破性发展低级和中级的快速铁路；第六次提速是发展快速铁路进而预备高速铁路技术；前五次升级开行快速列车和夕发朝至列车；第六次升级出现中国品牌的高速列车 CRH；第六次的亮点是大幅增加高速铁路动车组列车。

前四次铁路提速，标志着中国升入了中高级普铁时代。第五、第六次提速则标志着走入快速铁路时代。经过 6 次大面积提速，列车最高时速达到 250 公里，这已是既有线上的最高速度，意味着走到了中国高速铁路的门口。通过 6 次提速，快速铁路建设已经取得九大核心技术突破，探索性预备了中国高速铁路的技术，为下一步发展高铁提供了条件，表明中国即将进入高铁时代。

九、高铁

高铁，即高速铁路。中国高速铁路的定义为：新建设计开行 250 公里／小时（含预留）及以上动车组列车，初期运营速度不小于 200 公里／小时的客运专线铁路。根据《中长期铁路网规划（2016 年）》可知，中国高速铁路网由所有设计速度每小时 250 公里以上新线和部分经改造后设计速度达标每小时 200 公里以上的既有线铁路共同组成。

中国高速铁路形式多样，种类丰富。根据高速铁路在路网线路中的不同地位和服务范围，中国高铁可分为主次干线（即"八纵八横"主通道、区域连接线）和支线（联络线、延长线、城际线等）；根据速度指标，中国高铁可分为时速 250 公里、时速 300 公里和时速 350 公里三种级别；根据其他显著特征，还细分城际高铁、山区高铁、合资高铁、跨国高铁等。

高铁肇始于日本，发展于欧洲，格局大变于中国。1964 年通车的日本新干线是世界第一条高速铁路。邓小平访问日本，曾乘坐新干线，留下了深刻的印象，说"有催人跑的意思"。但改革开放之初，中国的实力和技术条件还不足以制造和建设高铁。

1991 年，高速铁路技术列入国家科技攻关的重点课题。根据中国的国情，中国企业和科研机构采取技术贸易的方式，分别从加拿大庞巴迪、日本川崎重工、法国阿尔斯通和德国西门子引进技术，联合设计生产高速动车组。

1991 年 12 月 28 日，广深铁路启动准高速化改造，成为中国第一条准高速铁路工程。1994 年 12 月 22 日，广深铁路完成准高速化改造，列车最高运营速度达 160 公里 / 小时。1996 年，中国与韩国共同研制高速列车，并在广深铁路上进行试验。1998 年 8 月 28 日，广深铁路营运列车最高行驶速度 200 公里 / 小时，成为中国第一条达到高速指标的铁路。

1998 年，中国先后进行了广深铁路提速改造，修建了秦沈客运专线，实施既有铁路的 6 次提速改造，不断提高了技术水平。2002 年秦皇岛至沈阳间的客运专线，完全由中国设计、施工。在消化吸收的基础上，中国企业掌握了一系列核心技术。2002 年自主研究的"中华之星"电动车组时速可达 321.5 公里。8 年后的 CRH380A 新一代高速动车组跑出时速 486.1 公里的世界纪录，还通过了美国的知识产权评估，拥有完全的自主产权。

除了动车组，中国铁路在高速铁路的工务工程、高速列车、通信信号、牵引供电、运营管理、安全监控、系统集成等技术领域，也取得了系列重大成果，形成了具有中国特色的高铁技术体系，总体技术水平进入世界先进行列。

2001 年 3 月 1 日，上海磁浮列车示范运营线开工建设，作为中国高速铁路磁悬浮技术线路的试验性工程。2002 年 12 月 31 日，上海磁浮列车示范运营线建成，设计速度 430 公里 / 小时，为中国首条高速轨道系统。

2004 年 1 月，国务院常务会议讨论并原则通过历史上第一个《中长期铁路网规划》，绘就了超过 1.2 万公里"四纵四横"快速客运专线网，设计速度指标 200 公里 / 小时以上。

2005 年 6 月 11 日，石太高速铁路开工建设，中国正式进入标准化建设高速客运专线铁路阶段。

2007 年 1 月 5 日，台湾高速铁路通车试营运，成为中国第一条投用的设计速度 300 公里 / 小时级别高速铁路。4 月 18 日，中国铁路第六次大面积提速启动，部分路段列车最高运营速度 250 公里 / 小时，中国首次在全国局部地区初具规模开行运营速度 200 公里 / 小时动车组列车，中国铁路开始迈入高速时代。

2008 年 8 月 1 日，中国第一条具有完全自主知识产权、世界一流水平的高速铁路京津城际铁路通车运营，成为中国内地第一条设计速度 350 公里 / 小时级别高速铁路。

2008 年 10 月，国家批准《中长期铁路网规划（2008 年调整）》，确定到 2020 年全国铁路营业里程达到 12 万公里以上，其中客运专线达到 1.6 万公里以上。重点规划"四纵四横"客运专线以及经济发达和人口稠密地区城际客运系统。

"四纵"客运专线，一是北京—上海客运专线，包括蚌埠—合肥、南京—杭州客运专线，贯通京津至长江三角洲东部沿海经济发达地区；二是北京—郑州—武汉—广州—深圳客运专线，连接华北和华南地区；三是北京—沈阳—哈尔滨（大连）客运专线，包括锦州—营口客运专线，连接东北和关内地区；四是上海—杭州—宁波—福州—深圳客运专线，连接长江、珠江三角洲和东南沿海地区。

"四横"客运专线，一是徐州—郑州—兰州客运专线，连接西北和华东地区；二是杭州—南昌—长沙—贵阳—昆明客运专线，连接西南、华中和华东地区；三是青岛—济南—石家庄—太原客运专线，连接华北和华东地区；四是南京—武汉—重庆—成都客运专线，连接西南和华东地区。

按照规划，高铁建设大规模展开，并不断取得成绩。

2009年12月9日，京广高铁武广段试运行成功，26日正式运营。最高运营速度350公里/小时，武汉到广州由原来的约11小时缩短到3小时左右，成为世界上一次建成里程最长、工程类型最复杂、运营速度最快、密度最大的高速铁路，是中国第一条时速350公里的高铁，成为中国正式进入高铁时代的标志。

2010年2月6日，世界首条修建在湿陷性黄土地区、连接中国中部和西部、时速350公里的郑西高速铁路开通运营。

2011年6月，京沪高铁建成投产，这是世界上一次建成线路最长、标准最高的高速铁路。它贯穿北京、天津、河北、山东、安徽、江苏、上海7省市，连接环渤海和长三角两大经济区，全长1318公里。

2012年12月1日，世界上第一条地处高寒地区的高铁线路——哈大高铁正式通车运营，921公里的高铁，将东北三省主要城市连为一线，从哈尔滨到大连只需 4 小时 40 分钟。

2014 年，中国铁路新线投产规模创历史最高纪录，铁路营业里程突破 11.2 万公里。高速铁路营业里程超过 1.6 万公里，稳居世界第一。中西部铁路建设掀起高潮，营业里程达到 8 万公里，占全国铁路营业总里程的 62.3%。

2017 年 12 月 28 日，石济高速铁路开通运营，至此，中国铁路"四横四纵"快速通道全部建成通车。

中国高铁具有三大优势：技术先进、安全可靠；价格低、性价比高；运营经验丰富。2015 年 11 月 25 日 11 时整，李克强与中东欧 16 国领导人共同登上从苏州开往上海的高铁列车。外国领导人对中国的高铁赞不绝口。

近年来，高铁已成为中国最新科技大幅进军海外的标杆；中国高铁在海外接连斩获订单。目前中国中车的业务量在铁路装备行业、轨道交通装备行业已居全球第一名，中国高铁约占全球 30% 的市场份额。

自 2008 年以来，以"四纵四横"快速客运网为主骨架的高铁建设进展迅速，已经建成了京津、沪宁、京沪、京广、哈大等一批设计时速 350 公里、具有世界先进水平的高速铁路，形成了比较完善的高铁技术体系。通过引进消化吸收再创新，系统掌握了时速 200—250 公里动车组制造技术，成功搭建了时速 350 公里的动车组技术平台，研制生产了 CRH380 型新一代高速列车。

2016 年 7 月，国家发改委、交通运输部、中国铁路总公司联合发布《中长期铁路网规划》，进一步勾画了"八纵八横"高速铁路网的宏大蓝图。根据规划，到 2020 年，中国高铁规模达到 3 万公里，覆盖 80% 以上的大城市。到 2025 年，高速铁路达到 3.8 万公里左右，网络覆盖进一步扩大，路网结构更加优化，更好发挥铁路对经济社会发展的保障作用。到 2030 年，基本实现内外互联互通、区际多路畅通、省会高铁连通、地市快速通达、县域基本覆盖。在"四纵四横"高速铁路的基础上，形成以"八纵八横"主通道为骨架、区域连接线衔接、城际铁路补充的高速铁路网，实现省会城市高速铁路通达、区际之间高效便捷相连。

"八纵"通道包括沿海通道、京沪通道、京港（台）通道、京哈—京港澳通道、呼南通道、京昆通道、包（银）海通道、兰（西）广通道。

"八横"通道包括绥满通道、京兰通道、青银通道、陆桥通道、沿江通道、沪昆通道、厦渝通道、广昆通道。

2017 年 6 月，中国自主研发、具有完全自主知识产权的标准动车组"复兴号"正式命名，时速达到 350 公里。"复兴号"6 月 26 日在京沪线上投入运营，9 月 21 日在全世界率先实现了高铁时速 350 公里的商业运营。

2019 年 12 月 30 日，由我国自主设计建造、全球首条时速 350 公里的智能高铁京张高铁开通运营。

2022 年 8 月 30 日，中国首条跨海高铁——新建福厦铁路全线铺轨贯通。10 月 31 日，世界最长海底高铁隧道——甬舟铁路金塘海底隧道开工建设。11 月 30 日，世界最长高速铁路跨海大桥——南通至宁波高速铁路杭州湾跨海铁路大桥正式开工建设。中国进入跨海高铁时代。

截至 2019 年，全国 34 个省级行政区中除了西藏和澳门外，全部开通高铁。2024 年 5 月 1 日，全国铁路发送旅客 2069.3 万人次，创单日旅客发送量历史新高。截至 2024 年 9 月，中国铁路营业里程突破 16 万公里，高铁营业里程超 4.6 万公里。

中国高铁正进入广泛应用云计算、大数据、物联网、移动互联、人工智能、北斗导航等新技术，实现高铁移动装备、基础设施，以及内外部环境之间信息全面感知、广泛互联、融合处理、主动学习和科学决策的智能高铁发展新阶段。

中国高铁已经实现由"追赶者"向"引领者"的角色转换，成为中华民族伟大复兴的"加速器"，也成为中国新的"外交名片"和"形象代表"。

十、大飞机制造

大飞机一般是指最大起飞重量超过 100 吨的运输类飞机，包括军用大型运输机和民用大型运输机。"大飞机"只是相对的概念。国际航运体系习惯上把 300 座以上的客机称作"大型客机"，中国把 150 座以上的客机称为"大型客机"，100 座以下的叫作"支线飞机"。2016 年前后中国的大飞机是运 -20、水陆两栖飞机 AG600、大型客机 C919 三种类型。

1970 年，中国开始制造自己的大型喷气客机，代号为 708 工程。来自全国航空工业 300 多个单位的各路精英被调集参与研制任务，该型被命名为"运 -10"。1980 年 9 月 26 日首飞上天。

运 -10 飞行最远航程 8600 公里，最大时速 930 公里，最大起飞重量 110 吨，最高飞行升限超过 11000 米。该机还在被称为"空中禁区""死亡航线"的西藏，连续 7 次试飞，均获得成功。运 -10 成为中国第一架按英美适航条例设计的国产飞机，也由此成为继美、苏和欧共体之后第四个能自己造出 100 吨级飞机的国家。

但由于多方面原因，80 年代中期，耗资 5.377 亿元人民币的运 -10 项目下马。仅比欧洲空客晚两年起步的中国大飞机制造业，自此举步不前。

　　2006 年 2 月 9 日，国务院颁布《国家中长期科学和技术发展规划纲要（2006—2020 年）》，大型飞机被确定为"未来 15 年力争取得突破的 16 个重大科技专项"之一。为此，国务院成立了大型飞机重大专项领导小组，组织了专家论证委员会独立开展论证，经过 6 个月的工作，形成了《大型飞机方案论证报告》。

　　2007 年 2 月 26 日，国务院常务会议原则批准大型飞机研制重大科技专项正式立项。争论多年的"大飞机项目"终于尘埃落定。2008 年 5 月 11 日，肩负中国大型客机研制使命的中国商用飞机有限责任公司在上海成立。

　　首型国产大型客机被命名为"C919"。其中"C"是 China（中国）的首个字母；第一个"9"，寓意天长地久；"19"代表最大载客量为 190 座。

　　C919 的"C"，也是中国商用飞机有限责任公司英文缩写 COMAC 的首字母。同时还有一个寓意，就是立志要跻身国际大型客机市场，与 Airbus（空中客车公司）和 Boeing（波音公司）一道在国际大型客机制造业中形成 ABC 并立的格局。

　　未来的型号也可能命名为"C929"。"29"代表这一机型的最大载客量为 290 座。未来 C919 会系列化发展，满足不同客户的不同需求。

　　C919 大型客机的研制，以牢牢掌握自主知识产权为立足点，自主研制，突破核心技术和关键技术，同时充分利用国际资源。飞机的发动机、机载设备、材料等采用全球招投标方式择优选用，同时鼓励国外供应商同国内厂家合作，发展中国民机产业。

　　C919 大型客机的研制经历了五个阶段：第一阶段，可行性研究；第二阶段，立项论证；第三阶段，初步设计；第四阶段，详细设计和制造；第五阶段，试用、审批生产。

2009 年底 ARJ21 支线飞机投入运营，这为中国设计制造大飞机提供了全面的技术支持和市场营销经验。

2015 年 11 月 2 日，中国自主研制的 C919 大型客机总装下线。

2017 年 4 月 16 日，C919 在上海浦东国际机场 4 号跑道进行了首次高速滑行测试，这是大飞机首飞前的最后一关。5 月 5 日，C919 在上海浦东国际机场安全落地，首飞成功。

首飞成功后，C919 将转入适航取证阶段，这将意味着其面向市场的目标更进了一步，也意味着中国成为世界上少数几个拥有研制大型客机能力的国家之一。

从首飞到试飞再到适航取证，需要经过一系列复杂和烦琐的程序。试飞包含数十个课目，时间也相对比较长。适航取证后，意味着飞机的安全性设计被认可，也就获得了"准生证"。拿到此证后，飞机便可以进入批量生产的实质阶段。

C919 机长 38.9 米、翼展 35.8 米、机高 11.95 米，空机重量 45.7 吨、最大商载 18.9 吨，为 C 类飞机。座级 158—192 座，航程 4075—5555 公里，具有安全、经济、舒适、环保的特点。C919 飞机单价为 0.99 亿美元，折合人民币为 6.53 亿元。

2022 年 9 月，C919 大型客机完成全部适航审定工作后，获中国民用航空局颁发的型号合格证，中共中央、国务院致贺电。9 月 30 日，党和国家领导人习近平、韩正等在北京人民大会堂会见 C919 大型客机项目团队代表并参观项目成果展览。

2022 年 12 月 9 日，C919 首架飞机交付航司。2023 年 5 月 28 日，C919 圆满完成全球首次商业载客飞行，首发用户为中国东方航空，从上海虹桥机场飞往北京首都机场。2024 年 2 月 16 日，全球首架 C919 大型客机从上海起飞参加第九届新加坡国际航空航天与防务展。截至 9 月 30 日，东航已接收并运营 8 架 C919，开通三条国内商业航线。2024 年 9 月 19 日，C919 飞机首次飞抵拉萨。

C919 是中国大飞机梦的第一步。中国商飞公司明确了三步走发展思路。第一步以 150 座级单通道飞机为切入点，命名为 C919；第二步发展 200 座级双通道飞机；第三步则根据市场需求和研制能力，发展高速、舒适的更大座级飞机。

十一、港珠澳大桥

港珠澳大桥，是中国境内一座连接香港、珠海和澳门的桥隧工程，位于广东省伶仃洋区域内，为珠江三角洲地区环线高速公路南环段，总长 55 公里，是连接香港、珠海和澳门的超大型跨海通道，也是世界上最长的跨海大桥。

港珠澳大桥东起香港国际机场附近的香港口岸人工岛，向西横跨伶仃洋海域，连接珠海和澳门人工岛，止于珠海洪湾。桥隧全长 55 公里，其中主桥 29.6 公里、香港口岸至珠澳口岸 41.6 公里；桥面为双向六车道高速公路，设计速度 100 公里 / 小时；工程项目总投资额 1269 亿元。

改革开放以来，香港、澳门与内地的经济联系日益紧密，交通联系日益增多。特别是香港、澳门回归祖国后，与内地的来往更加密切和频繁。近年来，粤港澳大湾区建设加速，迫切要求加快交通一体化建设。原有的陆上通道早已饱和，建设海上通道成为必然选择。

港珠澳大桥的前身是原规划中的伶仃洋大桥。1989 年，珠海市政府首次公布伶仃洋大桥计划。1998 年，国务院正式批准伶仃洋跨海大桥工程项目。但 1999 年至 2002 年期间，伶仃洋大桥工程项目搁置。2003 年，伶仃洋大桥项目被港珠澳大桥项目取代。

2004 年，港珠澳大桥前期工作协调小组成立，全面启动大桥各项建设前期工作。2005 年，港珠澳大桥确定采用 Y 形线路，连接香港、珠海和澳门三地。2006 年，工程项目完成环评。2007 年，港珠澳大桥三地落点位置确定。2008 年，工程可行性报告通过专家评审。2009 年，国务院批准建设港珠澳大桥。

2009 年 12 月 15 日，港珠澳大桥正式开工建设。2017 年 7 月 7 日，大桥主体工程全线贯通。12 月 28 日，主体工程桥面铺装完成。12 月 31 日，88 辆大巴车和工程车开过大桥。2018 年 1 月 1 日，大桥全线亮灯，主体工程具备通车条件。2 月 6 日，大桥主体工程完成交工验收。9 月 28 日，开始进行粤港澳三地联合试运行。10 月 23 日，港珠澳大桥开通仪式在广东珠海举行，习近平出席仪式并宣布大桥正式开通。10 月 24 日，港珠澳大桥公路及各口岸正式通车运营。

港珠澳大桥分别由三座通航桥、一条海底隧道、四座人工岛及连接桥隧、深浅水区非通航孔连续梁式桥和港珠澳三地陆路联络线组成。港珠澳大桥采用了"桥、岛、隧三位一体"的建筑形式；大桥全路段呈 S 形曲线，桥墩的轴线方向和水流的流向大致取平，既能缓解司机驾驶疲劳，又能减少桥墩阻水率，还能提升建筑美观度。

港珠澳大桥总体设计理念包含战略性、创新性、功能性、安全性、环保性、文化性和景观性几个方面。据介绍评述，主桥为三座大跨度钢结构斜拉桥，每座主桥均有独特的艺术构思。其中青州航道桥塔顶结型撑吸收"中国结"文化元素，将最初的直角、直线造型"曲线化"，使桥塔显得纤巧灵动、精致优雅。江海直达船航道桥主塔塔冠造型取自"白海豚"元素，与海豚保护区的海洋文化相结合。九洲航道桥主塔造型取自"风帆"，寓意"扬帆起航"，与江海直达船航道塔身形成序列化造型效果，桥塔整体造型优美、亲和力强，具有强烈的地标韵味。东西人工岛汲取"蚝贝"元素，寓意珠海横琴岛盛产蚝贝。大桥水上和水下部分的高差近 100 米，既有横向曲线又有纵向高低，整体如一条丝带纤细轻盈，把多个节点串起来，寓意"珠联璧合"。

港珠澳大桥工程具有规模大、工期短，技术新、经验少，工序多、专业广，要求高、难点多的特点，为全球已建最长跨海大桥，在道路设计、使用年限以及防撞防震、抗洪抗风等方面均有超高标准。在港珠澳大桥修建过程中，中国许多高校、科研院所发挥了重要技术支撑作用。大桥建设前后实施了300多项课题研究，发表论文逾500篇（科技论文235篇）、出版专著18部、编制标准和指南30项、软件著作权11项；创新项目超过1000个、创建工法40多项，形成63份技术标准、创造600多项专利（中国国内专利授权53项）；先后攻克了人工岛快速成岛、深埋沉管结构设计、隧道复合基础等10余项世界级技术难题，带动20个基地和生产线的建设，形成拥有中国自主知识产权的核心技术，建立了中国跨海通道建设工业化技术体系。

建设港珠澳大桥是中国中央政府支持香港、澳门和珠三角地区城市快速发展的一项重大举措，是"一国两制"下粤港澳密切合作的重大成果。港珠澳大桥建成通车，大大缩短了香港、珠海和澳门三地间的时空距离，被视为粤港澳大湾区互联互通的"脊梁"，可有效促进人流、物流、资金流、技术流等创新要素的高效流动和配置，推动粤港澳大湾区建设成为更具活力的经济区、宜居宜业宜游的优质生活圈和内地与港澳深度合作的示范区，打造国际高水平湾区和世界级城市群。

港珠澳大桥建设创下多项世界之最，代表了中国桥梁建造的先进水平，是中国从桥梁大国走向桥梁强国的里程碑之作。大桥被业界誉为桥梁界的"珠穆朗玛峰"，被英国《卫报》称为"现代世界七大奇迹"之一。2018年，港珠澳大桥工程先后获《美国工程新闻纪录》（ENR）评选的 2018 年度全球最佳桥隧项目奖、国际隧道协会 2018 年度重大工程奖和英国土木工程师学会（ICE）期刊 *New Civil Engineer* 评选的 2018 年度隧道工程奖（10 亿美元以上）。

2019 年 12 月，港珠澳大桥珠海口岸工程获中国建设工程鲁班奖（国家优质工程）。2020 年 8 月，港珠澳大桥获 2020 年国际桥梁大会（IBC）超级工程奖。2024 年 1 月，获第二十届第二批中国土木工程詹天佑奖。2024 年 6 月，港珠澳大桥跨海集群工程获国家科学技术进步奖一等奖。

2023 年 4 月 19 日，港珠澳大桥主体工程通过交通运输部、国家发展改革委、国务院港澳办组织的竣工验收。竣工验收委员会评价认为，大桥主体工程创下多项世界之最，工程质量等级和综合评价等级均为优良，打造了一座"精品工程、样板工程、平安工程、廉洁工程"，为超大型跨海通道工程建设积累了宝贵经验。

截至 2024 年 10 月 22 日 8 时，经港珠澳大桥珠海公路口岸往来粤港澳三地的旅客数量已超过 6230 万人次，车辆已超过 1276 万辆次。

港珠澳大桥是国家工程、国之重器，是一座圆梦桥、同心桥、自信桥、复兴桥。大桥的建设，体现了一个国家逢山开路、遇水架桥的奋斗精神，体现了我国综合国力、自主创新能力，体现了勇创世界一流的民族志气。

十二、北京大兴国际机场

北京大兴国际机场，是首都的第二国际机场，是建设在北京市大兴区与河北省廊坊市广阳区之间的超大型国际航空综合交通枢纽，北距天安门 46 千米、北距北京首都国际机场 67 千米、南距雄安新区

55 千米，为 4F 级国际机场、世界级航空枢纽、国家发展新动力源。

随着改革开放的发展，北京的航空客流不断迅速增长。首都国际机场先后扩建了 1 号、2 号、3 号航站楼。特别是 3 号航站楼，总体建筑面积近 100 万平方米，规模宏伟，造型美妙，技术条件都很先进，投入使用后为 2008 年奥运会的举办发挥了重要作用。但是随着国际国内客流的不断攀升，也越来越难以适应需要。

从 2000 年开始，建设首都第二国际机场被提上日程。2010 年后，首都机场客流量迅速上升，2014 年达到 8365 万人次，稳居世界第二，航班趋于饱和，新机场的建设迫在眉睫。

选址首先是一个社会关注的大问题。新机场曾有 3 处选址，最终确定为大兴区榆垡镇、礼贤镇与廊坊市广阳区交界处。

2014 年 12 月 15 日，国家发改委批准北京建设新机场项目。12 月 26 日，新机场工程举行开工典礼。2018 年 9 月 14 日，新机场名称确定为"北京大兴国际机场"。

2014 年 11 月，法国 ADP Ingenierie 建筑事务所携手著名的扎哈·哈迪德（Zaha Hadid）工作室击败众多竞争对手，成功拿下北京新机场 T1 航站楼设计项目。

机场按照 2040 年客流吞吐量 1 亿人次，飞机起降量 80 万架次的规模设计，建设 7 条跑道和约 140 万平方米的航站楼。机场预留控制用地按照终端 2050 年旅客吞吐量 1.3 亿人次、飞机起降量 103 万架次、9 条跑道的规模预留。工程投资 799.8 亿元。

一期工程按 2025 年旅客吞吐量 7200 万人次，货邮吞吐量 200 万吨，飞机起降 62 万架次的目标设计，建设 4 条跑道，70 万平方米航站楼及相应的货运、空管、航油、市政配套、综合交通枢纽等设施。客机近机位 92 个。在客流达到 4500 万人次时，建设第一卫星厅，使航站楼面积达到 82 万平方米，客机近机位 137 个，使其满足 7200 万人次的设计能力。新机场的 4 条跑道，采用"三纵一横"全向型构型，这在国内尚属首次。

新机场航站楼形如展翅的凤凰，与首都机场 T3 航站楼"一"字造型不同，新机场是五指廊的造型，完全以旅客为中心。旅客从航站楼中心步行到达任何一个登机口，所需的时间不超过 8 分钟。

航站楼地上地下一共 5 层。轨道交通在航站楼地下二层设站，地下一层是广场式的换乘中心，可以换乘高铁、地铁、城铁等，其中包括京雄城际、廊涿城际，还有机场快线。航站楼头顶圆形玻璃穹顶直径有 80 米，周围分布着 8 个巨大的 C 形柱，撑起整个航站楼的楼顶。C 形柱周围有很多气泡窗，主要用来采光。航站楼可抵抗 12 级台风。

新机场位置在北京、天津和雄安中间的位置上。西侧有大广高速、东侧有京台高速、北侧有新机场北线高速、南侧有廊涿高速与北京新机场高速公路直接连接新机场和市区。

除了高速公路外，新机场地下巨大的轨道交通网可以把京津冀周边的旅客快速运达。共有 5 条轨道线路在机场外围整合并列为一组，沿新机场中轴贯穿航站区，依次分别是：京霸城际、机场快轨、R4/S6 线、预留线和廊涿城际。

2018 年 7 月 6 日，《北京新机场建设与运营筹备总进度综合管控计划》正式发布，明确北京新机场及其配套工程将在 2019 年 6 月 30 日竣工验收，2019 年 9 月 30 日投入运营。

2018 年 11 月 20 日，韩正就北京大兴国际机场建设情况进行调研。他强调，北京大兴国际机场是习近平总书记亲自关怀、亲自推动的重大标志性工程，要按照打造精品工程、样板工程、平安工程、廉洁工程的要求，精心组织施工，做好运营筹备，确保如期竣工投运，更好服务国家战略、展示国家形象。

2019 年 1 月 22 日 10 时 10 分，一架校验飞机平稳降落在北京大兴国际机场西一跑道上，意味着北京新机场第一场校验任务圆满完成。

5 月 13 日，北京大兴国际机场真机验证试飞成功，"三纵一横"交叉跑道首次运行，标志着机场的工作重心由基础建设转向准备投运通航。

2019 年 9 月 25 日，习近平出席北京大兴国际机场投运仪式，宣布："北京大兴国际机场正式投运！"北京南苑机场正式关闭。2019 年 10 月 27 日，北京大兴国际机场航空口岸正式对外开放，并开通首条国际航线。

北京大兴国际机场定位为大型国际航空枢纽、国家发展新的动力源、支撑雄安新区建设的京津冀区域综合交通枢纽，规划了 7 条跑道、2 座航站楼、1 座卫星厅，航空货站区面积达 80 万平方米。

截至 2021 年 2 月，北京大兴国际机场民航站坪机位共设 223 个，其中近机位 76 个，远机位 147 个。机场有 4 条跑道，东一、北一和西一跑道宽 60 米，长分别为 3400 米、3800 米和 3800 米，西二跑道长 3800 米，宽 45 米；其中西一和东一跑道间距达 2350 米，为日后机场扩建留下了充足的发展空间。

北京大兴国际机场为中国南方航空、中国联合航空、河北航空和北京航空（中国国际航空分公司）的主运营枢纽机场，也是中国东方航空和厦门航空的基地机场。

北京大兴国际机场和北京首都国际机场两场之间，遵循"并驾齐驱、独立运营、适度竞争、优势互补"的方针，在同一目标下实现差异发展，打造双轮驱动标杆。

2020 年 12 月，北京大兴国际机场获中国建筑行业工程质量最高荣誉中国建设工程鲁班奖（国家优质工程）。2022 年 11 月，入选 2022 中国新时代 100 大建筑（交通枢纽类）。

　　截至 2024 年 9 月 25 日，北京大兴国际机场累计保障旅客 1.27 亿人次，开通了 216 条航线，覆盖了欧洲、亚洲和中东的 25 个国家和地区。

第九章

共和国的文化教育

一、扫盲

扫盲，即扫除文盲，是为使不识字或识字少的人获得阅读、写字和计算能力而进行的教学过程，是一种最为初步的基础教育，也是从新中国成立之初就开始的组织广大文盲人群识字学文化的群众运动。

什么是文盲、半文盲？简单地说，不识字或识字数不超过 500 字是文盲。能认识 500 字，但识字数不超过 1500 字称半文盲。

更准确地说，1953 年 11 月，中央扫除文盲工作委员会颁布《关于扫盲标准、毕业考试等暂行办法的通知》规定：不识字或识字数在 500 字以下者为文盲，识 500 字以上而未达到扫盲标准者为半文盲。扫除文盲的标准是：干部和工人识 2000 常用字，能阅读通俗书报，能写 200—300 字的应用短文；农民识 1000 常用字，大体上能阅读通俗的书报，能写农村中常用的便条、收据等；城市其他劳动人民识 1500 常用字，阅读、写作能力分别参照工人、农民的标准。1956 年中共中央、国务院发布的《关于扫除文盲的决定》对工人的识字标准仍要求为 2000 字左右；对农民的扫盲标准规定为大约识 1500 字，能大体上看懂浅近通俗的报刊，能记简单的账，写简单的便条，并且会做简单的珠算。1978 年国务院发布的《关于扫除文盲的指示》，基本上重申了上述规定的扫盲标准，要求青壮年能识 1500 个字，能够看懂浅近通俗的报刊，能够记简单的账、写简单的便条。城市、工矿区脱盲标准为识 2000 字，达到"四会"（会读、会写、会用、会讲）。

中国古代教育以私塾为主，近代以来才大量举办新型学校。所以长期以来民众受教育的机会有限。据 1934 年统计，全国不识字的民众占总人口的 80%，文盲共达 3.4 亿余人。

现代教育和扫盲活动始于清末。据宣统三年（1911）的资料，各省识字学塾计 16314 所，学生 255477 人。辛亥革命后，中国政府于 1924 年 2 月制定《识字运动宣传大纲》，开展识字教育。1928—1934 年，共办民众学校或识字学校 199321 所，入学识字者 6856309 人。

在中国共产党领导下的中央苏区、抗日根据地亦曾大规模开展过识字运动。如 1933 年建立的"消灭文盲协会"，其任务是"猛烈地开展消灭文盲运动"。1939 年 3 月陕甘宁边区政府教育厅发出《关于消灭文盲及实行办法》，4 月 19 日毛泽东给《新中华报》题词：为消灭文盲而斗争。1945 年 4 月，毛泽东在《论联合政府》中指出：从百分之八十的人口中扫除文盲，是新中国的一项重要工作。

新中国成立之初，全国人口中文盲、半文盲高达 90%。据 1949 年下半年的统计，在 326 万多名地方党员中，文盲、半文盲占 69%，小学文化程度占 27.66%，中学文化程度占 3.02%，大学以上文化程度仅占 0.32%。

党和国家对扫除文盲非常重视。1950 年 9 月 20 日—29 日，召开第一次全国工农教育会议，明确提出开展识字教育，逐步减少文盲。人们以高涨的热情投入到文化学习中。扫盲班遍布工厂、农村、部队、街道。各地农村普遍利用冬季农闲时间，组织农民学习文化，学习政治，提高素质。1950 年，全国农民上冬学的达 2500 万人以上。1951 年，上常年夜校的农民有 1100 余万人。

1952 年 11 月 15 日，中央人民政府增设了专门的扫除文盲工作委员会。有人发明了一种"速成识字法"。于是各地统一部署，成立"速成识字班"，要求识字 2000 字，能独立阅读通俗书报，能写 300—500 字的书信和文章。

1956 年 3 月，中共中央、国务院发布《关于扫除文盲的决定》，指出扫除文盲是中国文化上的一个大革命，也是社会主义建设中的一项极为重大的政治任务。同月成立全国扫除文盲协会，选举陈毅为会长，吴玉章、林枫、张奚若、胡耀邦、董纯才为副会长。

1957 年 3 月 8 日，教育部发布《关于扫除文盲工作的通知》，提出：着重扫除 40 岁以下工农群众中的青、壮年文盲。一般要求扫除工人文盲的 85% 左右；扫除农民、市民、手工业合作社社员文盲的 80% 左右；干部中的文盲，除少数特殊情况而外，都应列入扫盲对象。1958 年 1 月 14 日，教育部又发出《关于基本完成扫盲任务和扫盲年龄计算年限两问题的解释》的文件，对基本扫盲的比例和年龄计算问题作了解释。

这场大规模的扫盲运动，断断续续一直持续到 50 年代末。70 年代，又继续开展了扫盲工作。其间，虽然在"大跃进"运动中也出现过教育和扫盲刮风浮夸的现象，但总体上扫盲工作取得了明显成效。

在这一过程中，党和政府把扫除文盲当作一项重要的群众性工作。广泛动员社会各方面的力量，包括工矿企业、城市街道、农村基层组织、工会、共青团、民兵、妇联等群众团体和全日制学校广大师生等参加扫盲工作。开办了各种类型的实习学校，采取多种形式组织文盲人口识字学文化。教学方法多种多样，不拘一格。为保证扫盲质量，各省、自治区、直辖市制订了扫盲检查验收制度和办法，对已经基本扫除文盲的单位逐级进行检查验收。

1978 年 11 月，国务院发出《关于扫除文盲的指示》，要求继续扫除工人、农民中的文盲，努力做到"一堵、二扫、三提高"，即不仅要扫除现有的少、青、壮年中的文盲，同时要抓好普及小学教育，以防止新文盲的产生，并采取各种形式组织已经脱盲的学员继续学习，使他们进一步巩固提高。

根据 1982 年人口普查统计，全国文盲和半文盲为 2.3 亿多人，占当时全国人口总数的近 1/4。这表明，一方面，已经改变了文盲、半文盲占人口大多数的情况；另一方面，扫除文盲的任务依然非常艰巨。

改革开放期间，扫盲工作继续以不同形式坚持。1982 年颁布的《中华人民共和国宪法》中明确规定："国家发展各种教育设施，扫除文盲。"1988 年 2 月，国务院颁发《扫除文盲工作条例》，使扫盲工作进一步走向经常化、制度化。1990 年，教育部与全国妇联还共同设立了巾帼扫盲奖，每两年表彰一次扫除妇女文盲的先进单位和个人。

1993 年，《中国教育改革和发展纲要》提出：到 20 世纪末，全国基本扫除青壮年文盲，使得青壮年文盲率降到 5% 以下。

为此，教育部建立了扫盲评估和表彰奖励制度，1996 年设立了"中华扫盲奖"，以表彰为扫盲工作作出贡献的组织和脱盲成绩显著的个人。1996 —2000 年每年表彰奖励一次扫盲教师和基层扫盲工作者，5 年共表彰个人近千人、先进单位 400 多个。

到 1999 年底，全国基本普及九年义务教育、基本扫除青壮年文盲的县（市、区）累计达 2430 个（含其他县级行政区划单位 145 个），人口覆盖率达 80%。

2001 年 1 月 1 日，江泽民在全国政协新年茶话会上向全世界宣布：我国如期实现了基本普及九年义务教育和基本扫除青壮年文盲的战略目标。

2001 年 3 月 28 日，国家统计局公布的 2000 年第五次全国人口普查主要数据显示：中国大陆 31 个省、自治区、直辖市和现役军人人口中，文盲人口（15 岁及 15 岁以上不识字和识字很少的人）是 8507 万人，同 1990 年第四次全国人口普查相比，文盲比率已由 15.88% 下降为 6.72%。而青壮年文盲的比率已下降到了 5% 以下，从而实现了我国政府 90 年代初提出的"到本世纪末基本扫除青壮年文盲"的重要目标。

在一个拥有十几亿人口的发展中大国，经过 50 多年的不懈努力，使文盲比例由 1949 年中华人民共和国成立初的 80% 以上下降至 2000 年的 6.72%，这是一个伟大的成就。

二、普通话

普通话，是以北京语音为标准音，以北方话（官话）为基础方言，以典范的现代白话文著作为语法规范的现代标准汉语；是中华人民共和国法定的全国通用语言，也是联合国工作语言之一。北京话、大陆普通话、台湾地区"国语"、新加坡华语、马来西亚华语等在语音、词汇等方面有少许差异，但它们都是以北京话这种方言为基础来进行标准化的产物。

语言是凝聚中华民族的纽带之一。秦朝的"书同文"对中华民族的形成和发展起了巨大的作用。但中国地域辽阔，民族众多，除了有不同的民族语言外，还有很多种方言。这种语言的多样化体现了文化的多样性，但也带来了语言交流的一定障碍。因此，如何在保持文化多样性的同时方便语言的沟通和交流，就成为关系民族和国家发展的一件大事。从商周开始，很多朝代都为此做了努力。

明代初期定都南京，曾以南京官话作为汉语的标准音和官方语言。朱棣迁都北京后，南京官话成为当时北京语音的基础。清雍正年间设正音馆，确立以北京官话为国语正音。清中叶后，北京官话的影响逐渐超过南京官话。1909 年，清政府设立"国语编审委员会"，将当时通用的官话正式命名为"国语"。1911 年，清朝学部通过《统一国语办法案》，取代了原来明代的官方韵书《洪武正韵》。

20 世纪初，一些学者提出"普通话"的概念。经"五四"以来的白话文运动、大众语运动和国语运动，北京语音的地位得到确立并巩固下来。

辛亥革命后，国语成为民族共同语的称呼。但如何读音，一直有不少争议。1912 年的"中国读音统一会"，制定了史称"老国音"的国音系统，确定了以"京音为主，兼顾南北"的国音。1918 年公布了第一套国家认可的国音"注音字母"，以"折中南北，牵合古今"为原则，主要由北京官话和南京官话混合提取创造。1919 年，北洋政府成立国语统一筹备会，并编辑出版了《中华民国国音字典》。后来在国音标准的争论中，有人主张以北平音为国音标准。1932 年 5 月，中华民国教育部正式公布并出版《国音常用字汇》，为确立国语的标准提供了范本。1932 年之后的国语广播，都采取了这一标准，各地的国语标准一致化。1935 年，国语统一筹备委员会改组为国语推行委员会，开始进行国语的全面普及和推广教育工作。

中华人民共和国成立后，主持教材工作的叶圣陶力主将小学"国语"科改称"语文"。1950 年《小学语文课程暂行标准（草案）》规定："所谓语文，应是以北京音系为标准的普通话和照普通话写出的语体文。""讲解用的语言，仍用以北京音系为标准的普通话，不用方言土语。"

1953 年，中央人民政府以河北省承德市滦平县为普通话标准音的主要采集地。清朝时滦平就是北京官话推广的先行区。由于历史的原因，滦平话音准分明，字正腔圆，语调比当时的北京话要"硬"一些，显得直接、清晰、明确，尤其是没有北京胡同音那种儿化、省字、尾音等发音习惯，易于学习推广。1955 年 10 月，全国文字改革会议和现代汉语规范问题学术会议将汉民族共同语的正式名称定为"普通话"，制定标准后向全国推广。"普通"两字，是"普遍"和"共通"的意思。

　　1955 年 10 月 26 日，《人民日报》发表题为《为促进汉字改革、推广普通话、实现汉语规范化而努力》的社论。1955 年 11 月 4 日，中国人民解放军总政治部向全军发出《关于在军队中推行汉字简化、推广普通话和实现语言规范化的通知》。1955 年 11 月 17 日，教育部发出《中华人民共和国教育部关于在中小学和各级师范学校大力推广普通话的指示》。

　　1956 年 2 月 6 日，国务院发布《关于推广普通话的指示》，并补充了对普通话的定义："以北京语音为标准音、以北方话为基础方言、以典范的现代白话文著作为语法规范的普通话。"国务院同时成立了中央推广普通话工作委员会。同时成立普通话审音委员会，历经八年，编成了《普通话异读词审音表初稿》及"续编""三编"，1963年合并为《普通话异读词三次审音总表初稿》，奠定了普通话语音规范的基础。

　　改革开放前，普通话的推广普及工作已经取得了巨大成就。改革开放后，这一工作继续进行。推广普及普通话，营造良好的语言环境，有利于促进人员交流、商品流通和培育统一的大市场，有利于增进各民族各地区的交流、增强中华民族凝聚力，有利于推动中文信息处理技术的发展和应用。

　　1978 年，商务印书馆正式出版的《现代汉语词典》和《新华字典》，成为继 20 世纪 30 年代《国语字典》之后最权威的现代汉语工具书。

　　1982 年制定的宪法第十九条，第一次写上"国家推广全国通用的普通话"。

　　1990 年，国家语委明确以广东、福建两省和上海市作为南方方言区推广普通话的重点地区。

　　1991 年七届全国人大四次会议通过的《中华人民共和国国民经济

和社会发展十年规划和第八个五年计划纲要》，也明确提出要"大力推广普通话"。

2000 年制定的《中华人民共和国国家通用语言文字法》，确立了普通话"国家通用语言"的法定地位，规定"学校及其他教育机构通过汉语文课程教授普通话和规范汉字"，"广播电台、电视台以普通话为基本的播音用语"。

1998 年 9 月 13 日—19 日，国务院确定举办第一届全国推广普通话宣传周。到 2014 年宣传周 17 周年时，全国有 70% 以上的人口具备普通话应用能力，95% 以上的识字人口使用规范汉字。

到 2020 年，在全国范围内已经基本普及国家通用语言文字，全国普通话普及率平均达到 80.72%，比 2000 年的 53.06% 提高了 27.66 个百分点，圆满完成语言文字事业"十三五"发展规划确定的目标。

2021 年 12 月 23 日，教育部、国家乡村振兴局、国家语委印发《国家通用语言文字普及提升工程和推普助力乡村振兴计划实施方案》，加大国家通用语言文字推广力度，提升普及程度和质量，落实国家语言文字事业"十四五"发展规划相关要求。按照"聚焦重点、全面普及、巩固提高"的新时代推普方针，到 2025 年全国范围内普通话普及率达到 85%。基础较薄弱的民族地区普通话普及率在现有基础上提高 6—10 个百分点，接近或达到 80% 的基本普及目标。

推广普通话不是要消灭方言。早在 1958 年，周恩来在《当前文字改革的任务》报告中就阐明："我们推广普通话，是为的消除方言之间的隔阂，而不是禁止和消灭方言。""方言是会长期存在的。方言不能用行政命令来禁止，也不能用人为的办法来消灭。"[①] 今天，从文明多样性的角度来看，方言是中国文化多样性的重要载体，是不能也是不应该被消灭的。推广普通话必须坚持"提倡普通话，保护方

---

① 《周恩来选集》下卷，人民出版社 1984 年版，第 286 页。

言"的辩证统一。

三、简化字

简化字，是中华人民共和国政府公布的简体汉字，通常指《第一批简体字表》《当用汉字表》《简化字总表》中的字，有时也包括《第二次汉字简化方案》中的字。

中国的汉字经历了长期的演化过程。从甲骨文、金文、篆书，再到隶书、楷书，直至当代的很多应用字体，越来越利于实际应用，在交流、传播、传承人类文明方面发挥了重要作用，始终是中华文明的基本载体和代表。由于汉字形体是汉朝定型的，一直用到今天，所以我们的文字才称为"汉字"。

中国汉字本身具有丰富的历史和文化内涵，但很多字笔画偏多，字形复杂，给普通群众学习和掌握文化知识带来难度。因此，在汉字发展的过程中，也逐渐提出了如何简化的问题。

近代的太平天国政权，曾实行汉字简化，总共使用 100 多个简体字，其中 80% 为后来采用。新文化运动时期，在倡导白话文的同时，很多学者也大力倡导汉字简化。钱玄同等学者都先后提出了不少简化意见和方案。1932 年，国语统一筹备委员会编的《国音常用字汇》出版，收入了宋元以来的很多习用简体字。1935 年 8 月 21 日，中华民国教育部发布第 11400 号部令，正式公布《第一批简体字表》，同时公布《推行简体字办法》9 条。但因遭到反对，旋即暂缓推行。在中国共产党领导的根据地和解放区，为了面向群众进行宣传教育，使用了既有的或创造的不少简体字，被称为"解放字"。

1949 年 10 月 10 日，中国文字改革协会成立。如何改革文字，最初有两个方向，一是创立一种拼音化新文字以取代汉字，一是实行汉字简化。毛泽东认为，文字改革应首先办"简体字"，不能脱离实际，割断历史。由此，汉字简化的方向确立下来。

1952年2月5日，由中国文字改革协会改组合并其他机构组成中国文字改革研究委员会。随即开始着手拟定《常用汉字简化表草案》。

1953年10月1日，中共中央设立中央文字问题委员会。1954年12月，中国文字改革研究委员会改组为中国文字改革委员会，直属于国务院。

1955年1月7日，中国文字改革委员会和教育部等联合发布《汉字简化方案（草案）》，征求意见，全国参加讨论的人数达20万。1956年1月28日，国务院通过《关于公布汉字简化方案的决议》。31日，决议和《汉字简化方案》在《人民日报》发表。2月1日，第一批230个简体字和30个类推偏旁正式公布。

1956年1月1日，全国报刊实行横排，已经开始使用简化字。

1964年5月，中国文字改革委员会出版《简化字总表》，三表共2236字，这就是今天通行大陆的简体字。

1975年5月，中国文字改革委员会拟出《第二次汉字简化方案（草案）》，报请国务院审阅。1977年12月20日，《第二次汉字简化方案（草案）》公布，称为"二简字"，广泛征求社会意见。次日，《人民日报》开始试用"二简字"。但由于意见较多，1978年7月，中宣部发出通知，停止试用"二简字"。1981年11月，开始对上述方案进行修改完善。

1980年，为适应计算机处理汉字信息的需要，国家标准总局发布了《信息交换用汉字编码字符集·基本集》（GB2312–80）。

1986年6月24日，国务院发出通知，宣布废止"二简字"。10月10日重新发表《简化字总表》，共收2274个简化字及14个简化偏旁。同年发表《现代汉语通用字表》，内收通用字 7000 个。

2000 年 10 月 31 日，九届全国人大常委会第十八次会议通过《中华人民共和国国家通用语言文字法》，以法律形式确定普通话和规范汉字作为国家通用语言文字的地位，同时对方言、繁体字和异体字作为文化遗产加以保护。

2009 年 8 月 12 日，教育部就《通用规范汉字表（征求意见稿）》面向社会公开征求意见，收录常用字 6500 个，比《现代汉语通用字表》减少了 500 个。后作适当修改。2013 年 6 月 5 日，国务院公布《通用规范汉字表》，含附表《规范字与繁体字、异体字对照表》，社会一般应用领域的汉字使用以《通用规范汉字表》为准。

新形势下，汉字简化工作仍继续进行，主要任务是稳定现行汉字的字形，以适应汉字信息化的要求，特别是要使汉字便于编码输入电子计算机。

联合国的汉字标准与大陆的规范汉字保持一致，自 1971 年中华人民共和国恢复联合国合法席位之后，联合国不再同时发行简繁两种汉字文本，只保留简体文本。与中华人民共和国有外交关系的国家，也使用大陆的普通话与规范汉字作为学习中文的语言文字规范。

四、高校院系调整

高校院系调整，是指 1952—1953 年，以及 1956—1957 年，国家对全国高等院校及其系科的布局、归属、分类进行的大调整，涉及合并、重组、停办和新设。

中华人民共和国成立后，与苏联和东欧社会主义国家结成同盟，经济上接受苏联援助，开始实施 156 项重大工程（包括"二五"实为 215 项）。在科技和教育上也向苏联学习。在国内，对知识分子进行思想改造，包括端正对于英美国家与苏联社会主义国家的态度。在国民经济初步恢复基础上，开始制订第一个五年计划，进行大规模的工业建设。为适应形势的发展和新中国建设的需要，全国高等院校进行了大规模的院系调整。

1951 年 11 月，经过小范围的试验后，教育部召开全国工学院院长会议，拟订了全国工学院院系调整方案。

1952 年下半年，教育部部署对全国高等院校进行院系调整。调整的总方针是：以培养工业建设人才和师资为重点，发展专门学院与专科学校，整顿和加强综合性大学，逐步创办函授学校和夜大学，并在机构上为大量吸收工农成分入高等学校准备条件。

1952 — 1953 年间，全国各地高校分期分批进行了院系调整和专业设置工作。

一是对许多大学的文、理、法学院或系实行合并，调整和改造综合性大学。除保留少数文理科综合性大学外，多学科的综合性大学在高校中所占的比重，由 1949 年的 23.9% 降至 1952 年的 10.9%。

二是按行业归口建立单科性高校，将各大学的工学院和工科各系实行合并，组建多科性工学院，或独立出来成立专门的工学院，根据计划经济和工业建设的需要设置新专业，基本形成机械、电机、土木、化工等主要专业比较齐全的学科体系。

同时，进行师范、农林、医药等院校的调整。

人文社会科学由于被认为与紧迫的工业化建设不直接关联而遭到否定。社会学、政治学等学科因政治原因被停止和取消。

经过调整，大多数省份拥有了一所综合性大学和工、农、医、师等专门学院。

私立和教会学校退出历史舞台。早在 1952 年前，中央政府就开始逐步取消教会大学，并改造和限制私立大学。1952 年院系调整时，圣约翰大学、震旦大学、沪江大学、东吴大学、大同大学、同德医学院、南通学院、中华工商专科学校等所有私立和教会大学均被裁撤，分别并入其他公立高校。

1952年，政务院决定实行全国高等学校统一招生和毕业生统一分配。

高校部分教学权利收归教育部。1952年，国家成立高等教育部。1953年，政务院发布1953年的高校院系调整方案，其中明确指出：高校教师的思想改造学习告一段落，院系调整工作大部完成，统一招生与统一分配毕业生的制度已经确立，这些条件将便于中央高等教育部及其他部门进一步加强直接和具体的管理。

经过1952年和1953年两年的大规模院系专业调整，全国高校由原来的211所减为182所。其中综合性大学14所，工科院校39所，师范院校31所，农林院校29所，医药院校29所，政法院校4所，财经院校6所，艺术院校15所，语言院校8所，体育院校5所，民族院校2所。

调整的方向，是"向苏联学习"。通过院系调整，把1949年前效仿英、美构建的高校体系，全部改造成了效仿苏联的高校体系。

通过院系调整，加强了工程、师范和农林等方面专业人才的培养，使专门学院尤其是工科类专门学院有了快速发展，为我国培养了一大批经济建设所急需的专门人才，对新中国的工业化建设起了巨大的推动作用，改变了旧中国工程技术教育过于薄弱的状况。

但由于当时环境和指导思想的原因，院系调整也有一些偏差。主要是照搬苏联的教育模式，未能充分吸收中国教育遗产和英美教育中的优良部分；综合性大学和通识教育、一些著名大学多年形成的学科特长受到削弱；学科结构上出现"理工分割、文理分家"的现象，文、法、财经院系撤并过多；不适当地取消了社会学、政治学等学科。

1953 年 9 月，高等教育部部长马叙伦在《关于综合大学的方针和任务的报告》中，既充分肯定了院系调整的成绩，也指出了存在的缺点和问题，承认有过急的毛病，调整后的个别综合大学的力量被削弱，被分散；未能照顾到某些大学的原有的优点与系科特长，以及其本身的实际需要，把某些重要科系连根拔掉；在处理文法等系科的做法上，有些是更不妥当的，单纯地调出、合并或取消。当时就已指出的这些问题，给后来中国教育事业的发展带来了不利影响。

到 1956 年前后，院系调整主要是改变高校的学科布局和地区布局。1955 年在修订"一五"计划时，中央提出高等教育必须和国民经济的发展计划相配合，学校分布应避免过于集中，工科院校应逐步和工业基地相结合。因此，1955 年，经国务院批准，又将沿海地区一些高校的专业、系迁至内地组建新校，将少数学校全部或部分迁至内地，同时加强内地原有学校的建设。经过几年的调整，1956 年全国高等学校发展到 227 所。

五、教育发展和改革

重视教育，是中国人的传统美德之一。开"有教无类"先河的始祖孔子，作为中华民族的第一圣人，受到世世代代中国人的景仰，乃至被中国历朝历代统治者追封至"大成至圣先师"的至尊高位。旧中国，几乎家家户户都供奉着"天地君亲师"这样一块牌位。"师"与天、地、君、亲等量齐观，尽管排名最后，却受到百姓们最真诚的敬重。在日常生活中，老百姓都尊称教师为"先生"。

但不同的时代，教育的理念、目标、任务、体制、内容、方式、教材、学制等等，都有很大差异。为发展教育事业，不同时代的政府和人们都作了艰难和不同类型的探索。

中华人民共和国成立后，政权性质发生根本变化，教育理念和指导思想主要是面向工农兵，提高劳动人民的文化水平；为国家建设服务，培养德智体全面发展的共产主义接班人；教育与生产劳动相结合，从实践中学习知识；对教师等知识分子进行思想改造，转变其资产阶级世界观；对教育体制不断进行改革，使之发生了多种形式的变化。

在改革开放前，教育事业和教育改革经历了艰难曲折的过程。总体上，教育事业得到了很大的发展，培养了大量社会主义建设需要的新人，提高了全国人民的教育水平。1957年至1966年，全国普通高等学校毕业生累计达139.2万人，中等专业学校毕业生累计达211.1万人，分别为1950年至1956年的4.9倍和2.4倍。但"文化大革命"中，学校陷于混乱，一度停课"闹革命"，大学长期停办，给中国的教育事业带来巨大的伤害。

"文化大革命"结束后，教育体制改革在更高层次、更大规模上展开。由于确立了正确的指导思想和路线方针政策，教育体制改革一直按照正确的方向不断深入发展。

1983年10月1日，邓小平为景山学校题词：教育要面向现代化，面向世界，面向未来。

1985年5月，中共中央发布《关于教育体制改革的决定》。

1986年4月，六届全国人大四次会议通过《中华人民共和国义务教育法》，有步骤地把实施九年义务教育推向全国。

1993年2月13日，中共中央、国务院印发《中国教育改革和发展纲要》，提出到20世纪末，我国要实现基本普及九年义务教育，基本扫除青壮年文盲。

1995年，中共中央、国务院进一步提出科教兴国战略，1996年的八届全国人大四次会议将"科教兴国"确定为基本国策。

1999年1月13日，国务院批转教育部《面向21世纪教育振兴行动计划》，明确 2000 年至 2010 年中国教育发展的目标。

1999 年 6 月 13 日，中共中央、国务院作出《关于深化教育改革全面推进素质教育的决定》，提出全面推进素质教育，培养适应 21 世纪现代化建设需要的社会主义新人。

2007 年的十七大提出："教育是民族振兴的基石，教育公平是社会公平的重要基础。"[①] 将教育公平问题提升到一个前所未有的高度。

2010 年 7 月 29 日，中共中央、国务院发布《国家中长期教育改革和发展规划纲要（2010 —2020 年）》。

2012 年 9 月 5 日，国务院发出《关于深入推进义务教育均衡发展的意见》。

2014 年 5 月 2 日，国务院印发《关于加快发展现代职业教育的决定》。

2014 年 9 月 3 日，国务院印发《关于深化考试招生制度改革的实施意见》，提出到 2020 年基本建立中国特色现代教育考试招生制度，形成分类考试、综合评价、多元录取的考试招生模式。

2017 年，十九大明确提出："建设教育强国是中华民族伟大复兴的基础工程，必须把教育事业放在优先位置，深化教育改革，加快教育现代化，办好人民满意的教育。"[②]

同年，中共中央办公厅、国务院办公厅出台《关于深化教育体制机制改革的意见》，针对各级各类教育存在的突出问题和攻坚重点，明确提出系统推进育人方式、办学模式、管理体制、保障机制改革，到 2020 年，基本建立教育基础性制度体系。

2018 年 9 月 10 日，全国教育大会举行。大会指出，教育是国之大计、党之大计，要坚持改革创新，以凝聚人心、完善人格、开发人

---

① 中共中央文献研究室编：《十七大以来重要文献选编》（上），中央文献出版社 2009 年版，第 29 页。
② 《习近平著作选读》第二卷，人民出版社 2023 年版，第 37 页。

力、培育人才、造福人民为工作目标，培养德智体美劳全面发展的社会主义建设者和接班人，加快推进教育现代化、建设教育强国、办好人民满意的教育。12月8日，中共中央、国务院印发《中国教育现代化2035》。规划到2022年9月，我国学前教育毛入园率88.1%，九年义务教育巩固率95.4%，高中阶段教育毛入学率91.4%，高等教育毛入学率57.8%。

2019年6月23日，中共中央、国务院印发《关于深化教育教学改革全面提高义务教育质量的意见》，要求全面发展素质教育，培养德智体美劳全面发展的社会主义建设者和接班人。

2020年9月28日，中共中央、国务院印发《深化新时代教育评价改革总体方案》，对克服唯分数、唯升学、唯文凭、唯论文、唯帽子的顽瘴痼疾作出全面部署。

2021年《中国的全面小康》白皮书介绍，中国已建成包括学前教育、初等教育、中等教育、高等教育等在内的当代世界规模最大的教育体系，教育现代化发展总体水平跨入世界中上国家行列。

——学前教育普及率、普惠率超过84%，九年义务教育巩固率达到95%以上，高中阶段教育全面普及，区域、城乡、校际教育差距逐步缩小，从"有学上"到"上好学"、从"学有所教"到"学有优教"，中国基础教育跨越式发展，让每个孩子都能享有公平而有质量的教育正在变为现实。

——中国高等学校累计培养近亿名高素质专门人才，高等教育进入普及化阶段，教育水平跃升至世界中上国家水平。

——职业技术教育不断发展，为经济社会发展输送大量高素质技能人才，培养越来越多的能工巧匠、大国工匠。

——特殊教育从无到有、加快发展，残疾人享有平等受教育权正在实现。

——网络化、数字化、个性化、终身化的学习体系加快构建，"人人皆学、处处能学、时时可学"的学习型社会正在形成，学习逐渐成为人们的日常习惯和生活方式。

另据 2022 年 5 月教育部人士在"教育这十年"新闻发布会上公布的情况，新时代已建成世界最大规模高等教育体系，在学总人数达 4430 万人，高等教育毛入学率从 2012 年的 30%，提高至 2021 年的 57.8%，高等教育进入普及化发展阶段。

中国接受高等教育的人口达到 2.4 亿，新增劳动力平均受教育年限达到 13.8 年，劳动力素质结构发生了重大变化，全民族素质得到了稳步提高。高等教育在育人方式、办学模式、管理体制、保障机制等方面不断创新，为建设世界重要人才和创新高地提供了有力支撑。

通过"211""985"工程和"双一流"建设计划，一批大学和一大批学科已经跻身世界先进水平，中国高等教育整体水平进入世界第一方阵。10 年来，共有 265 种新专业纳入本科专业目录，目录内专业有 771 种。

中国已经形成了一整套包括理念、技术、标准、方法、评价等在内的慕课发展的中国范式。截至 2022 年 2 月底，中国上线慕课数量超过 5.25 万门，注册用户达 3.7 亿。

我国高等教育在基础学科人才培养方面，全方位谋划基础学科拔尖人才培养，加快卓越工程师培养，培养一批具有交叉思维、复合能力的创新人才，着力提升国家的"元实力""硬实力""锐实力"。

从人才培养看，新文科、新工科、新农科与新医科，以及一流专业建设等，正在成为教育优先发展的新平台，以及创新人才成长的新平台。中国的高等教育正在成为国家创新发展战略的重要支撑力量。

六、普及九年义务教育

义务教育是国家依照法律规定统一实施的所有适龄儿童、少年必须接受的教育，是国家必须予以保障的公益性事业，也是中国教育事业发展和改革取得的一项重大成就。实施九年义务教育，就是适龄儿童、少年开始接受教育的九年不收学费、杂费。国家建立义务教育经费保障机制，保证义务教育制度实施。

根据《中华人民共和国义务教育法》，凡具有中华人民共和国国籍的适龄儿童、少年，不分性别、民族、种族、家庭财产状况、宗教信仰等，依法享有平等接受义务教育的权利，并履行接受义务教育的义务。义务的含义包括父母与家庭有使学龄儿童就学的义务，国家有设校兴学以使国民享受教育的义务，以及全社会有排除阻碍学龄儿童身心健全发展的种种不良影响的义务。

中华人民共和国成立以后，把普及义务教育当作一项重要的责任和目标。1956 年提出"按照各地情况，分别在七年或者十二年内普及小学义务教育"①。虽然为此做了不少工作，也取得了很大成绩，但由于受"文化大革命"的干扰，这一目标未能实现。

改革开放以后，社会兴起学科学、重教育的热潮。普及义务教育的问题再次提上日程。1980 年，国家提出在 20 世纪 80 年代，全国应基本实现普及小学教育的历史任务，有条件的地方可以进而普及初中教育。1982 年的宪法写了"普及初等义务教育"的要求。

1985 年 5 月，中共中央作出《关于教育体制改革的决定》，阐明教育体制改革的措施、步骤和目的。其中第一次明确提出全国有计划有步骤地普及九年义务教育的任务。

---

① 中共中央文献研究室编：《建国以来重要文献选编》第八册，中央文献出版社 2011 年版，第48 页。

1986 年 4 月，六届全国人大四次会议通过《中华人民共和国义务教育法》，以国家立法的形式正式确立九年义务教育，对九年义务教育的性质、对象、学制、教师学历、处罚措施等作了规定。这是中国历史上第一部普及义务教育的法律。当时把全国划为三类地区，分别将基本实现义务教育的时间定为 1990 年、1995 年和 20 世纪末。

为了保证教育经费，1986 年施行的《中华人民共和国义务教育法》规定了"两个增长"："国家用于义务教育的财政拨款的增长比例，应当高于财政经常性收入的增长比例，并使按在校学生人数平均的教育费用逐步增长"。

1993 年 2 月，中共中央、国务院印发《中国教育改革和发展纲要》，进一步明确到 20 世纪末，全国基本普及九年义务教育。1994 年 7 月，《国务院关于〈中国教育改革和发展纲要〉的实施意见》明确基本普及九年义务教育的标准是：占全国总人口 85% 的地区普及九年义务教育；初中阶段的入学率达到 85% 左右；全国小学入学率达到 99% 以上。

20 世纪 90 年代，国务院陆续批准和颁布了《义务教育法实施细则》等政策法规。在当时财力尚不足的情况下，把"人民教育人民办"作为普及义务教育的主渠道，通过"国家贫困地区义务教育工程"推动义务教育普及，将"希望工程"和"春蕾计划"作为重要补充。

2001 年 1 月 1 日，江泽民在全国政协新年茶话会上的讲话中宣布：我国如期实现了基本普及九年义务教育和基本扫除青壮年文盲的战略目标。到 2000 年底，我国九年义务教育总规模已达到 19269.5 万人，比 1990 年增加 3111.6 万人，增长 19.25%。

美国普及义务教育用了 70 年，日本、法国、英国各用了 35 年。有 13 亿多人口的中国，从以法律形式正式提出目标到实现目标，仅仅用了 15 年，堪称世界奇迹，实现了中国教育的一个历史性跨越。

进入 21 世纪后，国家进一步提高"普九"的质量，从解决"有学上"转到"上好学"。2003 年，国务院印发《关于进一步加强农村教育工作的决定》。2005 年，国务院印发《关于深化农村义务教育经费保障机制改革的通知》。

2006 年 6 月修订的《中华人民共和国义务教育法》，将义务教育均衡发展作为义务教育发展的重要方向，强调了义务教育的免费性和强制性，进一步明确了各级政府举办义务教育的责任，进一步完善了义务教育的管理体制，建立了义务教育经费保障机制。

2012 年 9 月 5 日，国务院发出《关于深入推进义务教育均衡发展的意见》。

2015 年 11 月 25 日，国务院印发《关于进一步完善城乡义务教育经费保障机制的通知》，明确从 2016 年春季学期开始，统一城乡义务教育学校生均公用经费基准定额；从 2017 年春季学期开始，统一城乡义务教育学生"两免一补"政策。

2017 年 12 月，教育部印发《义务教育学校管理标准》，首次全面系统地梳理了我国义务教育学校管理的基本要求。

九年义务教育目标实现之后，社会上有人提出进一步实现高中阶段义务教育的问题。考虑条件问题，目前尚未实施。2017 年 3 月 24 日，教育部、国家发展和改革委员会、财政部及人力资源和社会保障部印发《高中阶段教育普及攻坚计划（2017—2020 年）》，提出到 2020 年，普及高中阶段教育，全国、各省（区、市）毛入学率均达到 90% 以上。

十九大要求："推动城乡义务教育一体化发展，高度重视农村义务教育，办好学前教育、特殊教育和网络教育，普及高中阶段教育"[1]。

按照 2018 年中共中央、国务院印发的《中国教育现代化 2035》，

---

[1] 《习近平著作选读》第二卷，人民出版社 2023 年版，第 37—38 页。

到 2022 年 9 月，我国九年义务教育巩固率要达到 95.4%。

2019 年 6 月 23 日，中共中央、国务院印发《关于深化教育教学改革全面提高义务教育质量的意见》，对义务教育提出进一步要求。

2020 年，全国九年义务教育巩固率为 95.2%，义务教育普及程度达到世界高收入国家的平均水平。残疾儿童义务教育入学率达 95% 以上。建立覆盖从学前教育到研究生教育的全学段学生资助政策体系，不让一个孩子因家庭经济困难而辍学的目标基本实现。

2021 年 7 月 19 日，中共中央办公厅、国务院办公厅印发《关于进一步减轻义务教育阶段学生作业负担和校外培训负担的意见》。

七、建设"双一流"

"双一流"，即世界一流大学和一流学科。建设世界一流大学和一流学科，是中共中央、国务院作出的重大战略决策，也是中国高等教育领域继"211""985"工程之后的又一国家战略。

1993 年 7 月，国家教委印发《关于重点建设一批高等学校和重点学科点的若干意见》，提出面向 21 世纪重点建设 100 所大学和一批重点学科点的计划，简称"211"工程。1998 年 5 月，教育部决定努力建设若干所世界一流大学和一批国际知名的高水平研究型大学，简称"985"工程。

2010 年，党和国家提出建设教育强国的目标。2017 年的十九大明确指出："建设教育强国是中华民族伟大复兴的基础工程"。建设教育强国的任务，就包括"加快一流大学和一流学科建设"。建设"双一流"，是深化高等教育改革发展、增强国家核心竞争力的战略举措，标志着中国从建设高等教育大国到建设高等教育强国的历史性跨越。

2013 年的十八届三中全会，要求"促进高校办出特色争创一流"。

2015 年 8 月 18 日，中央全面深化改革领导小组第十五次会议审议通过《统筹推进世界一流大学和一流学科建设总体方案》，决定统筹推进建设世界一流大学和一流学科。10 月 24 日，国务院印发《统筹推进世界一流大学和一流学科建设总体方案》，对新时期高等教育重点建设作出新部署，将"211""985"工程及"优势学科创新平台"等重点建设项目，统一纳入世界一流大学和一流学科建设。

2017 年 1 月 24 日，经国务院同意，教育部、财政部、国家发展和改革委员会联合印发《统筹推进世界一流大学和一流学科建设实施办法（暂行）》。

2017 年 9 月 21 日，教育部、财政部、国家发展改革委联合发布《关于公布世界一流大学和一流学科建设高校及建设学科名单的通知》，确定首批"双一流"建设高校共计 137 所，其中一流大学建设高校 42 所，一流学科建设高校 95 所，建设学科点 465 个。

2017 年 12 月底，北京大学、清华大学等高校"双一流"方案陆续公布，成为各校建设"双一流"的路线图。

2018 年 9 月 28 日—29 日，教育部在上海召开"双一流"建设现场推进会，进一步部署加快"双一流"建设工作。

建设"双一流"的目标是：推动一批高水平大学和学科进入世界一流行列或前列，加快高等教育治理体系和治理能力现代化，提高高等学校人才培养、科学研究、社会服务和文化传承创新水平，使之成为知识发现和科技创新的重要力量、先进思想和优秀文化的重要源泉、培养各类高素质优秀人才的重要基地，在支撑国家创新驱动发展战略、服务经济社会发展、弘扬中华优秀传统文化、培育和践行社会主义核心价值观、促进高等教育内涵发展等方面发挥重大作用。

到 2020 年，若干所大学和一批学科进入世界一流行列，若干学科进入世界一流学科前列。

到 2030 年，更多的大学和学科进入世界一流行列，若干所大学进入世界一流大学前列，一批学科进入世界一流学科前列，高等教育整体实力显著提升。

到 21 世纪中叶，一流大学和一流学科的数量和实力进入世界前列，基本建成高等教育强国。

具体任务是：建设一流师资队伍，培养拔尖创新人才，提升科学研究水平，传承创新优秀文化，着力推进成果转化。

"双一流"建设，每五年一个周期。

首轮"双一流"建设 2016 年启动，至 2020 年结束。

2021 年 12 月 17 日，中央全面深化改革委员会第二十三次会议审议通过了《关于深入推进世界一流大学和一流学科建设的若干意见》。习近平主持会议时强调，要突出培养一流人才、服务国家战略需求、争创世界一流的导向，深化体制机制改革，统筹推进、分类建设一流大学和一流学科。

2022 年 2 月 8 日，教育部在官网发布 2022 年工作要点，明确提出"逐步淡化一流大学建设高校和一流学科建设高校的身份色彩"，将一流大学建设高校和一流学科建设高校统称为"双一流"建设高校。

2022 年 2 月，《关于深入推进世界一流大学和一流学科建设的若干意见》由教育部、财政部、国家发展改革委印发。新一轮建设正式启动。

根据首轮监测数据和成效评价，经过"双一流"建设专家委员会研究，经国务院批准，2022 年 2 月 14 日，教育部、财政部、国家发展改革委公布第二轮"双一流"建设高校及建设学科名单，依据党中央、国务院确定的"十四五"期间国家战略急需领域，按照"总体稳定，优化调整"的原则，以需求为导向、以学科为基础、以比选为手段，确定了新一轮建设高校及学科范围。

更新公布的名单共有建设高校 147 所。建设学科中数学、物理、化学、生物学等基础学科布局 59 个、工程类学科 180 个、哲学社会科学学科 92 个。北京大学、清华大学自主建设的学科自行公布。对首轮建设成效并未完全达到预期，相比同类学科在整体发展水平、可持续发展能力和成长提升程度方面相对偏后的部分学科给予警示、撤销和调整。

第二轮建设名单不再区分一流大学建设高校和一流学科建设高校，将探索建立分类发展、分类支持、分类评价建设体系作为重点之一，引导建设高校切实把精力和重心聚焦有关领域、方向的创新与实质突破上，创造真正意义上的世界一流。

八、精神文明建设"五个一工程"奖

"五个一工程"奖，即由中共中央宣传部组织的精神文明建设"五个一工程"评选活动，自 1992 年起每年进行一次，评选上一年度各省、自治区、直辖市和中央部分部委，以及解放军总政治部等单位组织生产、推荐申报的精神产品中五个方面的精品佳作。

这五个方面是：一部好的戏剧作品，一部好的电视剧（片）作品，一部好的电影作品，一部好的图书（限社会科学方面），一部好的理论文章（限社会科学方面）。并对组织这些精神产品生产成绩突出的省、自治区、直辖市党委宣传部和部队有关部门，授予组织工作奖。对获奖单位与入选作品，颁发获奖证书与奖金。1995 年度起，将一首好歌和一部好的广播剧列入评选范围，"五个一工程"的名称不变。

改革开放以来，党和国家将"文明"作为现代化建设的战略目标之一，持之以恒地推动和加强社会主义精神文明建设。围绕精神文明建设的目标任务，党和国家组织开展了一系列活动，推进了一系列重要工作，其中之一就是实施精神文明建设"五个一工程"。

"五个一工程"奖的设立，体现了党和政府高度重视人民精神文化生活，全面打造文艺精品，鼓励艺术创新，提高艺术品质，最大程度满足社会大众的创作导向。这对于发挥艺术家和理论工作者的创作热情和才华、不断产生优秀作品，起到了巨大激励作用，有力地推动了文化建设和社会生活的发展进步。

1992 年 5 月 20 日，中共中央宣传部颁发"五个一工程"组织工作奖和入选作品奖。此后，一直连续进行"五个一工程"的组织和评奖工作。

2009 年 9 月 21 日，第十一届精神文明建设"五个一工程"表彰座谈会召开，电影《梅兰芳》等 164 部作品获奖。

2012 年 9 月 25 日，第十二届精神文明建设"五个一工程"（2009—2012）获奖作品名单公布，电影《建国大业》等 176 部作品获奖。

2014 年 9 月 13 日，第十三届精神文明建设"五个一工程"表彰座谈会举行，《中国合伙人》等 186 部作品获奖。

2017 年 9 月 27 日，第十四届精神文明建设"五个一工程"表彰座谈会举行，《将改革进行到底》等 67 部作品获奖。

2019 年 8 月 19 日，第十五届精神文明建设"五个一工程"表彰座谈会举行，《必由之路》等 73 部作品获奖。

2022 年 12 月，中共中央宣传部印发表彰决定，对第十六届精神文明建设"五个一工程"组织工作先进单位和优秀作品进行表彰。授予电影《我和我的祖国》、电视剧《跨过鸭绿江》、图书"足迹"系列等 12 部作品特别奖；授予《守岛人》等 12 部电影作品、《山海情》等 18 部电视作品、《燕翼堂》等 17 部戏剧作品、《中国北斗》等 8 部广播剧、《领航》等 11 首歌曲和《远去的白马》等 19 部图书，共 85 部作品优秀作品奖；授予北京、河北、辽宁、吉林、上海、江苏、浙江、福建、江西、山东、湖北、广东、海南、四川、陕西、宁夏、新疆等 17 个省区市党委宣传部组织工作奖。

本届"五个一工程"主要评选表彰 2019 年 6 月 1 日至 2022 年 5 月 31 日首次播映、上演、出版的优秀作品，获奖的 97 部作品是从全国报送的 750 余部作品中经过层层严格评审程序精选出的，充分反映了近 3 年来精神文化产品创作的成果。

评选工作遵循严格的评选规则和评选程序，坚持正确导向和作品质量第一，尊重专家评委和群众意见。本次评选工作，通过 20 多家单位和机构推荐了数百位权威专家组成专家评委库，随机抽选后与部分社会音乐人、商业互联网平台代表、基层单位群众代表共同组成评审委员会，承担作品的集中评选工作，评选结果通过媒体进行为期一周的公示，征求社会各界意见。

2024 年第十七届精神文明建设"五个一工程"参评作品要求是 2022 年 6 月 1 日至 2024 年 5 月 31 日首次播映、上演、出版的作品。作品门类为：戏剧、电影（含动画电影、纪录电影）、电视剧（含动画片、文化类纪录片和专题节目）、广播剧、歌曲、图书（包括文学类图书、通俗理论读物和少儿读物），共 6 类。其中戏剧演出场次原则上不少于 30 场，图书必须是正式出版的原创作品，具有一定的社会影响，发行量原则上不少于 3 万册（套）。文件学习辅导读物、文章汇编、诗歌、百科科普、漫画图画、低幼读物等不参评。为充分听取社会各界意见，确保第十七届精神文明建设"五个一工程"评选公平公正，2024 年 11 月 18 日，中央宣传部精神文明建设"五个一工程"评选工作办公室将本届"优秀作品奖"入选的 105 部作品名单予以公示，公示时间为 2024 年 11 月 18 日—24 日。

"五个一工程"奖实施以来，对各地、各单位精神文明产品生产的发展与提高，产生了积极的促进作用，体现了中央提出的精神文明重在建设的方针，把以科学的理论武装人、以正确的舆论引导人、以高尚的精神塑造人、以优秀的作品鼓舞人的号召落实到实际工作中。"五个一工程"奖中文艺项目的评选，贯彻了文艺为人民服务、为社会主义服务的方向和百花齐放、百家争鸣的方针，弘扬主旋律，提倡多样化，对繁荣社会主义文艺创作，促进富有鲜明时代精神和浓郁生活气息、思想性与艺术性结合、为广大人民群众喜闻乐见的文艺精品的问世，起到了有力的推动作用。

九、建设国家文化公园

2023 年 10 月 22 日，地处贵州省贵阳龙洞堡国际机场附近的"红飘带"数字体验馆（贵州长征文化数字艺术馆）正式向公众开放。该项目以数字化展示长征文化为宗旨，运用前沿数字技术，通过虚拟交互、全息投影等科技手段，打造沉浸式长征文化体验空间，让游客仿佛置身长征途中，感受那段艰苦卓绝的历史。

建设国家文化公园，是以习近平同志为核心的党中央的重大决策部署，是推动新时代文化繁荣发展的重大工程。

2017 年 1 月，中共中央办公厅、国务院办公厅印发的《关于实施中华优秀传统文化传承发展工程的意见》，首次提出规划建设一批国家文化公园，使之成为中华文化重要标识。

2019 年 12 月 5 日，中共中央办公厅、国务院办公厅印发《长城、大运河、长征国家文化公园建设方案》。

2020 年 10 月 29 日，十九届五中全会通过的《中共中央关于制定国民经济和社会发展第十四个五年规划和二〇三五年远景目标的建议》，提出建设长城、大运河、长征、黄河等国家文化公园。

2020 年 11 月，国家文化公园建设工作领导小组办公室发布《国家文化公园形象标志征集公告》，面向社会公开征集国家文化公园形象标志设计方案。

2021年2月，国家文化公园专家咨询委员会秘书处挂牌仪式在京举行，标志国家文化公园专家咨询委员会正式组建，国家文化公园工作机制建设开启新的阶段。专家咨询委员会秘书处设在中国艺术研究院，承担委员会的日常运作、协调服务和组织管理工作。

2021年8月，为深入学习贯彻习近平总书记关于国家文化公园建设的重要指示精神，加快推进国家文化公园建设，国家文化公园建设工作领导小组印发《长城国家文化公园建设保护规划》《大运河国家文化公园建设保护规划》《长征国家文化公园建设保护规划》，要求各相关部门和沿线省份结合实际抓好贯彻落实。

二十大报告提出"建好用好国家文化公园"的要求，为国家文化公园建设发展明确方向。

中宣部、国家发展改革委、文化和旅游部等国家文化公园建设工作领导小组各组成单位和有关地方高度重视，密切沟通协调，克服新冠疫情影响，有序推进各项工作。

建设国家文化公园，是要整合具有突出意义、重要影响、重大主题的文物和文化资源，实施公园化管理运营，实现保护传承利用、文化教育、公共服务、旅游观光、休闲娱乐、科学研究功能，形成具有特定开放空间的公共文化载体，集中打造中华文化重要标志。

国家文化公园重点建设管控保护、主题展示、文旅融合、传统利用4类主体功能区；协调推进文物和文化资源保护传承利用，系统推进保护传承、研究发掘、环境配套、文旅融合、数字再现5个重点基础工程建设。

长城国家文化公园：包括战国、秦、汉长城，北魏、北齐、隋、唐、五代、宋、西夏、辽具备长城特征的防御体系，金界壕，明长城。涉及北京、天津、河北、山西、内蒙古、辽宁、吉林、黑龙江、山东、河南、陕西、甘肃、青海、宁夏、新疆15个省区市。

大运河国家文化公园：包括京杭大运河、隋唐大运河、浙东运河3个部分，通惠河、北运河、南运河、会通河、中（运）河、淮扬运河、江南运河、浙东运河、永济渠（卫河）、通济渠（汴河）10个河段。涉及北京、天津、河北、江苏、浙江、安徽、山东、河南8个省市。

长征国家文化公园：以中国工农红军一方面军（中央红军）长征线路为主，兼顾红二、四方面军和红二十五军长征线路。涉及福建、江西、河南、湖北、湖南、广东、广西、重庆、四川、贵州、云南、陕西、甘肃、青海、宁夏15个省区市。

黄河国家文化公园：拟将河南作为黄河国家文化公园重点建设区，以黄河为轴线，以城市为节点，河南将规划建设"五区联动"黄河文化遗产保护廊道。

长江国家文化公园：建设范围综合考虑长江干流区域和长江经济带区域，涉及上海、江苏、浙江、安徽、江西、湖北、湖南、重庆、四川、贵州、云南、西藏、青海13个省区市。

长城、大运河、长征、黄河、长江国家文化公园，浓缩着辉煌灿烂的中华文明。长城、大运河、长征、黄河、长江这5个国家文化公园，从北到南，从东到西，横平竖直弯折钩，写出的就是中国的"国"字。立足"国家"定位，深耕"文化"沃土，着眼"公园"属性。国家文化公园为中华文脉提供传承空间，为文物保护创造良好环境，为文化遗产注入时代精神。

长城、大运河、长征、黄河、长江国家文化公园先后开始建设。

如大运河国家文化公园，2019年7月，党中央、国务院作出重大决策部署，在大运河文化保护传承利用工作基础上，规划建设大运河国家文化公园，唯一重点建设区落在江苏。2021年8月，国家文化公园建设工作领导小组印发《大运河国家文化公园建设保护规划》。

江苏先行先试、做好示范。2021年6月，随着《江苏省大运河文化价值阐释弘扬规划》《江苏省大运河国家文化公园建设保护规划》等出台，江苏总结提出"园、带、点"3种大运河国家文化公园的空间形态，着手布局22个核心展示园、26条集中展示带、154个特色展示点，率先拿出了国家文化公园空间规划范式与实施路径。

围绕建设"大运河国家文化公园成为向世界传播中华优秀文化的重要标志"总体定位，《大运河国家文化公园建设保护规划》提出了3个阶段建设保护目标：一是到2021年底，大运河国家文化公园建设管理机制全面建立，重点任务、重大工程、重要项目顺利启动，江苏省大运河国家文化公园重点建设区建设任务基本完成。二是到2023年底，大运河沿线文物和文化资源保护传承利用协调推进局面初步形成，权责明确、运营高效、监督规范的管理模式初具雏形，一批重大标志性项目基本建成，大运河国家文化公园建设保护任务基本完成。三是到2025年，大运河国家文化公园建设管理机制全面建立，权责明确、运营高效、监督规范的管理模式基本建成，重点任务、重大工程、重要项目得到有效落实，各类文化遗产资源保护实现全覆盖，文化和旅游与相关产业深度融合，标志性项目取得明显效益，"千年运河"统一品牌基本形成。

北京大运河文化带正日渐复苏，大运河博物馆以"运河之舟"形象拔地而起；扬州打造集传统与现代于一身的"非遗"文化园，成为年轻人网红打卡地、学生研学首选地；苏州以"运河十景"项目建设提升运河景观风貌，恢复古驿站、水码头等文化遗存，在大运河畔续写着姑苏繁华。沿线35座城市发力打造大运河璀璨文化带、绿色生态带、缤纷旅游带，运河百景熠熠生辉，悠悠运河水带动一座座城市焕发文明活力。

第十章

共和国的社会进步

一、新中国初期的妇女解放

几千年来，封建婚姻制度以夫权为中心，要求妇女恪守"三从四德"（未嫁从父、既嫁从夫、夫死从子；妇德、妇言、妇容、妇功）的封建礼教，把妇女压迫在社会最底层，并剥夺男女婚姻自由，酿成了无数人间悲剧。

中国共产党历来主张妇女解放。早在 1925 年 1 月，中共四大就专门通过《对于妇女运动之议决案》，提出：男女社会地位平等，男女教育平等，男女职业平等，结婚离婚自由，反对大家庭制度，打破奴隶女性的礼教，反抗良妻贤母主义的女子教育，女子应有财产权与承继权，女子应有参政权，男女工资平等，赞助劳工妇女，保护母性（生产期前后休息六星期不扣薪资），等等。这类口号大多数直到今天都还有现实意义。随后，在革命根据地、抗日民主根据地、解放区局部执政时，都采取了一系列措施，把妇女解放付诸实施。

1949 年制定的起临时宪法作用的《共同纲领》第六条明确规定："中华人民共和国废除束缚妇女的封建制度。妇女在政治的、经济的、文化教育的、社会的生活各方面，均有与男子平等的权利。实行男女婚姻自由。"[1]

1950 年 5 月 1 日，新中国成立后制定的第一部基本法律[2]，就是《中华人民共和国婚姻法》（以下简称《婚姻法》）。《婚姻法》开宗明

---

[1]　中共中央文献研究室编：《建国以来重要文献选编》第一册，中央文献出版社 2011 年版，第 2 页。
[2]　此处按长期以来的文件和党史著作称《婚姻法》为新中国第一部基本法律。但实际上，在 1949 年 9 月 27 日的中国人民政治协商会议第一届全体会议上，一致通过了《中国人民政治协商会议组织法》和《中华人民共和国中央人民政府组织法》。这是为中华人民共和国奠基的基本法律，而且在新中国成立后的一段时间里，依然有效并发挥着重要作用。因此，《婚姻法》实际上并非是第一部基本法律。

义规定了两条基本原则：第一条，废除包办强迫、男尊女卑、漠视子女利益的封建主义婚姻制度。实行男女婚姻自由、一夫一妻、男女权利平等、保护妇女和子女合法利益的新民主主义婚姻制度。第二条，禁止重婚、纳妾。禁止童养媳。禁止干涉寡妇婚姻自由。禁止任何人借婚姻关系问题索取财物。依据这两条原则，《婚姻法》对婚姻关系和家庭关系作了详细的规定，为广大妇女从封建婚姻制度的压迫下解放出来，提供了法律上的保障。

1952 年 11 月和 1953 年 2 月，中共中央、政务院先后发出指示，要求各地开展一次贯彻《婚姻法》的大规模运动，1953 年 3 月，全国开展了宣传贯彻《婚姻法》运动月活动。大批基层干部和积极分子，利用报纸、广播、连环画、幻灯、电影、戏剧等形式，在群众中大张旗鼓地宣传《婚姻法》。《小二黑结婚》《小女婿》《刘巧儿》等戏剧受到广大群众的热烈欢迎。广泛的宣传活动使男女平等、婚姻自由等新的道德观念逐渐深入人心，平等和睦的新家庭到处涌现。夫妻之间和家庭成员之间互敬互爱、互相帮助。妇女在家庭中开始享有与男子同样的权利。在社会舆论上，男女恋爱和寡妇改嫁已不再被认为"有伤风化"，妇女参加社会活动已成为正当权利，不再受丈夫、公婆和社会舆论的干涉。

《婚姻法》的颁布实施，从根本上动摇了封建婚姻制度和旧有家庭关系的根基，也从根本上触动了旧的传统思想观念和伦理道德，在全社会逐步建立起新型的婚姻家庭关系，促进社会风气发生了巨大转变。

各级妇女联合会、青年团与民政、司法部门共同配合，同一些维护包办婚姻的顽固习惯势力，以及某些基层干部漠视妇女权利、迁就买卖婚姻的错误行为作斗争，在保障男女婚姻自由，特别是保护广大劳动妇女的合法权益，包括通过离婚自由解除封建包办婚姻、建立新型婚姻家庭关系等方面，做了大量工作，使婚姻制度的民主改革在新中国成立短短几年内取得明显成效。

经过这次运动，在全国大部分地区，封建婚姻制度已被摧毁，婚姻自由、男女平等开始形成新的社会风气，民主和睦的新家庭大量涌现。占全国人口半数的广大妇女参加各种生产和社会活动的积极性高涨，政治地位有了很大提高。

1949 年 3 月，成立了中华全国民主妇女联合会，1957 年改名为"中华人民共和国妇女联合会"，1978 年又改名为"中华全国妇女联合会"。

此后几十年来，党和国家一直把妇女解放不断推向前进，在不同的时期解决了许多不同的问题。特别是改革开放以来，妇女解放不断取得新的成就。

二、残疾人事业

残疾人问题，是人类社会的固有问题。在不同的社会制度和法律政策环境下，残疾人的生存状况和社会地位有很大差别。在中国，残疾人是社会大家庭的平等成员，是人类文明发展的一支重要力量，是坚持和发展中国特色社会主义的一支重要力量。残疾人事业是高尚神圣的事业，是中国特色社会主义事业的重要组成部分。

新中国成立后，社会稳定，经济发展，残疾人由常常沿街乞讨、流离失所转由政府收养救济。20 世纪 50 年代中期，残疾人福利工厂、伤残人福利院、荣军疗养院、精神病院等相继出现。汉语盲文和聋人手语工作开始建立，盲人按摩医疗、盲人聋人康复工作、残疾人文艺体育工作也陆续起步。1953 年，经人民政府批准成立中国盲人福利会。1956 年 2 月，在周恩来关怀下，成立了中国聋哑人福利会。

1957 年，举办中国首届青年盲人田径运动会，聋人田径、游泳运动会，有上千人参加选拔赛，活跃了残疾人文化体育生活。1960 年 5 月召开第一届全国盲人聋哑人代表会议时，周恩来、朱德、邓小平、李先念等党和国家领导人接见了出席会议的全体代表。中国盲人福利会与中国聋哑人福利会合并为中国盲人聋哑人协会。1968 年，中国盲人聋哑人协会停止工作。

改革开放后，党和国家高度重视残疾人事业，采取了一系列发展残疾人事业的重大举措。1978 年，中国盲人聋哑人协会恢复活动。1984 年 3 月，中国残疾人福利基金会成立。1988 年 3 月，在中国残疾人福利基金会和中国盲人聋哑人协会的基础上，成立了融代表、服务、管理功能为一体的中国残疾人联合会。

1982 年，全国人大修改后的《中华人民共和国宪法》首次规定："国家和社会帮助安排盲、聋、哑和其他有残疾的公民的劳动、生活和教育。"[1]1988 年 9 月，经国务院批准颁布实施《中国残疾人事业五年工作纲要（1988 —1992 年）》。1990 年 12 月，全国人大常委会审议通过《中华人民共和国残疾人保障法》。

成立政府残疾人工作委员会，开展了全国残疾人状况调查。在全社会弘扬人道主义思想，倡导扶残助残的良好风尚，营造残疾人平等参与的社会环境，激励残疾人自强自立。邓朴方在推进残疾人事业方面作出了突出贡献。

1991 年，国务院制定《中国残疾人事业"八五"计划纲要（1991 —1995 年）》，五年工作纲要后两年的任务纳入计划纲要中。此后国务院又陆续制定了"九五"至"十四五"多个残疾人事业或残疾人保障和发展规划（计划）及其实施方案。

---

[1]　中共中央文献研究室编：《十二大以来重要文献选编》（上），中央文献出版社 2011 年版，第 196 页。

党的十七大后，中共中央、国务院发布《关于促进残疾人事业发展的意见》，要求增强促进残疾人事业发展的责任感和使命感，认识促进残疾人事业发展的重要意义，着眼于解决残疾人最关心、最直接、最现实的利益问题，坚持政府主导、社会参与，国家扶持、市场推动，统筹兼顾、分类指导，立足基层、面向群众，完善促进残疾人事业发展的法律法规和政策措施，健全残疾人社会保障制度，加强残疾人服务体系建设，营造残疾人平等参与的社会环境，缩小残疾人生活状况与社会平均水平的差距，实现残疾人事业与经济社会协调发展，努力使残疾人同全国人民一道向着更高水平的小康社会迈进。

到"十三五"前，残疾人康复得到了长足发展；残疾儿童少年义务教育水平大幅度提高，近4万名残疾人接受高等教育；残疾人就业状况明显改善；1000多万名农村贫困残疾人通过扶贫开发解决了温饱；残疾人文化体育生活日益丰富；扶残助残的良好社会风尚逐步形成；残疾人素质普遍提高，为经济建设和社会发展作出了积极贡献。残疾人事业已由过去以福利救济为主的社会福利工作，逐步发展成为包括康复、教育、劳动就业、扶贫、社会保障、文化体育、维权、无障碍环境建设、残疾预防等多领域的综合性社会事业。中国残疾人事业走上了一条适合国情、具有特色、科学发展的道路。

十八大以来，习近平提出了"全面建成小康社会，残疾人一个也不能少"的明确要求。残疾人事业成为"四个全面"战略布局的重要内容，在新的起点上加快发展。

国务院先后出台了《关于加快推进残疾人小康进程的意见》《关于全面建立困难残疾人生活补贴和重度残疾人护理补贴制度的意见》《关于加快发展康复辅助器具产业的若干意见》。国务院制定《"十三五"加快残疾人小康进程规划纲要》《"十三五"推进基本公共服务均等化规划》等一批专项规划，进一步细化了残疾人事业发展的工作任务、责任清单。国务院办公厅印发《国家残疾预防行动计划（2016—2020 年）》，推动设立"全国残疾预防日"。《特殊教育提升计划（2014—2016 年）》顺利完成。

经过努力，已经形成以《中华人民共和国宪法》为核心，以《中华人民共和国残疾人保障法》为主干，以《残疾人就业条例》《残疾人教育条例》《残疾预防和残疾人康复条例》《无障碍环境建设条例》等为重要支撑的残疾人事业法律法规体系基本框架。

残疾人基本民生得到稳定保障。十八大以来的 5 年，帮助 440 多万农村贫困残疾人脱贫，为 84 万户农村贫困残疾人家庭实施危房改造；全面建立了困难残疾人生活补贴和重度残疾人护理补贴制度，惠及 2100 多万残疾人；为 887.8 万城乡贫困残疾人提供了最低生活保障，97.4 万城乡特困残疾人被纳入集中供养范围；29 项残疾人医疗康复项目被纳入基本医疗保险支付范围。

残疾人基本公共服务全面拓展。十八大以来的 5 年，累计为 2500 多万人次残疾人提供了基本康复服务；铁路、民航、银行、公共服务机构等无障碍服务明显加强；推进了残疾人康复体育、健身体育、竞技体育协同发展，建成了残疾人服务状况大数据系统。

越来越多的残疾人走上就业创业之路，175 万人次城镇残疾人参加职业培训，城镇新增残疾人就业达到 100 万人。各行各业涌现出一大批残疾人自强模范。

残疾人事业国际交流合作实现新拓展。积极组织推动将残疾人发展问题纳入联合国《2030 年可持续发展议程》；成功举办亚太经合组织第二十二次领导人非正式会议期间残疾人事务主题活动，中国倡导的"残疾人与经济发展事务"成为亚太经合组织正式议题，中国代表当选"APEC 残疾人事务之友"小组首任主席；创办亚欧会议框架下残疾人合作暨全球辅助器具产业发展大会。"一带一路"沿线国家和地区的残疾人领域合作交流工作务实推进；成功申办北京 2022 年冬奥会和冬残奥会。

十九大将加强残疾康复服务纳入加强社会保障体系建设之中；十九届五中全会将健全残疾人关爱服务体系和设施，完善帮扶残疾人等社会福利制度纳入"十四五"规划建议；十九届六中全会再次强调加快发展残疾人事业；二十大明确提出"完善残疾人社会保障制度和关爱服务体系，促进残疾人事业全面发展"。

残疾人工作领导体制进一步健全。各地已普遍建立党委领导、政府负责、社会参与、残疾人组织充分发挥作用的残疾人事业领导体制和工作机制，将残疾人工作纳入党委、政府民生实事和年度考核内容。各地政府残疾人工作委员会加强统筹协调，建立健全工作规则，探索开展年度述职、重点工作督查等制度，形成高效协同的工作合力。残联组织充分履行代表、服务、管理职能，发挥成为党和政府联系残疾人的桥梁纽带作用。各地财政持续加大对残疾人事业的投入力度，残疾人服务资源得到有效聚合。各地还通过积极开展政府购买助残服务试点，建立指导性目录和标准规范，推动残疾人事业治理能力和服务水平明显提高。

进一步完善残疾人社会保障体系，养老保险制度、医疗保险制度等逐步完善，推动参保人数、参保比例持续提高，织密残疾人基本民生保障网。各地加快推进残疾人托养服务体系建设，提高托养服务质量，大大缓解了残疾人家庭的照护压力，为残疾人改善生活和全面发展提供了有效途径。截至 2022 年底，全国参加城乡居民基本养老保险的残疾人数达 2761.7 万，1209.3 万残疾人领取养老金，开展残疾人托养服务的各级各类机构达 8906 个。

不断提高残疾人健康服务水平，加强残疾预防工作；不断发展特殊教育，保障残疾人受教育权益；提升残疾人就业质量，促进残疾人充分就业；推进残疾人文化体育事业蓬勃发展，丰富残疾人生活内容。经过各级残联组织和相关部门持续不懈的努力，残疾人群体的急难愁盼问题一个个得到解决，显著提升了残疾人健康水平、教育水平和生活质量。

《马拉喀什条约》在我国落地生效，进一步保障阅读障碍者平等获取文化和教育的权利；持续加强和改善残疾人出行服务，残疾人出行便利性得到提升；为困难重度残疾人家庭实施无障碍改造，切实解决残疾人居家生活中的困难；推动网站和手机应用程序加快无障碍改造，让残疾人更好感受信息化带来的益处。2023 年 9 月 1 日，《中华人民共和国无障碍环境建设法》施行，为残疾人平等、充分、便捷地参与和融入社会生活，促进社会全体人员共享经济社会发展成果提供了坚实的法治保障。

2021 年 7 月 8 日，国务院印发并实施《"十四五"残疾人保障和发展规划》。规划总结：

"十三五"时期，残疾人事业取得重大成就，"全面建成小康社会，残疾人一个也不能少"的目标如期实现。710 万农村建档立卡贫困残疾人脱贫，城乡新增 180.8 万残疾人就业，1076.8 万困难残疾人被纳入最低生活保障范围。1212.6 万困难残疾人得到生活补贴，1473.8 万重度残疾人得到护理补贴。残疾人基本康复服务覆盖率达到80%，辅助器具适配率达到 80%。残疾儿童少年接受义务教育的比例达到 95%，5 万多残疾学生进入高等院校学习。城乡无障碍环境明显改善，关爱帮助残疾人的社会氛围日益浓厚。越来越多的残疾人更加勇敢地面对生活的挑战，更加坚强地为梦想而奋斗，为经济社会发展作出了重要贡献。我国在国际残疾人事务中的影响力显著提升。

规划规定，残疾人保障和发展的主要目标是：

到 2025 年，残疾人脱贫攻坚成果巩固拓展，生活品质得到新改善，民生福祉达到新水平。多层次的残疾人社会保障制度基本建立，残疾人基本民生得到稳定保障，重度残疾人得到更好照护。多形式的残疾人就业支持体系基本形成，残疾人实现较为充分较高质量的就业。均等化的残疾人基本公共服务体系更加完备，残疾人思想道德素养、科学文化素质和身心健康水平明显提高。无障碍环境持续优化，残疾人在政治、经济、文化、社会、家庭生活等各方面平等权利得到更好实现。残疾人事业基础保障条件明显改善，质量效益不断提升。

到 2035 年，残疾人事业与经济社会协调发展，与国家基本实现现代化目标相适应。残疾人物质生活更为宽裕，精神生活更为丰富，与社会平均水平的差距显著缩小。平等包容的社会氛围更加浓厚，残疾人充分享有平等参与、公平发展的权利，残疾人的全面发展和共同富裕取得更为明显的实质性进展。

2022 年 3 月 25 日，国务院办公厅印发《促进残疾人就业三年行动方案（2022—2024 年）》。

目前，中国各类残疾人总数有 8500 多万，由于人口老龄化加快等因素，残疾仍会多发高发。残疾人人数众多、特性突出，特别需要关心帮助。

残疾人事业是中国特色社会主义事业的重要组成部分，扶残助残是社会文明进步的重要标志。

三、体育事业

体育事业的发展，是中华人民共和国 70 多年发展进步的一个重要内容。中国在体育领域取得的成就，是中国人民的光荣和骄傲，也是中华人民共和国的亮丽名片。

"体育"是一个外来词，但中国作为一个文明古国，体育运动自古就有。早在黄帝之时，中国即以角抵、击剑、射御、蹴鞠、捶丸等体育活动来训练青年。而唐尧、虞舜、夏、商、周此五代亦以拳术、投壶、剑术、弓矢等体育活动来强健国人体魄。至隋唐之时，古代体育进入空前之状，诸如摔跤、拔河、秋千等，而最为兴盛的是马球与足球，且女子亦有参加。

中华人民共和国成立后，对体育事业高度重视。1949 年的《共同纲领》，就列入了"提倡国民体育"的内容。1951 年公布推行第一套广播体操。1952 年 6 月 20 日，中华全国体育总会成立。毛泽东为该会题词："发展体育运动，增强人民体质。"此后，各级体委机构建立起来。教育部门、共青团、工会和部队都成立了体育机构。1954 年，中共中央批准国家体委党组《关于加强人民体育运动工作的报告》。同年还公布了"准备劳动与卫国"体育制度（劳卫制），在全国施行。

1959 年，周恩来在二届全国人大一次会议上作政府工作报告，他指出："应当贯彻执行普及和提高相结合的方针，广泛开展群众性的体育运动，逐步提高我国的体育水平。"[1] 同年建成的北京工人体育场，是北京十大建筑之一。1960 年，中共中央在《关于卫生工作的指示》中指出："凡能做到的，都要提倡做体操，打球类，跑跑步，爬山，游水，打太极拳及各种各色的体育运动。"[2]

十一届三中全会之后，体育事业进入新的历史时期，取得了更大的进步，中国体育阔步走向世界。1984 年 10 月，中共中央发出《关于进一步发展体育运动的通知》。1995 年，国务院颁布《全民健身计划纲要》，对群众体育事业的发展作出了规划和部署。2011 年 2 月

---

[1] 中共中央文献研究室编：《建国以来重要文献选编》第十二册，中央文献出版社 2011 年版，第 186 页。
[2] 中共中央文献研究室编：《建国以来重要文献选编》第十三册，中央文献出版社 2011 年版，第 82 页。

15 日，国务院印发《全民健身计划（2011—2015年）》。2014年国务院下发的《关于加快发展体育产业促进体育消费的若干意见》，将全民健身上升为国家战略。2016年国务院令第666号修订《全民健身条例》，制订了全民健身计划。"十三五"规划中，要求广泛开展全民健身运动，实施全民健身战略。2017年的十九大指出："广泛开展全民健身活动，加快推进体育强国建设"[①]。十八大以来，中国正由体育大国向体育强国迈进，体育强国的作用明显显现、越来越大。

75年来，特别是改革开放以来，中国体育事业取得了一系列骄人的成绩。

1956年6月7日，陈镜开在中苏举重友谊比赛中，以133公斤的挺举，创造了中国体育史上第一个世界纪录。此后陈镜开9破世界纪录。

50年代，王文教等一批优秀羽毛球运动员相继回国，带动了中国羽毛球运动的发展。60年代，中国羽毛球运动员获得世界羽坛"无冕之王"的美誉。

1959年4月5日，从香港回到祖国大陆的容国团荣获第25届世界乒乓球锦标赛男子单打冠军。这是中国运动员获得的第一个世界冠军。两年后，容国团和队友们在团体赛中力克日本，夺取了团体赛冠军。1964年，作为女队教练员的容国团带队获得了乒乓球世锦赛女团冠军。

1959年9月13日，在北京举办了第一届全国运动会。

1960年5月25日4时20分，中国登山运动员王富洲、贡布、屈银华首次登上海拔8844.43米的世界最高峰——珠穆朗玛峰，这也是人类历史上首次从珠峰北路成功地攀上顶峰。

1963年，在印度尼西亚举行有48个国家和地区参加的新兴力量

---

① 《习近平著作选读》第二卷，人民出版社2023年版，第36页。

运动会。中国共获 66 枚金牌、56 枚银牌、46 枚铜牌，金牌总数和奖牌总数都列在首位，并有 13 人 17 次打破 162 项全国纪录，2 人 2 次打破世界纪录。

1981 年 11 月 16 日，在第三届女排世界杯赛上，中国队以不败的战绩，赢得中国三大球中的第一个世界冠军。此后，中国女排屡战屡胜，创造了"五连冠"的奇迹。

1982 年，中国国家羽毛球队首次参加汤姆斯杯就勇夺冠军，从此成为中国体育军团的王牌之师，在世界大赛上多次夺得尤伯杯、汤姆斯杯、苏迪曼杯和奥运会、世锦赛冠军，多次包揽世界级大赛的全部冠军。1993 年之后在李永波执教期间，中国队共获得 18 枚奥运金牌、44 个世锦赛冠军、5 次汤姆斯杯冠军、9 次尤伯杯冠军、10 次苏迪曼杯冠军、6 个世界杯冠军，共获得 92 个世界冠军，距李永波期望的 100 个冠军只有一步之遥。

1979 年 10 月，中华人民共和国恢复在国际奥委会的合法席位。1984 年 7 月 28 日—8 月 12 日，中国首次参加在美国洛杉矶举行的第 23 届奥运会。许海峰以 566 环的成绩夺得男子自选手枪慢射冠军，实现了中国在奥运会金牌榜上零的突破。中国体育代表团获得 15 枚金牌。此后，在每一次奥运会上，中国都取得了耀眼的成绩。

1990 年 9 月 22 日—10 月 7 日，第 11 届亚洲运动会在北京举行。这是中国承办的第一次综合性的国际体育大赛。来自 37 个国家和地区的体育代表团的 6578 人参加了这届亚运会。中国体育代表团获 183 枚金牌、107 枚银牌、51 枚铜牌，金牌数列榜首。中国展现了自己的国力，也积累了一定的举办大型运动会的经验。

2001 年 7 月 13 日，萨马兰奇主席宣布 2008 年奥运会申办权花落北京，中国终于实现了期盼百年的夙愿。

2008 年 8 月 8 日—24 日、9 月 6 日—17 日，北京成功举办了第

29 届奥运会和第 13 届残奥会。北京奥运会后，国家规定每年的 8 月 8 日为"全民健身日"，鼓励全民走向运动场，走进健身行列，进一步促进了群众性体育的发展和国民身体素质的提高。

2010 年 11 月 12 日—27 日、12 月 12 日—19 日，第 16 届亚运会、首届亚残运会在广州举办。来自 45 个国家和地区的 14000 多名官员和运动员参加本届亚运会，来自 41 个国家和地区的 2500 多名残疾人运动员参加本届亚残运会。中国体育代表团居金牌榜和奖牌榜首位。

2014 年 2 月 8 日，习近平出席在俄罗斯索契举行的第 22 届冬奥会开幕式，这是中国国家元首首次出席在境外举行的大型国际体育赛事开幕式。在本届冬奥会上，中国体育代表团获得 3 枚金牌、4 枚银牌、2 枚铜牌，居金牌榜第十二位。

2014 年 8 月 16 日 20 时，第二届夏季青年奥林匹克运动会在中国南京开幕。这是中国首次举办的青奥会，也是中国第二次举办的奥运赛事，共设 28 个大项、222 个小项，有 204 个国家和地区的 3787 名运动员参加比赛，是参赛国家和地区最多的体育大赛之一。青奥会的举办使得南京成为大中华地区继北京之后第二座接待过 200 多个国家和地区的城市。

2022 年 2 月 4 日—20 日、3 月 4 日—13 日，第 24 届冬奥会、第 13 届冬残奥会先后在北京举行。中国秉持绿色、共享、开放、廉洁的办奥理念，积极开展国际交流合作，克服新冠疫情等各种困难挑战，向世界奉献了一届简约、安全、精彩的奥运盛会。91 个国家和地区的近 3000 名运动员参加本届冬奥会，46 个国家和地区的近 600 名运动员参加本届冬残奥会。中国体育代表团在冬奥会上获得 9 枚金牌、4 枚银牌、2 枚铜牌，名列金牌榜第三位；在冬残奥会上获得 18 枚金牌、20 枚银牌、23 枚铜牌，名列金牌榜和奖牌榜首位。北京成为双奥之城。

2024年巴黎奥运会，中国健儿在更多维度实现突破。232个参赛小项为历届境外奥运会最多；自由式小轮车、花样游泳、艺术体操3个项目首次夺金，整体实力进一步夯实。

在世界瞩目的职业体育和基础大项上，中国人接连取得突破：李娜、冯珊珊分别捧起网球、高尔夫球大满贯赛冠军奖杯，苏炳添在跑道上刮起"中国旋风"，潘展乐、张雨霏加冕泳池"王""后"……

所有这些，都只是中国体育成绩的一部分代表。除了竞技体育，中国的全民体育、全民健身运动也广泛开展，中国人民的体质不断提升。

1995年的《全民健身计划纲要》推动群众体育工作迈向新高度。

全民健身活动如雨后春笋般发展起来，越来越多的人走出家门投身于各种体育活动中。无论是在公园，还是在健身房，体育正逐渐成为人们生活中不可或缺的一部分。国家通过推广社区体育活动、兴建公共体育场馆等方式，逐步提升了全民健身的覆盖面。根据统计，2022年我国经常参与体育锻炼的人数已超过4亿。2023年，全国共举办800人以上规模路跑赛事699场，总参赛人次超605万。骑行、冲浪、滑板、攀岩等新潮运动方兴未艾。

全国各地，"村BA""村排"等各类"村字头"赛事活动蓬勃开展。2023年，贵州"村超"比赛火爆全网、火出国门。从城市到乡村，越来越多人从体育的"观赏者"转变为积极的"参与者"。曾经的深度贫困县里，20支村级球队的六七百名球员——有杀猪的、教书的、干工地的、卖卤菜的……用98场精彩比赛吸引了全网超480亿次的综合浏览量，创造了累计近60亿元的旅游综合收入。

"中国李宁"在纽约、巴黎时装周大放异彩，安踏成为国际奥委会官方体育服装供应商。2022年8月，安踏取代耐克登顶中国运动品牌市场，实现国货逆袭。旺盛的健身需求带火了民族运动品牌。十八大以来，体育产业迎来年均超 10% 的高速增长，总规模和增加值增速均高于同期国内生产总值的增速。

群众体育、竞技体育、体育产业齐头并进，构建起体育强国"三位一体"的发展格局。

新中国成立以来，党和国家还特别重视少数民族传统体育的开展，已挖掘整理出了 1000 多个体育项目。比如，蒙古族的被称为"男儿三项游艺"的摔跤、赛马、射箭，回族的踢毽、拔河，藏族的赛牦牛，苗族的荡秋千、划龙舟，壮族由青年男女表达爱情转变为对抗性比赛项目的"投绣球"，朝鲜族的跳板，满族的滑冰，侗族的骑木马（踩高脚），瑶族的打陀螺，高山族的放风筝，柯尔克孜族的"追姑娘"，布朗族的藤球等等。而龙舟竞渡、风筝、秧歌、围棋、气功、太极拳等，则是汉族与少数民族共同喜爱的传统体育项目。

科技成为推动中国体育发展的重要动力。在数字技术、人工智能及大数据等新兴科技的帮助下，体育训练活动的效率得到了前所未有的提升。智能装备、虚拟现实等新技术的应用不仅提升了运动员的训练效果，也让观众的观赛体验更加丰富。

四、北京奥运会

北京奥运会，即 2008 年 8 月 8 日—24 日、9 月 6 日—17 日在中国北京举行的第 29 届奥运会、第 13 届残奥会。北京是主办城市，上海、天津、沈阳、秦皇岛、青岛为协办城市，香港承办马术项目。

"奥运会"，即奥林匹克运动会，是国际奥林匹克委员会主办的世界规模最大的综合性运动会，每四年一届，是世界上影响力最大的体育盛会。分为夏季奥林匹克运动会和冬季奥林匹克运动会，还有残疾人奥运会、青年奥运会等。奥林匹克运动是人类社会一个罕见的杰作，它将体育运动的多种功能发挥得淋漓尽致，影响力远远超出了体育的范畴，在当代世界政治、经济、哲学、文化、艺术和新闻媒介等诸多方面产生了一系列不容忽视的影响，已经与人类文明的发展、交流、融合、进步紧密地联系在一起，成为人类文明的一个重要载体和组成部分。

举办奥运会是中华民族的百年期盼。早在 1908 年，《天津青年》杂志就提出三大问题：中国人什么时候能参加奥运会？中国人什么时候能夺取第一块奥运会金牌？中国人什么时候能举办一届奥运会？

1932 年，中国有一名运动员参加了洛杉矶第 10 届奥运会，开启了中国参与现代奥林匹克运动的艰难征程。新中国成立前，中国运动员费尽周折参加了 3 届奥运会，虽然竭尽全力，但没有能获得一块奖牌。

新中国成立后，奥运会一直是党和国家非常关注的一件大事和难事。1952 年，我国曾派出 40 人的代表团参加赫尔辛基第 15 届奥运会，五星红旗第一次在奥运赛场上升起。但后来，由于种种原因，同国际奥委会的关系遗憾地中断了。直到改革开放后，世界形势和国内政治都发生重大变化，1979 年，中国重返国际奥林匹克大家庭。1984 年，在洛杉矶第 23 届奥运会上，中国体育健儿华丽亮相，一举实现中国奥运金牌零的突破，掀开了中国参与现代奥林匹克运动历史的崭新一页。

早在改革开放初期，邓小平就明确表示，中国不但要参加奥运会，而且可以承担举办奥运会的义务。1990 年 7 月，邓小平在视察北京亚运村时明确表示："中国要申办奥运会。"

1991 年，党和国家作出决策，支持北京市申办 2000 年第 27 届奥运会。但在最后一轮投票中以 2 票之差败于悉尼。进入新世纪，党和国家再次作出决策，支持北京市申办 2008 年第 29 届奥运会。江泽民多次致信国际奥委会主席萨马兰奇，表示中国政府和人民全力支持北京申办奥运会。2001 年 7 月 13 日，国际奥委会作出决定，将第 29 届奥运会举办权授予中国北京。江泽民欣然题词："百年奥运、中华圆梦"。

为了履行中国人民对国际社会的郑重承诺，全国上下不懈努力，坚持贯彻绿色奥运、科技奥运、人文奥运理念，发挥举国体制作用，依靠广大人民群众，开展国际交流合作，为北京奥运会、残奥会的成功举办提供了坚强保障。

经过 7 年多的精心筹备，2008 年 8 月 8 日—24 日，以"同一个世界、同一个梦想"为口号的第 29 届奥林匹克运动会在北京举行。9 月 6 日—17 日，又举行了第 13 届残奥会。

204 个国家和地区的代表团、11000 多名运动员参加本届奥运会，147 个国家和地区的 4000 多名运动员参加本届残奥会。共创造 43 项新世界纪录及 132 项新奥运纪录，共有 87 个国家和地区在赛事中取得奖牌。

中国体育代表团共 1099 人，其中参赛选手 639 人。广大运动员在各方面的大力支持下，精心准备，奋力拼搏，在奥运会上获得 51 枚金牌、21 枚银牌、28 枚铜牌，居金牌榜第一位；在残奥会上获得 89 枚金牌、70 枚银牌、52 枚铜牌，居金牌榜和奖牌榜第一位。中国第一次名列奥运会金牌榜首位，创造了中国体育代表团参加奥运会以来的最好成绩。

这届奥运会广泛弘扬了团结、友谊、和平的奥林匹克精神，大力促进了世界各国人民的相互了解和友谊，让同一个世界、同一个梦想的口号响彻寰球。中国人民弘扬相互理解、友谊长久、团结一致和公平竞争的奥运精神，赢得了国际社会高度评价，在现代奥林匹克运动史册上深深钤上了鲜红的中国印。北京奥运会的成功举办，再次向世人昭示：中国人民有能力为人类文明进步作出更大贡献。

2008 年 9 月 29 日，北京奥运会、残奥会总结表彰大会举行。胡锦涛全面总结北京奥运会、残奥会的成功经验，强调百年奥运梦想成功实现，是我们在实现中华民族伟大复兴征程上的又一次历史性跨越，也是我们沿着中国特色社会主义道路奋勇前进的又一个新的起跑线。讲话概括了北京奥运精神，即为国争光的爱国精神、艰苦奋斗的奉献精神、精益求精的敬业精神、勇攀高峰的创新精神、团结协作的团队精神。我们要大力弘扬北京奥运会培育的崇高精神，使之成为推动我国各项事业发展的强大精神动力。

五、家庭轿车

轿车进入家庭，是改革开放给中国带来的巨大变化之一。

家庭轿车，也称家用轿车，俗称私家车的一种，是私人家庭自己购买、拥有使用支配权、按照法律可以自由使用支配的乘用车辆，以在车管所登记时车主的身份确定。车型以轿车为主，还有一些越野车和小面包车。

轿车的发展特别是家庭轿车保有量的发展，是与国家政策和经济发展程度、人民生活水平紧密联系在一起的。

在计划经济时期，不仅经济发展水平比较落后，而且汽车一直被当作重要的生产资料管理，是以团体使用为主的生产和工作工具，由国家严格控制。个人、家庭既无力也无权购买和使用。

改革开放带来了社会经济的发展和进步，也逐步改变了国家的汽车政策。

1979 年，国家首次宣布允许私人拥有汽车。虽然主要还是用于生产，但已经在公私汽车的严密壁垒上打开了一条缝隙。

1984 年 2 月，国务院发布《关于农民个人或联户购置机动车船和拖拉机经营运输业的若干规定》。这是国家从政策上第一次明确了私人购置汽车的合法性，是国家关于汽车消费政策质的飞跃，中国汽车消费开始从公款购车单一渠道转向多元化消费。

1994 年 7 月，国家颁布《汽车工业产业政策》，首次提出："逐步改变以行政机关、团体、事业单位及国有企业为主的公款购买、使用小汽车的消费结构"，"国家鼓励个人购买汽车，并将根据汽车工业的发展和市场消费结构的变化适时制定具体政策"。

2000 年 10 月，十五届五中全会通过的《中共中央关于制定国民经济和社会发展第十个五年计划的建议》中，首次写进了"鼓励轿车进入家庭"。

加入世界贸易组织后，中国汽车市场大举对外开放，带动了国内汽车产业的迅速发展。从 2002 年开始，以个人消费为支撑，中国汽车产业保持了近 10 年的高速增长，汽车产销年均递增 20% 以上。2002 年国产汽车产销仅为 325 万辆，2010 年双双超过 1800 万辆。

2018 年，上汽集团销量同比增长 1.8%，达 705.2 万辆，其中上汽乘用车销量同比增长 34.5%；一汽集团销量同比增长 2.2%，达 341.8 万辆，其中"红旗"品牌销量同比增长 602.4%，达 3.3 万辆；吉利汽车销量同比增长 20.3%，达 150.1 万辆；沃尔沃中国销量为 13.0 万辆，同比增长 14.1%。

与此同时，国家出台了一系列鼓励轿车进入家庭的政策。长期以公车消费为主的轿车市场转变为以私人消费为主。私人购车成为当今轿车市场消费的主流。

据国家统计局统计，1990 年全国民用汽车保有量仅有 554 万辆，其中私车保有量为 82 万辆，占 14.8%。这 82 万辆私人汽车中，58

万辆是载货车，只有 24 万辆是载客汽车。私人客车中，相当数量是微型面包车，真正的私人轿车寥寥无几。此后，私人汽车比例一路走高，私人轿车也逐步增加。

从 20 世纪 80 年代开始出现私人汽车，到 2003 年社会保有量达到 1219 万辆，私人汽车突破千万辆用了近 20 年，而突破 2000 万辆仅仅用了 3 年时间。

截至 2018 年底，全国汽车保有量达 2.4 亿辆。其中，私家车（私人小微型载客汽车）保有量达 1.89 亿辆，近 5 年年均增长 1952 万辆。机动车驾驶人突破 4 亿人，达 4.09 亿人，其中汽车驾驶人 3.69 亿人。

根据 2024 年 2 月 29 日国家统计局发布的《中华人民共和国 2023 年国民经济和社会发展统计公报》，2023 年末，全国民用汽车保有量 33618 万辆（包括三轮汽车和低速货车 706 万辆），比上年末增加 1714 万辆，其中私人汽车保有量 29427 万辆，增加 1553 万辆。民用轿车保有量 18668 万辆，增加 928 万辆，其中私人轿车保有量 17541 万辆，增加 856 万辆。

40 多年前，几乎没有任何大陆居民敢于设想自己会有一辆私人轿车，也没有任何计划部门能想到为某个城市预留几十万、几百万辆汽车的道路的停车位。私人轿车拥有率不断提高，私人轿车作为群众出行的交通工具日益普及，反映出随着经济社会发展，人民物质生活水平不断提高，是改革开放的重要成果。

汽车特别是家庭轿车的发展，使社会生气勃勃，但带来的交通拥堵和大气污染，也到了十分严重的地步。几乎所有的大城市都存在着严重的交通拥堵，由汽车尾气排放带来的空气污染，已经成为许多大城市的主要污染源。

因此，减少污染，发展清洁汽车成为家庭轿车的发展方向。到

2018年，新能源汽车保有量达261万辆，占汽车总量的1.09%。这个比例与现实的需要还有很大差距。国家采取了很多政策措施，鼓励私人使用新能源轿车。

目前汽车的又一个重要方向，是从传统的方式向智能驾驶、智能网联、智能交互的方向发展。汽车电子／电动／电气化也在不断发展。汽车的软件与电子器件控制的功能性、安全性越来越重要，也越来越先进。家庭轿车能否向"不求所有、但求所用"转化，从而减少汽车的总量？拭目以待。

据公安部统计，截至2024年6月底，全国机动车保有量已达到4.4亿辆，其中汽车3.45亿辆，新能源汽车2472万辆，纯电动汽车保有量达到了1813.4万辆。与此同时，机动车驾驶人数量也达到了5.32亿人，其中汽车驾驶人数量为4.96亿人。新能源汽车的增长速度尤为引人注目。上半年新注册登记的新能源汽车数量达到了439.7万辆，同比增长了39.41%，创造了历史新高。

全国96个城市汽车保有量超过100万辆，同比增加8个城市，26个城市超过300万辆。其中，成都、北京、重庆汽车保有量超过600万辆，上海、苏州、郑州汽车保有量超过500万辆。

六、手机通信

手机，即移动电话，或称为无线电话，原本只是一种通信工具，是可以在较广范围内使用的便携式电话终端，分为智能手机和非智能手机。现在手机的功能已经大大超出了电话通信的范围。

手机通信与移动通信密切联系在一起。移动通信是沟通移动用户与固定点用户之间或移动用户之间的通信方式，移动通信系统由移动台、基台、移动交换局组成。

手机最早由美国贝尔实验室在 1940 年制造的战地移动电话机发展而来。1957 年，苏联工程师列昂尼德·库普里扬诺维奇发明了 ЛК－1 型移动电话。1973 年，美国摩托罗拉工程师马丁·库帕发明了世界上第一部商业化手机。

改革开放后，中国的有线电话逐步发展和普及。到 20 世纪 80 年代末 90 年代初，手机在中国大陆开始出现。1987 年，中国出现第一台手机，型号是摩托罗拉的 3200，也就是有砖头那么大的"大哥大"。中国移动通信技术也进入手机发展的第一个时代，也就是 1G 时代。

随后，手机进入 2G 时代。1995 年，爱立信的 GH337 成为 2G 时代进入中国大陆的第一款手机。这时的手机市场是诺基亚、爱立信和摩托罗拉以及一些国外品牌的天下。但中国的手机制造业也在萌芽。随着手机的普及和手机体积的缩小，一些山寨手机慢慢出现在市场上。

到 3G 时代，中国终于得以进入。虽然初期山寨手机大肆泛滥，但中国的手机制造和通信技术也不断发展。在 2008 年的国际信盟公布的第三代移动通信标准中，中国的 TD-SCDMA 和欧洲的 WCDMA、美国的 CDMA2000 一起成为 3G 三大技术。

2007 年，出现了智能机的雏形，所有的手机厂商都在尽力给自家的手机加上更多的功能，尽力做得更薄更好。

2008 年，苹果推出的第一台触摸屏的 iPhone，大大推动了手机的发展。3G 网络进一步普及。3G 手机 iPhone3G，开始了触摸屏智能手机时代。

当苹果还是手机行业霸主的时候，中国的手机市场也出现了自己的品牌。2014 年，第四代移动通信系统开始在全国铺设。华为、小米、魅族等手机崛起，山寨手机开始加速消亡。2012 年 6 月，华为智能手机 C8812 在中国上市 60 天就零售过百万。

10 年前，中国的手机企业甚至缺乏独立的设计能力，但是经过 10 年的发展，中国企业已经能够设计制造出被市场认可的产品，中国智造宣告崛起。

4G 时代的来临，成为国产手机品牌"弯道超车"的强力助推器。在中国运营商的 4G 终端中，绝大部分都是"中华酷联"等国产手机。

随着 5G 技术的发展，中国的华为开始领跑手机的发展。这个传统电信设备制造商闯入了全球手机的前列。

随着改革开放的发展，中国的手机制造、移动通信技术、基础设施建设都有了迅速的发展。手机在城市乡村都快速普及。中国成为世界上最大的手机市场，也成为各大手机品牌竞逐的主战场。

1996 年，中国移动电话用户规模仅 685 万户。2001 年，移动电话用户达到 14480 万户，已成为全球移动电话用户规模最大的国家。2012 年，中国移动电话用户规模突破 11 亿户。2014 —2016 年，中国移动电话用户规模增速有所放缓。2017 年，中国移动电话用户规模突破 14 亿户，共计 141749 万户，移动电话普及率突破 100 部 / 百人，达到 102.5 部 / 百人。也就是说，中国人手一部移动电话，除去 12 周岁以下儿童，相当部分用户一人拥有两部手机。

数据显示，2013 年中国智能手机的增幅达到 87%，到 2014 年，中国智能手机市场规模超过 4 亿部，占全球销量的 30% 左右。中国自主品牌推出的手机机型已达到 700 款，数量上位居世界第一。中国智能手机行业蓬勃发展，手机更新换代频繁，手机产量持续增长。2010 年手机产量 10.04 亿部，此后手机产量连续 6 年增长，2016 年手机产量达到最高峰，共计 22.61 亿部。

2017 年的十九大提出建设网络强国的目标。通信行业突飞猛进，移动手机用户大增。2018 年，全国净增移动电话（手机）用户 1.49 亿户，总数达到 15.7 亿户。2018 年，华为手机销量突破 2 亿部，小米手机销量超 1 亿部。华为智能手机年销量从 2010 年的 300 万部发展到如今的 2 亿部，增长约 66 倍。华为智能手机正在为全球 170 多个国家的超过 5 亿消费者提供服务。

5G 时代已经来临。2019 年的全国两会，已经开始使用"5G+4K"技术。中国用户的目光已经瞄准华为的 5G 手机。2019 年 6 月 6 日，工信部正式向中国电信、中国移动、中国联通、中国广电发放 5G 商用牌照，中国正式进入 5G 商用元年。

随着现代多方面科学技术的发展，现在的手机已经不是简单的通话工具，而是开发出越来越多的功能。手机在相当程度上已经发挥人的大脑的功能。随着手机和其他可穿戴设备的智能化，一个"人＋手机＋穿戴设备"的"智能人"时代，将会很快来临。

据工信部公布的消息，截至 2024 年 8 月底，我国 5G 移动电话用户数达到了 9.66 亿，具备千兆网络能力的 10G PON 端口数达到了 2707 万个，蜂窝物联网络终端的连接数占比超过了 59%，实现了县县通千兆、乡乡通 5G、村村通宽带，大规模智算中心建设规模化发展。全国在用的算力中心机架总规模超过了 830 万标准计价，算力总规模达到了 246EFLOPS，网络边缘设备与终端逐步集成 AI 算力，大力推动 AI 模型推理应用的广泛部署，驱动 AI 集成网络的性能在不断地提升。

七、网上购物

网上购物，简称网购，指通过互联网检索商品信息，并通过电子订购单发出购物请求，然后填上私人支票账号或信用卡的号码，厂商通过邮购的方式发货，或是通过快递公司送货上门。中国国内的网上购物，一般付款方式是款到发货（直接银行转账、在线汇款）和货到付款的担保交易等。

互联网不是中国的发明，但在中国的应用却极为迅猛。随着改革开放的进程，仅仅 30 多年时间，中国已经成为互联网大国。目前的网络规模、网民数量、智能手机用户以及利用智能手机上网的人数都处于世界第一位。国内域名数量、境内网站数量以及互联网企业等也处于世界前列。全球 20 大门户网站中，中国的百度、腾讯、阿里巴巴、新浪、搜狐位列其中；全球十大互联网企业中，中国有华为、中兴通讯、联想 3 家。

互联网应用最为广泛的方式之一，就是网上购物。以网购为代表的消费互联网，到 2015 年，中国的用户已超过 3 亿，智能手机的用户已超过 6 亿。

1987 年，一封简短的电子邮件从北京发出，标志着中国人"触网"的序幕正式拉开。

自 1991 年起，中国先后在海关、外贸、交通航运的部门开展了 EDI（电子数据交换）的应用，启动了金卡、金关、金税工程。1996 年，外贸部成立中国国际电子商务中心。

20 世纪 90 年代，中国一批互联网应用的先驱者开始建立 B2C 网站，尝试和推动网络购物。1996 年 11 月，加拿大驻中国大使通过网络购进一只景泰蓝"龙凤牡丹"，被认为是中国第一宗网络购物。1997 年，网上书店开始出现，网上购物及中国商品订货系统初现端倪。1998 年 7 月，中国商品交易与市场网站正式运行，北京、上海启动了电子商务工程。

1998 年 3 月 6 日 15 时 30 分，中央电视台的一位员工通过中国银行的网上银行服务，从世纪互联公司购买了 10 小时的上网机时。这被认为是国内第一笔成功的 INTERNET 网上电子商务交易。3 月 18 日，世纪互联和中国银行在京正式宣布了这条消息。

随着市场经济的发展及互联网技术的不断改进，网络购物迅速发展。2005 年，当当网实现全年销售 4.4 亿元。此后，在当当、卓越这样的以图书切入市场的综合性网络商城模式之外，淘宝网和易趣网两家 C2C 网站迅速兴起，并在交易额上后来居上，短期内就赢得了很大的成功。

2006 年开始，中国的网购市场开始进入第二阶段。网民数量比 2001 年增长十几倍，很多人都有了网上购物的体验，整个电子商务环境中的交易可信度、物流配送和支付等方面的瓶颈也被逐步打破。

2009 年以来，以网络购物、网上支付、旅行预订为代表的商务类应用持续快速增长，并引领其他互联网应用发展，成为中国互联网发展的突出特点。

随着互联网的普及，网络购物的优点更加突出，日益成为一种重要的购物形式。

网上购物，突破了传统商务的障碍，无论对消费者、企业还是市场都有着巨大的吸引力和影响力。对于消费者来说，可以在家"逛商店"，订货不受时间、地点的限制；获得较大量的商品信息，可以买到当地没有的商品；从订货、买货到货物上门无须亲临现场，既省时，又省力；价格较一般商场的同类商品更低廉。

当然，网上购物也遇到了很多问题，如假冒伪劣等。有关方面不断研究，采取管理措施加以解决。

2014 年 3 月 15 日，《网络交易管理办法》施行，此前出台的《网络商品交易及有关服务行为管理暂行办法》同时废止。新版办法主要内容有：不得确定最低消费标准；网络商品经营者销售商品，消费者有权自收到商品之日起 7 日内退货，且无须说明理由；不得利用合同格式条款并借助技术手段强制交易；网络商品经营者、有关服务经营者未经消费者同意或者请求，或者消费者明确表示拒绝的，不得向其发送商业性电子信息；不得以虚构交易、删除不利评价等形式，为自己或他人提升商业信誉。

2015 年 3 月 15 日，《侵害消费者权益行为处罚办法》正式实施。第十二条中，明确将 7 种行为定义为霸王条款。如商家免除或部分免除售后维修责任；强制消费者使用其指定的商品或服务；单方享有最终解释权；等等。这些规定进一步规范了网上购物行为，净化了网上购物环境，促进了网上购物的发展。

2021 年 5 月 1 日，《网络交易监督管理办法》开始施行，《网络交易管理办法》同时废止。

根据 2024 年 10 月 31 日国家统计局公布的数据，2023 年中国实物商品网上零售额占社会消费品零售总额的比重由 2018 年的 18.4% 提高到 27.6%。在购买商品或服务时，使用互联网的居民比例为 54.7%，比 2018 年提高 38.1 个百分点。

八、移动支付

移动支付，指交易双方为了某种货物或者服务，使用移动终端设备为载体，通过移动通信网络实现的商业交易。

移动支付所使用的移动终端可以是手机、PDA、移动 PC 等。移动支付属于电子支付方式的一种，因而具有电子支付的特征，但因其与移动通信技术、无线射频技术、互联网技术相互融合，又具有移动性、及时性、定制化、集成性的特征。

1999 年，中国移动与中国工商银行、招商银行等金融部门合作，在广东等一些省市开始进行移动支付业务试点。

2010 年，银联联合工商银行、农业银行、建设银行、交通银行等 18 家商业银行，以及中国联通、中国电信两家电信运营商，及部分手机制造商，共同成立"移动支付产业联盟"。

2011 年 6 月，央行下发第三方支付牌照，银联、支付宝、银联商务、财付通、快钱等获得许可证。

2013 年，中国移动支付规模为 9.64 万亿元，2013 年以来伴随支付宝、微信等第三方移动支付平台的崛起，中国移动支付蓬勃发展，2015 年最高增速达 379%。

2017 年，中国移动支付规模为 202.93 万亿元，全球排名第一，已经是美国移动支付规模的百倍。

2018 年，中国移动互联网用户总数接近 14 亿户，较 2013 年增加了约 5.9 亿户，2018 年同比增速为 9.9%。其中，手机上网的用户数达 12.6 亿户。随着移动互联网用户数量的逐年增加，中国移动支付发展更加迅速。

改革开放以来，中国游客出境旅游的热度越来越高。于是越来越喜欢更加便利安全的付款方式。移动支付在境外游支付市场逐渐占据了一席之地，并呈现进一步发展提速的趋势。从 2018 年中国出境游客支付方式来看，使用移动支付方式消费的中国出境游客占比为 69%，同比 2017 年提升了 4 个百分点。根据有关调查，出境游客使用移动支付的交易额占总交易额的 32%，即相当于每 10 次支付中就有 3.2 次选择了手机移动支付，该支付笔数份额首次超过了现金支付。随着中国游客出境旅游远程化和个性化的新需求，未来中国移动支付规模有望进一步增长，或将实现移动支付的全球化覆盖。

2019 年的春节，成为移动支付大爆发的时期。据统计，春节假日期间，即 2 月 4 日至 2 月 10 日，除夕至初六放假期间，银联网络交易再创春节长假历史新高，交易总金额首次突破万亿元，达 1.16 万亿元，较 2018 年同期增长 71.4%。更加安全、快捷的新兴支付方式受到消费者青睐，云闪付 App 等银联移动支付产品受到欢迎。春节期间，银联移动支付业务交易笔数和交易金额较 2018 年同期分别增长了 2.5 倍和 4.4 倍。

移动支付并不仅仅限于发达的大城市、特大城市，三、四线城市也迅速发展。根据支付宝发布的 2019 年春节期间境外移动支付数据显示，三、四线城市人均境外支付宝消费增长速度超过北上广。其中，舟山人均境外消费增速为 55%，其次是潍坊，增速接近 50%。这表明，不仅三、四线城市的出境游速度增加，而且境外移动支付的速度也同时增加。

网上购物和移动支付，大大改变了中国人的购物方式、消费方式和生活方式，也在相当程度上改变了中国社会的生产方式、服务方式，推动着中国社会快速向现代化迈进。但移动支付也有很多风险。

2024 年 3 月，国务院出台《关于进一步优化支付服务提升支付便利性的意见》，包括提升移动支付便利性等一系列举措。作为支付业务的管理机构，人民银行依据《中华人民共和国网络安全法》，出台了一系列管理办法和技术标准规范，如《中国移动金融支付 支付标记化技术规范》《中国金融移动支付 客户端技术规范》《中国金融移动支付 检测规范》《条码支付安全技术规范》《中国金融集成电路卡规范》《非金融机构支付业务设施技术要求》《银行卡受理终端安全规范》《网上银行系统信息安全通用规范》《网络支付报文结构及要素技术规范》。这些规范的建立为移动支付的风险防范奠定了法律基础。

根据 2021 年 2 月 1 日中国银联发布的《2020 移动支付安全大调查报告》，2020 年平均每人每天使用移动支付的频率是 3 次。98% 的受访者选择把移动支付作为最常用的支付方式。二维码支付已经成为人们最常用的移动支付方式，用户占比超过 85%。

2024 年 8 月 29 日，中国互联网络信息中心发布第 54 次《中国互联网络发展状况统计报告》。截至 6 月，我国 60 岁以上网民网络支付的使用率已达 75.4%。上半年，超 500 万入境人员使用移动支付，同比增长 4 倍。

九、养老服务事业

养老服务事业指的是为老年人提供必要的生活服务，满足其物质生活和精神生活的基本需求的事业。

根据 1956 年联合国《人口老龄化及其社会经济后果》确定的划分标准，当一个国家或地区 65 岁及以上老年人口数量占总人口比例超过 7% 时，则意味着这个国家或地区进入老龄化。1982 年维也纳老龄问题世界大会，确定 60 岁及以上老年人口占总人口比例超过 10%，意味着这个国家或地区进入严重老龄化。

80 年代以来，联合国曾两次召开老龄化问题世界大会，并将老龄化问题列入历届联大的重要议题，先后通过了一系列文件。

20 世纪后期，为控制人口的急剧增长，国家推行计划生育政策，使得人口出生率迅速下降，加快了中国人口老龄化的进程。1999 年，中国进入老龄化社会。以 65 岁及以上占总人口比例的数据为参考，中国从 2002 年的 7.3% 上涨至 2012 年的 9.4%。2012 年我国 65 岁以上的老年人口已达到 1.27 亿人，且每年仍以 800 万人的速度增加。

根据 2021 年 3 月 2 日国新办发布会的数字，我国 65 岁以上人口已经占 12% 以上。2021 年 5 月 11 日，第七次全国人口普查结果显示，中国 60 岁及以上人口占比超 18%，人口老龄化程度进一步加深。

面对这种状况和趋势，如何发展养老服务事业，成为国家和社会紧迫的战略问题。

2014年8月26日财政部等四部门下发《关于做好政府购买养老服务工作的通知》，部署加快推进政府购买养老服务工作。《通知》明确，到2020年，我国将基本建立比较完善的政府购买养老服务制度，推动建成功能完善、规模适度、覆盖城乡的养老服务体系。

2017年10月18日，十九大报告指出，实施健康中国战略，积极应对人口老龄化，构建养老、孝老、敬老政策体系和社会环境，推进医养结合，加快老龄事业和产业发展。

2019年11月，中共中央、国务院印发了《国家积极应对人口老龄化中长期规划》。《规划》确定了近期至2022年，中期至2035年，远期展望至2050年的目标和任务，是到21世纪中叶我国积极应对人口老龄化的战略性、综合性、指导性文件。

2020年12月21日，国务院办公厅印发《关于建立健全养老服务综合监管制度促进养老服务高质量发展的意见》，对养老服务综合监管工作作出部署。

2021年11月，《中共中央、国务院关于加强新时代老龄工作的意见》发布。《意见》提出，2025年底前，每个县（市、区、旗）有1所以上具有医养结合功能的县级特困人员供养服务机构。

2021年12月30日，国务院印发《"十四五"国家老龄事业发展和养老服务体系规划》。《规划》肯定，"十三五"时期，在党和国家重大规划和政策意见引领下，我国老龄事业发展和养老服务体系建设取得一系列新成就。同时也强调，我国老年人口规模大，老龄化速度快，老年人需求结构正在从生存型向发展型转变，老龄事业和养老服务还存在发展不平衡不充分等问题，建设与人口老龄化进程相适应的老龄事业和养老服务体系的重要性和紧迫性日益凸显，任务更加艰巨繁重。

2022 年，国家卫生健康委会同教育部、科技部等 15 个部门联合印发《"十四五"健康老龄化规划》。

2024 年 3 月 11 日，《"十四五"积极应对人口老龄化工程和托育建设实施方案》修订印发。

为了深入贯彻落实党中央关于渐进式延迟法定退休年龄的决策部署，适应我国人口发展新形势，充分开发利用人力资源，根据宪法，第十四届全国人民代表大会常务委员会第十一次会议于 2024 年 9 月 13 日通过《全国人民代表大会常务委员会关于实施渐进式延迟法定退休年龄的决定》。

按照《"十四五"国家老龄事业发展和养老服务体系规划》，"十四五"时期，老龄事业发展和养老服务体系的发展目标是：

"十四五"时期，积极应对人口老龄化国家战略的制度框架基本建立，老龄事业和产业有效协同、高质量发展，居家社区机构相协调、医养康养相结合的养老服务体系和健康支撑体系加快健全，全社会积极应对人口老龄化格局初步形成，老年人获得感、幸福感、安全感显著提升。

养老服务供给不断扩大。覆盖城乡、惠及全民、均衡合理、优质高效的养老服务供给进一步扩大，家庭养老照护能力有效增强，兜底养老服务更加健全，普惠养老服务资源持续扩大，多层次多样化养老服务优质规范发展。

老年健康支撑体系更加健全。老年健康服务资源供给不断增加，配置更加合理，人才队伍不断扩大。家庭病床、上门巡诊等居家医疗服务积极开展。老年人健康水平不断提升，健康需求得到更好满足。

为老服务多业态创新融合发展。老年人教育培训、文化旅游、健身休闲、金融支持等服务不断丰富，围绕老年人衣食住行、康复护理的老年用品产业不断壮大，科技创新能力明显增强，智能化产品和服务惠及更多老年人。

要素保障能力持续增强。行业营商环境持续优化，规划、土地、住房、财政、投资、融资、人才等支持政策更加有力，从业人员规模和能力不断提升，养老服务综合监管、长期护理保险等制度更加健全。

社会环境更加适老宜居。全国示范性老年友好型社区建设全面推进，敬老爱老助老的社会氛围日益浓厚，老年人社会参与程度不断提高。老年人在运用智能技术方面遇到的困难得到有效解决，广大老年人更好地适应并融入智慧社会。

"十四五"国家老龄事业发展和养老服务体系主要指标

指　　标	2025 年目标值
1. 养老服务床位总量	达到 900 万张以上
2. 特殊困难老年人月探访率	达到 100%
3. 新建城区、新建居住区配套建设养老服务设施达标率	达到 100%
4. 养老机构护理型床位占比	达到 55%
5. 设立老年医学科的二级及以上综合性医院占比	达到 60% 以上
6. 本科高校、职业院校养老服务相关专业招生规模	明显增长
7. 每千名老年人配备社会工作者人数	保持 1 人以上
8. 老年大学覆盖面	每个县（市、区、旗）至少 1 所
9. "敬老月"活动覆盖面	每个县（市、区、旗）每年开展 1 次

第十一章

共和国的卫生事业

一、爱国卫生运动

爱国卫生运动始于 1952 年，是党和国家一直大力倡导的群众性卫生运动，是具有中国特色的卫生工作方式，是把群众路线运用于卫生工作的创举和成功实践。爱国卫生运动以较低的成本实现了较高的健康绩效，是新中国卫生奇迹的主要经验之一。

早在革命战争时期，中国共产党就把组织军民开展群众卫生运动、搞好卫生防病工作，当作一件大事来抓。1941 年，陕甘宁边区成立防疫委员会，开展了以灭蝇、灭鼠，防止鼠疫、霍乱为中心的军民卫生运动。在东北解放区，曾大力组织与当时十分猖獗的鼠疫进行了斗争。

中华人民共和国成立后，提出坚持预防为主的方针，大力开展群众性卫生运动。1952 年，人民群众把卫生与爱国联系起来，使用"爱国卫生运动"一词。党中央肯定了这个名称，并指示各级领导机构，以后统称为"爱国卫生运动委员会"。

1949—1952 年国民经济恢复期间，为了改变旧中国不卫生状况和传染病严重流行的问题，在全国普遍开展了群众性卫生运动。仅半年时间里，全国就清除垃圾 1500 多万吨，疏通渠道 28 万公里，新建改建厕所 490 万个，改建水井 130 万眼。共捕鼠 4400 多万只，消灭蚊、蝇、蚤共 200 多万斤。还填平了一大批污水坑塘；城乡卫生面貌有了不同程度改善。

1953—1966 年间，爱国卫生运动继续发展。政务院要求着重抓好城市厂矿，并把突击活动与经常保洁结合起来。不少厂矿建立了清洁队，建立卫生扫除日等各种制度；保持车间、居室、食堂、厕所的内外环境清洁整齐，从而使职工患病率逐渐下降，健康水平有所提高，促进了生产任务的发展。

1955年冬，毛泽东起草的一个通知，强调把爱国卫生运动和"除四害"讲卫生结合起来。随即全国广泛开展了消灭老鼠、麻雀、苍蝇、蚊子的"除四害"运动。将麻雀定为"害鸟"是不恰当的，不过"除四害"活动对传染病和流行病的防治，起到了积极有效的作用。

1960年3月，全国人大通过的《1956—1967年全国农业发展纲要》，把"除四害"讲卫生列入《纲要》的内容。许多城乡清除了大量的垃圾、污物。"四害"大大减少，面貌焕然一新。

1966—1976年的"文化大革命"时期，爱国卫生运动受到影响。但周恩来多次指示，要继续开展爱国卫生运动，并亲自组织指导防疫队和支援西北地区的巡回医疗队，控制传染病流行，改善缺医少药和不卫生的状况。农村建立合作医疗制度，农村的卫生状况不断改善。

十一届三中全会以来，爱国卫生运动进入新的历史时期。1978年4月，国务院发出《关于坚持开展爱国卫生运动的通知》。随后，总结推广了"人民城市人民建"、"门前三包"（卫生、秩序、绿化）、"四自一联"（自修门前路、自通门前水、自搞门前卫生、自搞门前绿化，统一规划联合集资）等行之有效的办法。

1989年，国务院发布《关于加强爱国卫生工作的决定》，要求各级政府把爱国卫生工作纳入社会发展规划。

早在1980年，中国政府就决定参加由联合国第35届大会发起的《国际饮水供应和环境卫生十年》活动。此后一直坚持发动群众开展农村改水，大力兴建农村自来水。同时，建设或改造农村厕所，取得了明显成效。

1990 年，国务院批准对全国 455 个城市进行卫生大检查。此后多次开展检查。

2015 年 1 月，国务院印发《关于进一步加强新时期爱国卫生工作的意见》，就做好新形势下的爱国卫生工作提出明确要求。这是国务院时隔 25 年又一次专题印发指导开展爱国卫生工作的重要文件。

2022 年是爱国卫生运动 70 周年。2024 年爱国卫生运动的主题是"健康城镇　健康体重"。

爱国卫生运动是中国人民的一项伟大创举。通过开展爱国卫生运动，广大人民群众用自己的勤劳和智慧同社会不卫生习惯和环境作斗争，为改善和提高生活、环境质量，取得了相当大的成就。每年集中一个月时间，通过广泛的群众性的活动，实实在在地解决几个社会卫生老大难问题，为全年的爱国卫生工作打下坚实的基础。70 多年来，在不同的历史时期，通过组织开展"除四害"、改水改厕、卫生创建、城乡整洁等一系列工作，为改变旧中国落后的卫生状况，降低传染病的危害，提高人民健康水平，促进两个文明建设和经济社会发展发挥了巨大的不可替代的作用。

二、把医疗卫生工作的重点放到农村去

"把医疗卫生工作的重点放到农村去"，这是 1965 年毛泽东作出的重要批示和随后全国医疗卫生工作的指针和方向。

1965 年，湖北长阳县乐园公社杜家村，为了应对当时流行的麻疹、百日咳、脑膜炎等疾病，建立了新中国历史上第一个农村合作医疗卫生室，让村民每人每年交纳 1 元以及一部分集体公益金，农民每次看病只需要交 5 分钱的挂号费，其他费用全部免除。这个制度，使杜家村成为乐园公社唯一没有人死于传染病的村子。

毛泽东看到这个材料后，于 6 月 26 日作出重要批示，提出了"把医疗卫生工作的重点放到农村去"的号召。毛泽东批评，卫生部的工作只为全国 15% 的人口服务，而这 15% 主要还是"城市老爷"，广大农民得不到医疗，他们一无医、二无药。再这样下去，卫生部可改名为"城市老爷卫生部"。医疗卫生工作应该把主要人力、物力放在一些常见病、多发病、普遍存在的病的预防和医疗上。城市里的医院应该留下一些毕业一两年、本事不大的医生，其余都到农村去，把医疗卫生工作的重点放到农村去。

根据毛泽东的指示，卫生部提出《关于把卫生工作重点放到农村的报告》，提出今后要做到经常保持 1/3 的城市医药卫生技术人员和行政人员到农村，大力加强农村卫生工作。

1965 年 11 月 1 日，周恩来在接见中华医学会第一届全国妇产科学术会议代表时指出，我国农村人口约占总人口的 87%—88%，城市人口只不过占 12%—13%，如果我们的卫生工作不把重点放到农村，为绝大多数劳动人民服务的口号等于没有兑现。一定要组织大中城市、工矿企业、机关、学校以及军队的医务人员，分期分批组成医疗队，到农村去，主要做两件事：一是治病，一是培养医务人员。城市也不能不管，城市有 1 亿多人，要做好他们的医疗保健工作。

按照这些指示，有关部门做了大量工作，加强农村的医疗卫生工作。大批医务人员被派往农村。医药院校毕业的学生，大部分被分配到农村工作。城市医院组成各种小分队到农村巡回医疗。国家对农村卫生事业的投入明显增加。

同时，湖北杜家村的合作医疗在全国范围内得到推广，合作医疗"一片红"。当时绝大多数的县、公社和生产大队都建立了医疗卫生机构，培养了大批赤脚医生，形成了三级预防保健网。有力地改变了广大农村缺医少药的状况，保障了农民的身心健康。

1976 年，在第 29 届世界卫生大会上，中国代表团首席代表吴阶平在发言中介绍了中国赤脚医生、合作医疗等新生事物，介绍了实行中西医结合、走中国自己的医药学发展的道路的情况。

三、赤脚医生

赤脚医生，是 20 世纪 60 — 70 年代大规模出现的一种不脱产的、半农半医的初级医务人员。他们没有固定编制，有一定医疗知识和能力，一般经乡村或基层政府批准和指派，受当地乡镇卫生院直接领导和医护指导。因其亦农亦医，农忙时务农，农闲时行医，或是白天务农，晚上送医送药，经常赤脚奔走田头，故被人们亲切地称为"赤脚医生"。

中国农村长期缺医少药，医疗卫生条件较差。中华人民共和国成立后，采取了一系列措施，加强农村医疗卫生工作。毛泽东要求把医疗卫生工作的重点放到农村去。国家培养的医疗卫生人员也大量派往农村工作。尽管如此，农村还是缺少正规的医疗卫生人员。

在这种状况下，农村逐渐发展起合作医疗制度。同时，农村一些医学世家、知识青年、经短期医护培训的学员、有一定医护能力的自学成才者，为广大农民提供了不少医疗卫生服务，受到农民欢迎。

1968 年 9 月，《红旗》杂志发表一篇题为《从"赤脚医生"的成长看医学教育革命的方向》的文章，1968 年 9 月 14 日《人民日报》刊载。在这篇调查报告中，第一次把农村半医半农的卫生员正式称为"赤脚医生"。随后《文汇报》等各大报刊纷纷转载。

毛泽东看到这篇文章后，在眉头上批示："赤脚医生就是好"。这一批示公开发表后，全国立即掀起了一股学习和推广赤脚医生制度的热潮。"赤脚医生"的名称迅速走向全国。

与此同时，1968 年 12 月 5 日的《人民日报》，在头版头条发表一篇调查报告——《深受贫下中农欢迎的合作医疗制度》。合作医疗制度也迅速推广，赤脚医生与合作医疗制度结合了起来。

各地在大力发展农村合作医疗制度的同时，进一步有组织地遴选赤脚医生，组织学习医疗技术，提高赤脚医生的水平，加强规范化培养和管理。

"赤脚医生"是中国卫生史上的一个特殊事物，也是农村合作医疗制度的产物。赤脚医生不纳入国家编制，是非正式的医生。没有固定薪金，许多人要赤着脚耕地种田，或赤脚奔走在农村田头。赤脚医生医术虽不算高，但深得农民欢迎。他们常常背着一个印有红十字的药箱，挨家串户走访群众，尽职尽责，满腔热情地为人民服务。不管深夜还是风雨交加的日子，只要有病人，就会随时赴诊，认真为病人看病打针服药。自己治得了的，就尽力去治，治不了的，就建议送医院，有时还亲自陪着送去。他们还为妇女接生，发放免疫药物，打防疫针，负责农村卫生管理。赤脚医生还促进了中医中药，特别是针灸技术的推广和应用。有的还治好了不少疑难杂症。

到 1977 年底，全国有 85% 的生产大队实行了合作医疗，赤脚医生数量一度达到 150 多万名。各级政府对赤脚医生开展各种形式的培训。70 年代中后期医学院校培养的工农兵学员，也有很多充实了赤脚医生队伍，提高了赤脚医生的水平。

尽管是处在"文化大革命"期间，但赤脚医生的出现，解决或缓解了我国广大农村地区缺医少药的问题，在广大农村地区普及爱国卫生知识、"除四害"、根除血吸虫病等方面作出了巨大贡献。联合国妇女儿童基金会在 1980 —1981 年年报中指出，中国的"赤脚医生"制度在落后的农村地区提供了初级护理，为不发达国家提高医疗卫生水平提供了样本。

改革开放以后，随着联产承包责任制的兴起，农村经济基础变化，医务人员流动性加大，青年职业选择多样化，农村的合作医疗制度趋于解体，赤脚医生队伍也发生变化。

1981 年，国务院〔1981〕24 号文件《国务院批转卫生部关于合理解决赤脚医生补助问题的报告的通知》，对"赤脚医生"明确界定："他们同民办教师一样，是农村中的知识分子，技术人员，脑力劳动者"。规定凡经考核合格，相当于中专水平的赤脚医生，发给"乡村医生"证书，原则上给予相当于当地民办教师水平的待遇。

1985 年 1 月 25 日，《人民日报》发表《不再使用"赤脚医生"名称，巩固发展乡村医生队伍》一文。"赤脚医生"的名称逐渐消失。原来的赤脚医生，有的通过国家规定转为乡村医生，有的改行从事了其他职业。

2004 年 1 月 1 日起，实行《乡村医生从业管理条例》，乡村医生经过相应的注册及培训考试后，以正式的名义执照开业。

四、计划生育

计划生育，即按人口政策有计划地生育，是 1982 年 9 月确定的中华人民共和国的一项基本国策，主要内容和目的是：提倡晚婚、晚育，少生、优生，从而有计划地控制人口。

中华人民共和国成立以后，由于战乱停止，经济恢复，人民生活安定，人口增长随之加快。1953 年第一次全国人口普查，全国人口（不包括台湾、港澳和华侨人口）超过 5.8 亿，自然增长率达 23 ‰。

国家卫生部门最初采取严格限制节育、鼓励多生的政策。但社会的发展逐渐提出了节育的愿望和呼声。1953 年 8 月以后，邓小平几次指示卫生部要改变限制节育的态度和做法，采取一些有效的措施帮助群众节育。邵力子、马寅初、林巧稚、杨崇瑞等社会知名人士和医学家，也积极倡导计划生育，呼吁政府实行计划生育政策。

1954 年 12 月，刘少奇召集座谈会，代表中央指出：现在要肯定一点，"党是赞成节育的"。中国已经有 6 亿人了，现在每年平均增长率为 2%，如果不节育，增加还要快。这样不仅"父母、家庭、小孩子本身都困难，社会和国家也困难"。他要求先把党内思想统一起来，同时进行宣传指导，并组织好有关药品和器具的生产、供应。自己生产不足，允许进口。

1955 年 2 月，卫生部党组提交《关于节制生育问题向党中央的报告》，对草率反对节育、盲目不赞成绝育的做法作了检讨，并就提倡节育涉及问题提出了相应措施。3 月 1 日，中央批发了这个报告，指出："节制生育是关系广大人民生活的一项重大政策性的问题。"[①] 这是新中国成立后党中央作出的关于提倡节育的第一个政策性文件。

1956 年 10 月，毛泽东在同南斯拉夫妇女代表团的一次谈话中说："社会的生产已经计划化了，而人类本身的生产还是处在一种无政府和无计划的状态中。我们为什么不可以对人类本身的生产也实行计划呢？我想是可以的。"在这以后，他多次提到"有计划的生育"，强调"计划生育，也来个十年规划。……也要进行试点，逐步推广，逐步达到普遍计划生育"。[②]

但是 1957 年反右派斗争之后，形势发生变化。1957 年 7 月 5 日，《人民日报》发表马寅初根据他在一届全国人大四次会议上的发言而写成的《新人口论》一文，呼吁要重视节制生育，控制人口增长。1958 年 4 月以后，对马寅初进行公开指名和一年多的批判。1959 年 12 月，马寅初发表《重申我的请求》一文，表示要坚持真

---

① 中共中央文献研究室编：《建国以来重要文献选编》第六册，中央文献出版社 2011 年版，第47 页。
② 《毛泽东文集》第七卷，人民出版社 1999 年版，第 153、308 页。

理，"决不向专以力压服不以理说服的那种批判者们投降"。

此时，康生断言，马寅初的问题已经不是学术问题，而是右派向党进攻的政治问题。他下令"要像批帝国主义分子艾奇逊那样批判马寅初"。于是，对马寅初的批判升级。1960年，撤销了马寅初的北大校长职务。

这场批判，对中国的计划生育产生了不良影响。虽然三年困难时期中国人口下降，但之后人口迅速增长。

对此状况，中央逐步有所认识。1962年12月18日，中共中央、国务院发出《关于认真提倡计划生育的指示》，强调，鉴于最近几年放松了节制生育和计划生育工作，中央指出，在城市和人口稠密的农村地区，各级党委和政府都要认真加强对计划生育工作的领导。中央还指出，适当控制人口自然增长率，使生育问题由毫无计划的状态逐渐走向有计划的状态，这是我国社会主义建设中既定的政策。决不能把我国提倡节制生育，同反动的马尔萨斯人口论混为一谈。

"文化大革命"的发生，使计划生育工作受到影响。1969年、1970年，全国人口自然增长率分别高达26.1‰和25.8‰。

1971年7月8日，国务院转发卫生部、商业部、燃化部《关于做好计划生育工作的报告》，重提计划生育政策，要求除人口稀少的地区外，各级都要加强对计划生育工作的领导。

十一届三中全会以后，党和国家将人口发展纳入现代化建设的总体战略。1980年9月，中共中央发出《关于控制我国人口增长问题致全体共产党员、共青团员的公开信》，提倡一对夫妇只生育一个孩子。1981年11月，五届全国人大四次会议提出"限制人口的数量，提高人口的素质"的人口政策。1982年9月，十二大把实行计划生育确定为一项基本国策。同年12月，新的《中华人民共和国宪法》明确规定："国家推行计划生育，使人口的增长同经济和社会发展计划相适应。"① 此后，党的历次代表大会都明确提出，要坚定不移地贯彻落实计划生育基本国策，严格控制人口增长，提高人口素质。2001年12月，通过《中华人民共和国人口与计划生育法》。2006年12月，中共中央、国务院发出《关于全面加强人口和计划生育工作统筹解决人口问题的决定》，我国人口和计划生育工作进入了稳定低生育水平、统筹解决人口问题、促进人的全面发展的新阶段。

40多年的计划生育，取得了显著的成效。全国少生4亿多人，提前实现了人口再生产类型的历史性转变，有效地缓解了人口对资源、环境的压力，有力地促进了经济发展和社会进步。

到十八大之后，中国人口形势发生变化，出现新的特点。因此，计划生育政策开始调整。2013年，十八届三中全会通过的《中共中央关于全面深化改革若干重大问题的决定》提出："坚持计划生育的基本国策，启动实施一方是独生子女的夫妇可生育两个孩子的政策"。12月21日，中共中央、国务院印发《关于调整完善生育政策的意见》，提出单独两孩的政策。2015年12月31日，中共中央、国务院印发《关于实施全面两孩政策　改革完善计划生育服务管理的决定》。2016年1月1日，修改后的《中华人民共和国人口与计划生育法》正式实施，明确国家提倡一对夫妻生育两个子女。

2016年12月30日，国务院印发《国家人口发展规划（2016—2030年）》，提出到2030年，全国总人口控制在14.5亿人左右，人口与经济社会、资源环境的协调程度进一步提高。

2021年5月31日，中共中央政治局会议指出，进一步优化生育政策，实施一对夫妻可以生育三个子女政策及配套支持措施，有利于改善我国人口结构、落实积极应对人口老龄化国家战略、保持我国人

---

① 中共中央文献研究室编：《十二大以来重要文献选编》（上），中央文献出版社2011年版，第192页。

力资源禀赋优势。6月26日，中共中央、国务院印发《关于优化生育政策促进人口长期均衡发展的决定》，明确提出实施三孩生育政策，就优化生育政策，实施一对夫妻可以生育三个子女政策，并取消社会抚养费等制约措施、清理和废止相关处罚规定，配套实施积极生育支持措施，作出了具体规定。

2021年8月20日，全国人大常委会会议表决通过了《关于修改〈中华人民共和国人口与计划生育法〉的决定》，修改后的人口与计划生育法规定，国家提倡适龄婚育、优生优育，一对夫妻可以生育三个子女。

五、新型农村合作医疗制度

新型农村合作医疗，简称"新农合"，是由政府、农民个人和集体多方筹资建立基金，农民就医得到费用补偿的一种医疗保障制度；也可以说是由政府组织、引导、支持，农民自愿参加，个人、集体和政府多方筹资，以大病统筹为主的农民医疗互助共济制度。因其是在改革开放前的农村合作医疗制度解体后重新建立，故称为"新农合"。

20世纪60年代，中国曾大规模建立农村合作医疗制度，作为一种互助共济的医疗保障制度，在保障农民获得基本卫生服务、缓解农民因病致贫和因病返贫方面发挥了重要的作用。不仅受到农民群众的欢迎，而且在国际上得到好评。世界银行和世界卫生组织把中国农村的合作医疗称为"发展中国家解决卫生经费的唯一典范"。

到80年代，由于农村经济体制发生重大变化，合作医疗难以从集体经济中获得经费，赤脚医生也失去原有的经济基础和内在动力，农村合作医疗制度陷于解体，农村的医疗卫生主要依靠县乡卫生院等机构进行，农民的医疗保障发生困难。

面对新形势、新问题，卫生部组织专家与地方卫生机构进行了一系列专题研究，为建立新型农村合作医疗打下了理论基础。1996年底，中共中央、国务院召开全国卫生工作会议，江泽民在讲话中指出："现在，许多农村发展合作医疗，深得民心，人民群众把它称为'民心工程'和'德政'。"在农村建立新型合作医疗制度势在必行。

2002年10月，《中共中央、国务院关于进一步加强农村卫生工作的决定》明确指出：要"建立以大病统筹为主的新型农村合作医疗制度"。"到2010年，新型农村合作医疗制度要基本覆盖农村居民"，"从2003年起，中央财政对中西部地区除市区以外的参加新型合作医疗的农民每年按人均10元安排合作医疗补助资金，地方财政对参加新型合作医疗的农民补助每年不低于人均10元"，"农民为参加合作医疗、抵御疾病风险而履行缴费义务不能视为增加农民负担"。这是我国政府第一次为解决农民的基本医疗卫生问题进行大规模的投入。

从2003年起，新型农村合作医疗制度在全国部分县（市）试点。截至2004年12月，全国共有310个县参加了新型农村合作医疗，有1945万户，6899万农民参合，参合率达到了72.6%。

2006年1月10日，卫生部、国家发改委、民政部、财政部、农业部、国家食品药品监管局、国家中医药管理局发布《关于加快推进新型农村合作医疗试点工作的通知》，要求2010年实现新型农村合作医疗制度基本覆盖农村居民的目标。

至2008年6月底，新型农村合作医疗制度覆盖到全国31个省、自治区、直辖市。

随着"新农合"的推行，国家财政的补贴也逐年增加。到2011年，政府对"新农合"和城镇居民医保补助标准均由上一年每人每年120元提高到200元；城镇居民医保、"新农合"政策范围内住院费用支付比例力争达到 70% 左右。2012 年起，各级财政对"新农合"的补助标准从每人每年 200 元提高到每人每年 240 元。农民个人缴费原则上提高到每人每年 60 元，有困难的地区，个人缴费部分可分两年到位。2013 年起，各级财政对"新农合"的补助标准从每人每年 240 元提高到每人每年 280 元。政策范围内住院费用报销比例提高到 75% 左右，并全面推开儿童白血病、先天性心脏病、结肠癌、直肠癌等 20 个病种的重大疾病保障试点工作。2014 年，各级财政对"新农合"和居民医保人均补助标准在 2013 年的基础上提高 40 元，达到 320 元。全国平均个人缴费标准达到每人每年 90 元左右。

2017 年，各级财政对"新农合"的人均补助标准在 2016 年的基础上提高 30 元，达到 450 元，农民个人缴费标准在 2016 年的基础上提高 30 元，原则上全国平均达到 180 元左右。

建立新型农村合作医疗制度，是从中国基本国情出发，解决农民看病难问题的一项重大举措，对于提高农民健康水平、缓解农民因病致贫、因病返贫、统筹城乡发展、实现全面建成小康社会和乡村振兴目标发挥了重要作用。"新农合"实施中的一些问题，也都在不断研究、探索和解决中。

六、医药卫生体制

新中国成立以来，特别是改革开放以来，中国基本形成了公共卫生和医疗卫生服务体系，国民健康状况不断改善。但与人民日益增长的健康需求相比，还有很多不适应的地方，存在着看病难、看病贵的问题。积极深化改革，加快建立基本医疗卫生制度，大力发展医疗卫生服务，实现人人享有基本医疗服务的目标，是广大人民群众的迫切愿望，是提高全民健康水平的必然要求。

改革开放以来，党和国家一直坚持推进医药卫生体制的改革，不断取得阶段性成果。

1996 年 4 月 8 日—11 日，国务院办公厅在江苏镇江召开全国职工医疗保障制度改革扩大试点工作会议，决定将试点工作由镇江、九江扩大到全国。会议提出了建立职工社会医疗保险制度的 10 项基本原则。

1996 年 12 月 9 日—12 日，召开全国卫生工作会议。1997 年 1 月 15 日，中共中央、国务院作出《关于卫生改革与发展的决定》。

2009 年 3 月 17 日，中共中央、国务院公布《关于深化医药卫生体制改革的意见》。18 日，国务院印发《医药卫生体制改革近期重点实施方案（2009—2011 年）》，提出切实缓解看病难、看病贵的五项重点改革措施和建立健全覆盖城乡居民的基本医疗卫生制度的长远目标。4 月 10 日，深化医药卫生体制改革工作会议召开。李克强出席并讲话指出，要切实有效地把基本医疗卫生制度作为公共产品向全民提供。

2010 年 5 月，还专门举办了全国深化医药卫生体制改革工作会议暨省部级领导干部深化医药卫生体制改革专题研讨班。

2012 年 3 月 14 日，国务院印发《“十二五”期间深化医药卫生体制改革规划暨实施方案》。4 月 17 日，召开全国深化医药卫生体制改革工作会议。李克强强调，“十二五”期间深化医改要抓住医保、医药、医疗 3 个重点环节，实行“三轮驱动”。

随着改革的深入，对医药卫生体制的认识也不断深化和全面。医药卫生体制本身就是一个复杂的概念，对其如何界定，直接关系到医药卫生体制改革的范围和内容问题。

1998 年，开始推行“三项改革”，即医疗保险制度改革、医疗卫生体制改革、药品生产流通体制改革。

2007年1月，全国卫生工作会议提出四大基本制度，即基本卫生保健制度、医疗保障体系、国家基本药物制度和公立医院管理制度。

2007年10月，十七大报告中首次明确提出卫生医疗领域的"四大体系"，即"覆盖城乡居民的公共卫生服务体系、医疗服务体系、医疗保障体系、药品供应保障体系"。"四大体系"的提出，为医药卫生体制改革构建了新的框架。

所以，按照最新文件界定，我国涉及医疗卫生的一整套体制，应该称为"医药卫生体制"，医疗卫生领域的改革，也统称为"医药卫生体制改革"。

党的十八大之后，医药卫生体制改革继续深化。

2015年4月23日，国务院办公厅印发《关于全面推开县级公立医院综合改革的实施意见》。5月6日，国务院办公厅印发《关于城市公立医院综合改革试点的指导意见》。至2016年底，县级公立医院改革全面推开，城市公立医院改革试点扩大到200个城市。

2016年1月3日，国务院印发《关于整合城乡居民基本医疗保险制度的意见》，要求城乡居民医保制度政策实现统一覆盖范围、统一筹资政策、统一保障待遇、统一医保目录、统一定点管理、统一基金管理。

2016年8月19日—20日，全国卫生与健康大会举行。习近平强调，要把人民健康放在优先发展的战略地位，加快推进健康中国建设，努力全方位、全周期保障人民健康。要着力推进基本医疗卫生制度建设，努力在分级诊疗制度、现代医院管理制度、全民医保制度、药品供应保障制度、综合监管制度5项基本医疗卫生制度建设上取得突破。按照这一要求，当前改革的重点是5项制度改革。

2016年10月17日，中共中央、国务院印发了《"健康中国2030"规划纲要》。

2017 年 8 月 31 日，国家医保异地结算系统与所有省份和新疆生产建设兵团以及医疗保险统筹地区连通。9 月底，全面完成全国联网和跨省直接结算。

党的十九大以"实施健康中国战略"来统揽医疗卫生和医药卫生体制改革。强调人民健康是民族昌盛和国家富强的重要标志。为此，要完善国民健康政策，为人民群众提供全方位全周期健康服务。深化医药卫生体制改革，全面建立中国特色基本医疗卫生制度、医疗保障制度和优质高效的医疗卫生服务体系，健全现代医院管理制度。加强基层医疗卫生服务体系和全科医生队伍建设。

2022 年 7 月 22 日，国家卫生健康委新闻发布会表示：我国医药卫生体制改革取得显著成效。一是群众看病难问题有效缓解。设置 10 个专业类别的国家医学中心，建设 50 个国家区域医疗中心，组建医联体 1.5 万个。推动相关优质医疗资源扩容下沉，2021 年首批国家区域医疗中心相关专科跨省就医较 2019 年下降 9.3%，就医秩序更趋合理。二是群众看病贵问题得以减轻，推进国家组织药品耗材集中采购和使用。已开展的 7 批集采中选药品平均降价超过 50%。两批耗材集采平均降价超过 80%，累计节约费用约 3000 亿元。在全国基本实现基本医保地市级统筹，住院和门诊费用跨省直接结算。居民个人卫生支出所占比重下降到 27.7%。三是医疗卫生体系效率持续提升。2020 年，三级公立医院门诊预约率达 56.6%，合理用药水平稳步提升，门诊患者基本药物处方占比逐年提高。四是以健康为中心的改革导向更加突出。

党的二十大确认，我们建成了"世界上规模最大的""医疗卫生体系"。基本养老保险覆盖 10.4 亿人，基本医疗保险参保率稳定在95%。病有所医、老有所养全方位改善，人均预期寿命增长到 78.2岁，主要健康指标居于中高收入国家前列。

二十大同时要求，深化医药卫生体制改革，促进医保、医疗、医药协同发展和治理。促进优质医疗资源扩容和区域均衡布局，坚持预防为主，加强重大慢性病健康管理，提高基层防病治病和健康管理能力。深化以公益性为导向的公立医院改革，规范民营医院发展。发展壮大医疗卫生队伍，把工作重点放在农村和社区。重视心理健康和精神卫生。促进中医药传承创新发展。创新医防协同、医防融合机制，健全公共卫生体系，提高重大疫情早发现能力，加强重大疫情防控救治体系和应急能力建设，有效遏制重大传染性疾病传播。深入开展健康中国行动和爱国卫生运动，倡导文明健康生活方式。

2024年，国务院办公厅印发《深化医药卫生体制改革2024年重点工作任务》，要求加强医改组织领导，深入推广三明医改经验，进一步完善医疗卫生服务体系，推动公立医院高质量发展，促进完善多层次医疗保障体系，深化药品领域改革创新，统筹推进其他重点改革。

七、中医药事业

中医药，是包括汉族和少数民族医药在内的中国各民族医药的统称，是反映中华民族对生命、健康和疾病的认识，具有悠久历史传统和独特理论及技术方法的医药学体系。

中医药作为中华文明的杰出代表，是中国各族人民在几千年生产生活实践和与疾病作斗争中逐步形成并不断丰富发展的医学科学，不仅为中华民族繁衍昌盛作出了卓越贡献，也对世界文明进步产生了积极影响。

中医药不断吸收和融合各个时期先进的科学技术和人文思想，不断创新发展，形成了重视整体、注重"平"与"和"、强调个体化、突出"治未病"、使用简便等鲜明的特点。

中医药事业是中国医药卫生事业的重要组成部分。国家大力发展中医药事业，实行中西医并重的方针，建立符合中医药特点的管理制度，充分发挥中医药在我国医药卫生事业中的作用。坚持中医药与西医药优势互补，相互促进，共同维护和增进民众健康，已经成为中国特色医药卫生与健康事业的重要特征和显著优势。

新中国成立初期，党和国家把"团结中西医"作为三大卫生工作方针之一，确立了中医药应有的地位和作用。随着中医政策的贯彻落实，中医业者有"重获解放"之感，许多老中医纷纷献出自己的秘方，以表达喜悦和感激之情。20世纪六七十年代，虽然处在"文化大革命"的动荡时期，但在广大人民群众和医药卫生人员的努力下，中医药事业得到广泛的普及和发展。

1978年，中共中央转发卫生部《关于认真贯彻党的中医政策，解决中医队伍后继乏人问题的报告》，并在人、财、物等方面给予大力支持，有力地推动了中医药事业发展。《中华人民共和国宪法》指出，发展现代医药和我国传统医药，保护人民健康。1986年，国务院成立相对独立的中医药管理部门。各省、自治区、直辖市也相继成立中医药管理机构，为中医药发展提供了组织保障。七届全国人大四次会议将"中西医并重"列为新时期中国卫生工作五大方针之一。

2002年11月，国务院办公厅转发科技部等关于《中药现代化发展纲要（2002—2010年）》的通知。2003年，国务院颁布实施《中华人民共和国中医药条例》。2006年8月，科技部等3个部门发布《中医药国际科技合作规划纲要》。2007年3月，科技部等16个部门联合发布了《中医药创新发展规划纲要（2006—2020年）》。2009年，国务院颁布实施《关于扶持和促进中医药事业发展的若干意见》。通过这些文件的颁布，逐步形成了相对完善的中医药政策体系。

十八大以来，党和政府把发展中医药摆上更加重要的位置，作出一系列重大决策部署。十八大和十八届五中全会均提出：坚持"中西医并重"，"扶持中医药和民族医药事业发展"。2013年1月，国家中医药管理局编制发布了《中医药标准化中长期发展规划纲要（2011—2020年）》。2015年4月27日，国务院办公厅转发工业和信息化部、国家中医药管理局等部门《中药材保护和发展规划（2015—2020年）》。这是中国第一个关于中药材保护和发展的国家级规划。2016年，在全国卫生与健康大会上，习近平强调，要"着力推动中医药振兴发展"。中共中央、国务院印发《"健康中国2030"规划纲要》，作为今后15年推进健康中国建设的行动纲领，提出了一系列振兴中医药发展、服务健康中国建设的任务和举措。同年，国务院印发《中医药发展战略规划纲要（2016—2030年）》，把中医药发展上升为国家战略，对新时期推进中医药事业发展作出了系统部署。

2016年12月25日，十二届全国人大常委会第二十五次会议通过《中华人民共和国中医药法》，自2017年7月1日起施行。这是我国首部全面、系统体现中医药特色的综合性法律。

这些决策部署，描绘了全面振兴中医药、加快医药卫生体制改革、构建中国特色医药卫生体系、推进健康中国建设的宏伟蓝图，中医药事业进入新的历史发展时期。

经过不断努力，中医药得到良好的传承与发展。国家已基本建立起覆盖城乡的中医医疗服务体系，中医预防保健服务加快发展，中医药在医药卫生体制改革中发挥重要作用，建立起独具特色的中医药人才培养体系，中医药科学研究取得积极进展，中药产业快速发展，中医药文化建设迈出新步伐，中医药标准化工作取得积极进展。

中医药除在常见病、多发病、疑难杂症的防治中贡献力量外，在重大疫情防治和突发公共事件医疗救治中也发挥了重要作用。中医、中西医结合治疗传染性非典型肺炎，疗效得到世界卫生组织肯定。中医治疗甲型 H1N1 流感，取得良好效果，成果引起国际社会关注。中医药在防治艾滋病、手足口病、人感染 H7N9 禽流感等传染病中，都发挥了独特作用。屠呦呦因发现"青蒿素——一种用于治疗疟疾的药物"，荣获 2011 年美国拉斯克临床医学奖和 2015 年诺贝尔生理学或医学奖。因将传统中药的砷剂与西药结合治疗急性早幼粒细胞白血病的疗效明显提高，王振义、陈竺获得第七届圣捷尔吉癌症研究创新成就奖。中医药已传播到 183 个国家和地区，成为中国的一张独特的名片。

2019 年 10 月 25 日，全国中医药大会在北京召开。会上传达学习了习近平重要指示和李克强批示。习近平指出，中医药学包含着中华民族几千年的健康养生理念及其实践经验，是中华文明的一个瑰宝，凝聚着中国人民和中华民族的博大智慧。新中国成立以来，我国中医药事业取得显著成就，为增进人民健康作出了重要贡献。习近平强调，要遵循中医药发展规律，传承精华，守正创新，加快推进中医药现代化、产业化，坚持中西医并重，推动中医药和西医药相互补充、协调发展，推动中医药事业和产业高质量发展，推动中医药走向世界，充分发挥中医药防病治病的独特优势和作用，为建设健康中国、实现中华民族伟大复兴的中国梦贡献力量。

2019 年 10 月 20 日，中共中央、国务院印发《关于促进中医药传承创新发展的意见》。2021 年 2 月 9 日，国务院办公厅印发《关于加快中医药特色发展的若干政策措施》。2021 年 7 月 7 日，5 部门印发《中医药文化传播行动实施方案（2021—2025 年）》。

2022 年 3 月，国务院办公厅印发《"十四五"中医药发展规划》。这是新中国成立以来首个中医药五年发展规划。2022 年 11 月，国家中医药管理局印发《"十四五"中医药人才发展规划》。2023 年 2 月 28 日，国务院办公厅印发《中医药振兴发展重大工程实施方案》。2023 年 4 月 19 日，国家中医药局等 8 部门发布《"十四五"中医药文化弘扬工程实施方案》。

截至 2023 年 8 月，中医药已传播至 196 个国家和地区。据世界卫生组织统计，有 29 个国家设立了中医药相关法律法规，20 个国家将针灸纳入医疗保险体系，部分国家已将中医药疗法纳入健康保险体系。中医针灸、太极拳、藏医药浴法被列入"人类非物质文化遗产代表作名录"，中医药典籍《黄帝内经》《本草纲目》等被列入"世界记忆名录"。

第十二章

共和国的应急救灾

一、1954 年长江大洪水

1954 年长江大洪水，指 1954 年长江流域发生的特大洪水。

中国自古以来自然灾害就十分严重。中华人民共和国 70 多年的历史，同时也是抗击自然灾害 70 多年的历史。

1954 年晚春初夏，冷暖空气一直在长江中下游上空盘旋徘徊，造成连续持久的降雨过程。4 月份就开始下雨，暴雨过程频繁，持续时间长，降雨强度大，笼罩面积广。5 —7 月的主汛期，洞庭湖水系、鄱阳湖水系和皖南山区、大别山区的很多地区，3 个月累计雨量在 1200 毫米以上。其中黄山、大别山、九岭山区局部地区雨量达 1800 毫米以上，最大点雨量黄山站高达 2824 毫米。

在全流域普降大雨的情况下，江湖水位迅速上涨，长江干支流遭遇百年罕见的流域性特大洪水，枝城以下 1800 公里河段最高水位全面超过历史最高纪录。6 月 25 日至 9 月 6 日，上游发生 4 次连续洪水。汉口站 6 月 25 日超过警戒水位（26.3 米），7 月 18 日突破 1931年最高水位 28.28 米。宜昌站先后出现 4 次大于 50000 立方米 / 秒的洪峰流量，8 月 7 日最大洪峰流量达 66800 立方米 / 秒，枝城站洪峰流量达 71900 立方米 / 秒。淮河流域也同时发生特大洪水。

新中国成立初期刚刚修建的荆江分洪工程，很快就发挥了作用。为保证荆江大堤安全，3 次向荆江分洪区分洪，合计分洪量 122.56 亿立方米。加上其他多处扒口分洪，分洪溃口水量达到 1023 亿立方米。即使这样，沙市、城陵矶、汉口、湖口水位都突破了历史最高纪录。8 月 14 日，汉口站出现最大流量 76100 立方米 / 秒，18 日水位达到最高 29.73 米。可见，如果不分洪，危险将有多大。

在中共中央、国务院领导和指挥下，各地组织广大军民全力抗洪。在长江中下游各地段，14 万领导干部和 1000 万防汛大军坚守在抗洪第一线，其中有 30 万人的直接任务就是保卫工业重镇武汉。全国各地充分发挥社会主义优越性，大力支持长江防洪。

在广大军民共同努力下，荆江大堤和武汉市的主要市区都保住了，但这次特大洪水还是造成了巨大的经济损失和社会影响。长江干堤和汉江下游堤防溃口 61 处，扒口 13 处，支堤、民堤溃口无数。湖南洞庭湖区 900 多处圩垸，溃决 70%，淹没耕地 25.7 万公顷。江汉平原的洪湖地区、东荆河两岸一直到武汉市区周围湖泊一片汪洋，荆江分洪区及其备蓄区全部运用并被淹没。江西鄱阳湖区五河尾闾及湖区周围圩垸大部分溃决。安徽省华阳河地区分洪，无为大堤溃决。长江中下游湖北、湖南、江西、安徽、江苏 5 省有 123 个县市受灾，洪涝灾害农田面积 317 余万公顷，受灾人口 1888 余万。京广铁路 100 天不能正常运行。灾后疾病流行，仅洞庭湖区死亡就达 3 万余人。湖北 1000 万灾民中死于疾病者有 10 万人。

由于洪涝淹没地区积水时间长，房屋大量倒塌，庄稼大部分绝收，灾后数年才逐渐恢复。

由于长江流域工农业生产和水陆交通运输在全国有重要地位，1954 年大水不仅造成当年重大经济损失，而且对以后几年的经济发展都产生了很大影响。

灾后，各地党和政府迅速开展救灾行动，尽最大努力恢复正常生活。特别是痛定思痛，进一步加强了新中国的水利建设和对长江的治理。

二、1956 年象山台风

1956 年象山台风，即 1956 年的第 12 号台风，国外命名为 Wanda，是中华人民共和国成立后登陆中国风力最强、破坏力最大、造成人员伤亡最多的一次台风。

1956 年 8 月 1 日，当年编号为 12 的台风，携带着狂风暴雨，从浙江象山登陆。台风中心最大平均风速达到 70 米 / 秒。瞬间风速 90 米 / 秒。按国际标准，最大风速每秒 32.6 米就是 12 级台风，可以在海上卷起 16 米以上的巨浪。每秒 70 米，台风应为 19 级以上。每秒 90 米，相当于 23 级台风。

台风登陆后，紧跟着越安徽、跨河北，从陕北离开。所经之地，风雨交加。福建北部、江西北部、湖南北部、湖北北部、河南东部和北部，以及安徽、江苏、山东、河北诸省和上海市，均受其害。

早在台风登陆前 5 天的 7 月 27 日，中央气象台就开始发出警报。各地气象台也接连发出警报。浙江省和其他各地党和政府及时研究，部署抗击台风工作。当地人民行动起来，紧急防御台风侵袭。

但是，这次台风的威力和破坏力大大超出了人们的预计。一路席卷，造成了严重的灾害。浙江作为台风登陆之地，所受损失最为惨重。据统计，这次台风共造成 5057 人死亡。其中浙江全省死亡 4925 人，伤 1.5 万多人，房屋全部倒塌 255783 所，部分倒塌 196648 所，40 万公顷田地沦为汪洋，100 多艘船只沉没。许多村庄沦为废墟。台风登陆地象山县死亡高达 3402 人，241 户在台风中绝户。

中共中央、国务院对台风侵袭非常重视。8 月 4 日，国务院发出做好抢救和善后工作的紧急指示。随后派出 4 个工作组，分别到有关省市了解情况，协助工作。各地人民抓紧做好灾后重建工作。

Wanda 台风虽然只有仅仅 8 天时间，但在中国气象史上占有重要的地位，甚至被称为"中国内地第一台风"。台风灾害也警示人们，必须遵守自然规律。当年，当地干部群众曾经冒着 17 级狂风保卫海塘。虽然精神可嘉，但并不明智。所以，到 2004 年面对强大的"云娜"时，人们舍弃了抗台而选择了避台，即转移到安全地带，表明人们提高了认识和对待自然灾害的水平。

三、1958 年黄河大水

1958 年 7 月中旬，黄河三门峡至花园口之间，发生自 1919 年黄河有实测水文资料以来的最大一场洪水。

1958 年 7 月 14 日—19 日，黄河三门峡至花园口的干流区间以及伊河、洛河、沁河流域持续暴雨。短短 6 天，暴雨笼罩面积达 8.6 万平方公里。其中 200 毫米以上强暴雨区面积有 1.6 万平方公里，300 毫米以上的有 6500 平方公里，400 毫米以上的有 2000 平方公里。

受持续暴雨影响，7 月 17 日 10 时至 18 日 0 时，黄河流域次第出现最大流量。洪水来势猛，峰值高。黄河下游约 400 公里的河段超过了保证水位。整个黄河下游的堤防工程面临重大考验。

尤其是，7 月 17 日 23 时 50 分，黄河下游出现 21000 立方米/秒的洪峰，郑州附近京广铁路黄河大桥 11 号桥墩，在洪水中轰然倒塌，相邻两孔钢梁沉入水中。大河南北的交通随即中断。

正在上海开会的周恩来接到报告，立即决定前往现场。7 月 18 日下午 4 时，周恩来在飞机上俯视了被洪水冲断的黄河大桥。晚上 10 点多钟，又登上火车，前往黄河大桥视察。在黄河大桥工程处大院里，同有关方面领导和桥梁专家商讨抢修方案。在调查研究的基础上，周恩来对抗洪抢险作出"依靠群众，固守大堤，不分洪、不滞洪，坚决战胜洪水"的指示。第二天，周恩来乘专机再次视察水情，沿黄河飞行到山东，再飞回上海。

周恩来的到来给治黄抗洪大军以极大鼓舞，对夺取抗洪胜利起了重大作用。200万名抗洪敢死队员喊出同一个声音："人在堤在！"

从一开始，雨情、水情就及时上报给黄河水利委员会防汛总指挥部。在党中央、国务院领导下，总指挥部及时指挥抗洪斗争。河南、山东紧急部署，调度力量。两岸千里堤线，每公里有抢险队员30—50人来往巡查，有群众300—500人日夜防守。投入一线防守和组织救护转移的干部群众和部队官兵有200万人，后方支援的二线预备队员有100万人。出动轮船500余艘，汽车500多辆，还有数不清的马车、架子车、三轮车来往运输防洪抢险物资。

在抗洪过程中，共计抢险2000坝次，抢护渗水堤段60公里，排除管涌4300个，抢堵漏洞19个。各级政府将滩区居民迅速转移到安全地区。解放军出动部队，并调来飞机、橡皮艇和救生工具。短短几天，从全国各地运来麻袋、蒲草草包200多万个。其他省市也给予了大力支援。

修复黄河大桥是抗洪抢险斗争的重要任务。7月20日，黄河大桥抢修工程指挥部成立。22日，正式成立黄河大桥抢修工程委员会。全国各地支援抢修大桥工程的机械设备和器材，源源不断运到工地。工程人员在咆哮奔涌的黄河上紧张施工。到8月12日，在黄河波涛上建起了黄河大浮桥。8月21日，在黄河洪水中建起了新的桥墩。

到7月27日，新中国成立以来黄河下游最大的一次洪峰驯服地流入渤海。当天，中央防汛指挥部发言人向新华社记者发表讲话，宣布："我们战胜了特大洪水。两岸没有分洪，没有决口，保证了农业大丰收，这是我国人民创造的又一个伟大奇迹。"

虽然抗洪斗争取得了胜利，但洪水造成的损失是客观的。特别是横贯南北的京广铁路，受到洪水的威胁，交通中断14天。据不完全统计，山东、河南两省的黄河滩区和东平湖湖区淹没村庄 1708 个，灾民 74.08 万人，淹没耕地 20 多万公顷，房屋倒塌 30 万间。这场大洪水，对加快黄河的治理提出了更加紧迫的要求。

四、1959—1961 年三年自然灾害

1958 年，全国粮食丰收。由于浮夸风盛行，各地也虚报了很多粮食产量。有关高层错误地以为粮食问题已经解决，遂作出了次年减少粮食播种面积的决策。1959 年粮食种植面积比 1958 年减少 9.1%，其中水稻面积减少 9.1%，小麦面积减少 8.5%。

然而，出乎意料的是，一场持续 3 年、以干旱为主的天灾，伴随着复杂的人祸，很快就接踵而至，给中国经济建设和人民群众生活带来了严重的后果。

1959 年，干旱最先侵袭中国的北方。1—4 月，河北、黑龙江出现严重春旱，影响 300 万公顷农作物播种。4—5 月，霜冻又造成华北、黑龙江 50 多万公顷农田受灾。与北方相反，2—6 月，南方出现 3 次洪涝灾害，造成 200 多万公顷农田被淹。3—6 月，东部沿海和华北地区又发生风雹灾害。到了 7—9 月，湖北、河南、山西、湖南北部、四川东部大范围少雨。福建、广东和广西北部两个月总雨量只有 5—25 毫米。7 月下旬，河北、北京、黑龙江地区突降暴雨，山洪暴发，又有 200 多万公顷农田被淹。

1960 年，全国大部分地区发生严重干旱。有些地方春、夏、秋三季连旱。1—9 月，华北、西北地区持续大旱，许多地方塘库干涸，水井断水。黄河下游从范县至济南段曾有 40 天断流或几乎断流。到了夏秋季节，旱灾扩展到南方的江苏、湖北、湖南、四川、云南等省。6—10 月，东部地区又发生了严重的台风和洪水灾害。

1961 年，以干旱为主的多种自然灾害仍然发生。农业成灾面积近 3000 万公顷。黄河、淮河流域的干旱，从 1960 年冬一直持续到 1961 年 3 月下旬。4—6 月，又扩大到长江流域地区。河北、山东、河南三个主要产粮区小麦比 1960 年减产 50% 以上。下半年，很多地区又发生洪涝灾害。南方一些地方遭受台风袭击。有 9 次台风在 12 级以上。

由于自然灾害和其他原因，1959 年粮食作物播种面积 174034 万亩，比上年减少 17386 万亩，亩产 98 公斤，比上年减少 7 公斤，总产量 17000 万吨，比上年减少 3000 万吨，减少 15%。

1960 年粮食作物播种面积为 183644 万亩，比上年增加 9610 万亩，亩产 78 公斤，比上年减少 20 公斤，总产量 14350 万吨，比上年减少 2650 万吨，减少 15.6%。

1961 年粮食作物播种面积为 182165 万亩，比上年减少 1479 万亩。亩产 81 公斤，比上年增加 3 公斤。总产量 14750 万吨，比上年增加 400 万吨，增加 2.8%。

党和国家领导人民与自然灾害进行了坚决的斗争，以各种方式保护农作物生长，减少自然灾害损失，减少各地饥馑现象。从中央到地方作出了巨大的努力。不同地区之间还从大局出发，通力协作，互相支援。但由于刘少奇所说的"天灾加人祸"，还是造成了重大损失。

五、1976 年唐山大地震

唐山大地震是 20 世纪十大自然灾害之一。1976 年 7 月 28 日凌晨 3 点 42 分，河北唐山、丰南地区发生强烈地震，并波及天津、北京。震中位于唐山市中心的路南区，东经 118.2°，北纬 39.6°，震源深度 11 公里，震级 7.8 级。整个唐山几乎都在烈度为 11° 的极震区范围内，面积约 47 平方公里。受灾最重的是市区铁路两侧，地面建筑几乎荡然无存。地震的有感范围涉及全国 14 个省、自治区、直辖市。同日 18 点 45 分，滦县又发生 7.1 级强余震，使灾区人民雪上加霜。

唐山大地震使人民群众遭受巨大伤亡。包括波及的京津地区在内，共死亡 24.2 万多人，重伤 16.4 万多人，轻伤而需要治疗者达 36 万人之多。地震造成 7218 家绝户，使 3043 人成为鳏寡孤独。震亡人员中，1.2 万余人是外地临时来唐山工作、学习、开会或者探亲访友的人员。

强烈地震给工农业带来极其严重的破坏，造成直接经济损失约 30 亿元。唐山市工矿企业职工震亡 2.6806 万人，占职工总数的 8%；厂房建筑倒塌或遭严重破坏达 97%；生产设备损坏率达 56%，工矿企业全部停工停产。全市农田、水利设施破坏严重。陡河等 3 座大型水库、2 座中型水库遭到破坏，小型水库损坏 249 座；大中型闸涵损坏 110 座；铁路、公路、电力、通信、城市管道、市政设施等均遭到严重破坏。

唐山大地震发生后，中共中央、国务院极为关切。毛泽东十分关心唐山震情。7 月 28 日凌晨，中共中央、国务院立即在中南海紫光阁召开紧急会议，作出抗震救灾的重大决策。上午 10 时左右，在获悉唐山地震的准确消息后，中共中央成立了抗震救灾指挥部，国务院成立了抗震救灾办公室，召开了铁道部、邮电部、水电部、卫生部、北京军区等有关方面负责人会议。当天，中共中央和国务院紧急调集解放军部队、医疗队和工程技术人员，日夜兼程，赶赴唐山灾区。7 月 30 日至 8 月 7 日，中共中央派出以华国锋、陈永贵、乌兰夫等为正副团长的中央慰问团，代表毛泽东、中共中央深入地震灾区进行慰问，具体指导抗震救灾工作。8 月 18 日，中共中央发出《关于唐山丰南一带抗震救灾的通报》，这是毛泽东生前圈阅的最后一份文件。

《通报》号召全党、全军、全国人民努力做好支援灾区的各项工作。

大地震时唐山市区被埋压的人约有 63 万。强震刚过，各单位、各部门幸免罹难的干部、职工，立即奔赴领导和工作岗位，迅速地组织起来，展开救人工作。唐山市区的居民和驻军及时救出了被埋压的 80% 以上的人，最有效地挽救了 10 万计的生命。

按照中央抗震救灾指挥部的命令，各路救援大军以最快速度奔向灾区，开展了一场气壮山河的抗震救灾斗争。从 7 月 28 日到 7 月底，短短 4 天之内，全国各地的支援人员已达 15 万人。其中有解放军指战员 10 万人，医护人员近 2 万人，工业、交通、邮电等部门的干部、技术人员和工人 3 万余人。各地派出的汽车达 5000 余辆。7 月 28 日—30 日，仅唐山机场就起降飞机 874 架次，运进救灾人员数千人、救灾物资数千吨。从四面八方赶到灾区的各救灾部队，争分夺秒，舍生忘死，抢救被埋压的群众。

强震过后，不同类型的伤员总数达 70.36 万人，重伤员达 6.49 万人。按照中央抗震救灾指挥部的统一部署和要求，解放军、国务院所属有关部门及各省、市迅速派出医疗队，携带大批药品、医疗器械以及帐篷等，从四面八方赶赴灾区。在 6 天之内，上海、山西等 11 个省市共派来 138 个医疗队 1.04 万人；北京、济南、沈阳、昆明军区和各军兵种先后派出 100 个医疗队、5000 名医护人员。

截至 9 月初统计，共救治伤员 1500 万人次，其中危重伤病员 15.6 万多人次。同时，先后动用飞机 474 架次，空运伤员 2.07 万人；火车专列 159 列，转运伤员 7.28 万人，共外转伤员 10 万余人。分别转送到 12 个省市及本省医院进行治疗。

地震时正值盛夏，天气炎热，阴雨连绵，疫情严峻。唐山防疫工作采取突击治疗、控制疫病传染源、改善环境、消除病菌传染媒介、预防接种、提高人员抵抗力的综合措施，实行军民结合、专群结合、土洋并举，把疫病消灭在发生之前，创造了灾后无疫的奇迹。

强烈的地震使交通中断，通信瘫痪，城市停水、停电。抢修通信、供水、供电、恢复交通等生命线工程成为唐山救灾最紧迫的任务之一。中央迅速布置各专业系统对口包干支援的任务。邮电、铁道、交通、电力、市政建设等部门立即行动，保证了上述系统工程恢复和重建的顺利进行。

为妥善解决灾民的住房问题，解放军每天投入6万多名指战员，同唐山人民共建简易过冬住房。截至11月15日，全唐山市共建过冬简易房35.1万间。入冬前，受灾居民从临时窝棚和帐篷搬进了新建的"五防"简易住房。

全国人民的无私援助，体现在物质、精神、人力的各个方面，涵盖了唐山人民的生产、生活、救灾、医疗、防疫、抢险、恢复重建等各个层面，形成了"一方有灾，八方支援"的动人场面。

罕见的天灾几乎将一个现代工业城市夷为平地。在中共中央和中共河北省委的正确领导下，在全国人民的大力支援下，历经10年重建、振兴之路，到1986年7月28日，在唐山召开的纪念抗震10周年大会宣布：唐山震后的恢复重建工作基本完成。一个崭新的唐山在一片废墟上重新崛起，创造了人类抗震斗争史上的奇迹。

1990年，唐山市荣获联合国"人居荣誉奖"，这是中国荣获此奖的第一个城市。

六、1998年抗洪抢险斗争

1998年6月中旬至9月上旬，由于受厄尔尼诺现象影响，气候异常，暴雨频频，中国一些地方遭受严重洪水灾害。特别是长江发生了自1954年以来的又一次全流域性特大洪水，东北嫩江、松花江也暴发了超历史纪录的特大洪水。

全国共有 29 个省、自治区、直辖市受灾。农田成灾面积 2.07 亿亩，死亡 4150 人，倒塌房屋 685 万间，直接经济损失 2551 亿元。江西、湖南、湖北、黑龙江、内蒙古、吉林等省（区）受灾最重，长江上游先后出现 8 次洪峰并与中下游洪水遭遇。7—8 月，洞庭湖的安造堤垸、九江大堤先后决堤。珠江流域的西江、闽江也出现大洪水。洪涝直接威胁众多大城市，形势十分危急。

面对特大洪水的袭击，中共中央、国务院和中央军委周密部署，指挥了一场气壮山河的抗洪抢险斗争。6 月 30 日，国家防汛抗旱总指挥部发出《关于长江、淮河防汛抗洪工作的紧急通知》，要求各级领导立即上岗到位，切实负起防汛指挥的重任，迎战洪峰，战胜洪水。中央紧急调动和部署了 30 多万军队、武警投入抗洪抢险第一线。参加抗洪抢险的地方干部群众有 800 多万人。

党和国家领导人与广大军民一道顽强奋战。8 月 13 日，江泽民赴湖北长江抗洪抢险第一线，看望、慰问、鼓励广大军民，指导抗洪抢险斗争。8 月 14 日，江泽民在武汉发表重要讲话，就决战阶段的长江抗洪抢险工作作总动员。8 月 16 日，江泽民向参加抗洪的人民解放军发布命令：沿线部队全部上堤，军民团结，死守决战，夺取全胜。同时要求地方各级党政干部率领群众，与部队官兵共同严防死守，确保长江干堤安全。7 月 4 日至 9 月 2 日，朱镕基三次亲临长江和松、嫩两江抗洪前线，察看汛情、指挥抢险。李鹏、李瑞环、胡锦涛、尉健行、李岚清等党和国家领导人都曾先后亲临抗洪第一线。

在中央坚强领导下，广大军民坚守荆江大堤，抢堵九江缺口，会战武汉三镇，防守洞庭湖区，保卫大庆油田和东北重镇哈尔滨，抵御了一次又一次洪水的袭击，守住了长江、松花江等大江大河干堤，保住了重要城市和主要交通干线，保卫了人民群众的生命财产安全，最大限度地减轻了洪涝灾害造成的损失。

经过将近两个月的艰苦奋战，终于夺取了抗洪抢险斗争的胜利，创造了在特大洪水情况下将受灾损失减少到最低限度的奇迹。9 月 4 日，江泽民在九江市就抗洪救灾工作发表重要讲话，宣布抗洪抢险斗争已经取得决定性的伟大胜利。

9 月 28 日，中共中央、国务院在北京人民大会堂隆重举行全国抗洪抢险总结表彰大会。江泽民发表重要讲话强调，在同洪水的搏斗中，我们的民族和人民展示出了一种十分崇高的精神。这就是万众一心、众志成城，不怕困难、顽强拼搏，坚韧不拔、敢于胜利的伟大抗洪精神。抗洪精神，同我们党一贯倡导的革命精神和新时期的创业精神一样，都是我国人民的宝贵精神财富。我们世世代代都要继承和弘扬这些精神，激励我们的广大干部群众不断从胜利走向新的胜利。

七、应对亚洲金融危机

亚洲金融危机，是发生在 1997 — 1998 年亚洲国家的一次世界性金融风波。

1997 年 7 月 2 日，泰国宣布放弃固定汇率制，实行浮动汇率制，由此引发了一场金融混乱。当天，泰铢兑换美元的汇率下降了 17%，外汇及其他金融市场一片乱象。随即，波及马来西亚、新加坡、日本和韩国、中国等地，形成遍及亚洲的金融风暴。

随着金融危机的发生，泰国、印尼、韩国等国的货币大幅贬值，亚洲主要股市大幅下跌。各国外贸企业受到冲击，许多大型企业倒闭，工人失业，社会经济萧条。亚洲经济快速发展的局面被打破，一些国家的经济出现萧条，一些国家的政局开始动荡。俄罗斯也受到影响。美欧国家股市和汇市出现剧烈波动。

早在 1993 年，中共中央和国务院就开始针对国内金融秩序混乱等情况实施宏观调控，有效抑制了"房地产热""开发区热"和"股票热"等可能导致"泡沫经济"的情况发展。1996 年 1 月召开的全国金融工作会议提出了"坚持适度从紧的货币政策""加大金融监管力度，切实防范金融风险，维护金融业的合法稳健运行"的任务。1997 年 1 月，全国金融工作会议再次提出要"切实整顿金融秩序，防范和化解金融风险，深化金融体制改革，明显提高金融企业的经营管理和服务水平"，并提出将 1997 年作为防范金融风险年。

亚洲金融风暴来临后，中国承受了巨大压力。但由于实行比较谨慎的金融政策和前几年已经采取了一系列防范金融风险的措施，中国在危机中未受到直接冲击，金融和经济继续保持稳定。

金融危机爆发后，中共中央、国务院提出"坚定信心，心中有数，未雨绸缪，沉着应付，埋头苦干，趋利避害"的指导方针，并采取一系列政策措施，缓解亚洲金融危机。

中国政府积极参与国际货币基金组织对亚洲有关国家的援助，在国际货币基金组织安排的框架内并通过双边渠道，向泰国等国提供总额超过 40 亿美元的援助。向印尼等国提供了进出口信贷和紧急无偿药品援助。

中国政府本着高度负责的态度，从维护本地区稳定和发展的大局出发，作出人民币不贬值的决定，保持人民币汇率稳定，对亚洲乃至世界金融、经济的稳定和发展起到了重要作用。

实施积极的财政政策和稳健的货币政策，采取努力扩大内需（教育、医疗和地产）、刺激经济增长的政策，保持国内经济健康和稳定增长，对缓解亚洲经济紧张形势、带动亚洲经济复苏发挥了重要作用。

面对国际金融炒家的猖狂进攻，香港特区政府实施了香港金融保卫战，顶住了国际金融炒家空前的抛售压力，毅然全数买进，独立支撑托盘，最终挽救了股市，有力地捍卫了港元与美元挂钩的联系汇率制度，保障了香港经济安全与稳定。中央政府 1280 亿美元的外汇储备，对香港金融稳定发挥了强大后盾的作用。

中国还与有关各方协调配合，积极参与和推动地区和国际金融合作。江泽民在亚太经合组织第六次领导人非正式会议上提出了加强国际合作以制止危机蔓延、改革和完善国际金融体制、尊重有关国家和地区为克服金融危机的自主选择三项主张。胡锦涛在 1998 年 12 月举行的第二次东盟—中、日、韩领导人非正式会晤和东盟—中国领导人非正式会晤中，进一步强调东亚国家要积极参与国际金融体制改革与调整，当务之急是加强对短期流动资本的调控和监管，主张东亚国家就金融改革等宏观问题进行交流，建议开展副财长和央行副行长级对话，并根据需要适时成立专家小组，深入研究对短期流动资本进行调控的具体途径等。中方的建议得到各方积极响应。

中国政府负责任的积极态度，既赢得了国际社会的赞誉，也促进了中国金融业的平稳发展和国民经济的稳定增长，并对亚洲乃至世界金融和经济的稳定发展作出了积极的贡献。

这次亚洲金融危机，是继 20 世纪 30 年代大危机之后，对世界经济有深远影响的又一重大事件。危机反映了世界和各国的金融体系存在的严重缺陷，也为推动亚洲发展中国家深化改革、调整产业结构、健全宏观管理提供了一个契机。1997 年 11 月，为有效防范和化解金融风险，中共中央、国务院决定对金融系统进行重大改革。

八、抗击非典型肺炎疫情

非典型肺炎，简称"非典"，又称 SARS，即严重呼吸道综合征，是一种病原不清、极易被集体传染的病症。

2002 年 12 月 15 日，第一例有报告病例在中国广东省河源市出现。2003 年 2 月，这种具有高度传染性的非典疫情在深圳、广州等地突然加剧。2 月 11 日，广东宣布，非典已感染了 300 多人，5 人死亡，此病仍未完全遏制。

此病经由旅游、商贸人群迅速扩散到了中国香港，并由中国香港再扩散至越南、新加坡、中国台湾及加拿大多伦多。4 月 10 日，全球有 19 个国家和地区发现此病例。

国内其他一些省区市也陆续发生非典疫情。3 月初，疫情扩散到北京，北京很快成为重灾区。4 月底，全国有疫情报告的省份达 26 个。

非典疫情严重威胁人民群众的身体健康和生命安全，也影响了我国经济发展、社会稳定和国际往来。在非典最严重时，北京几乎陷于半瘫痪状态，人们无法随意出行、交往和到公共场所。

抗击非典，是人与自然灾害的一场特殊战斗，也是对中国党和政府执政能力的一个严峻考验。由于非典是一种尚未被人类完全认识的新型传染病，在疫病发生初期，对这场疫情的严重性认识不足，公共卫生系统存在缺陷，防治工作在一段时间内有些被动。但是，在这场特殊的考验面前，中国政府很快意识到这一疫情的挑战性。

面对突如其来的非典疫情，中共中央、国务院高度重视、果断决策，多次召开专门会议研究部署。成立了全国防治非典型肺炎指挥部，统一领导全国的防治非典工作。地方各级党委和政府认真负责、靠前指挥，充分发挥了中流砥柱作用；实行全民动员、群防群控，紧紧依靠广大人民群众，充分发挥人民群众的伟大力量；社会各方面团结一致、齐心协力，一方有难、八方支援，形成了共克时艰的强大合力；坚持依靠科学、运用科学，充分发挥科技人员的作用和科学技术的力量，使科学技术成为战胜疫病的有力支撑，设立防治基金，支持非典防治科技攻关，建设各地预防控制中心，免费治疗患者；坚持依法执政、依法行政，制定和运用有关法律法规，使法律成为战胜疫病的有力保障；广大基层党组织战斗在第一线，广大党员干部冲锋在最前面，成为群众抗击非典的主心骨、贴心人；坚持经济建设这个中心不动摇，统筹安排、促进发展，一手抓防治非典，一手抓经济建设，为战胜困难提供了强大的物质基础；全民族团结一致，严阵以待，万众一心、迎难而上，使伟大的民族精神得到锤炼和升华，形成了凝聚人心、克敌制胜的强大精神支柱。

党和国家主要领导人胡锦涛亲临抗击非典一线，指导工作。2003年4月，在考察广东时，胡锦涛提出"全面的发展观"，要求做到集约发展、全面发展、系统发展、可持续发展。随后进一步形成了科学发展观。

4月20日，国务院明确提出及时发现、报告和公布疫情，卫生部决定疫情每天公布一次，将非典列入中国法定传染病，中共调整卫生部和北京市主要领导人职务。4月20日后，国务院决定调整"五一"长假，向各省市派出督察组，公布《突发公共卫生事件应急条例》。

北京市也采取有力措施防治非典，先后确定了16家非典定点医院，对非典疫情重点区域采取隔离控制措施，颁布多项防控规章。5月1日，经过8天的紧急筹建，北京市第一家专门治疗非典的临时性传染病医院小汤山医院开始接收病人。军队支援北京的医护人员1200余人陆续到位。6月2日，北京疫情统计首次出现新收治直接确诊病例、疑似转确诊病例。

在抗击非典过程中，中国迅速建立起了统一、高效、有权威的突发公共卫生事件应急处理机制。

进入夏季后，染病人数日减，疫情得以完全控制。到6月24日，世界卫生组织解除对北京的旅行警告，同时将北京从非典疫区名单中排除。抗击非典工作取得重大胜利。

7月28日，全国防治非典工作会议在北京举行。主要任务是认真总结防治非典的工作和经验，研究和部署加强公共卫生建设工作，进一步推动经济社会协调发展。胡锦涛发表重要讲话，从8个方面总结了抗击非典斗争积累的经验和启示。

2005年4月17日，国务院印发《国家突发公共事件总体应急预案》。截至2011年5月，共制定国家级应急预案144件。

九、汶川特大地震

汶川特大地震，即2008年5月12日四川汶川地区发生的震级达里氏8级的特大地震。这是新中国成立以来破坏性最强、波及范围最广、救灾难度最大的一次地震，涉及四川、甘肃、陕西、重庆等10个省区市。灾区总面积约50万平方公里，受灾群众4625万多人。截至2008年9月25日12时，共造成69227人遇难、374643人受伤、17923人失踪，直接经济损失8452亿元人民币。

这场地震，是中国人民的一场大灾难，也是对中国共产党、中国政府、中国人民的一次大挑战、一次大考验。在党中央、国务院和中央军委的坚强领导下，全党全军全国各族人民众志成城、迎难而上，迅速开展了我国历史上救援速度最快、动员范围最广、投入力量最大的抗震救灾斗争。

12日14时28分，地震一发生，党和政府立即以最快的速度作出反应，组织力量开展抗震救灾。胡锦涛迅即作出重要指示："尽快抢救伤员，保证灾区人民生命安全。"刚从河南考察回来的温家宝，在赶往中南海的途中，得知四川强震消息，第一时间折返机场奔赴灾区。16 时 40 分飞机起飞后，就在飞机上召开紧急会议部署工作。12日晚，胡锦涛主持中央政治局常委会，全面部署抗震救灾工作，决定成立抗震救灾总指挥部。16 日，胡锦涛赶赴四川省地震灾区，慰问灾区干部群众，看望奋战在抗震救灾第一线的部队官兵、公安民警和医护人员，指导抗震救灾工作。

人民解放军以最快的速度集结，前往灾区投入救援工作。在接到国家地震局震情通报 1 分钟后，总参就紧急下达了使用国家地震灾害紧急救援队的预先号令，15 分钟内通知空军做好动用飞机的准备。数日之间，先后投入抗震救灾的部队总兵力达 13 万多人。分别来自各大军区、各军兵种和武警部队，包括地震救援、侦察、通信、工程、防化、测绘、气象、医疗防疫、修理等 20 余个专业兵种。涉及范围之广、各种力量之多、投入速度之快，均创我军抗灾历史纪录。

地震发生后，所有有关部门和灾区政府，都立即启动了应急预案，采取有力措施抗震救灾。震后 10 分钟，在强烈余震中，四川省委、省政府就紧急会商部署。地震发生半小时后，四川省卫生厅火速派出首批 28 支医疗、疾控队伍，奔赴汶川、什邡、绵竹等重灾区。公安部紧急抽调消防救援力量，携带搜救犬、生命探测仪等救援工具前往灾区。随后，先后两次从全国 27 个省区市调集消防特勤官兵乘专机飞赴灾区。1.3 万名消防特勤官兵奋战在抗震救灾的最前沿。民政部紧急调拨救灾帐篷等物资。

党和政府坚持以人为本，要求首先抢救被掩埋在废墟下的人员。中央政治局常委会会议指出，要把抢救被困群众放在第一位，只要有一线希望，就要尽一切努力施救。5 月 23 日下午，一位 80 岁的老人，在被困 266 个小时后，被从废墟中解救了出来。截至 27 日 12时，共解救被困群众 69.8 万人，其中救活被掩埋人员 6541 人。

截至 27 日 12 时，中央财政已拨付救灾资金 151.26 亿元，地方财政投入 40.9 亿元。向各灾区调运救灾帐篷 56.64 万顶、活动板房 5.32 万套、衣被 1184.52 万件。先后向灾区运送食品、瓶装水等生活物资上千吨。全国共接受社会各界捐赠款物合计 327.22 亿元。各灾区累计紧急转移安置受灾群众 1500.6 万人。

至 5 月 27 日，从各地（包括军队、武警）向灾区派出 14950 名医疗卫生人员，共投入医疗卫生人员约 9.13 万人，其中投入一线 6.5 万人。医疗救治队伍覆盖到灾区每一个受灾村庄。截至 27 日 12 时，累计救治伤员 36 万人，其中送院治疗 84810 人，出院 54374 人，住院伤员 16288 人。已处理遇难者遗体 64847 具。卫生防疫工作全面展开，已无害化处理死亡畜禽 2230.6 万头（只），灾区未发生与地震有关的传染病暴发流行。

一方有难，八方支援。全国各地开展了各种形式的捐赠活动，踊跃向灾区捐款捐物。5 月 18 日，中共中央组织部要求做好交纳特殊党费用于支援抗震救灾的工作。至 11 月 5 日，全国共有 4550 多万名共产党员自愿交纳特殊党费，共计 97.3 亿元。地震发生后，各地献血站前排起了长队。救援现场，还活跃着一支 14.6 万人的志愿者队伍。国民党中央也致函中共中央，对灾区表达关切和慰问。

地震发生后，许多国家和国际组织迅速以不同方式向中方表示慰问，并表示愿为中国政府和人民抗震救灾提供支持和援助。到 5 月 30 日，已有 155 个国家的政府或民间机构，以及 10 多个国际和地区组织表示向中国捐助资金，54 个国家的政府或民间机构表示向中国捐赠物资。从 5 月 16 日起，日本、俄罗斯、韩国、新加坡的 4 支救援队共计 213 人陆续抵达四川，在废墟上连续工作了 120 多个小时，搜索区域达 40 余处，搜索出一名幸存者和 68 具遗体。

5 月 24 日，联合国秘书长潘基文专程前往中国地震灾区进行慰问，他称赞：中国人民是充满力量、勇敢无畏、坚韧不拔、富有自助和合作精神的伟大人民。联合国和国际社会将坚定地支持中国人民战胜这场自然灾害。

地震一发生，新华社及各大网站，立即受权公布了地震消息。中央要求及时准确、公开透明地报道震情灾情的权威信息。国务院新闻办公室、受灾地区政府每天举行发布会。中央和各地权威部门，通过电视、广播、网络、报纸、手机短信等，在第一时间向社会公布震情、灾情，及时披露有关信息，全面报道抗震救灾。各大媒体迅速选派精兵强将奔赴灾区一线进行采访报道。中国政府和新闻媒体这种坦诚、透明的态度，显示了中国的进步，不仅得到了全国人民的高度赞扬，也得到了世界的广泛好评。

国务院决定，2008 年 5 月 19 日到 21 日为全国哀悼日。5 月 19 日 14 时 28 分起，在汶川大地震过去整整 7 个昼夜之际，全国下半旗、鸣汽笛致哀，13 亿人共同向四川汶川大地震遇难同胞默哀 3 分钟。

10 月 8 日，全国抗震救灾总结表彰大会举行。胡锦涛讲话指出，要在全党全社会大力弘扬伟大抗震救灾精神，使之转化为艰苦奋斗、重建家园的坚定意志，转化为推动经济社会又好又快发展的强大力量。

自 2009 年起，每年 5 月 12 日被定为全国防灾减灾日。

中共中央、国务院迅速制定了灾区灾后恢复重建的方针，决定用 3 年时间完成灾后恢复重建任务，并动员全国力量实行对口支援。到 2010 年 9 月底，3 年重建任务在 2 年内基本完成。

十、应对国际金融危机

2007 年开始的美国次贷危机，到 2008 年愈演愈烈，迅速从局部发展到全球，从发达国家传导到新兴市场国家和发展中国家，从金融领域扩散到实体经济领域，酿成了一场历史罕见、冲击力极强、波及范围很广的国际金融危机。

这场危机给中国带来了前所未有的困难和挑战。受国际金融危机快速蔓延和世界经济增长明显减速的影响，加上自身经济发展中尚未解决的深层次矛盾和问题，中国经济运行中的困难增加，经济下行压力加大，企业经营困难增多，保持农业稳定发展、农民持续增收难度加大，金融领域潜在风险增加。从 2008 年第三季度起，中国出口大幅下滑，经济增速放缓，就业压力加大。

为应对这场国际金融危机，从 2008 年 6 月开始，中共中央、国务院果断决策，及时调整宏观经济政策，实施积极的财政政策和适度宽松的货币政策。11 月 5 日，国务院召开常务会议，确定了进一步扩大内需促进经济平稳较快增长的 10 项措施，制订了两年投资 4 万亿元人民币的计划，其中新增中央财政投资 1.18 万亿元。11 月 10 日，省区市人民政府和国务院部门主要负责同志会议召开，强调，实施这些措施，总的要求是，出手要快，出拳要重，措施要准，工作要实。

2008 年 12 月 8 日—10 日，中央经济工作会议召开，针对国际金融危机快速蔓延对我国经济的影响，强调必须把保持经济平稳较快发展作为 2009 年经济工作的首要任务。

2009 年 1 月 14 日，国务院常务会议原则通过汽车产业和钢铁产业调整振兴规划。此后，又相继通过纺织、装备制造、船舶、电子信息、轻工、石化、有色金属、物流等重点产业调整和振兴规划。

2009 年 3 月 5 日—13 日，十一届全国人大二次会议提出，2009 年政府工作要以应对国际金融危机、促进经济平稳较快发展为主线，统筹兼顾，突出重点，全面实施促进经济平稳较快发展的一揽子计划。

到 2009 年上半年，逐步形成了系统完整的促进经济平稳较快发展的一揽子计划和措施，主要包括四个方面：一是大规模增加政府支出，扩大内需，推出了以财政支出带动社会投资，总额达 4 万亿元的两年计划；二是实施大范围的产业调整和振兴规划，涉及汽车、钢铁等十个关系国计民生的重点产业，实行结构性减税；三是大力推进科技进步和创新，在两年内加快推进科技专项规划，为克服当前困难和促进长远发展提供科技支撑，增强发展后劲，提高国民经济整体竞争力；四是大幅度提高社会保障水平，包括继续提高基本养老金、失业保险金和工伤保险金标准，力争用三年时间基本建成覆盖全国城乡的基本医疗卫生制度，重点解决高校毕业生和农民工就业问题等。

与此同时，中国在国际舞台上积极发挥作用，推动各国共同合作，共度时艰。2008 年 10 月 24 日—25 日，第七届亚欧首脑会议在北京举行。胡锦涛发表《亚欧携手，合作共赢》的讲话。会议发表《关于国际金融形势的声明》《可持续发展北京宣言》和《主席声明》。中国政府郑重承诺，继续参与维护国际金融稳定、促进世界经济发展的国际合作，与国际社会一道共度时艰。2008 年 11 月 15 日，胡锦涛出席在美国首都华盛顿举行的二十国集团领导人金融市场和世界经济峰会，发表《通力合作，共度时艰》的讲话。2009 年 4 月 1 日—2 日，胡锦涛出席在英国伦敦举行的二十国集团领导人第二次金融峰会并发表《携手合作，同舟共济》的讲话。

通过实施这些措施，着力保增长、保民生、保稳定，我国经济运行出现了积极变化，有利条件和积极因素增多，中国经济率先企稳回升。主要表现在：投资增速持续加快，消费稳定较快增长，国内需求对经济增长的拉动作用逐步增强；农业生产形势良好；工业增速稳中趋升，结构调整和节能减排取得新进展，区域协调发展呈现新态势；

金融市场运行平稳，市场预期继续向好，社会信心进一步提升；城镇就业继续增加；灾后重建加快推进。实践证明，中央应对国际金融危机采取的方针和一揽子计划是正确和有效的。

2009年7月23日，中央政治局会议要求，继续把促进经济平稳较快发展作为经济工作的首要任务，保持宏观经济政策的连续性和稳定性，全面落实和充实完善刺激经济的一揽子计划和相关政策措施，巩固经济企稳回升势头。

十一、抗击新冠疫情

2019年12月27日，湖北省武汉市监测发现不明原因肺炎病例。2020年1月7日，中国疾控中心成功分离新型冠状病毒毒株。1月12日，武汉市卫生健康委在情况通报中首次将"不明原因的病毒性肺炎"更名为"新型冠状病毒感染的肺炎"。

截至2020年5月31日24时，31个省、自治区、直辖市和新疆生产建设兵团累计报告确诊病例83017例，累计治愈出院病例78307例，累计死亡病例4634例，治愈率94.3%，病亡率5.6%。

新冠疫情是新中国成立以来我国发生的传播速度最快、感染范围最广、防控难度最大的一次重大突发公共卫生事件，是一次危机，也是一次大考。

新冠疫情发生后，党中央高度重视，迅速作出部署，将疫情防控作为头等大事来抓。习近平总书记亲自指挥、亲自部署，要求各级党委和政府及有关部门把人民群众生命安全和身体健康放在第一位，采取切实有效措施，坚决遏制疫情蔓延势头。习近平多次主持召开中央政治局常委会会议，专题研究疫情防控工作。中央成立应对疫情工作领导小组，派出中央指导组，国务院联防联控机制充分发挥协调作用。

中央应对疫情工作领导小组组长李克强主持召开 30 余次领导小组会议，研究部署疫情防控和统筹推进经济社会发展的重大问题和重要工作。

中央指导组指导湖北省、武汉市加强防控工作，以争分夺秒的战时状态开展工作。国务院联防联控机制发挥协调作用，持续召开例会跟踪分析研判疫情形势，加强医务人员和医疗物资调度，根据疫情发展变化相应调整防控策略和重点工作。国务院复工复产推进工作机制，加强复工复产统筹指导和协调服务，打通产业链、供应链堵点，增强协同复工复产动能。

各地方各方面守土有责、守土尽责。全国各省、市、县成立由党政主要负责人挂帅的应急指挥机制，自上而下构建统一指挥、一线指导、统筹协调的应急决策指挥体系。在中共中央统一领导下，各地方各方面坚决贯彻中央决策部署，有令必行、有禁必止，严格高效落实各项防控措施，全国形成了全面动员、全面部署、全面加强，横向到边、纵向到底的疫情防控局面。

党和国家举全国之力，快速有效调动全国资源和力量，不惜一切代价维护人民生命安全和身体健康，举全国之力抗击疫情，同时平衡疫情防控与经济社会民生的关系。14 亿多中国人民坚韧奉献，守望相助。

坚持以人民为中心的执政理念，发挥集中力量办大事的制度特点，积聚改革开放 40 多年来特别是十八大以来积累的雄厚综合国力和国家治理现代化建设的显著成效，弘扬中华民族同舟共济、守望相助的文化底色，激发中国人民深厚的家国情怀、天下情怀，汇聚成了抗击疫情的强大合力。

广大民众扛起责任、众志成城，自觉参与抗击疫情。党的 460 多万个基层组织，广泛动员群众、组织群众、凝聚群众、服务群众，筑起一座座抗击疫情的坚强堡垒。全国上下贯彻"坚定信心、同舟共济、科学防治、精准施策"总要求，共同进行抗击疫情的人民战争、总体战、阻击战。

经过艰苦卓绝的努力，付出巨大代价和牺牲，在 2020 年内，用一个多月的时间初步遏制了疫情蔓延势头，用两个月左右的时间将本土每日新增病例控制在个位数以内，用 3 个月左右的时间取得了武汉保卫战、湖北保卫战的决定性成果。

2020 年 9 月 8 日，全国抗击新冠肺炎疫情表彰大会举行。习近平讲话指出，在这场同严重疫情的殊死较量中，中国人民和中华民族以敢于斗争、敢于胜利的大无畏气概，铸就了生命至上、举国同心、舍生忘死、尊重科学、命运与共的伟大抗疫精神。习近平为"共和国勋章"获得者钟南山，"人民英雄"国家荣誉称号获得者张伯礼、张定宇、陈薇颁授勋章奖章。

此后，疫情起起伏伏，又多次大范围严重暴发。2021 年，德尔塔变异株疫情短时间内多点发生，随后奥密克戎变异株席卷全球。疫情一度波及 20 余个省份。给人民生命安全带来巨大威胁和侵害。截至 2022 年 11 月 14 日 22 时，31 个省（自治区、直辖市）和新疆生产建设兵团共有疫情高风险区 8244 个、中风险区 1001 个、低风险区742 个。

2022 年 3 月 17 日，习近平主持中共中央政治局常委会会议并发表讲话，充分肯定常态化疫情防控以来我国疫情防控工作取得的成绩，指出当前国内外疫情防控的复杂性、艰巨性、反复性，强调要保持战略定力，抓细抓实各项防疫工作。4 月 29 日，习近平主持中共中央政治局会议，强调疫情要防住、经济要稳住、发展要安全。5 月 5 日，习近平主持中共中央政治局常委会会议并讲话。会议强调，要毫不动摇坚持"动态清零"总方针，坚决同一切歪曲、怀疑、否定我国防疫方针政策的言行作斗争。

2022年11月，全国在较短时间内结束封控，实现疫情防控平稳转段。

2022年12月25日起，国家卫健委不再发布每日疫情信息。12月26日，国家卫生健康委发布《关于对新型冠状病毒感染实施"乙类乙管"的总体方案》。《总体方案》明确指出，2023年1月8日起，对新型冠状病毒感染实施"乙类乙管"。同时正式将"新型冠状病毒肺炎"更名为"新型冠状病毒感染"。2023年5月5日，世界卫生组织宣布，新冠疫情不再构成"国际关注的突发公共卫生事件"。

经过数年努力，新冠疫情终于基本平息，但仍时有一些病例发生。

第十三章

共和国走向世界

一、新中国成立前夕外交政策的制定

实行什么样的外交政策，是成立中华人民共和国必须明确的最重要任务之一。在筹备成立新中国的过程中，为制定新中国的外交政策，毛泽东提出了一些重要的政策思想。1949年3月召开的七届二中全会和同年9月召开的中国人民政治协商会议第一届全体会议，对新中国的外交方针政策分别作出了重要的决定，为新中国成立后的外交工作规定了方向。

1949年春、夏之间，毛泽东先后提出了"另起炉灶""打扫干净屋子再请客"和"一边倒"三条方针。

"另起炉灶""打扫干净屋子再请客"，就是对国民党政府同各国建立的外交关系一律不予承认，将驻在旧中国的各国使节只当作普通侨民而不当作外交代表看待，对旧中国同外国签订的一切条约和协定要重新审查处理，不承认国民党时代的一切"卖国条约"的继续存在，有步骤地彻底摧毁帝国主义在中国的势力和特权，在互相尊重领土主权和平等互利的基础上同世界各国建立新的外交关系。在清除外国在华特权和影响之后，再让外国客人进来。

"一边倒"与"另起炉灶""打扫干净屋子再请客"结合起来，成为即将成立的中华人民共和国外交政策的重大决策。

1949年6—8月，刘少奇率团秘密访问苏联，向苏联介绍筹建中华人民共和国的情况，征求苏方意见，与苏联商谈双方合作的一系列重大问题。在此期间，毛泽东于6月30日发表《论人民民主专政》，明确宣告将实行"一边倒"的外交政策。

所谓"一边倒",就是在分别以美、苏为首的资本主义和社会主义两大阵营的尖锐对立中,明确倒向苏联一边,倒向社会主义阵营一边,以寻求苏联和东欧等人民民主国家的支持。

毛泽东毫不含糊地表示:"一边倒,是孙中山的四十年经验和共产党的二十八年经验教给我们的,深知欲达到胜利和巩固胜利,必须一边倒。积四十年和二十八年的经验,中国人不是倒向帝国主义一边,就是倒向社会主义一边,绝无例外。骑墙是不行的,第三条道路是没有的。我们反对倒向帝国主义一边的蒋介石反动派,我们也反对第三条道路的幻想。"[1]

"积二十八年的经验",在国外,必须"联合世界上以平等待我的民族和各国人民,共同奋斗"。这就是联合苏联,联合各人民民主国家。

不仅要联合苏联为首的社会主义国家,还要向苏联学习。"苏联共产党人开头也有一些人不大会办经济,帝国主义者也曾等待过他们的失败。但是苏联共产党是胜利了,在列宁和斯大林领导之下,他们不但会革命,也会建设。他们已经建设起来了一个伟大的光辉灿烂的社会主义国家。苏联共产党就是我们的最好的先生,我们必须向他们学习。""拜他们做老师,恭恭敬敬地学,老老实实地学。不懂就是不懂,不要装懂。不要摆官僚架子。钻进去,几个月,一年两年,三年五年,总可以学会的。"[2]

1949年9月,中国人民政治协商会议第一届全体会议通过的《共同纲领》规定:中华人民共和国外交政策的原则,为保障本国独立、自由和领土主权的完整,拥护国际的持久和平和各国人民间的友好合作,反对帝国主义的侵略政策和战争政策。

---

[1] 《毛泽东选集》第四卷,人民出版社1991年版,第1472—1473页。
[2] 《毛泽东选集》第四卷,人民出版社1991年版,第1481页。

《共同纲领》把"另起炉灶""打扫干净屋子再请客"和"一边倒"三大决策法律化。规定：中华人民共和国联合世界上一切爱好和平、自由的国家和人民，首先是联合苏联、各人民民主国家和各被压迫民族，站在国际和平民主阵营方面，共同反对帝国主义侵略，以保障世界的持久和平；中华人民共和国可在平等和互利的基础上，与各外国的政府和人民恢复并发展通商贸易关系。

中国共产党是在苏联共产党和共产国际的帮助下建立的。1922 年中国共产党就加入共产国际，成为共产国际的一个支部，受共产国际领导。共产国际的背后就是苏联。几十年间，尽管中苏两国关系错综复杂，但中苏两党始终是世界革命中的战友。苏联共产党给予了中国共产党很大的支持。因此，中国共产党在筹建中华人民共和国过程中就明确宣布倒向苏联，这是必然的。

当年这些方针、原则和政策的利弊得失比较复杂，但都直接指导了新中国成立初期的一系列外交工作。

二、《中苏友好同盟互助条约》

《中苏友好同盟互助条约》，是中华人民共和国与苏维埃社会主义共和国联盟于 1950 年 2 月 14 日签订的条约，同年 4 月 11 日起生效，有效期为 30 年。

中华人民共和国成立后，根据双方事先的约定，苏联第一个给予外交承认。新中国同苏联等社会主义国家和其他一些友好国家建立了外交关系，中国也公开宣布站在社会主义苏联一边。

中苏建交后，两国关系中一个亟待解决的重要问题，就是如何处理 1945 年的中国政府同苏联签订的《中苏友好同盟条约》，以便在变化了的情况下，重新确立中苏关系的指导原则和法律基础。

1949 年冬，毛泽东去苏联访问。会谈中，向斯大林建议：中苏应签订一项新的条约，以取代旧的《中苏友好同盟条约》。斯大林最初表示，那个条约是根据雅尔塔协定缔结的，得到了美国和英国的同意。苏联从日本手中得到的千岛群岛、南库页岛等，也是在雅尔塔达成协议的。因此，目前不宜改变中苏条约的合法性。经过多方努力和磋商，斯大林最后同意签订新的条约。

随后，周恩来率领中国政府代表团到达莫斯科。中苏双方就签订新约和协定的问题举行正式谈判，并委托周恩来和维辛斯基两位外长负责新条约文本的起草工作。经过几轮修改，双方就文本内容达成一致。

1950 年 2 月 14 日，《中苏友好同盟互助条约》和《中苏关于中国长春铁路、旅顺口及大连的协定》《中苏关于贷款给中华人民共和国的协定》的签字仪式在莫斯科克里姆林宫举行。周恩来和维辛斯基代表各自政府在文件上签字，毛泽东和斯大林出席签字仪式。同日，中苏双方发表关于两国缔结新的条约与协定的公告，并以中苏外长互换照会的形式声明，1945 年 8 月 14 日苏联政府同中国国民党政府签订的《中苏友好同盟条约》及各项协定均失去效力。2 月 17 日，毛泽东、周恩来等离开莫斯科回国。

《中苏友好同盟互助条约》包括前言和 6 个条款，有效期 30 年，主要内容是：缔约国双方保证共同尽力采取一切必要的措施，以期制止日本或其他直接间接在侵略行为上与日本相勾结的任何国家之重新侵略与破坏和平。一旦缔约国任何一方受到日本或与日本同盟的国家之侵略，因而处于战争状态时，缔约国另一方即尽其全力给予军事及其他援助；缔约国双方均不缔结反对对方的任何同盟，并不参加反对对方的任何集团及任何行动或措施；双方根据巩固和平和普遍安全的利益，对有关中苏两国共同利益的一切重大国际问题，均将进行彼此磋商；双方保证以友好合作的精神，并遵照平等、互利、互相尊重国家主权与领土完整及不干涉对方内政的原则，发展和巩固中苏两国之间的经济与文化关系，彼此给予一切可能的经济援助，并进行必要的经济合作。

4月11日，中苏新约及有关协定经中华人民共和国中央人民政府委员会和苏联最高苏维埃主席团正式批准生效。在批准这一条约时，毛泽东强调指出："这次缔结的中苏条约和协定，使中苏两大国家的友谊用法律形式固定下来，使得我们有了一个可靠的同盟国，这样就便利我们放手进行国内的建设工作和共同对付可能的帝国主义侵略，争取世界的和平。"①

在当时的历史条件下，《中苏友好同盟互助条约》的缔结，使得中苏关系成为紧密的同盟关系，在一定程度上为新生的中国提供了"半个"有利的外部环境，在当时为反对外部侵略提供了重要保证，特别是苏联的援助有助于新中国的恢复和发展。但中苏结盟的政策没有经受住时间的考验。

此后，中苏关系经历了一个复杂的演变过程。随着形势的变化，1979年4月3日，中国政府发表声明，1950年签订的中苏友好条约一年后即告期满，中国将不同苏联继续延长这一条约的期限。一年后，该条约废止。

三、日内瓦会议

日内瓦会议是中华人民共和国首次以五大国之一的地位和身份参加讨论国际问题的一次重要会议，也是中华人民共和国第一次正式登上国际外交舞台。

---

① 《毛泽东年谱》第四卷，中央文献出版社2023年版，第113页。

　　1954年2月28日，由苏联倡议，苏美英法四国外长在柏林会议上达成协议，定于同年4月举行日内瓦会议，讨论朝鲜问题和印度支那问题。除苏联、美国、法国、英国、中华人民共和国参加会议的全过程外，同这两个问题有关的其他国家也派代表分别参加有关问题的讨论。

　　接到出席日内瓦会议的邀请后，党中央指定周恩来进行准备。2月底3月初，周恩来亲笔起草了《关于日内瓦会议的估计及其准备工作的初步意见》报送中央。3月2日，中央书记处会议讨论并原则批准了周恩来提出的初步意见。3月中旬，中央政治局又多次召开会议，讨论审定周恩来为参加日内瓦会议准备的5个重要文件。

　　4月上旬，周恩来飞赴莫斯科，出席有苏联、中国、朝鲜和越南四国领导人参加的日内瓦会议预备会议，磋商参加日内瓦会议的方针、政策和谈判方案等问题，进一步明确了争取在印度支那实现停战的参会目标。

　　4月19日，中国政府任命周恩来为出席日内瓦会议代表团首席代表，张闻天、王稼祥、李克农为代表。4月至7月，周恩来率团代表中国政府参加日内瓦会议。

　　1954年4月26日，日内瓦会议开幕。会议首先讨论朝鲜问题。但由于与会各方对如何和平解决朝鲜问题存在着原则分歧，日内瓦会议关于朝鲜问题的讨论以未通过任何协议而结束。

　　会议的后期，即从5月8日开始，讨论印度支那问题，参加者有中、苏、英、法、美、越南民主共和国、越南共和国（即原南越）、老挝王国和柬埔寨王国。会议主要讨论了停战后一段时期内为越南交战双方的武装力量划分集结区，老挝和柬埔寨问题如何同越南问题区别对待，停战的监督和保证，印度支那三国的政治前途等问题。

　　会议各方对议题涉及的许多问题都有不同意见。经过艰苦努力，法、越双方最后确定，以北纬17度线以南、九号公路以北约20公里的贤良河为界，南方为法国军队集结区，北方为越南民主共和国军队集结区。7月21日，除美国外，有关各方终于达成了日内瓦会议关于恢复印度支那和平的协议和三个停战协定，并发表了最后宣言，实现了印度支那的停战，结束了法国在这个地区进行多年的殖民战争，确认了印支三国的民族权利。

中国代表在会议进程中发挥了重要作用。周恩来飞抵日内瓦后，就在机场发表书面声明指出，中国代表团"抱着诚意来参加这个会议"，"并热烈地期望着会议的成功"。

在讨论朝鲜问题时，周恩来多次提出有关建议，竭力争取达成有关协议。在讨论印度支那问题的过程中，中国代表团尽可能争取法国等多数国家、着重反对美国破坏，大力把会议推向前进。在会议因各方分歧停滞不前时，中国及时折中了有关国家的意见，提出了解决老挝和柬埔寨问题的方案，得到了广泛的赞同。在解决如何划分越南交战双方的集结问题上，周恩来会晤法国新总理孟戴斯·弗朗斯，在广西柳州与胡志明主席交换意见，在莫斯科与苏联领导人会谈，进一步协调了越、中、苏的看法，打破了在划分集结问题上的僵局，扫除了会议达成协议的最后也是最大的一个障碍。

会场之外，周恩来利用一切机会同各代表团和各方面人士接触，包括居住在瑞士的著名电影表演艺术家卓别林等。他还邀请许多国家的朋友观看新中国的第一部彩色电影《梁山伯与祝英台》。周恩来真诚、坦率、机智和潇洒的个人魅力，给人们特别是没有和新中国接触过、原来心存疑虑的人，留下了深刻的印象。

日内瓦会议休会期间，周恩来访问了印度和缅甸，分别与两国总理发表联合声明，共同倡导和平共处五项原则。

参加日内瓦会议，是中国通过大型国际会议争取和平协商解决重大国际争端的首次尝试和运用多边外交的开端。日内瓦会议的成功，使印度支那战争得以停止，不仅亚洲局势和国际局势得到缓和，中国南部边陲的安全也得到保障。中国和老挝、柬埔寨两个近邻的关系有了良好开端。中英关系有所突破，两国宣布互换代办，实现了"半建交"。中法代表直接商谈，为双方相互了解提供了机会。会议期间，中美两国代表也就双方公民回国问题进行了接触，这是以后中美大使级会谈的先声。

四、万隆会议

万隆会议，又称亚非会议，1955 年 4 月 18 日—24 日在印度尼西亚万隆举行。

1954 年 4 月，印度尼西亚政府提议召开亚非会议。同年 12 月，缅甸、锡兰（今斯里兰卡）、印度、印度尼西亚和巴基斯坦 5 国总理在印尼茂物举行会议，就召开亚非会议问题达成协议并联合发起。应邀参加亚非会议的共 29 个国家。

1955 年 4 月 18 日，亚非会议在印度尼西亚万隆的独立大厦开幕，故也称作万隆会议。会议由印尼总理阿里·沙斯特罗阿米佐约任主席，印尼总统苏加诺以《让新亚洲和新非洲诞生吧！》为主题致开幕词。

两天大会之后，分政治、经济和文化 3 个委员会分别举行 5 天秘密会议，讨论了民族主权、种族主义、民族主义和反殖民主义斗争、世界和平、与会国的经济和文化合作等问题。会议就有关亚非国家的利害关系和共同关心的一些重大问题达成了一致，通过了《亚非会议最后公报》，内容包括经济合作、文化合作、人权和自决、附属地人民问题、其他问题、促进世界和平与合作以及关于促进世界和平与合作的宣言等 7 部分,并提出了处理国际关系的十项原则。

中国政府自始至终对亚非会议持积极支持态度。中国政府代表团由周恩来总理兼外长率领,代表是国务院副总理陈毅、外贸部部长叶季壮、外交部副部长章汉夫和中国驻印尼大使黄镇,代表团顾问有廖承志、乔冠华、陈家康、黄华等。

中国代表团基于对当时形势和与会国的复杂性的分析而确定的参加亚非会议的总方针是:争取扩大世界和平统一战线,促进民族独立运动,并为建立和加强我国同若干亚非国家的事务和对外关系创造条件。

会议在前两天一般性发言中,有些国家的代表当着中国代表的面攻击共产主义是"独裁",是"新殖民主义",甚至怀疑中国对邻国搞"颠覆"活动。面对会议可能走上歧途的危险,周恩来当即决定将原来准备的发言稿改为书面散发,并作即席补充发言,明确表示:中国代表团是来求团结而不是来吵架的,是来求同而不是来立异的。亚非国家存在求同的基础,这就是绝大多数国家和人民自近代以来都经受过、并且现在仍在受着殖民主义所造成的灾难和痛苦。无论是共产党领导的还是民族主义者领导的亚非国家都是从殖民主义的统治下独立起来的,可以相互了解和尊重、互相同情和支持,和平共处五项原则完全可以成为我们中间建立友好合作和亲善睦邻关系的基础。

周恩来的发言,出乎与会代表和记者们的意料。他没有直接驳斥对共产主义的攻击和对中国的责难,却巧妙地阐述了中国的原则和立场,宽容大度地体现了和解的精神,当场获得绝大多数国家代表的赞同。

4 月 23 日,周恩来在政治委员会会议上再次发言,提出作为中国代表团议案的 7 点"和平宣言"。在解释每一条时,都谈了中国的邻邦所关心的一些问题,以消除他们的疑虑。这篇发言再次打破僵局,促使争论各方达成协议，把会议推向最高潮。

参加万隆会议，是新中国走上国际政治舞台进程中的又一个重要里程碑。以周恩来为首的中国代表团为促使会议的成功作出了举世公认的贡献。中国代表团积极开展会外交往，与各国代表团举行了广泛的谅解性会晤。亚非会议的成功，标志着亚非国家作为第二次世界大战后世界的一支重要政治力量开始登上国际舞台，也标志着中国打开了与亚非国家广泛交往的大门。

万隆会议形成了"团结、友谊、合作"的万隆精神，掀开了亚非各国人民和平共处、反对殖民主义历史性的一页，也为新中国赢得了更多的国际朋友。

2005 年 4 月 22 日—23 日，万隆会议召开 50 周年，亚非 106 个国家的领导人到印度尼西亚雅加达出席亚非峰会。胡锦涛出席会议。峰会通过《亚非新型战略伙伴关系宣言》，表示要恢复 1955 年《亚非会议最后公报》所体现的万隆精神的活力，并以亚非新型战略伙伴关系为方向，规划两大洲未来的合作。

2015 年 4 月 22 日—23 日，万隆会议召开 60 周年，亚非领导人会议在印度尼西亚首都雅加达举行，会议主题是"加强南南合作，促进世界和平繁荣"。印尼总统佐科致开幕词。习近平出席会议并发表题为《弘扬万隆精神，推进合作共赢》的重要讲话，提出 3 点倡议。来自 90 多个亚非国家的领导人或代表及国际组织负责人出席会议。会议通过《2015 万隆公报》《重振亚非新型战略伙伴关系宣言》《巴勒斯坦问题宣言》3 个成果文件。

五、广交会

广交会，即广州出口商品交易会，从第 101 届开始，更名为中国进出口商品交易会。被称为"中国第一展"，是一部浓缩的新中国对外贸易发展史。

朝鲜战争爆发后，美国等国仗恃多数票操控联合国于1951年通过对中国实行"禁运"的提案。此后，中国长期受到国际禁运封锁，国际环境严重恶化。除了与以苏联为首的社会主义阵营国家有贸易往来外，中国与世界其他多数国家的贸易活动难以正常进行。

为了打破封锁，解决国家急需进口多种物资和换取外汇的需要，1955年10月至1956年5月，广东省外贸系统凭借广东毗邻港澳的地缘优势，先后举办了3次出口物资展览交流会，取得了一定成绩和经验。随后，在外贸部和广东省的积极推动下，经国务院批准，1956年11月10日，在广州原中苏友好大厦成功举办了中国出口商品展览会。为期两个月的展览会收到了预期的效果，也成为广交会的前身。

在此基础上，1957年4月，在近临港澳、有着悠久对外贸易历史和海上丝绸之路重要起点的广州，举办了首届"中国出口商品交易会"。周恩来提议简称为广交会。首届广交会，由13个专业外贸总公司组织交易团参展，展示商品1万多种，19个国家和地区的1223位采购商到会。第一年即成交8686万美元，占当年全国创收现汇总额的20%。由此开拓了中国与东南亚乃至世界各国和地区经贸往来的通道，被誉为"友谊的纽带，贸易的桥梁"。

此后，广交会便成为新中国冲破西方经济封锁与政治孤立、打开通向世界大门、与各国平等互利、互通有无、对外贸易的重要窗口。

每年的春、秋两季，广交会都在广州如期举办，即使在三年困难时期、"文化大革命"时期、非典时期、国际金融危机期间均照常举办。

广交会创办初期，国内物资匮乏，货源供应长期处于紧缺状态。中共中央、国务院多次指示各地党委和政府大力支持广交会，动员全国的资源做广交会的坚强后盾。

20 世纪 50 年代，中国对外贸易 80% 是与社会主义国家之间进行的记账式贸易。广交会创办后，迅速成为中国出口创汇的主渠道。从 1965 年开始，广交会年出口成交占全国外贸年出口总额 30% 以上，1972 年、1973 年，占比均超过 50%。

1967 年春，第 21 届广交会即将举办时，"文化大革命"造成的两派群众组织忙于内争，广交会情况紧急。毛泽东 4 月 13 日亲自签发了中共中央、国务院、中央军委、中央文革小组《关于开好春季广州出口商品交易会的几项通知》。4 月 14 日晨，周恩来带着通知亲自飞抵广州，力劝红卫兵，保证了广交会的顺利进行。

1972 年 4 月 9 日，周恩来在广州接见广东省党、政、军负责人和参加广州中国出口商品交易会有关部门、单位的代表，就出口产品质量等问题发表讲话，着重批判了极左思潮对企业管理、产品质量带来的恶劣影响。

1978 年后，对外开放成为中国的一项基本国策，对外经济贸易成为对外开放的一项重要内容和重要标志。广交会适应外贸体制改革的形势，以"贯彻市场多元化、以质取胜、大经贸和科技兴贸发展战略"为指导思想，多次进行内部体制和办会机制改革，优化参展商品，优化参展结构，优化参展主体，改革组展方式，使广交会发挥了更大的作用。

1992 年，广交会开始推进保护知识产权工作。1997 年 4 月的第 81 届广交会首次设立了保护知识产权的专门工作机构。

新世纪伊始，中国正式加入世贸组织，外贸经营权全面放开。广交会适应新形势，在组展方式、办会模式、参展主体、参展商品、展区设置、客商邀请等方面进行改革，成长为综合性和专业性兼具的国际贸易盛会。

2002 年末至 2003 年春，非典来袭，波及全球 32 个国家和地区。经国务院特批，采取一系列科学、严密的防护措施，第 93 届广交会如期开幕，成为当时全国唯一一个能够如期举行的综合性国际大型展会，并创造了"网上广交会"的模式，取得了成功。

2006 年 10 月 15 日—30 日，第 100 届中国出口商品交易会（广交会）举行。15 日，温家宝在开幕式上宣布：从第 101 届开始，广交会更名为中国进出口商品交易会。

2007 年春，第 101 届广交会首设进口展区，增加进口功能，为世界各国（地区）的产品进入中国市场开拓了新的贸易平台。

2008 年春，第 103 届广交会启用琶洲展馆二期工程。2008 年秋，第 104 届广交会整体搬迁琶洲展馆，这是广交会历史上第四次整体搬迁，办展格局由两馆两期改为一届三期。广交会步入新起点、新征程。从这届开始，广交会参展企业突破 2 万家，展位突破 5 万个。

2008 年下半年，国际金融危机席卷全球，广交会千方百计强化展会功能，发挥优势，成为中国外贸"稳外需、保市场、保份额"的重要阵地。

为贯彻落实国家"互联网＋"行动计划，从 2015 年开始，推进"广交会＋互联网"、建设"智慧广交会"行动计划。实现网上＋现场＋移动终端全方位覆盖，现场贸易洽谈与网上电子配对并举，形成了更加广泛的以互联网为基础设施和创新要素的现代贸易展览新形态。

历经 60 多年发展，广交会加强了中国与世界的贸易往来，是中国企业开拓国际市场的优质平台，是中国外贸发展战略的引导示范基地。改革开放前，广交会是中国与世界开展贸易往来的主要渠道，被誉为"中国第一展"，在世界上有着广泛的影响。改革开放后，中国从事对外贸易的渠道、方式已越来越多。但广交会仍然发挥着重要的作用，仍然是中国外贸第一促进平台、中国外贸的晴雨表和风向标，是中国对外开放的窗口、缩影和标志。

截至第 123 届，广交会累计出口成交约 13237 亿美元，累计到会境外采购商约 842 万人次。

现在，广交会由商务部和广东省人民政府联合主办，中国对外贸易中心承办。每年举办两届，春、秋两季在广州举办，是中国目前历史最长、层次最高、规模最大、商品种类最全、到会采购商最多且分布国别地区最广、成交效果最好的综合性国际贸易盛会。

广交会现在贸易方式灵活多样，除传统的看样成交外，还举办网上交易会。广交会以出口贸易为主，也做进口生意，还可以开展多种形式的经济技术合作与交流，以及商检、保险、运输、广告、咨询等业务活动。

广交会是国家级展会，对中国政治经济举足轻重。广交会自创办以来，党和国家一直高度重视。周恩来曾 8 次亲临广交会视察、指导。1964 年 11 月 7 日，朱德视察第 16 届广交会。李先念曾 4 次视察广交会。1985 年 4 月 12 日，胡耀邦视察筹备中的第 57 届广交会，并题词"广交互利通天下"。李鹏曾为第 70 届、第 80 届广交会开幕剪彩。朱镕基出席了第 90 届广交会开幕式。李岚清 5 次视察广交会。温家宝 3 次视察广交会。

2022 年 4 月 15 日—24 日，第 131 届中国进出口商品交易会在网上举办，展期 10 天。

2022 年 10 月 15 日，第 132 届中国进出口商品交易会云开幕仪式举行。从第 132 届广交会起，每届广交会线上平台服务时长从 10 天延长至 5 个月。除展商连线、预约洽谈功能使用时间为 10 天外，其他功能均持续开放。

第 133 届广交会于 2023 年 4 月 15 日至 5 月 5 日在广州线下举

办。线下参展企业数量达 3.5 万家，累计进馆超 290 万人次，均创历史新高。

2023 年 10 月 15 日至 11 月 4 日，第 134 届广交会在广州举办，线上平台也继续常态化运营。

2024 年 4 月 15 日至 5 月 5 日，第 135 届广交会分三期在广州举办，超 2.8 万家企业线上线下参展。

2024 年 10 月 15 日至 11 月 4 日，第 136 届广交会在广州分三期举办。

六、坦赞铁路

坦桑尼亚和赞比亚都是在 20 世纪 60 年代非洲民族解放浪潮中新独立的国家。为了发展民族经济，并摆脱对受制于南非与南罗得西亚白人种族主义政权的南部出海通道的依赖，希望另辟一条新的运输线。两国首先寻求西方大国和当时的苏联帮助修建这条铁路，但一些国家考察后认为，修筑坦赞铁路没有经济意义。

1965 年 2 月，坦桑尼亚总统尼雷尔首次访华，表达了请求中国援建坦桑尼亚至赞比亚的铁路的愿望。中国领导人同意援建。毛泽东坚定地对尼雷尔说："你们有困难，我们也有困难，但是你们的困难和我们的不同，我们宁可自己不修铁路，也要帮你们修建这条铁路。"

1967 年 6 月赞比亚总统卡翁达访华期间，也同样探询了中国政府对修建坦赞铁路的意见。中方明确表示，只要坦赞两国总统下决心，中国愿意承担投资修建，并强调这是对广大非洲人民反帝反殖争取民族独立斗争的支持，也是帮助非洲国家发展民族经济、巩固民族独立。

卡翁达总统访华后不久，坦赞两国迅即组成政府代表团来华商谈有关事宜。1967 年 9 月，中、坦、赞三国政府代表团在北京举行会谈，并于 9 月 5 日正式签署了《关于修建坦桑尼亚—赞比亚铁路的协定》。协定规定：中国提供无息的、不附带任何条件的贷款 9.88 亿元人民币，并派专家对这条铁路进行修建、管理、维修，培训技术人员。

坦赞铁路是迄今中国最大的援外成套项目之一。由中国专家和工程技术人员进行勘测、考察、设计并帮助坦、赞两国政府组织施工。

1968 年 5 月，中国派出勘探人员开始全线的勘测设计。用两年时间，克服种种困难完成了勘测任务。1970 年 10 月 26 日和 28 日，尼雷尔总统和卡翁达总统先后在坦赞铁路的两端主持奠基仪式。

该铁路越过"地球的伤疤"——东非大裂谷，穿过高山深谷、悬崖峭壁、河流湖泊、森林草原与大沼泽地，地形地貌极其复杂，高低落差极大。有的路基、桥梁和隧道地基土质为淤泥、流沙，沿线许多地区荒无人烟，野兽群居出没，全线工程浩大，技术复杂，施工条件异常困难。

几年间，中国共派出工程技术和管理人员 5 万人次，在缺医少药、食品短缺、气候炎热、疾病流行的艰苦条件下，同当地工程技术人员一起，为高质量地完成筑路任务而战斗。高峰时期在现场施工的中国员工队伍多达 1.6 万人，在工程修建及后来技术合作过程中，中方有 64 人献出宝贵生命。

为建设这条铁路，中国共发运各种设备材料近 100 万吨。全线建桥梁 320 座，总延长米为 16520 米；隧道 22 座，总延长米 8898 米；兴建车站 93 个；建设房屋总面积 37.6 万平方米。

经过 5 年多的艰苦努力，坦赞铁路于 1975 年 10 月试运营，1976 年 5 月完成了全线工程收尾和设备安装配套等工作。一位西方工程师在参观过坦赞铁路后，感叹地说："只有修建过万里长城的民族，才能修建出如此高质量、高标准的铁路。"

铁路建成后，交由坦赞两国组成的铁路局共管。其后，为保障铁路的正常运营，中国继续提供无息贷款，予以技术合作援助，并派出专家和技术人员参与管理或提供咨询。截至 1999 年底，累计派出专家近 3000 人次。

坦赞铁路东起坦桑尼亚首都达累斯萨拉姆，西至赞比亚中央省的卡皮里姆波希，与赞比亚原有铁路接轨，全长 1860.5 公里，通过坦桑尼亚的四个地区和赞比亚的两个省，是一条贯通东非和中南非的大干线。铁路建成后，把坦赞两国联结在一起，为赞比亚出口铜提供了一条新的、可靠的出海通道，保证了赞比亚的主要收入来源。

几十年来，坦赞铁路促进了坦赞两国的经济发展和城乡物资交流。铁路沿线涌现了不少新兴城镇，成为各地区政治、经济、文化中心。这条铁路也为支援南部非洲的民族解放斗争发挥了积极作用。

尼雷尔高度评价说：中国援建坦赞铁路是"对非洲人民的伟大贡献"，"历史上外国人在非洲修建铁路，都是为掠夺非洲的财富，而中国人相反，是为了帮助我们发展民族经济"。卡翁达总统赞扬说："患难知真友，当我们面临最困难的时刻，是中国援助了我们。"坦赞两国人民乃至整个非洲把坦赞铁路誉为"自由之路""南南合作的典范"。

七、美国总统尼克松访华

1972 年 2 月 21 日 11 时 30 分，美国总统尼克松的专机到达北京，首先与周恩来等中国领导人实现了跨太平洋的一次历史性握手。

中华人民共和国成立后，与美国等很多西方国家没有建立正式的外交关系。特别是由于朝鲜战争和台湾问题，两国一直处于尖锐对立的状态。

从 1955 年 8 月开始，两国进行了多次大使级会谈，但因双方立场大相径庭，没有取得实质性进展。

20 世纪 60 年代，国际国内形势、中美苏三角关系发生变化，中苏关系恶化。中美两国都开始出现改善关系的愿望。1970 年 1 月，中美双方恢复了中断近 3 年的华沙会谈。同时，尼克松通过巴基斯坦向中国传递口信：准备开辟一条白宫通向北京的直接渠道。同年 12 月 18 日，毛泽东会见美国作家斯诺时说：如果尼克松愿意来，我愿意和他谈，谈得成也行，谈不成也行。25 日，《人民日报》头版刊登了毛泽东在天安门城楼上和斯诺合影的照片。中国以这种方式向美国发出赞成中美实现高层对话的信息。

1971 年 3 月 27 日，中国乒乓球队赴日本参加第 31 届世乒赛。参赛期间，中美双方的运动员进行了友好接触，美国队向中方提出了访华的请求。4 月 7 日，毛泽东作出邀请美国队访华的决定。一星期后，周恩来在北京会见了来到中国的美国乒乓球代表团全体成员。"小球推动大球"的"乒乓外交"，加快了中美高级接触的进程。

经过精心筹划，1971 年 7 月 9 日—11 日，尼克松的国家安全事务助理基辛格秘密访华。周恩来与基辛格就双方关心的问题特别是台湾问题进行了会谈，并就尼克松的访华时间进行了磋商。7 月 16 日，中美双方同时发表了关于基辛格访华的公告，宣布："获悉尼克松总统曾表示希望访问中华人民共和国，周恩来总理代表中华人民共和国政府邀请尼克松总统于 1972 年 5 月以前的适当时间访问中国。尼克松总统愉快地接受了这一邀请。"公告的发表，如强烈的冲击波，震动了全世界。

此后，为实现尼克松访华，中美双方都进行了周密细致的准备工作。1971 年 10 月，基辛格再次访问中国。双方着重讨论了台湾问题和尼克松访华期间将要发表的《中美联合公报》的草案。

1972 年 2 月 21 日—28 日，美国总统尼克松对中国进行正式访问。21 日下午，毛泽东在北京中南海自己的书房会见了尼克松、基辛格等美国客人，宾主进行了寓意深刻而又幽默风趣的谈话，并就中美关系正常化及其他国际事务认真、坦率地交换了意见。当天晚上，周恩来在人民大会堂为尼克松和夫人举行欢迎宴会。22 日，周恩来和尼克松在北京人民大会堂举行会谈，就中美关系正常化问题进行了广泛、认真的会谈。经过一周的谈判，28 日，中美双方在上海发表《中华人民共和国和美利坚合众国联合公报》（以下简称《联合公报》）。

《联合公报》以坦率和现实的态度列举了各自对重大国际问题的观点，同意以和平共处五项原则来处理国与国之间的关系。双方郑重声明：中美两国关系走向正常化是符合所有国家的利益的；双方都希望减少国际军事冲突的危险；任何一方都不应该在亚洲—太平洋地区谋求霸权，每一方都反对任何其他国家或国家集团建立这种霸权的努力；任何一方都不准备代表任何第三方进行谈判，也不准备同对方达成针对其他国家的协议或谅解。

关于台湾问题，中方重申自己的立场，并指出台湾问题是阻碍中美两国关系正常化的关键问题。美方则表示：美国认识到，在台湾海峡两边的所有中国人都认为只有一个中国，台湾是中国的一部分，美国政府对这一立场不提出异议。美国重申它对由中国人自己和平解决台湾问题的关心，并确认从台湾撤出全部美国武装力量和军事设施的最终目标。

尼克松总统访华和中美上海《联合公报》的发表，是中美关系史上的里程碑，是 20 世纪国际外交史的重大事件之一。它标志着曾经长期尖锐对立的中美两国从此走上实现关系正常化的道路。《联合公报》所体现的求同存异的精神和双方在讨论中展示的原则性和灵活性，为以后中美关系的发展留下了有益的历史启示。

3月7日，中共中央发出《关于中美联合公报的通知》，首先在党内对有关尼克松访华和有关《联合公报》的若干问题作了政策上的解释，强调全党要统一认识，并要求通过党组织使人民群众既看到打开中美关系大门的重要意义，又认识到中美和解的有限性，还会有曲折和发展。

在中美关系解冻的推动下，日本首相田中角荣、法国总统蓬皮杜等相继访华，中国和一批西方国家相继建交。中国外交事业出现了新的局面。

八、2010 年上海世界博览会

上海世博会是继北京奥运会后中国举办的又一国际盛会，是中国首次举办的综合性世界博览会，也是第一次在发展中国家举办的注册类世界博览会。

举办世博会是中国人的百年梦想。20 世纪 80 年代中期，上海开始考虑申办世博会。1999 年 12 月，中国驻国际展览局首席代表在国际展览局第 126 次全体大会上宣布，中国政府支持上海申办 2010 年世界博览会。2001 年 5 月，中国驻法国大使代表中国政府向国际展览局正式递交申请书。

2002 年 12 月 3 日，当地时间 15 时 40 分，国际展览局主席诺盖斯郑重宣布，在摩纳哥举行的国展局第 132 次大会举行了四轮投票，中国上海在第四轮投票中赢得 54 票，以 88% 的得票率胜出，成为 2010 年世博会的主办城市。

经过 8 年的精心筹备，2010 年 5 月 1 日—10 月 31 日，中国 2010 年上海世界博览会举行。

上海世博会的主题是"城市，让生活更美好"。在 184 天的时间里，来自 246 个国家、国际组织的参展方，通过展示、论坛、表演等形式，探讨城市未来发展前景，生动诠释了"理解、沟通、欢聚、合作"的世博理念。7308 万人次的中外参观者，创造了世博会历史上的新纪录。国际展览局主席蓝峰指出，2010 年上海世博会取得了巨大的成功。这是中国的成功，同时也是世博会事业的成功。上海世博会书写了中国人民同各国人民交流互鉴的新篇章，书写了人类各种文明交流互鉴的新篇章。

在上海世博会筹办举办过程中，全体办博人员大力培育和弘扬为国争光的爱国精神、全心为民的服务精神、团结协作的团队精神、严谨科学的实干精神、追求卓越的创新精神、爱岗敬业的奉献精神，为上海世博会取得成功提供了强大精神支撑。

12 月 27 日，胡锦涛在世博会总结表彰大会上指出，上海世博会精神是伟大中华民族精神在当代中国的又一次集中展示。

上海世博会的成功举办，实现了中华民族百年世博梦想，向世界展示了中华民族 5000 年灿烂文明，展示了新中国成立以来特别是改革开放的辉煌成就，展示了中国各族人民为实现全面建成小康社会目标而团结奋斗的精神风貌，集中反映了世界经济、科技、文化、社会以及生态文明发展的时代潮流，深入探讨了当今世界人类发展面临的共同课题，增进了中国人民同各国各地区人民的相互了解和友谊，提升了中国国际地位和影响力，增强了全国各族人民的民族自豪感、自信心、凝聚力。上海世博会的成功实践再次证明，中国人民有信心有能力为人类文明进步作出自己的贡献。

九、中国国际进口博览会

中国国际进口博览会，简称"进博会"，由中华人民共和国商务部、上海市人民政府主办；合作单位是世界贸易组织、联合国贸易和发展会议、联合国工业发展组织等国际组织。

2017年5月，习近平在"一带一路"国际合作高峰论坛上宣布，中国将从2018年起举办中国国际进口博览会。

2017年8月24日，首届中国国际进口博览会筹备委员会第一次会议在北京召开。

2018年7月27日，首届中国国际进口博览会倒计时100天誓师动员大会在上海举行。同日，中国国际进口博览会标识在上海国家会展中心揭晓。

2018年10月8日，首届中国国际进口博览会执行委员会第一次会议在上海召开，会上宣布了执委会成立文件，通报了各工作组筹备进展情况，对下一步工作进行研究部署，要求从六方面着手加强工作，将进口博览会办成国际一流博览会。2018年10月9日，首届中国国际进口博览会综合演练在上海举行。

2018年11月5日—10日，首届中国国际进口博览会在上海举行。在11月5日的开幕式上，习近平发表演讲，强调：举办中国国际进口博览会是中国坚定支持贸易自由化和经济全球化、主动向世界开放市场的重大举措，有利于促进世界各国加强经贸交流合作，促进全球贸易和世界经济增长，推动开放型世界经济发展。中国愿与各国一道，将中国国际进口博览会打造成为世界一流的博览会，为各国开展贸易、加强合作开辟新渠道，促进世界经济和贸易共同繁荣。

首届中国国际进口博览会以"新时代，共享未来"为主题，吸引了172个国家、地区和国际组织参会，3600多家企业参展，80多万人进馆洽谈采购、参观体验，成交额达 578 亿美元。

作为世界上第一个以进口为主题的大型国家级展会，中国国际进口博览会包括展会和论坛两个部分。展会即国家贸易投资综合展（简称"国家展"）和企业商业展（简称"企业展"），展览总面积 30 万平方米。论坛即虹桥国际经贸论坛。国家展是本届中国国际进口博览会的重要内容，只展示不成交，共有 82 个国家、3 个国际组织设立 71 个展台，展览面积约 3 万平方米，各参展国以此展示国家形象、经贸发展成就和特色优势产品。国家展中，印度尼西亚、越南、巴基斯坦、南非、埃及、俄罗斯、英国、匈牙利、德国、加拿大、巴西、墨西哥等 12 个主宾国均设立了独具特色的展馆。

作为东道主，中国设立了中国馆，包括港澳台展区。中国馆以"创新、协调、绿色、开放、共享"的新发展理念为主线，展示中国改革开放的巨大成就，以及中国发展、共建"一带一路"给世界带来的新机遇。

企业展分为 7 大展区，既有货物贸易，也有服务贸易。220 多家世界 500 强和行业龙头企业参展。展品一流，首次亮相中国的展品多达 5000 余件，有 300 多项新产品和新技术首次发布。

虹桥国际经贸论坛由主论坛、三场平行论坛及国际财经媒体和智库论坛组成。习近平出席主论坛并发表主旨演讲，10 位外国元首和国际组织负责人先后致辞，1500 多名代表出席。平行论坛和国际媒体论坛由 20 多位外国政要发表演讲，30 多位企业家、学者和国际组织负责人参与互动，3000 多名代表出席。

进博会还是 2018 年国别最广、规模最大的主场外交活动。来自 16 个国家的元首首脑，11 个国家的王室代表、副元首首脑及 13 个国际组织的负责人齐聚上海，部级以上外方嘉宾超过 400 位。习近平与 6 位国家元首、5 位政府首脑举行了 11 场双边会谈会见，还会见了外国企业家代表。

进博会期间组织了 370 多场各类配套活动，参会各方围绕科技、文化、旅游、教育等领域密集开展经贸合作和民间外交活动，交流踊跃，有力促进了不同文明互鉴与共同进步。

首届进博会广受国内外关注，吸引了近 4000 名中外记者与会报道。

首届中国国际进口博览会富有成效，精彩纷呈，广受赞誉，取得了圆满成功。习近平强调，进博会不是一般性的会展。这个"不一般"，具体体现在：

主题不一般，是世界上第一个以进口为主题的国家级展会，是国际贸易发展史上的一大创举。

内容不一般，集外交、展览、论坛于一体，既洽谈合作又交流思想，既能得实惠又能观未来，经济合作和人文交流相互配合、相得益彰。

形式不一般，坚持开放合作办展，世贸组织、联合国贸易和发展会议、联合国工业发展组织等国际组织担任合作单位，参展国与中国一道共同打造开放多元的博览会。

作用不一般，服务经济社会发展全局，服务对外开放战略，服务"一带一路"建设。既让世界分享中国庞大的市场机遇，也为各国相互合作搭建公共平台，为经济全球化提供了一个国际公共产品。

2019 年 11 月 5 日，第二届中国国际进口博览会在上海举行，习近平出席开幕式并发表主旨演讲。同日，第二届虹桥国际经济论坛在国家会展中心（上海）举行。论坛由开幕式、五场分论坛和若干高规格配套活动组成。第二届进博会期间，共举办 380 多场配套活动。

2020 年 11 月 5 日—10 日，第三届中国国际进口博览会在中国上海举办。习近平以视频方式在开幕式上发表主旨演讲。通过线下线上结合的方式，2000 多家参展商和采购商达成合作意向 861 项。

2021 年 11 月 4 日，第四届中国国际进口博览会暨虹桥国际经济论坛开幕式在上海举行。习近平通过视频发表主旨演讲。共有 58 个国家和 3 个国际组织参加国家展。

2022 年 11 月 5 日—10 日，第五届中国国际进口博览会在上海举行。11 月 4 日晚，习近平以视频方式发表题为《共创开放繁荣的美好未来》的致辞。

2023 年 11 月 5 日—10 日，第六届进博会在国家会展中心（上海）线下举办。

2024 年 11 月 1 日，国务院新闻办举行新闻发布会，相关人员指出，前六届进博会引入的展品种类超过 35 万种，进口商品货值累计超过 4700 亿元。

2024 年 5 月，第七届中国国际进口博览会招商路演启动仪式暨首场路演活动在湖北武汉举办，标志着第七届进博会招商工作全面启动。2024 年 10 月 22 日上午，第七届中国国际进口博览会首批展品进馆仪式在国家会展中心（上海）北广场举行。2024 年 11 月 5 日—10 日，第七届中国国际进口博览会在国家会展中心（上海）举行。本届进博会共有 129 个国家和地区的 3496 家展商参加，国别（地区）数和企业数都超过了上届，参展的世界 500 强和行业龙头企业达到 297 家，创历史新高。

2024 年 7 月 3 日，2025 年第八届进博会招展启动仪式在"进博会走进广西"活动期间举行。第八届进博会将于 2025 年 11 月 5 日—10 日在上海举办。

十、中国国际服务贸易交易会

中国国际服务贸易交易会，即服贸会、前京交会，是全球唯一一个国家级、国际性、综合性的服务贸易平台，也是中国扩大开放、深化合作、引领创新的重要平台，由商务部和北京市人民政府共同举办，世贸组织、联合国贸发会议、经合组织等国际组织共同支持。

随着全球化和世界经济的发展，全球服务贸易快速发展，成为世界经济增长的新动力。中国对服务贸易的需求也明显加大，生产性服务进口稳步提升，推动了中国经济高质量发展。随着5G、云计算、人工智能、大数据等新一代信息技术加速发展并与传统产业深度融合，电信、计算机和信息服务业保持较快增长。推动服务贸易发展，不仅有助于适应国内服务型消费需求，而且有利于形成与各国、各地区合作共赢的巨大市场空间，成为推动双边多边自由贸易的重要引擎。

为搭建全球服务贸易交易平台，经党中央、国务院批准，自2012年起由中华人民共和国商务部、北京市人民政府主办大型交易会，简称京交会，每年5月28日在北京举行，会期5天。

京交会定位于国家级、国际性、综合性服务贸易交易会，是迄今为止全球唯一涵盖世贸组织界定的服务贸易12大领域（包括商务服务，通讯服务，建筑及相关工程服务，金融服务，旅游与旅行相关服务，娱乐、文化与体育服务，运输服务，健康与社会服务，教育服务，分销服务，环境服务，其他服务）的综合性服务贸易交易平台。

首届京交会以"服务贸易：新视野、新机遇、新发展"为主题，于2012年5月28日至6月1日在北京国家会议中心举办。围绕服务贸易12大领域举办了开幕式暨高峰论坛、高层论坛、综合展示、推介洽谈、主题日活动、权威发布等6大板块130多场活动，共有中外参展企业 1721 家，全球 83 个国家和地区的注册客商 2.4 万人，到会专业观众累计超过 10 万人次，总成交额 601.1 亿美元，其中国际服务贸易交易 112 亿美元。

第二届京交会以"服务贸易：价值提升新引擎"为主题，于 2013 年 5 月 28 日至 6 月 1 日举行，继续坚持以服务客商为本，以交易洽谈为核心，举办开幕式、高层论坛、推介洽谈、综合展示、主题日活动、权威发布 6 类活动，邀请国家领导人、国际组织负责人、国际商协会及跨国公司负责人出席。

2019 年 5 月 28 日至 6 月 1 日，2019 年京交会在北京举行，来自 130 个国家和地区的 8000 家企业、机构参展。从 2019 年开始，"京交会"更名为"中国国际服务贸易交易会"，简称"服贸会"，并由原来的两年一办调整为一年一办。

2020 年 5 月 24 日，经国务院同意，成立 2020 年中国国际服务贸易交易会组织委员会和执行委员会。

2020 年 9 月上旬，2020 年中国国际服务贸易交易会在北京举办。

2021 年 9 月 2 日，中国国际服务贸易交易会在北京开幕。自 2021 年起，服贸会在国家会议中心和首钢园设置"双会场"，这在服贸会历史上是第一次，体现了服贸会的创新发展和辐射带动作用。

2022 年 3 月 31 日，"永不落幕服贸会"泰国专题活动在服贸会数字平台举办，此次活动是 2022 年服贸会第四场"云推介"。5 月 20 日，2022 年中国国际服务贸易交易会北美线上推介会成功举办。

2022 年 8 月 31 日至 9 月 5 日，2022 年中国国际服务贸易交易会在北京国家会议中心和首钢园区举办。线下展览展示总面积 15.2 万平方米，比上届增加 2.6 万平方米；超过 400 家的世界 500 强以及国际龙头企业线下参展，整体国际化率达到 20.8%。

2023 年 9 月 2 日—6 日，2023 年中国国际服务贸易交易会在北京举办。本届服贸会围绕"开放引领发展，合作共赢未来"年度主题，举办了 15.5 万平方米的展览展示、10 场高峰论坛、102 场专题论坛、18 场边会和 72 场推介洽谈。线下参展企业 2400 余家，线上参展企业 6700 余家，截至 9 月 6 日 12 时，累计入场近 28 万人，共达成 1100 余项成果，国际参与度和影响力进一步提升，为世界经济复苏注入信心和动力。

2024 年 9 月 12 日—16 日，2024 年服贸会在国家会议中心和首钢园区举办。习近平向 2024 年中国国际服务贸易交易会致贺信。

法国担任 2024 年服贸会主宾国。四川、海南首次担任主宾省，举办了特色展示和主题活动。

本届服贸会以"全球服务，互惠共享"为主题，继续设置电信、计算机和信息服务，金融服务，文旅服务，教育服务，体育服务，供应链及商务服务，工程咨询与建筑服务，健康卫生服务，环境服务等专题，举办全球服务贸易峰会、展览展示、洽谈推介、成果发布、配套活动等。

本届服贸会广泛邀请境外国家和地区、知名企业机构及专业人士参展参会，加强服务贸易政策、标准、规则等方面的交流研讨，72 个国家和国际组织以国家政府或总部名义线下设展，其中 12 个国家和国际组织首次独立线下设展。西门子、谷歌、亚马逊、GE 医疗等世界 500 强及行业企业带着体现先进技术和市场影响力的产品亮相服贸会。500 余位来自使领馆及外国驻华机构、商务部直属机构、商协会、科研院所，40 家出海企业以及服贸会电信、计算机和信息服务（ICT 服务），环境服务领域机构企业代表共同参会。截至 2024 年 9 月 16 日中午 12 点，累计入场近 24.2 万人，10 万余名专业观众应邀参会，比 2023 年提高 20%。

本届服贸会"突出新质生产力、突出开放合作、突出交易功能、突出参展参会便利",全力打造一届特色鲜明、成果丰硕的服务贸易盛会。高水平设计成就展,聚焦开放创新融合,集中展示了中国服务贸易数字化、智能化、绿色化发展最新成果,以及京津冀等区域合作最新成就。

本届服贸会形式多样,丰富多彩。

2023年12月1日,2024年中国国际服务贸易交易会首场海外推介会在泰国曼谷举办,后续继续在大洋洲、欧洲等地开展了一系列服贸会推介活动,向更多海外企业和机构介绍服贸会最新情况。2024年6月,作为2024年服贸会第12场面向境外国家开展的海外推介活动,阿布扎比专场推介会举办。2024年5月21日,举办了2024年中国国际服务贸易交易会驻华使节及代表交流会。

2024年4月14日,2024年中国国际服务贸易交易会海南省推介路演活动在海南国际会展中心成功举办。7月5日,2024年中国国际服务贸易交易会四川省推介路演活动在成都举行。

2024年8月30日,国务院新闻办公室举行新闻发布会,介绍中国服务贸易发展和2024年服贸会筹备工作进展情况。同日,"永不落幕服贸会"主宾国专题推介活动在京举办。

9月12日,以"数字服贸 星导未来"为主题的2024中国国际服务贸易交易会——服务贸易(外包)创新发展大会在雄安新区成功举办。2024服贸会·中国国际经济管理技术论坛在国家会议中心正式启幕。全球服务贸易峰会在北京举行。

9月12日—16日,2024年中国国际服务贸易交易会金融服务专题在北京首钢园举办。同时举办的还有体育服务专题,以"活力北京赛事名城"为主题,展区总面积超过1.1万平方米,全面展示国际体育赛事服务、冰雪运动服务、体育融合服务、新兴潮流体育服务等领域的最新成果。

9 月 13 日，第七届"一带一路"中医药发展论坛作为 2024 年中国国际服务贸易交易会主题论坛，在北京国家会议中心成功举办。全球采购与企业出海论坛、服务贸易发展论坛也在北京国家会议中心召开。在 2024 年中国国际服务贸易交易会文旅专题旅游展现场，北京市文化和旅游局与百度在首钢园举办"文旅北京"智能体首发活动暨百度搜索·文心智能体创新大赛—文旅赛道启动仪式。

诸如此类的多个论坛和活动，为服贸会增添了充沛的活力。

2024 年 9 月 16 日，2024 年中国国际服务贸易交易会闭幕。